D1741533

Politiques agricoles : Suivi et évaluation 2022 (version abrégée)

RÉFORMER LES POLITIQUES AGRICOLES POUR ATTÉNUER LE CHANGEMENT CLIMATIQUE

OCDE

DES POLITIQUES MEILLEURES
POUR UNE VIE MEILLEURE

Ce document, ainsi que les données et cartes qu'il peut comprendre, sont sans préjudice du statut de tout territoire, de la souveraineté s'exerçant sur ce dernier, du tracé des frontières et limites internationales, et du nom de tout territoire, ville ou région.

Les données statistiques concernant Israël sont fournies par et sous la responsabilité des autorités israéliennes compétentes. L'utilisation de ces données par l'OCDE est sans préjudice du statut des hauteurs du Golan, de Jérusalem-Est et des colonies de peuplement israéliennes en Cisjordanie aux termes du droit international.

Note de la Turquie
Les informations figurant dans ce document qui font référence à « Chypre » concernent la partie méridionale de l'Ile. Il n'y a pas d'autorité unique représentant à la fois les Chypriotes turcs et grecs sur l'Ile. La Turquie reconnaît la République Turque de Chypre Nord (RTCN). Jusqu'à ce qu'une solution durable et équitable soit trouvée dans le cadre des Nations Unies, la Turquie maintiendra sa position sur la « question chypriote ».

Note de tous les États de l'Union européenne membres de l'OCDE et de l'Union européenne
La République de Chypre est reconnue par tous les membres des Nations Unies sauf la Turquie. Les informations figurant dans ce document concernent la zone sous le contrôle effectif du gouvernement de la République de Chypre.

Merci de citer cet ouvrage comme suit :
OCDE (2022), *Politiques agricoles : Suivi et évaluation 2022 (version abrégée) : Réformer les politiques agricoles pour atténuer le changement climatique*, Éditions OCDE, Paris, https://doi.org/10.1787/247b9928-fr.

ISBN 978-92-64-67217-8 (imprimé)
ISBN 978-92-64-95483-0 (pdf)
ISBN 978-92-64-67076-1 (HTML)
ISBN 978-92-64-53819-1 (epub)

Politiques agricoles : suivi et évaluation
ISSN 2221-738X (imprimé)
ISSN 2221-7398 (en ligne)

Crédits photo : Couverture © anniam/iStock Getty Images Plus.

Les corrigenda des publications sont disponibles sur : www.oecd.org/fr/apropos/editionsocde/corrigendadepublicationsdelocde.htm.
© OCDE 2022

L'utilisation de ce contenu, qu'il soit numérique ou imprimé, est régie par les conditions d'utilisation suivantes : https://www.oecd.org/fr/conditionsdutilisation.

Avant-propos

Ce rapport *Politiques agricoles : Suivi et évaluation 2022* suit et évalue l'évolution la plus récente des politiques agricoles de 54 pays du monde, notamment les 38 pays membres de l'OCDE, les cinq États de l'Union européenne qui ne sont pas membres de l'OCDE, ainsi que 11 économies émergentes et en développement : Afrique du Sud, Argentine, Brésil, République populaire de Chine, Inde, Indonésie, Kazakhstan, Philippines, Fédération de Russie[*], Ukraine et Viet Nam. C'est le 35e de la série de rapports de l'OCDE sur le suivi et l'évaluation des politiques agricoles, et le dixième qui inclut à la fois les pays de l'OCDE et des économies émergentes et en développement.

Ce rapport apporte des éclairages sur les politiques agricoles dont la complexité va croissant. Pour cela, il s'appuie sur le vaste système conçu par l'OCDE pour mesurer et classer le soutien à l'agriculture, à savoir les estimations du soutien aux producteurs et aux consommateurs (ESP et ESC) et les indicateurs connexes, lesquels fournissent des informations, comparables d'un pays à l'autre, sur la nature et le niveau de soutien à l'agriculture et servent de base au suivi et à l'évaluation des politiques. Ce rapport de 2022 examine plus particulièrement le rôle de l'agriculture et des politiques agricoles dans la lutte contre le changement climatique.

Ce rapport est structuré de la façon suivante. Le résumé fait la synthèse des principales conclusions du rapport. Le chapitre 1 examine l'importance du secteur agricole dans les émissions mondiales de gaz à effet de serre (GES) et le rôle de ce secteur dans les efforts d'atténuation mondiaux. Il fait un tour d'horizon des stratégies et des mesures mises en œuvre par les pays pour réduire les émissions de GES d'origine agricole, et formule des recommandations pour aider à concrétiser les objectifs d'atténuation du changement climatique. Le chapitre 2 dresse un panorama de l'évolution récente des politiques et du soutien agricoles, y compris les mesures supplémentaires prises pour faire face à la pandémie de COVID-19 et leurs conséquences sur le soutien agricole. Le chapitre 3 décrit les tendances générales en matière de soutien agricole. Il est suivi de chapitres consacrés chacun à l'un des pays examinés (l'Union européenne, dotée d'une politique agricole commune, fait l'objet d'un chapitre unique). Ces chapitres contiennent des aperçus résumant brièvement l'évolution des politiques et du soutien agricoles dans le pays considéré, puis des recommandations d'action pour ce pays. Sont ensuite proposées des descriptions plus complètes de l'évolution de la politique agricole, notamment s'agissant des efforts de réduction des émissions nettes de GES d'origine agricole. Une annexe statistique contenant des tableaux détaillés des indicateurs de soutien à l'agriculture est disponible dans un document distinct sur le site web de l'OCDE (https://doi.org/10.1787/247b9928-fr).

Le Résumé et les chapitres 1 et 2 sont publiés sous la responsabilité du Comité de l'Agriculture de l'OCDE. Le reste de l'ouvrage est publié sous la responsabilité du Secrétaire général de l'OCDE.

---

[*]Ce rapport ne contient pas de chapitre par pays sur la Fédération de Russie, laquelle n'apparaît pas non plus dans les tableaux des indicateurs de soutien présentés dans l'annexe statistique. En revanche, les données agrégées relatives aux 11 économies émergentes et à l'ensemble des 54 pays pris en compte dans ce rapport comprennent celles de la Russie.

Remerciements

Cette édition a été préparée par la Direction des échanges et de l'agriculture de l'OCDE avec la participation active des pays inclus dans ce rapport. La préparation a été conduite par Martin von Lampe (chef de projet et coordinateur général), Urszula Ziębińska (coordinatrice de l'équipe technique) et Jonathan Brooks (chef de division).

L'OCDE remercie également les auteurs et autrices des différentes parties de l'ouvrage :

Chapitre 1 : Jibran Punthakey et Hugo Valin, avec des contributions spécifiques de Ben Henderson et Julia Nielson.

Chapitre 2 : Martin von Lampe et Jibran Punthakey

Argentine : Jesús Antón et Florence Bossard, avec des éléments fournis par : Malena Goldring, Gerardo Luis Petri et Rosario Maria Martearena (ministère de l'Agriculture, de l'Élevage et de la Pêche) ainsi que Daniel Lema (INTA et Universidad del CEMA)

Australie : Jibran Punthakey

Brésil : Dalila Cervantes-Godoy et Florence Bossard, avec des éléments fournis par : Antônio Luiz Machado de Moraes (ministère de l'Agriculture) et Helena Müller Queiroz (conseillère aux affaires agricoles, Ambassade du Brésil à Paris)

Canada : Urszula Ziębińska

Chili : Dalila Cervantes-Godoy

Chine : Silvia Sorescu et Florence Bossard, avec des éléments fournis par : Cheng Guoqiang (École nationale de stratégie en matière de sécurité alimentaire, Université Renmin de Chine, et Comité consultatif d'experts sur la revitalisation rurale du ministère de l'Agriculture et des Affaires rurales) et Shi Jiageng (École nationale de stratégie en matière de sécurité alimentaire, Université Renmin de Chine)

Colombie : Dalila Cervantes-Godoy

Costa Rica : Dalila Cervantes-Godoy

Union européenne : Jerome Mounsey, sur la base des informations recueillies pour chaque État membre par les responsables des bureaux pays, et aussi : Jesús Antón, Masayasu Asai, Guillaume Gruère, Santiago Guerrero, Ben Henderson, Jussi Lankoski, Roger Martini, Silvia Sorescu, Noura Takrouri-Jolly, Hugo Valin, Martin von Lampe et Urszula Ziębińska

Islande : Jussi Lankoski

Inde : Silvia Sorescu et Florence Bossard, avec des éléments fournis par : Ashok Gulati, Shweta Saini et Prerna Terway (Conseil indien pour la recherche sur les relations économiques internationales)

Indonésie : Jesús Antón et Florence Bossard, avec des éléments fournis par : Tahlim Sudaryanto (Centre indonésien d'études socio-économiques et stratégiques sur l'agriculture, ministère de l'Agriculture)

Israël : Guillaume Gruère

Japon : Masayasu Asai

Kazakhstan : Ben Henderson, avec des éléments fournis par : Yerlan Syzdykov (Centre d'analyse des politiques économiques dans le secteur agricole)

Corée : Will Symes et Jaewon Song

Mexique : Santiago Guerrero et Dalila Cervantes-Godoy

Nouvelle-Zélande : Martin von Lampe

Norvège : Roger Martini

Philippines : Ellie Avery (consultante auprès de l'OCDE), avec des éléments fournis par : Katrin Mares, Noel Padre et Amparo Ampil (ministère de l'Agriculture) et Divine Kathylin San Juan et Grace Del Prado (Office statistique des Philippines)

Afrique du Sud : Ben Henderson, avec des éléments fournis par : André Joost (Université de Stellenbosch) et David Spies (Université du Nord-Ouest, Potchefstroom)

Suisse : Hugo Valin

Turquie : Roger Martini

Ukraine : Jibran Punthakey, avec des éléments fournis par : Vitaliy Zhygadlo (consultant auprès de l'OCDE)

Royaume-Uni : Michael Ryan, Justin Martin et Alistair Murray (anciennement, ministère de l'Environnement, de l'Alimentation et des Affaires rurales)

États-Unis : Roger Martini

Viet Nam : Darryl Jones (consultant auprès de l'OCDE), avec des éléments fournis par : Tran Con Thang (Institut des politiques et stratégies pour l'agriculture et le développement rural) et Trang Nguyen (ministère de l'Agriculture et du Développement rural)

Tous les chapitres ont été examinés par les autres membres de l'équipe listés ci-dessus, lesquels ont formulé de judicieuses observations et suggestions de finalisation. Tous les chapitres ont également été revus par Martina Abderrahmane, Ben Henderson, Will Symes et Martin von Lampe. Certaines parties de l'ouvrage ont été examinées par d'autres collègues, notamment Marcel Adenauer, Koen Deconinck, Lee Ann Jackson, Gregoire Tallard et Frank van Tongeren. Misha Pinkhasov a fourni des services éditoriaux externes. Nous remercions sincèrement les capitales d'avoir contribué à ce rapport en fournissant des informations, des données et des analyses concernant l'action publique.

L'assistance statistique et technique a été assurée par l'équipe technique : Florence Bossard, Amaani Hoddoon, Clarisse Legendre, Daniela Rodriguez, Noura Takrouri-Jolly et Urszula Ziębińska. L'assistance technique pour la production du Webbook a été assurée par Marc Regnier et Charles Cadestin.

Le secrétariat et le service éditorial ont été assurés par Martina Abderrahmane.

Table des matières

Tableaux

Graphiques

SEQE	Système d'échange de quotas d'émission
SPS	Mesures sanitaires et phytosanitaires
TVA	Taxe sur la valeur ajoutée
UEEA	L'Union économique eurasiatique (Kazakhstan)
USDA	Ministère de l'agriculture des États-Unis
UTCAF	Utilisation des terres, changement d'affectation des terres et foresterie

Indicateurs du soutien établis par l'OCDE

ATP	Autres transferts aux producteurs
CNP	Coefficient nominal de protection
CNS	Coefficient nominal de soutien
ESC	Estimation du soutien aux consommateurs
ESBT	Estimation du soutien budgétaire total
ESP	Estimation du soutien aux producteurs
ESSG	Estimation du soutien aux services d'intérêt général
EST	Estimation du soutien total
SPM	Soutien des prix du marché
TSP	Transferts au titre d'un seul produit
TGP	Transferts au titre d'un groupe de produits
TTP	Transferts au titre de tous les produits

Monnaies

ARS	Peso argentin
AUD	Dollar australien
BRL	Real brésilien
CAD	Dollar canadien
CLP	Peso chilien
COP	Peso colombien
CHF	Franc suisse
CNY	Yuan chinois
CRC	Colon costaricien
EUR	Euro
GBP	Livre sterling
IDR	Roupie indonésienne
INR	Roupie indienne
ILS	Shekel israélien
ISK	Couronne islandaise
JPY	Yen japonais
KRW	Won coréen
KZT	Tenge kazakh
MXN	Peso mexicain
NOK	Couronne norvégienne
NZD	Dollar néo-zélandais
PHP	Peso philippin
RUR	Rouble russe
TRY	Livre turque
UAH	Hryvnia ukrainienne
USD	Dollar des États-Unis
VND	Dong vietnamien
ZAR	Rand sud-africain

Résumé

Les mesures de politique agricole prises à court terme pour faire face aux crises planétaires doivent à la fois répondre aux défis immédiats et favoriser les réformes pour lutter contre le changement climatique et contre les distorsions affectant les marchés internationaux.

Le soutien à l'agriculture a atteint des sommets en raison surtout de facteurs temporaires, mais son augmentation a été plus lente que la croissance du secteur

Le soutien total au secteur agricole a atteint 817 milliards USD par an sur la période 2019-21 dans les 54 pays examinés dans le présent rapport, contre 720 milliards USD par an au cours de la période 2018-20, soit une hausse de 13 %. Sur ce total, 500 milliards USD par an ont été financés par les budgets publics et la part restante a pris la forme de majorations de prix. La hausse observée s'explique en partie par des facteurs qui pourraient s'avérer temporaires, comme le soutien apporté aux consommateurs et aux producteurs dans le contexte de la pandémie de COVID-19 et le renforcement du soutien des prix de marché lié à la reconstitution des élevages après l'épizootie de peste porcine africaine.

Le soutien total a été multiplié par 2.4 entre 2000-02 et 2019-21 en termes nominaux pour s'établir à 817 milliards USD par an, tandis que la valeur de la production agricole a été multipliée parallèlement par 3.3. Ce soutien est concentré dans un petit nombre de grandes économies. Dans les pays de l'OCDE, il est demeuré élevé, atteignant 346 milliards USD par an en moyenne de 2019 à 2021. Les grands producteurs agricoles que sont l'Union européenne et les États-Unis représentent les deux tiers de cette somme. Les réformes des politiques agricoles ont marqué le pas dans les pays de l'OCDE depuis une dizaine d'années, avec même des retours en arrière dans certains cas. Parallèlement, le soutien a sensiblement augmenté dans les 11 économies émergentes prises en compte dans ce rapport pour s'établir à 464 milliards USD par an pendant la période 2019-21, dont 60 % environ provient de la seule République populaire de Chine (ci-après dénommée la Chine).

Le soutien positif apporté aux producteurs à titre individuel s'est élevé à 611 milliards USD par an sur la période 2019-21, représentant 17 % des recettes agricoles brutes dans les pays de l'OCDE et 13 % dans les 11 économies émergentes. Plus de la moitié, soit 317 milliards USD par an, a pris la forme de mesures de soutien faisant payer des prix plus élevés aux consommateurs, tandis que les 293 milliards USD restants ont été financés par les contribuables sous la forme de transferts budgétaires.

Dans un petit nombre de pays, les pouvoirs publics minorent en outre les prix de tout ou partie des produits, ce qui entraîne un soutien *négatif* de 117 milliards USD pour les producteurs agricoles. Par conséquent, le soutien **net** aux producteurs (l'estimation du soutien aux producteurs ou ESP) a été en moyenne de 494 milliards USD par an pendant la période 2019-21, ce qui représente 12 % des recettes agricoles brutes dans les 54 pays étudiés dans le rapport.

La part des services d'intérêt général fournis au secteur (innovation et infrastructures comprises) a baissé pour s'établir à 13 %

Par comparaison, le soutien aux services d'intérêt général fournis au secteur (ESSG) a continué de représenter, avec 106 milliards USD par an, une part relativement faible du soutien total – à peine plus d'un huitième. La majeure partie (80 milliards USD par an) est consacrée à des investissements publics dans les systèmes d'innovation agricole, les services de biosécurité et les infrastructures extérieures aux exploitations. En outre, malgré leur importance pour les objectifs relatifs au changement climatique et aux systèmes alimentaires, ces investissements ont baissé rapportés à la taille du secteur durant la majeure partie des vingt dernières années. Dans l'ensemble, la part du soutien aux services d'intérêt général dans les transferts totaux au secteur est descendue à 13 % durant la période 2019-21, contre 16 % vingt ans plus tôt.

Les subventions aux consommateurs (dans le cadre des programmes d'aide alimentaire, par exemple) se sont élevées à 100 milliards USD par an pendant la période 2019-21, soit 2.8 % des dépenses de consommation mesurées au départ de l'exploitation. Si les consommateurs dans certains pays ont également bénéficié de prix minorés, ces minorations n'ont pas été suffisantes en moyenne pour compenser le renchérissement auquel ont dû faire face les consommateurs dans d'autres pays.

L'invasion de l'Ukraine par la Russie a d'ores et déjà d'importantes répercussions sur les marchés des aliments destinés à la consommation humaine et animale et des engrais

L'agression à grande échelle perpétrée par la Russie contre l'Ukraine est lourde de conséquences pour les marchés des aliments destinés à la consommation humaine et animale, des engrais et de l'énergie. Même si les disponibilités restent suffisantes à ce stade, le renchérissement de ces produits provoque déjà des difficultés. Cependant, la persistance des effets de l'invasion russe pourrait aussi intensifier les tensions sur l'offre. Les responsables publics devront rester vigilants face aux répercussions de cette situation sur les consommateurs et les pays pauvres.

Plusieurs pays prennent des mesures pour alléger les pressions que commencent à subir leurs producteurs et consommateurs. Si certaines mesures, comme la baisse des restrictions à l'importation, facilitent l'approvisionnement alimentaire, d'autres peuvent être contre-productives. Les restrictions à l'exportation amplifient les tensions mondiales sur les prix et sur l'offre et devraient être évitées ou supprimées rapidement. L'assouplissement des restrictions environnementales dans le but de stimuler la production intérieure peut également avoir des effets procycliques, mais aux dépens de la durabilité.

L'agriculture doit à la fois réduire ses émissions et s'adapter à la modification du climat

Outre les crises immédiates qu'elle traverse actuellement et qui ont suscité d'importantes interventions publiques, l'agriculture fait face à un choc de grande ampleur qui s'inscrit davantage dans la durée et a des implications majeures pour l'action publique dans le secteur. En l'occurrence, le changement climatique représente pour l'agriculture un défi extraordinairement complexe, puisqu'elle est à la fois particulièrement exposée à ses effets et l'une des principales sources mondiales d'émissions de gaz à effet de serre (GES). Les possibilités de réduire ces émissions ne manquent pas. Qui plus est, l'agriculture fait partie des rares secteurs qui peuvent contribuer à la lutte contre le changement climatique en absorbant du carbone présent dans l'atmosphère pour le stocker dans les sols et la biomasse.

La réduction des émissions de GES en agriculture pose aussi des difficultés particulières, en raison à la fois de l'ampleur des interventions publiques dans le secteur et de l'importance qu'il revêt pour une série d'objectifs sociaux. Un enjeu clé concerne le degré auquel les politiques existantes appuient ou au contraire entravent les efforts d'atténuation du changement climatique, et ce qui pourrait être fait en plus. Par ailleurs, il s'agit d'atteindre les objectifs climatiques sans ignorer les autres dimensions du triple défi que doivent relever les systèmes alimentaires, à savoir fournir suffisamment d'aliments sûrs, nutritifs et de prix abordable à une population mondiale qui ne cesse d'augmenter, procurer des moyens de subsistance sur l'ensemble de la chaîne de valeur alimentaire et faire progresser la durabilité environnementale du secteur.

L'agriculture contribue aux émissions directement, par les gaz à effet de serre autres que le CO_2 – méthane et protoxyde d'azote notamment – que rejettent les exploitations dans le cadre de la production, et indirectement du fait de l'expansion des terres agricoles (c'est ce qu'on appelle les émissions du secteur UTCATF, pour utilisation des terres, changement d'affectation des terres et foresterie). Globalement, l'agriculture, la foresterie et les autres affectations des terres (AFAT) représentent autour d'un cinquième (22 %) des émissions anthropiques de GES. Il s'agit pour moitié d'émissions de CO_2 du secteur UTCATF et pour moitié d'émissions de méthane et de protoxyde d'azote, deux gaz qui ont un pouvoir de réchauffement bien supérieur au CO_2 et, dans le cas du méthane, un impact beaucoup plus fort à court terme.

Les émissions directes de GES de l'agriculture varient d'un pays à l'autre en fonction de la superficie agricole, de l'envergure du secteur agricole, des types et des méthodes de production. Dans les 54 pays pris globalement, deux tiers des émissions directes de l'agriculture sont imputables à l'élevage, c'est-à-dire à la fermentation entérique, à la gestion des effluents d'élevage et aux effluents d'élevage laissés dans les pâturages. Autre importante source de méthane, la riziculture est à l'origine de 11 % des émissions agricoles directes dans les 54 pays. La part restante – environ un cinquième des émissions directes – est constituée de N_2O provenant des engrais épandus sur les terres agricoles. Les parts respectives de ces différentes sources sont très variables selon les pays.

Pour faire baisser les émissions de GES liées à l'agriculture, les pays peuvent agir sur *l'offre* ou sur *la demande*. Du *côté de l'offre*, ils peuvent : (i) réduire les émissions directes résultant de la production agricole (en faisant progresser la productivité et l'efficacité d'utilisation des intrants par des technologies et une gestion améliorées, ainsi que par des solutions techniques spécifiques) ; (ii) réduire les émissions indirectes résultant des changements d'affectation des terres et augmenter la quantité de carbone stockée dans les sols agricoles (en limitant l'expansion des terres agricoles, y compris grâce à des gains de productivité, en remettant en état les terres agricoles dégradées, en augmentant la séquestration du carbone par les sols des terres cultivées et des prairies, ainsi qu'en réalisant des opérations de reboisement) ; et (iii) réduire les émissions imputables aux pertes de produits alimentaires, en limitant les pertes intervenant dans les champs et dans les exploitations après la récolte. Du *côté de la demande*, les pays peuvent s'efforcer de faire évoluer les préférences alimentaires et, partant, la demande des consommateurs, d'encourager la consommation de produits qui occasionnent moins d'émissions, ainsi que de faire baisser le gaspillage alimentaire au niveau des ménages.

Les 54 pays étudiés dans ce rapport sont responsables de deux tiers environ des émissions mondiales de GES d'origine agricole, et 16 d'entre eux ont défini un objectif de réduction des émissions dans le secteur agricole

Les 54 pays considérés dans le présent rapport contribuent à hauteur de deux tiers environ aux émissions mondiales de GES d'origine agricole. Si l'agriculture est généralement prise en compte dans les objectifs de réduction des émissions fixés à l'échelle de l'économie tout entière, la définition d'objectifs propres à ce secteur peut être utile pour cibler les efforts d'atténuation et mesurer les progrès accomplis. Cependant, seuls 16 des 54 pays ont fixé sous une forme ou une autre un objectif de réduction chiffré à leur secteur agricole, et il serait largement possible d'intensifier et d'accélérer la baisse des émissions dans ce secteur.

Dans bon nombre de pays étudiés dans ce rapport, les mesures de réduction des émissions agricoles mettent l'accent sur l'amélioration des méthodes de production et l'augmentation de la productivité par l'innovation pour faire diminuer l'intensité d'émission dans l'agriculture. Elles permettent certes de faire baisser les émissions, mais ne sont sans doute pas suffisantes pour atteindre les objectifs de réduction requis. À l'inverse, le recours à des incitations directes comme la tarification du carbone ou des mesures réglementaires équivalentes reste limité, y compris dans les pays qui appliquent des mécanismes de tarification à d'autres secteurs.

Qui plus est, les mesures de soutien existantes peuvent favoriser l'augmentation des émissions agricoles. Un soutien important continue ainsi d'être apporté à des productions fortement émettrices comme celles de viande de bœuf et de veau, de viande ovine et de riz, pour lesquelles il représente entre 8 % et 15 % des recettes brutes. En outre, les mesures de soutien potentiellement les plus dommageables pour l'environnement, notamment parce qu'elles favorisent des émissions de GES plus élevées, représentent toujours la majeure partie du soutien aux producteurs. De fait, dans les pays de l'OCDE, le ralentissement des réformes des politiques agricoles est allé de pair avec des progrès moindres dans l'amélioration des résultats environnementaux.

Il existe à la fois des synergies et des antagonismes entre les efforts de lutte contre le changement climatique et les politiques rendues nécessaires par les autres volets du triple défi des systèmes alimentaires (sécurité alimentaire, moyens de subsistance et durabilité). À titre d'exemple, les mesures destinées à améliorer les performances environnementales du secteur peuvent certes réduire les émissions agricoles, mais aussi faire reculer la production et les revenus agricoles.

Un programme d'action en six volets pour atteindre à la fois les objectifs relatifs aux systèmes alimentaires et ceux concernant le climat

Il existe de larges possibilités de réforme pour à la fois favoriser les objectifs concernant les systèmes alimentaires et faire contribuer l'agriculture à une réduction ambitieuse des émissions de GES afin de contenir l'élévation de la température moyenne de la planète nettement en dessous de 2 °C, et de préférence à 1.5 °C par rapport aux niveaux préindustriels, ainsi que le prévoit l'Accord de Paris. Ces réformes devraient s'articuler autour de six grands axes complémentaires :

1. **Abandonner progressivement le soutien des prix de marché et les paiements qui risquent fort de nuire à l'environnement et de fausser les marchés et les échanges.** Il est avéré que les paiements au titre de la production et de l'utilisation sans contraintes d'intrants variables, de même que le soutien des prix de marché, sont de nature à accentuer les pressions exercées sur les ressources naturelles et à faire augmenter les émissions nationales de GES. Même si l'effet mondial de leur suppression est incertain, les mesures de soutien des prix du marché contribuent potentiellement à accroître les émissions nationales de GES. Les mesures de soutien de ce type sont aussi celles qui risquent le plus de fausser la production et les échanges, elles constituent des moyens peu efficients de transférer des revenus aux exploitants et elles ont tendance à être inéquitables en ce qu'elles ne ciblent pas les producteurs à faible revenu.

2. **Réorienter le soutien budgétaire vers la fourniture de biens publics et de services d'intérêt général essentiels** afin d'améliorer les performances du secteur agricole, ou accroître ce soutien là où il est aujourd'hui peu élevé. La plupart des paiements actuels n'ont pas pour effet d'encourager ou de faciliter une production agricole plus durable et la diminution des émissions de GES, même si les prescriptions environnementales peuvent en partie combler cette lacune. La rémunération directe des agriculteurs qui fournissent des biens publics, tels que des services écosystémiques ou la séquestration de carbone dans les sols agricoles, et qui adoptent des

pratiques de production économes en ressources contribue à la fois à faire baisser les émissions et à procurer de nouvelles sources de revenus aux exploitants. Le recentrage des dépenses sur l'innovation, et en particulier sur la R-D tournée vers les technologies et méthodes de production permettant de réduire les émissions, va dans le sens de l'atténuation du changement climatique et d'une croissance durable de la productivité, et contribue ainsi également à réduire les pressions exercées sur les revenus par le durcissement des normes d'environnement et d'émission.

3. **Cibler les mesures de soutien du revenu sur les ménages qui en ont le plus besoin.** Les ménages modestes, agricoles et autres, peuvent avoir besoin d'une aide transitoire et d'un filet de protection sociale élargi pour compenser les pertes de revenus provoquées par l'arrêt des mesures de soutien positif des prix de marché ou les coûts alimentaires élevés associés à la suppression des mesures de soutien négatif des prix. Cela nécessitera de disposer de meilleures informations sur les revenus et les actifs des ménages agricoles. Les économies réalisées grâce à la réforme des mesures de soutien mal ciblées pourraient en outre permettre de dégager des fonds non négligeables pour financer les biens publics.

4. **Améliorer la boîte à outils relative à la résilience face à la diversité des risques et à la multiplication des épisodes météorologiques extrêmes et des catastrophes naturelles.** L'investissement dans les données, les outils et les compétences utiles permet aux agriculteurs de couvrir les risques de petite et moyenne envergure eux-mêmes ou en faisant appel aux instruments du marché. Les pouvoirs publics devront continuer de prendre en charge les risques de grande envergure, au moyen de politiques soigneusement définies pour éviter d'étouffer les initiatives privées de gestion des risques.

5. **Mettre en œuvre un système efficace de tarification des émissions de GES d'origine agricole pour inciter à opérer la transition vers une agriculture à faibles émissions.** Les subventions en faveur de la réduction des émissions peuvent constituer une autre piste possible, mais risquent d'être difficiles à maintenir à mesure que les besoins en matière d'atténuation augmentent.

6. Lorsque l'agriculture n'est pas intégrée dans les dispositifs généraux de tarification du carbone ou des dispositifs équivalents ou complémentaires, élaborer une panoplie de mesures pour garantir un abaissement significatif des émissions du secteur. Les pouvoirs publics peuvent agir à la fois sur l'offre et sur la demande pour réduire les émissions en agriculture. Du côté de l'offre, il s'agit par exemple de rendre l'utilisation d'intrants plus productive et plus rationnelle ; de faire adopter des techniques de production qui engendrent moins d'émissions ; d'augmenter la séquestration du carbone dans les sols ; de mener des opérations de reboisement ou de remettre en état les terres dégradées ; et de réduire les pertes de produits alimentaires au niveau des champs et des exploitations. Du côté de la demande, il peut s'agir de fournir des informations et des incitations aux consommateurs pour qu'ils évoluent vers des choix alimentaires moins émetteurs de GES et réduisent le gaspillage alimentaire. Une action coordonnée et une coopération internationale rendraient ces mesures plus efficientes.

Ces réformes auraient pour effet de rendre les systèmes agricoles et alimentaires plus performants tout en contribuant davantage à la réduction des émissions de GES. Cet important programme d'action sera à l'ordre du jour de la réunion ministérielle de l'OCDE sur l'agriculture qui aura lieu en novembre 2022.

1 Réformer les politiques agricoles pour atténuer le changement climatique

---

Ce chapitre analyse les politiques actuelles et expose les axes de réforme possibles pour atténuer les émissions de gaz à effet de serre (GES) dans le secteur agricole. Il présente tout d'abord la contribution de l'agriculture au changement climatique, qu'il s'agisse des émissions directement liées à la production sur les exploitations ou des effets indirects provenant du changement d'affectation des terres. Il décrit ensuite les possibilités pour l'agriculture de contribuer à l'atténuation du changement climatique, que ce soit en réduisant ses émissions ou en procédant à la séquestration du carbone dans la biomasse et dans les sols. Ce chapitre fournit un aperçu complet des actions qui sont menées dans ce sens par les 54 pays examinés dans la publication de l'OCDE intitulée « Politiques agricoles - Suivi et évaluation 2022 », en décrivant les stratégies et les objectifs en matière d'atténuation, ainsi que les mesures mises en œuvre. La dernière section s'intéresse aux effets des politiques actuelles de soutien à l'agriculture sur les émissions de GES. Enfin, le chapitre se termine par des recommandations sur la façon de réformer les politiques agricoles pour atteindre les objectifs d'atténuation du changement climatique

---

22 |

L'agriculture est confrontée à un défi complexe et unique dans le contexte du changement climatique. Tout d'abord, l'agriculture est particulièrement vulnérable au changement climatique, du fait de sa dépendance aux conditions météorologiques et climatiques. Elle subit déjà les répercussions négatives du changement climatique dues à la hausse des températures, à la variabilité accrue des précipitations, aux espèces nuisibles et à la fréquence plus élevée des phénomènes météorologiques extrêmes. Dans le monde entier, le renforcement de la résilience du secteur et l'adaptation au changement climatique représentent un défi de taille, en particulier dans les pays les plus pauvres où l'agriculture joue un rôle important dans l'économie et dans la satisfaction des besoins vitaux, et où les effets du changement climatique devraient le plus se faire sentir.

Ensuite, l'agriculture elle-même est une source majeure d'émissions de gaz à effet de serre (GES), à la fois directement, du fait des émissions liées à la production dans les exploitations, et indirectement, en raison du changement d'affectation des terres découlant de l'expansion agricole. En cas d'inaction, les émissions d'origine agricole devraient continuer à augmenter et la part du secteur dans les émissions totales à progresser à mesure que les efforts pour décarboner les autres secteurs s'accélèrent. Cela étant, le secteur agricole peut contribuer de nombreuses manières aux efforts mondiaux visant à atténuer le changement climatique, en réduisant à la fois ses émissions directes et indirectes.

Ensuite, contrairement à de nombreux secteurs à forte intensité d'émission, l'agriculture pourrait contribuer positivement à la réduction des émissions en retirant le carbone de l'atmosphère par le biais de projets de piégeage du carbone dans la biomasse et dans les sols. Cet objectif peut être atteint en adoptant des pratiques qui permettent également d'augmenter la productivité, comme l'agriculture de conservation et la restauration des terres dégradées, à la fois pour atténuer les émissions directes et pour éviter de nouvelles émissions indirectes résultant d'un changement d'affectation des terres.

La réduction des émissions de GES d'origine d'agricole pose également des difficultés particulières. Un vaste éventail de mesures gouvernementales s'applique à ce secteur, dont d'importantes mesures de soutien dans les pays de l'OCDE. L'une des questions clés est donc de savoir dans quelle mesure les politiques existantes appuient ou au contraire entravent les efforts d'atténuation du changement climatique ou d'adaptation à ses effets dans le secteur agricole. Un autre point important concerne les types de politiques d'atténuation qui ont été adoptées – ou sont envisagées – par les pays pour réduire les émissions imputables à l'agriculture. Étant donné que la hausse de la population et des revenus continuera de soutenir la croissance de la demande, la sécurité alimentaire est appelée à gagner en importance stratégique. L'agriculture est donc au cœur du triple défi que doivent relever les systèmes alimentaires : fournir suffisamment d'aliments sûrs, nutritifs et aux prix abordables, à une population mondiale qui ne cesse d'augmenter ; procurer des moyens de subsistance sur l'ensemble de la chaîne de valeur alimentaire ; et atteindre ces objectifs en faisant progresser la durabilité du secteur et sa contribution à la lutte contre le changement climatique.

Dans ce contexte, ce chapitre traite de la contribution de l'agriculture et des politiques agricoles actuelles au changement climatique et de la façon dont un changement de politique peut aider le secteur à participer davantage à la réduction des émissions mondiales de GES. Si la résilience et l'adaptation sont des enjeux clés, elles ont déjà fait l'objet de nombreux travaux (voir l'encadré 1.1) et ne sont pas abordées plus avant dans ce rapport. Par ailleurs, les émissions de GES provenant d'autres segments des systèmes alimentaires mondiaux, en amont et en aval de la production, ont enregistré des hausses conséquentes au cours des dernières décennies, mais ce chapitre se concentre sur la contribution de l'agriculture et sur les questions connexes susceptibles de concerner plus directement les responsables de la politique agricole (comme les pertes alimentaires et la demande des consommateurs). Ce chapitre s'ouvre sur une vue d'ensemble de la contribution du secteur agricole au changement climatique avant de décrire de quelle manière le secteur pourrait contribuer à la réduction des émissions. Il se penche ensuite sur les objectifs des pays en vertu de l'Accord de Paris et sur les mesures qu'ils ont prises pour atténuer les émissions d'origine agricole. Il conclut en examinant dans quelle mesure les politiques actuelles de soutien à l'agriculture peuvent favoriser ou gêner les efforts déployés à l'échelle mondiale pour atténuer les émissions de GES, et propose une marche à suivre assortie de recommandations visant à aider les pays à réformer leur politique agricole afin de concrétiser les objectifs d'atténuation du changement climatique.

Encadré 1.1. Adaptation au changement climatique et résilience du secteur agricole

D'après le Groupe d'experts intergouvernemental sur l'évolution du climat (GIEC), les températures mondiales ont déjà augmenté de 1.1 °C au cours de la décennie écoulée par rapport aux niveaux préindustriels (GIEC, 2022[1]). Par conséquent, les activités humaines sont déjà exposées à la modification des conditions climatiques, ce qui souligne l'urgence qu'il y a à prendre des mesures d'atténuation efficaces. L'agriculture dispose d'un fort potentiel de contribution aux efforts de réduction des émissions de GES et de piégeage du carbone, mais c'est également l'un des secteurs les plus exposés à la modification des régimes climatiques et aux catastrophes naturelles. Les pays à faible revenu sont particulièrement vulnérables, étant donné qu'une grande partie de leur population reste dépendante des activités agricoles pour ses moyens de subsistance et que la pauvreté rurale est au cœur de nombreux défis en matière de développement.

Pour ces raisons, l'atténuation du changement climatique doit s'accompagner d'efforts d'adaptation, et l'agriculture doit trouver des trajectoires innovantes combinant ces deux programmes de transformation. Les stratégies d'adaptation peuvent s'appuyer à la fois sur l'adoption de nouvelles pratiques de gestion (p. ex., diversification des cultures, gestion améliorée de l'eau) plus adaptées aux nouvelles conditions environnementales et sur de nouvelles technologies (p. ex., variétés végétales résistantes aux inondations ou à la chaleur) soutenues par des investissements dans la R-D (Ignaciuk et Mason-D'Croz, 2014[2]).

Compte tenu de l'imprévisibilité croissante des phénomènes climatiques, l'agriculture doit également renforcer sa résilience, définie comme sa capacité de préparation, de planification, d'absorption, de rétablissement, et d'adaptation et de transformation plus constructives face aux chocs, en revoyant son approche du risque (OCDE, 2020[3]). La gestion des risques, notamment, devrait cesser de se focaliser sur chaque acteur séparément pour adopter un point de vue plus systémique, et faire participer différents niveaux décisionnels. Il conviendrait de mettre en place des mesures non seulement pour aider les agriculteurs à se remettre de différents chocs, mais aussi pour renforcer les capacités d'adaptation en réponse aux nouveaux risques et pour transformer le secteur afin de supprimer ces risques autant que possible.

Les travaux de l'OCDE ont mis l'accent sur cinq dimensions dont les acteurs publics et privés devraient tenir compte lorsqu'ils élaborent leur stratégie de gestion des risques dans le secteur agricole (OCDE, 2020[3]). Ils doivent être attentifs : 1) au calendrier, en prenant des mesures préalables précoces et en ciblant le long terme ; 2) aux éventuels arbitrages entre les objectifs de la politique et les intérêts des acteurs, en comparant les résultats des différentes options ; 3) aux processus collaboratifs participatifs faisant intervenir de nombreuses parties prenantes ; 4) aux investissements dans la capacité de résilience des exploitations, fondés sur le renforcement du capital humain et l'appui à l'adoption de technologies et de pratiques adaptées ; 5) aux mesures « sans regrets », en prenant en compte les futurs scénarios possibles s'agissant du changement climatique et d'autres conditions économiques et environnementales.

Les études de cas de pays mettent en évidence combien ce cadre pour la résilience de l'agriculture peut aider à parer aux catastrophes naturelles auxquelles le secteur agricole est confronté (OCDE/FAO, 2021[4]). Parmi les éléments clés figurent la mise en place de mesures d'incitation appropriées pour déclencher une action au niveau des exploitations, la fourniture de données qui aident les agriculteurs à choisir les bons investissements stratégiques dans l'exploitation, et la collaboration avec des intervenants fiables pour favoriser la mise en œuvre efficace des mesures par les agriculteurs.

Mesurer la contribution de l'agriculture au changement climatique

Émissions directes et indirectes

L'agriculture est l'une des causes majeures du changement climatique par deux canaux principaux :

- Les émissions du secteur lui-même, liées à la production. Le secteur agricole est une source majeure d'émissions autres que de CO_2, notamment de méthane (CH_4) et de protoxyde d'azote (N_2O) provenant directement de la production animale et végétale[1].
- Les émissions liées à l'utilisation des terres, au changement d'affectation des terres et à la foresterie (UTCATF)[2]. Parmi les principales sources d'émissions de la catégorie UTCATF liées à l'agriculture figurent la conversion nette de forêts en terres cultivées et en prairies, la conversion de prairies naturelles en terres cultivées, les feux de forêts tropicales, les feux de tourbières, l'évolution du carbone organique du sol et les sols organiques drainés (graphique 1.1).

Ensemble, ces deux éléments – l'agriculture et le secteur UTCATF – sont désignés sous le nom de secteur de l'agriculture, de la foresterie et des autres affectations des terres (AFAT). Au cours de la période 2010-19, les émissions annuelles nettes du secteur AFAT ont représenté en moyenne environ 21 % des émissions anthropiques mondiales totales de GES et ont atteint 22 % en 2019[3]. Sur ces 22 %, les émissions du secteur UTCATF ont représenté environ 11 % des émissions mondiales de GES[4], et celles des exploitations liées à la production agricole, 11 % également[5]. En d'autres termes, le secteur AFAT représente approximativement un cinquième des émissions anthropiques de GES, dont la moitié provient des émissions de CO_2 du secteur UTCATF et l'autre moitié des émissions directes de CH_4 et de N_2O issues de la production agricole.

Graphique 1.1. Émissions anthropiques nettes mondiales du secteur de l'agriculture, de la foresterie et des autres affectations des terres (AFAT) et des autres secteurs, total et décomposition par gaz, moyenne annuelle pour 2010-19

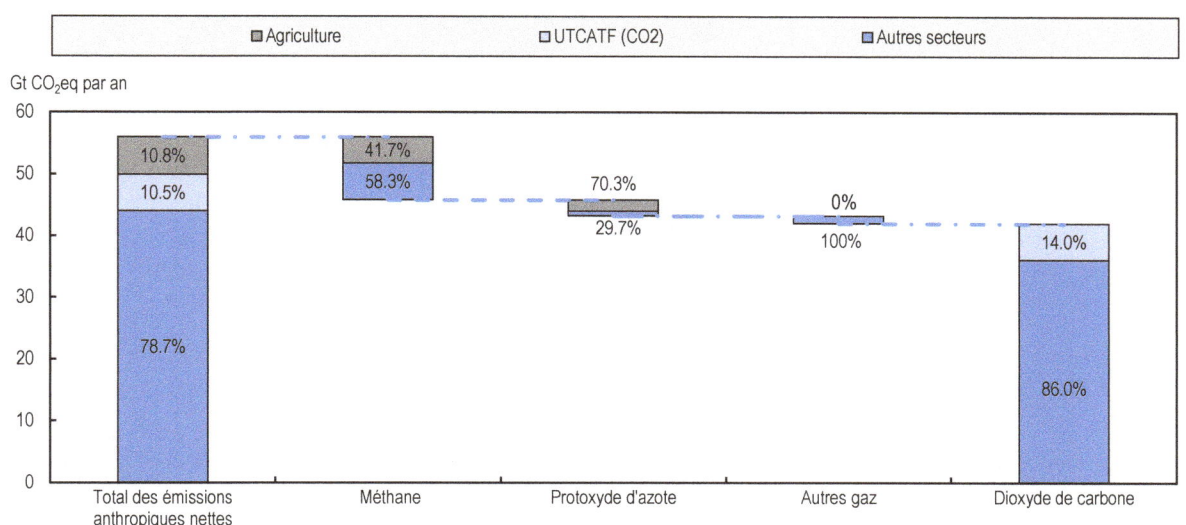

Moyenne annuelle pour 2010-19

Note : UTCATF : utilisation des terres, changement d'affectation des terres et foresterie. Les étiquettes de données indiquent la part des secteurs Agriculture, UTCATF (CO_2) et Autres dans les émissions totales pour chaque GES, ainsi que pour les émissions anthropiques nettes mondiales totales de GES. D'autres secteurs correspondent aux bâtiments, aux transports, aux autres énergies et incluent également les émissions dues aux combustibles fossiles au niveau des exploitations, conformément à la nomenclature du GIEC. La catégorie Autres gaz inclut les gaz fluorés tels que les chlorofluorocarbones (CFC), les hydrofluorocarbones (HFC), hydrochlorofluorocarbones (HCFC), les perfluorocarbones (PFC) et l'hexafluorure de soufre (SF_6). Toutes les valeurs exprimées en unités d'équivalent CO_2 se fondent sur les valeurs de potentiel de réchauffement global à 100 ans (PRG_{100}) du 6e rapport d'évaluation du GIEC incluant la rétroaction climat-carbone (CH_4 = 27.0 ; N_2O = 273). Le secteur UTCATF indique uniquement les émissions de CO_2, telles qu'elles figurent dans le rapport du GIEC (2022[5]). Les émissions autres que de CO_2 du secteur UTCATF (non présentées) représentent 0.6 Gt éq. CO_2 de plus, provenant du brûlage de la végétation et des tourbières.
Source : Données compilées à partir de GIEC (2022[5]) et de la base de données EDGAR (Minx et al., 2021[6]).

StatLink https://stat.link/vyde4w

Les émissions directes des exploitations provenant de l'agriculture contribuent bien plus aux gaz autres que le CO_2 que les autres secteurs : les exploitations génèrent 42 % des émissions anthropiques mondiales de méthane et 70 % des émissions mondiales de protoxyde d'azote[6]. Ces gaz ont un effet bien plus marqué sur le réchauffement planétaire que le CO_2 et le potentiel de réchauffement global à 100 ans (PRG_{100})[7] du méthane a été régulièrement revu à la hausse par le GIEC au cours des vingt dernières années (de 21 en 1995 à 27 actuellement pour l'agriculture). En outre, le méthane est un gaz de courte durée de vie, ce qui signifie que son impact sur le climat est bien plus fort à court terme et devient négligeable bien plus vite que celui du dioxyde de carbone. Autrement dit, le PRG du méthane d'origine non fossile passe de 27 sur une période de 100 ans à près de 80 sur une période de 20 ans. Cela signifie que d'ici le milieu du siècle, les émissions de méthane devraient avoir un effet sur les températures mondiales environ trois fois supérieur à ce que suggèrent les calculs habituels qui utilisent un horizon temporel de 100 ans.

Les émissions indirectes de l'agriculture sont majoritairement des émissions de CO_2, qui proviennent en particulier du défrichage des forêts et d'autres espaces de végétation naturelle, ainsi que du drainage des zones humides et des tourbières à des fins agricoles. Le défrichage des terres libère le carbone stocké dans la biomasse aérienne, tandis que le drainage des sols organiques provoque l'oxydation du carbone du sol et cet important puits de carbone souterrain continue de générer des émissions de nombreuses années après la réaffectation des terres. Le brûlage de la biomasse sur les terres agricoles et les terrains boisés et la combustion des sols organiques (feux de tourbières) contribuent également aux émissions de GES provenant de la sylviculture et d'autres utilisations des terres.

En revanche, l'agriculture peut également contribuer à l'élimination des GES, grâce au piégeage du carbone dans les plantations agricoles, les sols des terres cultivées et des prairies, ainsi que les tourbières partiellement réhumidifiées (Henderson et al., 2022[7]). Globalement, la capacité des terres à jouer le rôle de puits naturel de CO_2 dépendra du changement climatique et des futures activités agricoles (GIEC, 2022[5]).

Les émissions mondiales de dioxyde de carbone du secteur AFAT sont restées relativement stables au cours des dernières décennies. En revanche, les émissions hors CO_2 du secteur AFAT ont augmenté de 15 % entre 1990 et 2019. Cette hausse est principalement attribuable aux émissions directes de l'agriculture, qui ont représenté en moyenne 91 % des émissions hors CO_2 du secteur AFAT au cours de cette période[8].

Les émissions directes de GES de l'agriculture varient d'un pays à l'autre en raison de différences entre des facteurs tels que la superficie agricole, l'envergure du secteur agricole, le panachage de produits et la structure de la production agricole. Les émissions totales de GES générées par l'agriculture dans l'ensemble des 54 pays examinés dans le présent rapport correspondent environ aux deux tiers des émissions mondiales totales de GES du secteur agricole[9]. Les cinq principaux pays émetteurs sont l'Inde, la République populaire de Chine (ci-après « la Chine »), les États-Unis, le Brésil et l'UE-27, qui représentent ensemble 72 % du total des 54 pays. À l'inverse, les cinq pays produisant le moins d'émissions (l'Islande, Israël, le Costa Rica, la Norvège et la Suisse) ne représentent que 0.4 % des émissions totales de GES issues de l'agriculture (voir le graphique 1.2 pour connaître les émissions directes de GES du secteur agricole de ces 54 pays en 2019). Afin que la ventilation des émissions soit lisible, ce graphique est présenté en totalité, puis décomposé en trois graphiques distincts couvrant les pays regroupés en fonction de leur niveau d'émissions d'origine agricole : élevé, moyen ou faible.

La fermentation entérique et **la gestion des effluents** associées à l'élevage représentent plus de 50 % des émissions directes du secteur agricole dans l'ensemble des 54 pays. La fermentation entérique, un processus digestif des bovins, des ovins, des caprins et d'autres ruminants qui génère du méthane, représente la grande majorité de ces émissions (42 % des émissions directes de l'agriculture). La gestion des effluents d'élevage, qui produit des émissions de méthane et de protoxyde d'azote est à l'origine de 8 % des émissions directes. La part de ces émissions liées à l'élevage dans les émissions totales d'origine agricole varie dans les 54 pays étudiés dans ce rapport, s'échelonnant entre 19 % aux Philippines et 78 % en Australie et en Nouvelle-Zélande. L'élevage est également responsable d'autres émissions en raison des dépôts de fumier dans les prairies et des épandages de fumier sur les terres cultivées (pour de plus amples informations, voir la partie sur les sols agricoles plus bas). Lorsqu'on ajoute le fumier laissé dans les pâturages aux sources ci-dessus, au total, l'élevage représente les deux tiers des émissions agricoles dans les 54 pays étudiés[10].

La **riziculture** est également une source importante d'émissions de méthane et est responsable de 11 % des émissions directes produites par l'agriculture dans l'ensemble des 54 pays. Ces émissions se concentrent en Asie, où cinq pays (la Chine, l'Inde, l'Indonésie, les Philippines et le Viet Nam) représentent 67 % de la production mondiale de riz et 91 % des émissions totales liées à la riziculture des 54 pays (OCDE/FAO, 2021[8]). En moyenne, dans la zone OCDE, la riziculture ne représente que 2 % des émissions directes d'origine agricole.

Les **sols agricoles** sont la principale source d'émissions de protoxyde d'azote, du fait de l'application d'engrais organiques ou azotés de synthèse, des résidus de récolte, ainsi que du fumier et de l'urine déposés par les ruminants dans les prairies. Ces émissions représentent 37 % des émissions directes de l'agriculture des 54 pays, mais avec de fortes variations d'un pays à l'autre : les sols agricoles représentent

76 % des émissions directes de l'agriculture en Ukraine, et plus de la moitié des émissions totales d'origine agricole en Israël et aux États-Unis.

Les autres sources d'émissions directes de l'agriculture sont plus marginales dans l'ensemble des 54 pays et ne représentent que 2 % des émissions totales du secteur. Il s'agit notamment du dioxyde de carbone provenant du chaulage, de l'application d'urée et d'autres engrais carbonés, ainsi que de méthane et de protoxyde d'azote issus du brûlage dirigé de savanes et du brûlage des résidus agricoles dans les champs. En outre, certaines sources d'émissions des exploitations ne sont pas comptabilisées comme des émissions directes de l'agriculture en vertu de la typologie des inventaires au titre de la CCNUCC, mais peuvent être non négligeables : elles couvrent notamment la consommation d'énergie au sein de l'exploitation, comme le carburant pour les machines agricoles, d'autres sources d'énergie utilisées pour les bâtiments d'élevage et les serres, ainsi que l'irrigation. L'encadré 1.2 fournit plus de détails sur ces sources, et comptabilise notamment les émissions de GES du point de vue des systèmes alimentaires.

Graphique 1.2. Émissions directes de GES d'origine agricole, par pays et par source, 2019

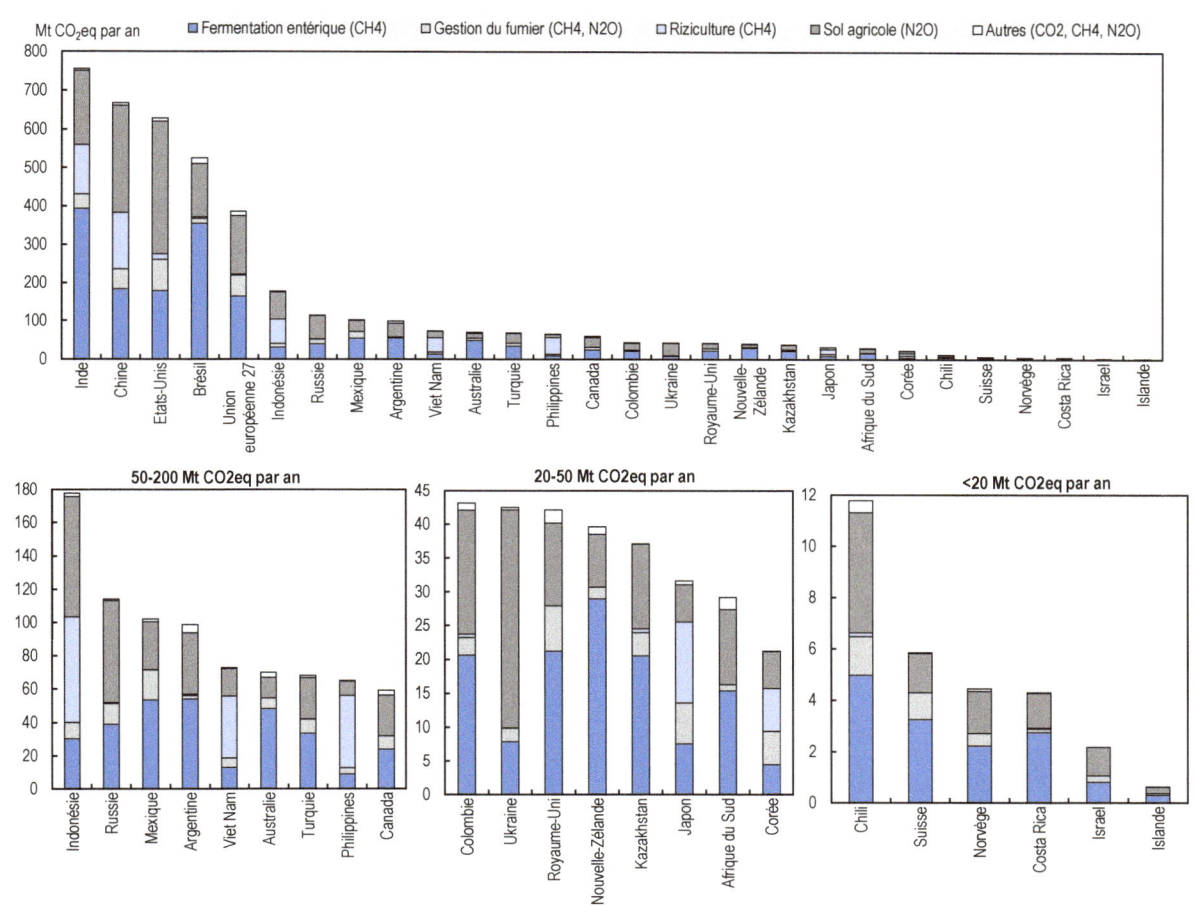

Note : Données de 2019, sauf pour le Chili, la Corée, Israël (2018) ; le Mexique (2015) ; l'Argentine et la Colombie (2014). CO2 : dioxyde de carbone, CH4 : méthane, N2O : oxyde nitreux.
Source : OECD.Stat (2021[9]).

StatLink https://stat.link/xhkn6o

Encadré 1.2. Comment les systèmes alimentaires participent-ils aux émissions mondiales de GES ?

Outre les émissions générées par la production agricole, l'utilisation des terres et le changement d'affectation des terres, les systèmes alimentaires contribuent aux émissions de GES par l'intermédiaire de différents processus en amont et en aval de la production tels que la fabrication d'engrais, la transformation des aliments, l'emballage, le transport, la vente au détail, la consommation des ménages et le traitement des déchets alimentaires. Cependant, il y a des lacunes majeures dans les connaissances et de fortes incertitudes concernant la quantification des émissions des systèmes alimentaires. Les estimations du GIEC (2022[10]) fondées sur Crippa et al. (2021[11]) et FAO (2021[12]) indiquent que les systèmes alimentaires ont émis 16.8 Gt éq. CO_2 par an en 2018 (intervalle de confiance à 95 % : 13-23 Gt éq. CO_2 par an), soit 31 % (fourchette : 23-42 %) des émissions anthropiques totales de GES[11]. Cette part représente une hausse de 16 % par rapport aux niveaux de 1990, principalement tirée par les émissions hors secteur AFAT qui ont progressé pour atteindre 39 % des émissions des systèmes alimentaires en 2018 (contre 28 % en 1990) (graphique 1.3).

Graphique 1.3. Émissions de GES des systèmes alimentaires mondiaux par secteur et par gaz, 1990 et 2018

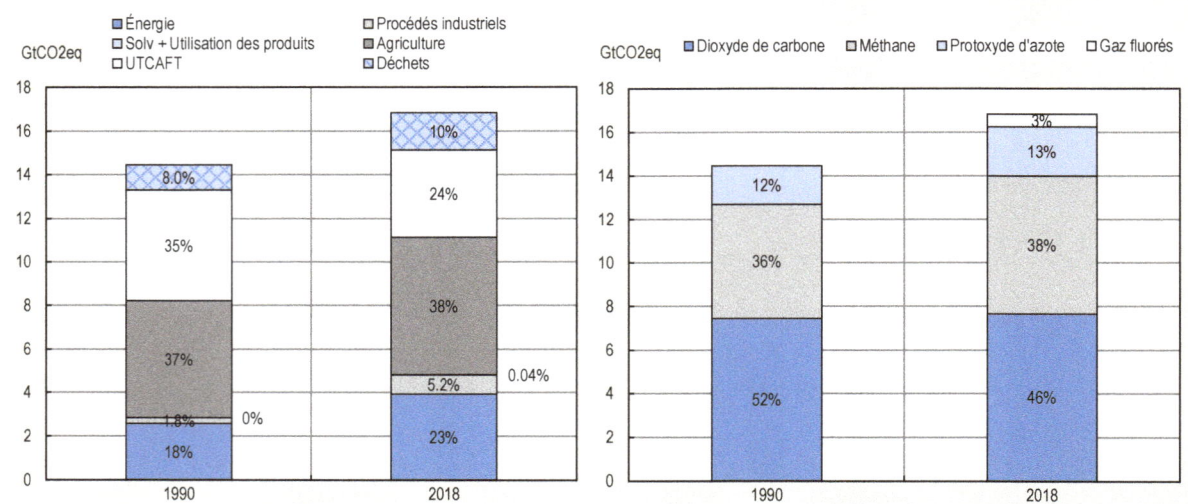

Note : Utilisation solv. et autres produits : Utilisation de solvants et d'autres produits. UTCATF : Utilisation des terres, changement d'affectation des terres et foresterie. Les étiquettes de données indiquent la part en pourcentage de chaque secteur ou gaz dans le total des émissions anthropiques nettes mondiales de GES.
Source : GIEC (2022[10]).

StatLink 🛒📊 https://stat.link/75eo6w

Des émissions liées à l'utilisation d'énergie sont générées tout au long de la chaîne d'approvisionnement alimentaire, composées presque entièrement de CO_2. En 2018, les deux tiers des émissions d'énergie provenaient d'industries énergétiques fournissant de l'électricité et de la chaleur, des secteurs manufacturier et de la construction, et des transports. La réfrigération est une source importante d'utilisation d'énergie dans le secteur du commerce de détail, et entraîne une hausse substantielle de la consommation de carburant pendant la distribution. La réfrigération dans les supermarchés est énergivore et contribue également aux fuites de gaz fluorés. Les transports ne représentent que 5 à 6 % des émissions des systèmes alimentaires, et le poste est dominé par les transports routiers (92 % des émissions des systèmes alimentaires liées au transport), suivis par le transport maritime (4 %), le transport ferroviaire (3 %) et le transport aérien (1 %).

Les émissions issues des processus industriels des systèmes alimentaires se composent de réfrigérants (gaz fluorés), ainsi que de CO_2 lié à la production d'ammoniac et de N_2O provenant de l'acide nitrique générés par l'industrie des engrais. Les émissions de gaz fluorés peuvent avoir des effets disproportionnés sur les températures mondiales même à de faibles concentrations atmosphériques. Bien que les gaz fluorés n'aient contribué qu'à 3 % des émissions des systèmes alimentaires mondiaux en 2018, cette part devrait augmenter rapidement sous l'effet du développement des chaînes de froid et de la capacité d'entreposage frigorifique dans les pays en développement.

Les déchets représentent 10 % des émissions des systèmes alimentaires, et comprennent les eaux usées des ménages et des établissements commerciaux (55 % des émissions liées aux déchets des systèmes alimentaires), la gestion des déchets solides (36 %), les eaux usées industrielles (8 %), ainsi que l'incinération des déchets et autres systèmes de gestion des déchets (1 %). La décomposition des déchets alimentaires, notamment des matières organiques dans les décharges, génère également d'importantes quantités de méthane.

Source : GIEC (2022[10]).

Intensité d'émission du secteur agricole

Afin de tenir compte des différences de taille considérables entre les secteurs agricoles des pays, les émissions peuvent également être exprimées en pourcentage de la production agricole ou d'un facteur de production, comme les terres agricoles. La mesure des émissions de l'agriculture par USD de valeur de production permet de connaître l'***intensité d'émission de la production agricole*** (graphique 1.4). Les pays ayant une part élevée de produits issus de ruminants dans leur production agricole (p. ex., le Brésil, l'Argentine, la Nouvelle-Zélande, le Mexique) ou des prix bas sur leur marché intérieur (p. ex., le Kazakhstan, les Philippines) occupent les premières places du classement. À l'inverse, les pays ayant une valeur de production élevée (p. ex., le Japon, la Corée, la Suisse) ou une faible part de produits issus de ruminants (p. ex., la Chine) tendent à afficher une faible intensité d'émission dans leur secteur agricole. Globalement, l'intensité d'émission de la production agricole dans la zone OCDE est légèrement supérieure à celle des 11 économies émergentes étudiées dans ce rapport[12].

Lorsqu'on examine ***l'intensité d'émission des terres agricoles***, mesurée par les émissions agricoles rapportées à la superficie agricole totale, les pays occupant un vaste territoire comme l'Australie, le Kazakhstan et l'Afrique du Sud affichent globalement les plus faibles émissions d'origine agricole par hectare. Les émissions de l'agriculture par hectare tendent à être plus élevées dans les pays ayant une superficie agricole relativement faible et où les produits à forte intensité d'émission (p. ex., la riziculture en Corée, au Japon, au Viet Nam et aux Philippines ; ou la production animale en Norvège, en Suisse et en Nouvelle-Zélande) représentent une part importante de la production agricole. Outre les caractéristiques géographiques, les différences entre les pays peuvent s'expliquer par les divers systèmes de production existants et le degré de contribution des terres à la production (par rapport à d'autres facteurs). Avec cet indicateur, les émissions agricoles par hectare de la zone OCDE sont plus faibles que la moyenne de celles des 11 économies émergentes[13]. Cependant, il est important de préciser que cet indicateur ne prend pas en compte les émissions indirectes du secteur agricole (c.-à-d. celles liées au changement d'affectation des terres), qui sont importantes dans un certain nombre de pays. La forte intensité d'émission des terres agricoles peut, lorsqu'elle est liée à l'intensification de la production, neutraliser une part des émissions de GES en raison d'une extension moindre des superficies.

Graphique 1.4. Intensité d'émission de la production agricole et des terres dans les pays

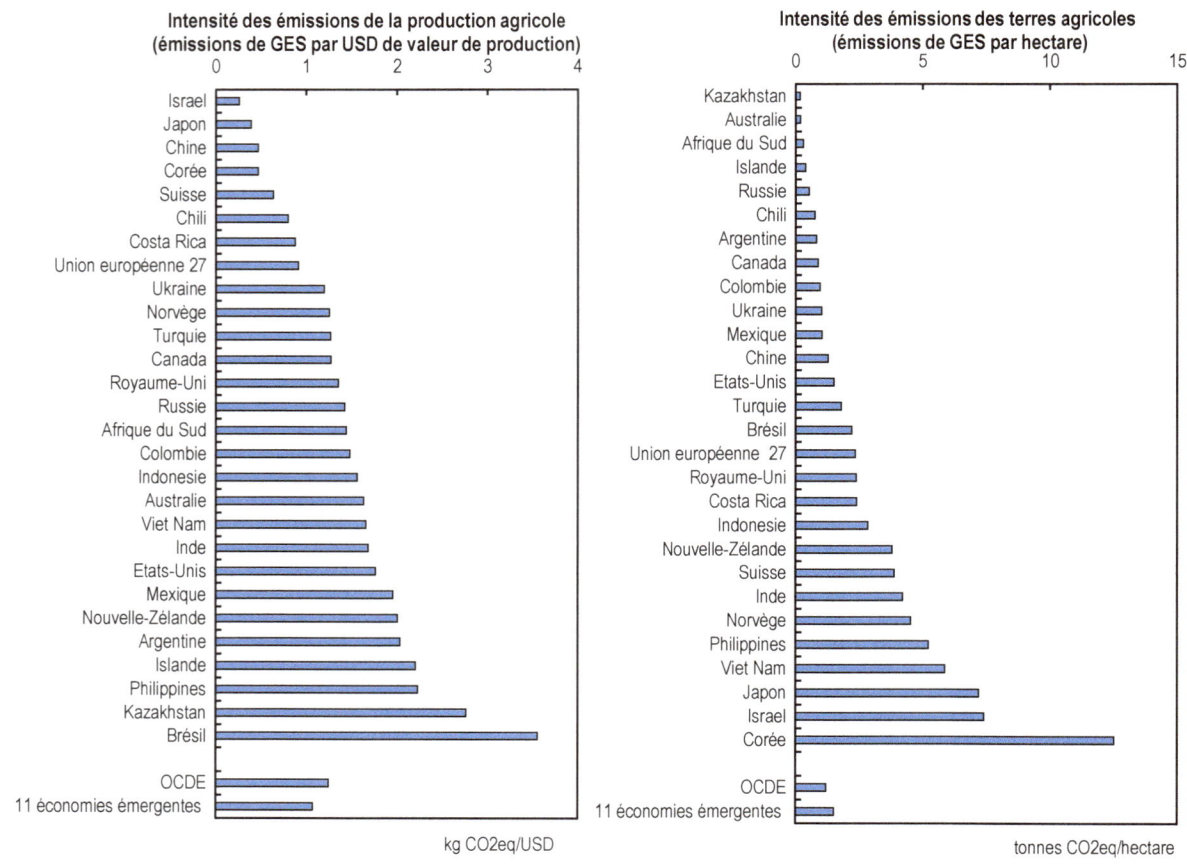

Note : Les données datent de 2019, sauf pour le Canada, le Chili, la Corée, Israël (2018) ; le Mexique (2015) ; l'Argentine et la Colombie (2014). L'intensité d'émission de la production agricole correspond aux émissions directes de GES d'origine agricole rapportées à la valeur de la production agricole. Les émissions directes de GES de l'agriculture par hectare correspondent aux émissions directes de GES d'origine agricole rapportées à la superficie totale des terres agricoles.

1. Le total pour l'OCDE ne comprend pas 5 États membres de l'UE non membres de l'OCDE.

2. Les 11 économies émergentes sont l'Afrique du Sud, l'Argentine, le Brésil, la Chine, l'Inde, l'Indonésie, le Kazakhstan, les Philippines, la Fédération de Russie, l'Ukraine et le Viet Nam.

Source : OECD.Stat (2021), Indicateurs environnementaux pour l'agriculture, https://stats.oecd.org/# ; OCDE (2022), « Estimations du soutien aux producteurs et aux consommateurs », Statistiques agricoles de l'OCDE (base de données), https://doi.org/10.1787/agr-data-fr.

StatLink 🔢 https://stat.link/617r3u

Les intensités d'émission de GES varient aussi notablement lorsqu'on compare les produits alimentaires. Poore et Nemecek (2018[13]) fournissent des estimations des intensités d'émission de GES, exprimées en kg éq. CO_2 par kilogramme de produit et par unité fonctionnelle nutritionnelle (p. ex., 100 g de protéine) pour plus de 40 produits (graphique 1.5)[14]. Les intensités d'émission sont mesurées en utilisant l'évaluation du cycle de vie attributionnelle qui prend en compte l'ensemble de la chaîne d'approvisionnement.

En moyenne, les intensités d'émission les plus élevées concernent la viande de ruminant, notamment la viande bovine provenant de troupeaux de races à viande, et la viande d'agneau[15]. Les émissions de l'élevage laitier étant réparties entre la production de lait et la production de viande, l'empreinte carbone de la viande bovine provenant du cheptel laitier est plus faible[16]. Les intensités d'émission sont nettement inférieures pour les produits alimentaires d'origine végétale. Si le riz produit beaucoup d'émissions, la plupart des autres céréales génèrent relativement peu d'émissions par unité de produit, et la majorité des fruits, des légumes, des racines et des tubercules affichent des émissions moyennes encore plus faibles[17].

Lorsque l'on tient compte de l'hétérogénéité des exploitations, les émissions de GES des produits varient aussi considérablement selon l'endroit où et la façon dont le produit concerné est produit (graphique 1.5). Par exemple, les émissions les plus élevées des exploitations de **viande bovine** sont plus de cinq fois supérieures aux émissions les plus faibles dans le cas des troupeaux de races à viande, et près de 12 fois supérieures aux émissions les plus faibles dans le cas des troupeaux laitiers[18]. Cette forte variation reflète les différences entre les systèmes de production, pour lesquels la productivité, la composition de l'alimentation, la qualité de l'alimentation et l'efficacité alimentaire changent. Le bétail des systèmes de pâturage consomme essentiellement de l'herbe et a généralement une intensité d'émission plus élevée que dans les systèmes de polyculture-élevage, où il est plus facile d'optimiser l'alimentation des animaux. Les intensités d'émission moyennes sont particulièrement élevées dans les systèmes de pâturage qui entraînent une expansion des pâturages et donc des émissions supplémentaires dues au changement d'affectation des terres, ainsi que dans les systèmes caractérisés par une faible digestibilité des aliments pour animaux, de mauvaises pratiques d'élevage et un faible poids à l'abattage (Herrero et al., 2013[14] ; Gerber et al., 2013[15]).

S'agissant des **principales cultures de base** telles que le blé et le maïs, les émissions les plus élevées par kilogramme sont trois fois supérieures aux plus faibles. Le riz est la culture de base générant le plus d'émissions, car sa production dans les rizières inondées empêche l'oxygène de pénétrer dans le sol, favorisant la croissance des bactéries produisant du méthane (Adhya et al., 2014[16]). L'intensité de ces émissions est cependant très variable selon les exploitations rizicoles, le niveau le plus élevé étant équivalant à six fois le niveau le plus faible.

Graphique 1.5. Intensité d'émission de GES des produits alimentaires

Intensités d'émission moyennes, au 10e et au 90e centile (par kg de produit alimentaire et pour 100 g de protéines)

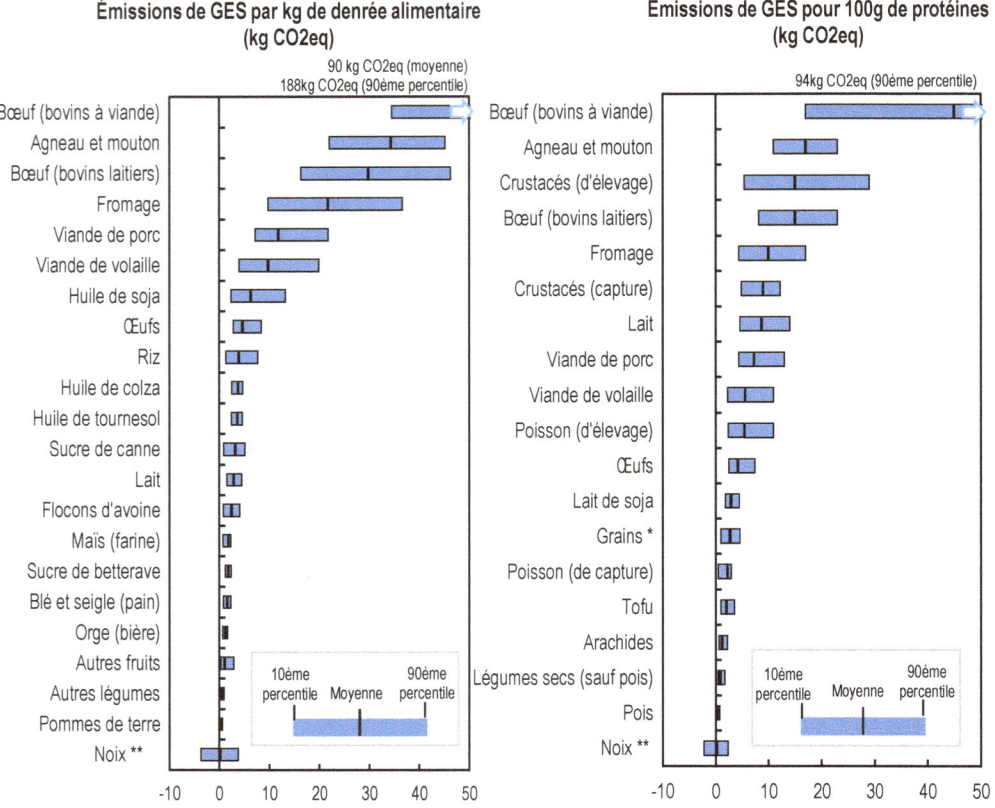

Note : Agrégation des émissions de CO_2, de CH_4 et de N_2O dans (Poore et Nemecek, 2018[13]) actualisées en utilisant le PRG sur 100 ans du 6e rapport d'évaluation du GIEC. Données pour les poissons, les crustacés et les céphalopodes pêchés extraites de (Parker et al., 2018[17]), données en aval des exploitations tirées de (Poore et Nemecek, 2018[13]), où la fourchette représente les différences entre les groupes d'espèces. Les émissions de CH_4 incluent les émissions produites par la gestion des effluents d'élevage, la fermentation entérique et le riz inondé uniquement.

*Les céréales ne sont généralement pas classées dans les aliments riches en protéines, mais elles fournissent ~41 % de l'apport mondial en protéines. Ici, les céréales sont une moyenne pondérée du blé, du maïs, de l'avoine et du riz selon l'apport mondial en protéines (bilans alimentaires de la FAO).

**La conversion de cultures annuelles en cultures pérennes peut entraîner le piégeage de carbone dans la biomasse ligneuse et le sol, représenté par une intensité d'émission négative.

Source : GIEC (2022[10]) ; Poore et Nemecek (2018[13]).

StatLink ⬚ https://stat.link/7n54xy

Perspectives d'avenir

Avec une population mondiale qui devrait atteindre 9.7 milliards en 2050, les émissions d'origine agricole devraient continuer à progresser dans les années à venir. D'après les projections des *Perspectives agricoles de l'OCDE et de la FAO 2022-2031*, les émissions directes produites par l'agriculture devraient augmenter de 6 % entre 2019-21 et 2031 (dans l'hypothèse où aucun changement n'est apporté aux politiques actuelles et où les progrès technologiques suivent la tendance). La production animale représentera alors plus de 85 % de la hausse mondiale et les émissions du secteur agricole devraient progresser dans la quasi-totalité des régions au cours de la décennie à venir (sauf en Europe et en Asie centrale) (graphique 1.6). La plus forte augmentation des émissions devrait avoir lieu dans les régions à revenu intermédiaire et faible, qui sont caractérisées par une croissance plus rapide de la production et des systèmes de production générant davantage d'émissions. Cette hausse devrait se produire essentiellement en Afrique subsaharienne, où les émissions directes de GES de l'agriculture devraient progresser de 17 % au cours des dix prochaines années.

Cela étant, dans l'ensemble des régions, la croissance de la production agricole devrait être supérieure à celle des émissions directes de GES de l'agriculture, entraînant un découplage partiel entre les émissions et la production, ainsi qu'une baisse de l'intensité carbone de la production agricole au cours de la prochaine décennie. Le découplage entre les émissions et la production correspond à la poursuite d'une tendance de fond observée au cours des dernières décennies, et sera principalement attribuable à l'amélioration du rendement et à une diminution de la part des ruminants dans la production agricole totale (OCDE/FAO, 2022[18]).

Graphique 1.6. Augmentation annuelle prévue de la production agricole et des émissions directes de GES de l'agriculture, 2022-31

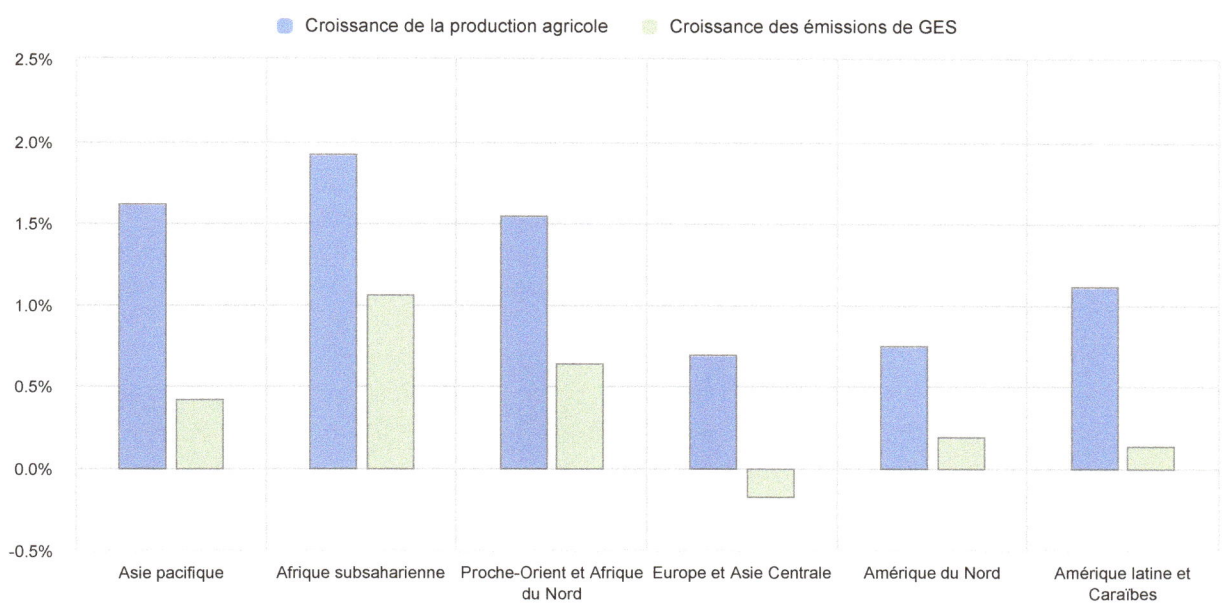

Note : Ce graphique illustre les projections de l'augmentation annuelle des émissions directes de GES d'origine agricole et de la valeur nette estimée de la production des produits végétaux et animaux pris en considération dans les *Perspectives* (mesurée en USD aux prix constants de 2014-16). Les estimations se fondent sur les séries chronologiques historiques des bases de données sur les émissions de l'agriculture de FAOSTAT qui sont complétées avec la base de données des Perspectives.
Source : OECD/FAO (2021[19]).

Si les projections à long terme varient considérablement, la plupart des études prévoient une poursuite de la hausse des émissions de GES du secteur agricole d'ici le milieu du siècle en l'absence d'efforts soutenus pour atténuer ces émissions. Dans un scénario de statu quo, la FAO (2018[20]) prévoit une croissance de 50 % de la production agricole mondiale entre 2012 et 2050, ainsi qu'un accroissement de 18 % des superficies récoltées, une augmentation de 46 % de la taille totale du cheptel, une hausse de 50 % de la consommation d'engrais azotés, et une progression de 20 % des émissions mondiales de GES du secteur agricole. La hausse des émissions de l'agriculture pourrait aisément dépasser 50 % au cours de la même période si l'on prend en compte des conditions moins favorables (OCDE, 2016[21] ; Popp et al., 2017[22] ; Springmann et al., 2018[23]).

Possibilités de contribution de l'agriculture à l'atténuation du changement climatique

En tant que source majeure d'émissions mondiales de GES, l'agriculture a un important rôle à jouer pour favoriser l'atteinte des objectifs mondiaux d'atténuation du changement climatique. En effet, les objectifs fixés en vertu de l'Accord de Paris resteront hors d'atteinte si les efforts d'atténuation n'incluent pas les secteurs agricole et alimentaire (Clark et al., 2020[24]). Le dernier rapport d'évaluation du GIEC juge que la mise en place rapide de mesures d'atténuation dans le secteur AFAT apportera une contribution essentielle à toutes les stratégies possibles pour limiter la hausse des températures mondiales à 1.5 °C au-dessus des niveaux préindustriels (GIEC, 2022[5]). En utilisant la modélisation de l'évaluation intégrée et des études ascendantes techniques, on estime que le secteur AFAT dans son ensemble pourrait contribuer à hauteur de 20 à 30 % aux efforts d'atténuation mondiaux pour une trajectoire vers l'objectif de 1.5 °C ou 2 °C d'ici 2050, à un coût relativement modeste (GIEC, 2022[5]). La plus grande partie de cette réduction proviendrait de la protection et de la restauration des forêts et d'autres écosystèmes naturels, avec une contribution plus modeste mais néanmoins importante du seul secteur agricole (OCDE, 2019[25]).

Deux grands groupes d'options offrent des possibilités au secteur agricole pour atténuer les émissions de GES :

Options du côté de l'offre. Ces options concernent différents domaines d'intervention visant diverses phases du processus de production :

- *Réduire les émissions directes des exploitations résultant de la production agricole :* faire progresser la productivité et l'efficacité de l'utilisation des intrants par des technologies et une gestion améliorées, ainsi que par des solutions techniques spécifiques réduisant les émissions d'origine agricole.

- *Réduire les émissions indirectes résultant des changements d'affectation des terres et augmenter la quantité de carbone stockée dans les sols agricoles :* limiter l'expansion des terres agricoles, y compris grâce à des gains de productivité, remettre en état des terres dégradées et réhumidifier des tourbières asséchées, augmenter la séquestration du carbone par les sols des terres cultivées et des prairies, et réaliser des opérations de boisement.

- *Réduire les émissions imputables aux pertes de production alimentaire :* limiter les pertes intervenant dans les champs et dans les exploitations après la récolte.

Options du côté de la demande. Ces options correspondent aux variations de la demande de produits agricoles du côté des consommateurs : changements des préférences alimentaires, achat de nourriture associée à un niveau d'émission moins élevé et réduction du gaspillage alimentaire, autant d'orientations favorisant une baisse de l'empreinte carbone des consommateurs.

En outre, l'agriculture peut contribuer dans une certaine mesure à l'atténuation mondiale grâce à la production de bioénergie. L'objectif principal de cette option n'est pas de réduire les émissions d'origine agricole, mais plutôt d'utiliser la production agricole pour réduire les émissions dues aux combustibles fossiles dans d'autres secteurs (voir l'encadré 1.4).

Cette section décrit en détail ces options techniques, tant du côté de l'offre que de la demande, avant de présenter leur potentiel en matière d'atténuation.

Réduire les émissions directes des exploitations dues à la production agricole

Les émissions des exploitations correspondent majoritairement à des émissions autres que de CO_2 associées à l'utilisation d'engrais, à la riziculture, et dans le cas du secteur de l'élevage, à la fermentation entérique, à la gestion des effluents d'élevage et au dépôt de fumier au sol. Certains combustibles fossiles sont également consommés dans les exploitations pour l'utilisation des machines, l'irrigation, le chauffage des bâtiments d'élevage, entre autres, et peuvent faire partie des efforts d'atténuation, même s'ils ne sont pas directement pris en compte dans le secteur AFAT.

Réduction des émissions provenant des cultures

Pour de nombreuses cultures, la première source d'émissions est le protoxyde d'azote lié à l'utilisation d'engrais de synthèse ou organiques. L'amélioration des pratiques culturales et l'utilisation plus efficace des engrais de synthèse et du fumier organique ont permis à de nombreux pays de réduire leurs émissions de protoxyde d'azote, tout en augmentant régulièrement la production agricole. Cependant, il reste possible de réduire encore nettement les émissions sans compromettre la productivité et la sécurité alimentaire, étant donné que 45 % de l'azote ajouté dans les champs à l'échelle mondiale n'est pas absorbé par les cultures (Blandford et Hassapoyannes, 2018[26]). Les progrès de l'agriculture de précision et l'utilisation d'inhibiteurs de nitrification et d'uréase peuvent encore améliorer la gestion du recyclage des éléments nutritifs des cultures, mais devraient être complétés par des approches plus holistiques, qui s'appuient sur la gestion intégrée des cultures et des rotations de culture améliorées (p. ex. avec des légumes et des cultures de couverture), ainsi que sur l'intégration des systèmes de polyculture-élevage.

Le riz irrigué constitue une source importante d'émissions de méthane, générées par la zone inondée pour la riziculture. La production de méthane par les bactéries dans les rizières peut être fortement influencée par la modification des régimes de gestion de l'eau, comme la durée des intervalles d'inondation et la fréquence des inondations. Un drainage en milieu de saison, une pratique d'irrigation courante en Chine et au Japon de même que l'irrigation intermittente au nord-ouest de l'Inde, peut réduire sensiblement les émissions de méthane (Wassmann, Hosen et Sumfleth, 2009[27]). L'amélioration du rendement du riz peut également aider à réduire les émissions provenant de la riziculture, bien qu'il puisse y avoir des arbitrages entre l'amélioration de la gestion de l'eau pour réduire les émissions de méthane, la compensation de la hausse des émissions due à l'utilisation d'engrais et l'importance de la production.

Réduction des émissions du secteur de l'élevage

Comme il est indiqué plus haut, la principale source d'émissions de GES du secteur agricole est la fermentation entérique des ruminants, la viande bovine arrivant largement en tête lorsqu'on mesure son empreinte carbone par unité de protéines produites à l'échelle mondiale (Blandford et Hassapoyannes, 2018[26]). Du côté de l'offre, l'intensité d'émission des produits issus des ruminants peut être réduite en améliorant la productivité à l'échelle de l'animal ou du troupeau, ou en intervenant plus directement pour limiter la fermentation entérique.

Il est possible d'accroître le taux de conversion alimentaire de la production animale en progressant dans l'amélioration génétique des troupeaux, en améliorant la qualité des aliments pour animaux et des pâturages, en renforçant la gestion des exploitations et des animaux, notamment en prévenant les maladies (MacLeod et al., 2015[28]). Toutes ces options permettent également d'augmenter la production et les revenus pour un nombre donné de têtes d'animaux. Compte tenu de la forte hétérogénéité de la productivité et de l'intensité d'émission de l'élevage à l'échelle mondiale (Herrero et al., 2013[14]), elles pourraient s'avérer particulièrement utiles dans les pays à revenu faible et intermédiaire pour réussir à la fois à atténuer le changement climatique et à améliorer la sécurité alimentaire et la nutrition. Pour les économies avancées, l'utilisation d'inhibiteurs de méthane semble plus prometteuse avec la mise au point de nouvelles technologies, comme les inhibiteurs chimiques de synthèse, des espèces d'algues particulières qui pourraient être utilisées comme compléments alimentaires et des vaccins contre les bactéries méthanogènes (Reisinger et al., 2021[29]). Bon nombre de ces options ont été intensivement étudiées au cours des dix dernières années et pourraient être commercialisées prochainement. Néanmoins, des questions subsistent quant à leur efficacité et leurs effets à long terme sur la santé des animaux et la productivité, leur acceptabilité sociale et le cadre réglementaire nécessaire. En outre, ces compléments alimentaires pourraient également ne pas s'avérer très efficaces pour réduire les émissions des systèmes d'agriculture intensive où les ruminants sont en grande majorité nourris à l'herbe.

La gestion des effluents contribue aussi notablement aux émissions de GES du secteur de l'élevage. Au nombre des options pour limiter les émissions de CH_4 et de N_2O qui s'y rapportent figurent l'amélioration des méthodes d'application, le stockage et le compostage, l'utilisation d'inhibiteurs de nitrification pour le fumier entreposé et les flaques d'urine, la modification de l'alimentation des animaux et des pratiques de pâturage, l'utilisation des effluents d'élevage pour acidifier les sols et leur séparation liquide-solide, ainsi que l'utilisation de digesteurs anaérobies. Ces options ont déjà été largement mises en œuvre dans certaines régions, où des digesteurs de petite et grande capacité produisent du biogaz. Si les estimations de réduction des émissions pour ces technologies d'atténuation sont plus limitées que pour la fermentation entérique, le potentiel de réduction est réel, en particulier dans les régions développées et pour les systèmes de gestion intensive (GIEC, 2022[5]).

Autres émissions des exploitations

La consommation énergétique des exploitations liée à l'électricité, au chauffage et aux carburants représente une source importante d'émissions. Il existe différentes technologies permettant de réduire ces émissions, dont le passage à des sources d'énergie renouvelables telles que le solaire et l'éolien, et l'adoption de carburants plus écologiques et plus efficaces pour alimenter les machines agricoles. Le déploiement des énergies renouvelables sur les terres agricoles peut également donner aux agriculteurs la possibilité de bénéficier d'un revenu supplémentaire, par exemple avec des tarifs spéciaux pour louer les éoliennes sur leurs terres (dont production d'électricité contribue à la décarbonation d'autres secteurs). La part d'émissions associée à la consommation d'énergie des exploitations reste faible par rapport aux autres sources du secteur AFAT, mais les études laissent penser qu'il pourrait être relativement peu coûteux de réduire ces types d'émissions et que les mesures pourraient être plus facilement adoptées par la communauté agricole (MacLeod et al., 2015[28]).

Réduire les émissions liées au changement d'affectation des terres et accroître les stocks de carbone dans les sols agricoles

Si l'amélioration de la productivité du secteur agricole a réduit la nécessité d'étendre les terres agricoles (voir l'encadré 1.3), les émissions liées au changement d'affectation des terres restent néanmoins considérables, en raison de la conversion des forêts, des prairies et des autres stocks de carbone en terres cultivées ou en pâturages. Ce secteur utilise actuellement environ la moitié des terres habitables de la planète (GIEC, 2019[30]). L'élevage occupe approximativement 78 % (40 millions km²) de toutes les terres agricoles, ce qui comprend les 35 % utilisés à l'échelle mondiale pour cultiver les végétaux destinés à produire les aliments pour animaux (Dasgupta, 2021[31]). Des études empiriques ont démontré que l'expansion de l'agriculture était l'un des principaux facteurs du déboisement et de la dégradation des terres dans le monde (Busch et Ferretti-Gallon, 2017[32] ; Curtis et al., 2018[33]). Les estimations récentes indiquent que l'agriculture commerciale à grande échelle (pâturages extensifs de type ranch, production de soja et plantations de palmiers à huile) est à l'origine d'environ 40 % du déboisement tropical et subtropical, l'agriculture locale de subsistance étant responsable de 33 % supplémentaires (Hosonuma et al., 2012[34] ; FAO et PNUE, 2020[35]). Le changement d'affectation des terres est également une cause majeure de l'appauvrissement de la biodiversité et de l'épuisement du carbone du sol, en particulier des sols organiques tourbeux riches en carbone (GIEC, 2019[30]).

La réduction du déboisement dû à l'expansion agricole est essentielle pour atténuer les émissions du secteur UTCATF, en particulier dans les régions tropicales où la production agricole a connu une forte expansion territoriale. Du côté de la production, la hausse de la productivité et des rendements agricoles est primordiale pour réduire le besoin de terres supplémentaires en vue de répondre à la demande alimentaire, ainsi que pour réduire (mais pas supprimer) les compromis entre l'augmentation de la production alimentaire et les répercussions négatives sur les écosystèmes naturels (voir l'encadré 1.3). Les gains de productivité peuvent également aider à compenser les émissions grâce au piégeage du carbone, en offrant la possibilité de restaurer et de reboiser les terres marginales. Ces mesures peuvent être complétées par des actions du côté de la demande, afin de réduire encore la demande de terres agricoles, comme explicité plus bas.

Toutefois, la protection des forêts nécessite d'autres interventions des pouvoirs publics, comme la création de zones protégées, des outils d'application de la loi et une gouvernance des forêts efficaces, une amélioration du régime foncier et une certification de gestion durable. L'amélioration de la protection des forêts est considérée comme une source majeure de réduction des émissions, les régions où se concentre le déboisement (Amérique latine, Afrique et Asie du Sud-Est) étant pour l'essentiel celles offrant le potentiel d'atténuation le plus élevé. Les activités agricoles peuvent également entraîner la conversion et la dégradation d'autres terres, comme les prairies et les savanes. Toutefois, le potentiel d'atténuation des émissions associé à la protection de ces terres est plus faible.

Parmi les écosystèmes fragiles, les tourbières méritent une attention particulière en raison des stocks de carbone importants qu'elles abritent. Le drainage des tourbières provoque d'importantes émissions de GES sous l'effet de l'oxydation du carbone minéral présent dans le sol, qui se poursuit dans le temps, ainsi que des feux de tourbe. Au niveau mondial, quelque 25 millions d'hectares de tourbières drainées (environ 0.6 % des terres agricoles) génèreraient environ 2 % des émissions anthropiques totales (FAO, 2022[36]), et ces émissions se poursuivront, sauf si ces tourbières sont réhumidifiées. Ce phénomène est particulièrement marqué en Asie du Sud-est, en raison de l'expansion des plantations de palmiers à huile et d'hévéas, qui représentent 80 % des émissions mondiales des tourbières (Leifeld et Menichetti, 2018[37] ; GIEC, 2022[5]). On considère que mettre fin à la conversion des tourbières et les restaurer permettrait de réduire notablement les émissions à un coût relativement faible (Henderson et al., 2022[7]).

Encadré 1.3. Contribution de la croissance de la productivité totale des facteurs à l'atténuation du changement climatique

Depuis les années 1960, la relation entre la croissance de la production agricole et l'utilisation des intrants a évolué. En dépit de la poursuite du déboisement associée à l'expansion de l'agriculture dans les régions tropicales, la demande croissante de produits alimentaires a progressivement dissocié la production d'une hausse de l'utilisation des facteurs (terres, travail, capital) et des intrants variables générant beaucoup d'émissions (engrais de synthèse, aliments pour animaux) grâce à l'augmentation de la productivité totale des facteurs (PTF) (graphique 1.7). Les gains de PTF sont la principale source d'accroissement de la production depuis les années 1990, grâce à l'amélioration des pratiques de gestion des exploitations, aux nouvelles variétés cultivées et aux nouvelles races d'animaux élevés, et aux innovations liées à la révolution numérique.

Graphique 1.7. Sources d'accroissement de la production agricole mondiale, 1961-2019

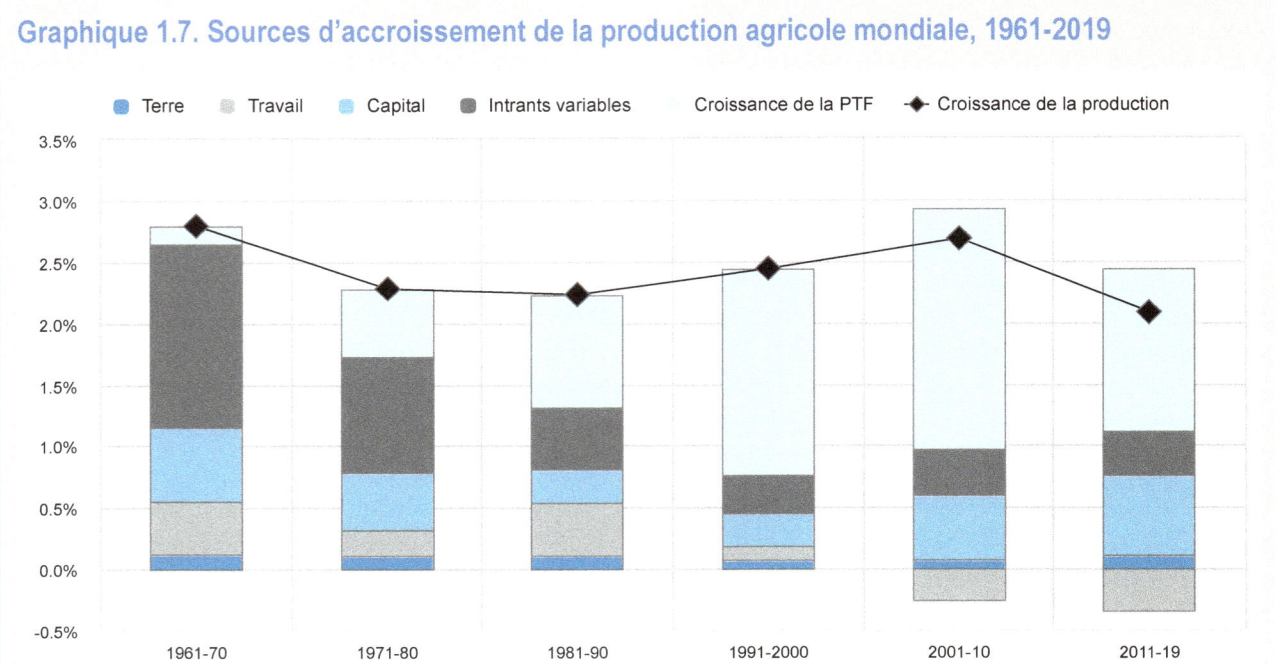

Note : Chaque barre représente le taux de croissance annuel moyen au cours de la période. La croissance de la PTF du secteur agricole est calculée comme la différence entre la croissance de la production et la croissance des intrants. L'indice agrégé des intrants est calculé en utilisant la méthode de décomposition du coût, où l'on multiplie le taux de croissance de chaque intrant par la part du facteur de production concerné, ce qui indique la mesure dans laquelle chaque intrant contribue à l'évolution des coûts de production unitaires (Fuglie, 2015[38]). Le capital inclut l'ensemble des machines agricoles et du bétail. Les intrants variables comprennent les engrais et les aliments pour animaux (de tout type, à l'exception du fourrage et de l'ensilage).
Source : USDA (2021[39]).

L'amélioration de la PTF a grandement atténué la tendance à la hausse des émissions agricoles en diminuant l'intensité d'émission de la production agricole (émissions par unité de production) du fait de l'utilisation plus efficace des intrants agricoles (production plus importante par hectare de terre cultivée ou de pâturage, par kilogramme d'engrais, par animal, par kilogramme d'aliments pour animaux et par litre de carburant ou kilowatt d'électricité). Les émissions agricoles directes ont augmenté de 0.5 % par an environ entre 1990 et 2016, alors que, sur la même période, la production croissait de 2.5 % par an, d'après les estimations, et la production animale, de 1.9 % par an environ (OCDE, 2021[40]). Cette amélioration s'explique principalement par de nouvelles techniques de production impliquant un remplacement du travail par du capital et par une utilisation plus efficiente des intrants, tels que les engrais, les aliments pour animaux et les terres.

La croissance de la PTF a également permis un découplage partiel de l'augmentation de la production alimentaire et du changement d'affectation des terres, de sorte que la production agricole a plus que triplé depuis les années 1960, tandis que l'utilisation des terres agricoles pour les cultures et le pâturage n'a progressé que de 10-15 % au cours de la même période (OCDE, 2021[40]). Bien que le changement d'affectation des terres dû à l'agriculture reste une préoccupation majeure, la croissance de la productivité s'est avérée indispensable pour permettre à l'agriculture de nourrir le monde. Par exemple, malgré la hausse des émissions liées aux engrais, l'intensification de l'utilisation des terres aurait permis d'économiser 590 Gt éq. CO_2 au total entre 1961 et 2005 en évitant la conversion de terres naturelles (Burney, Davis et Lobel, 2010[41]).

L'amélioration continue de la PTF dans l'agriculture devrait donc contribuer à la réduction de l'intensité d'émission sous l'effet combiné de la diminution de l'utilisation des intrants fortement émetteurs et de l'atténuation du changement d'affectation des terres. Néanmoins, il est crucial que la hausse de la productivité ne se fasse pas au détriment d'autres dimensions de la durabilité. La hausse de la productivité ne se traduit pas nécessairement par une réduction de l'utilisation de l'ensemble des intrants (il peut y avoir des effets de déplacement) et l'intensification de l'utilisation des terres peut avoir des répercussions sur la biodiversité et la pollution de l'eau. Ces éléments soulignent l'importance d'améliorer la mesure de la PTF afin de prendre en compte les externalités environnementales.

En outre, si l'accroissement de la PTF réduit l'intensité d'émission, il ne se traduit pas nécessairement par une baisse des émissions globales. En diminuant les coûts de la production agricole et en améliorant la production (et la sécurité alimentaire), la hausse de la PTF peut également provoquer une hausse de la production et de la consommation, neutralisant ainsi une partie de la réduction des émissions de GES (Blandford et Hassapoyannes, 2018[26]). Ce phénomène, appelé paradoxe de Jevons, correspond à l'effet rebond qui se produit dans l'exploitation d'une ressource, lorsque l'amélioration de son efficience conduit à l'augmentation de son utilisation. Il intervient particulièrement dans les cas où la production agricole s'accompagne d'effets majeurs, comme les émissions découlant du changement d'affectation des terres (Villoria, 2019[42] ; Hertel, Ramankutty et Baldos, 2014[43]) ou l'incidence sur les ressources en eau (Grafton et al., 2018[44]).

Malgré ces réserves, l'amélioration de la productivité reste fondamentale pour le portefeuille des interventions en matière d'atténuation, en particulier pour les émissions liées aux cultures et à l'élevage. Cela dit, l'amélioration de la productivité n'est pas suffisante en elle-même et doit être accompagnée de mesures visant à protéger les ressources naturelles. Il est également nécessaire d'améliorer la compréhension des antagonismes et des synergies au niveau des efforts d'amélioration de la productivité et de la durabilité, notamment en élaborant des indicateurs pour tenir compte de l'incidence sur la durabilité dans le contexte de la hausse de la PTF.

Les sols agricoles constituent un réservoir important de carbone, et l'évolution de ces stocks dépend fortement des pratiques de gestion des cultures et du bétail. La rotation des cultures, la gestion des résidus, l'intensité du travail du sol, la gestion de l'eau, les pratiques d'irrigation et l'application de biochar auront tous une influence sur les stocks de carbone dans les terres cultivées. Dans les prairies, la gestion de la végétation, le chargement en bétail, la pression de pâturage et la gestion des feux déterminent également l'évolution du carbone organique contenu dans le sol. Bien que les pratiques de conservation qui réduisent le travail du sol se soient avérées très efficaces dans les environnements très secs, beaucoup d'incertitudes subsistent en ce qui concerne les environnements plus humides. Dans ce contexte, la mesure et la surveillance du piégeage du carbone dans le sol sont essentielles pour s'assurer que le potentiel de ce puits de carbone est pleinement exploité. Globalement, le piégeage du carbone présente des capacités considérables en matière d'atténuation car il permettrait de contrebalancer 4 % des émissions anthropiques totales (Henderson et al., 2022[7]).

La plantation d'arbres sur les terres agricoles apparaît également comme une voie prometteuse pour le piégeage du carbone. Il peut s'agir de plantations agricoles (p. ex., palmiers à huile sur les terres agricoles existantes, vergers, cultures énergétiques spécifiques), d'agroforesterie (association d'arbres et de buissons à des cultures annuelles ou du bétail) ou simplement de boisement de terres agricoles. Les options les plus adaptées dépendront des conditions locales et de marché ainsi que des mesures d'incitation en place, mais pourraient donner au lieu au piégeage temporaire ou permanent d'une quantité importante de carbone. Cependant, une réserve importante associée au boisement des terres agricoles est l'effet indirect du changement d'affectation des terres, car la production agricole pourrait être déplacée dans d'autres zones, entraînant un déboisement supplémentaire.

Réduire les pertes de production

La réduction des pertes de production devrait également offrir des possibilités non négligeables de limiter les émissions liées à la production alimentaire. Les pertes de production ont lieu à toutes les étapes de la chaîne d'approvisionnement, dont la gestion des cultures, la récolte, le transport, l'entreposage et la distribution. Les pertes qui se produisent aux étapes de la vente au détail et de la consommation par le public ou les ménages sont plutôt considérées comme du gaspillage alimentaire (voir les détails ci-après). D'après la FAO (2019[45]), 14 % de la production alimentaire serait perdue tout au long de la chaîne d'approvisionnement, entre la phase post-récolte et la phase de distribution (hors vente au détail). Ces pertes génèrent d'importantes émissions de GES du fait de la nécessité de produire des aliments qui ne sont pas consommés. À l'étape de la récolte, il est possible de réduire les pertes en améliorant la qualité des cultures grâce à des techniques agronomiques, en choisissant mieux le moment des récoltes et en améliorant le matériel de récolte. Les pertes alimentaires peuvent être davantage réduites à l'étape post-récolte en améliorant l'infrastructure d'entreposage, en optimisant les usines du secteur agroalimentaire, notamment les processus de transformation, en améliorant la chaîne logistique et en réduisant la contamination. L'amélioration des emballages devrait également aider à réduire les pertes liées aux produits alimentaires endommagés dans la chaîne logistique, tout en réduisant la consommation de matières.

Options d'atténuation du côté de la demande : changements touchant au régime alimentaire et réduction du gaspillage alimentaire

Les options qui agissent sur la demande suscitent un intérêt croissant, le grand public étant de plus en plus sensibilisé à l'effet des choix et des comportements de consommation sur le changement climatique. On peut distinguer deux possibilités d'atténuation principales du côté de la demande : la modification des habitudes alimentaires et la réduction des déchets de consommation.

Le potentiel de réduction des émissions associé à une réduction de la consommation des produits alimentaires ayant une forte intensité d'émission (p. ex., viande de ruminant et produits laitiers) et à leur remplacement par des sources nutritionnelles moins émettrices de GES (comme des protéines végétales ou des protéines animales plus efficientes, voir graphique 1.5) a été bien documenté. Les estimations du niveau de consommation de protéines dans différentes parties du monde (graphique 1.8) révèlent qu'il est possible de réduire significativement les protéines animales dans les économies développées tout en respectant les apports nutritionnels recommandés en protéines. Selon un vaste tour d'horizon de la littérature réalisé par le GIEC (2022[5]), la modification des habitudes alimentaires à l'échelle mondiale peut permettre de réduire les émissions directes du secteur agricole de 1 à 2.7 Gt éq. CO_2, et jusqu'à 4 Gt éq. CO_2 en intégrant les émissions indirectes. Il a par exemple été démontré que par rapport à un régime alimentaire conventionnel (omnivore), un régime méditerranéen (moins de viande et plus de fruits et légumes), pescétarien (pas de viande, plus de protéines d'aliments d'origine marine) ou végétarien (protéines végétales uniquement) permettait d'importantes réductions d'émissions de GES à l'échelle mondiale, tout en ayant simultanément des avantages non négligeables pour la santé (Tilman et Clark, 2014[46]). Cela dit, pour être acceptable, l'évolution des habitudes alimentaires vers des aliments générant moins d'émissions doit présenter une offre nutritionnelle appropriée, d'où la nécessité de tenir compte de tous les macro- et micronutriments pour obtenir une alimentation saine (Willett et al., 2019[47]). Toutefois, la faisabilité au niveau mondial d'une évolution pareille des habitudes alimentaires – répondant à la fois aux exigences du climat et de la santé – fait débat. Selon le GIEC, l'abandon progressif des produits à forte intensité d'émissions devrait être faisable dans de nombreuses régions, mais des études économiques ont également montré qu'une alimentation totalement durable et saine pouvait s'avérer plus coûteuse pour le consommateur, en particulier dans les régions à faible revenu (Hirvonen et al., 2020[48]).

Graphique 1.8. Disponibilité en protéines par habitant, par groupe de pays réunis par revenu, 2018-20

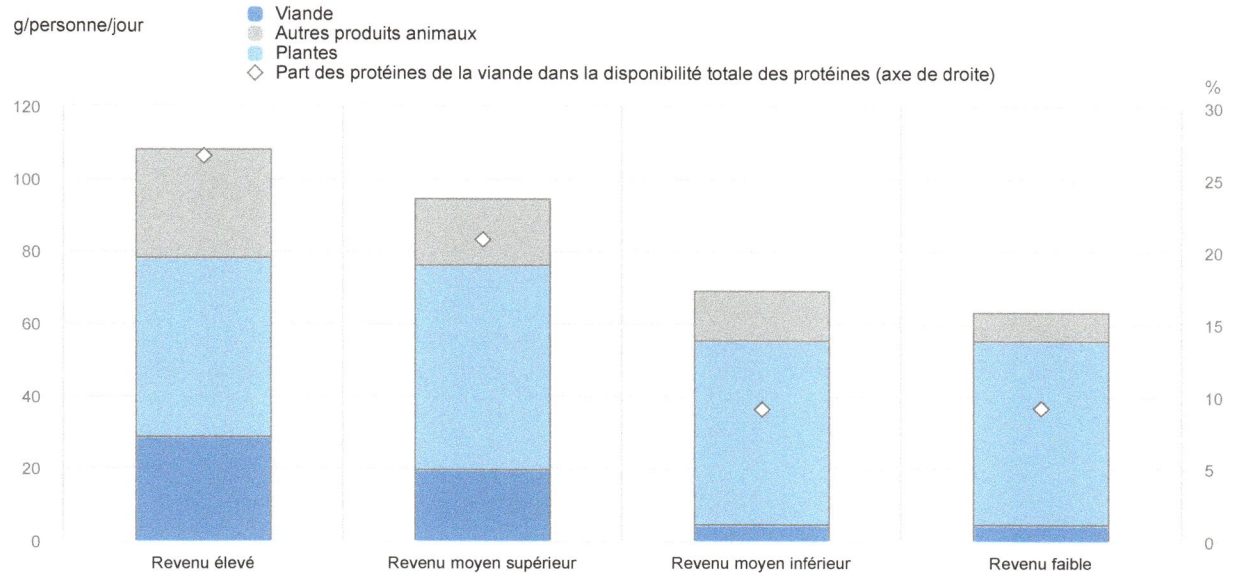

Note : La « viande » inclut la viande bovine, la viande porcine, la volaille et la viande ovine ; les « autres produits animaux » incluent les produits laitiers, le poisson et les œufs ; les « plantes » incluent l'huile végétale, les légumineuses, les racines, les tubercules et les céréales (maïs, blé et riz). L'apport nutritionnel quotidien en protéines conseillé par l'OMS est de 0.83 g/kg, soit 58 g/jour pour un adulte de 70 kg.
Source : OECD/FAO (2021[8]).

Outre les avantages sur le plan du changement climatique et de la nutrition, les changements de régime alimentaire devraient avoir d'autres bénéfices pour la durabilité. Par exemple, les pâturages représentent les deux tiers des terres agricoles au niveau mondial, une part qui passe à 78 % lorsque les besoins en cultures fourragères sont pris en compte. Le développement des systèmes bovins est fortement lié au déboisement et à la perte des écosystèmes riches en biodiversité en Amérique latine. Le surpâturage contribue également notablement aux pertes de carbone et au recul de la biodiversité dans les systèmes d'élevage à l'herbe, tandis que dans les systèmes plus intensifs, les fortes densités de bétail entraînent des excédents d'éléments nutritifs qui sont des sources importantes de pollution de l'eau. Néanmoins, la réduction des produits animaux dans les régimes alimentaires pose des problèmes considérables pour les moyens de subsistance et le développement rural. Le bétail représente une part importante de la valeur ajoutée de l'agriculture dans de nombreuses économies développées, tandis que dans les régions pauvres, l'élevage bovin assure souvent le revenu de base et la sécurité alimentaire des populations rurales. Les prairies ne peuvent pas toujours être converties à un autre usage agricole en raison des critères climatiques et topographiques, et les animaux peuvent aussi être une source d'engrais organiques qui nécessiteraient des substituts. Ces transformations devraient donc être adaptées au contexte, progressives et accompagnées de programmes de reconversion et de dispositifs de protection sociale appropriés, ainsi que de plans de développement local et d'adaptation au paysage.

Outre les changements de régime alimentaire, la réduction du gaspillage alimentaire représente une option importante d'atténuation, qui pourrait faire baisser le volume de production nécessaire sans avoir d'effet sur la consommation alimentaire (tableau 1.1). Au-delà des changements de comportement qu'entraîne la sensibilisation accrue des consommateurs, la réglementation et la taxation ciblant les détaillants et les grandes entreprises, des objectifs de déclaration et de réduction des déchets alimentaires, les produits plus durables et les mesures pour encourager les consommateurs à acheter des produits présentant des défauts esthétiques sont au nombre des interventions possibles. La réduction du gaspillage alimentaire procurerait également un certain nombre de co-avantages environnementaux liés à la baisse de la production, mais aurait, une fois encore, des répercussions sur les revenus des agriculteurs.

Tableau 1.1. Gaspillage dans la consommation alimentaire

	Déchets alimentaires moyens (kg/habitant/an)		Déchets alimentaires mondiaux en 2019 (Mt)
	Pays à revenu élevé	Monde*	
Ménages	79	74	569
Services de restauration	26	32	244
Commerces de détail	13	15	118
Total	118	121	931

Note : *Les estimations mondiales se fondent sur un échantillon couvrant 75 % de la population mondiale pour les « ménages », 32 % de la population mondiale pour les « services de restauration », et 14 % de la population mondiale pour les « commerces de détail ».
Source : PNUE (2021[49]).

Encadré 1.4. Bioénergie d'origine agricole

La bioénergie conventionnelle n'est pas une option pour atténuer les émissions de l'agriculture en agissant sur l'offre au sens strict, car son principal effet d'atténuation provient du remplacement des combustibles fossiles consommés dans le reste de l'économie. Étant donné que l'absorption de CO_2 pendant la croissance des plantes compense les émissions générées ensuite par la combustion de la biomasse, par convention, les émissions provenant de leur combustion ne sont pas prises en compte. Ce postulat, appelé neutralité carbone, ne signifie pas que les biocarburants compensent entièrement les émissions dues aux combustibles fossiles, car la culture, la récolte et la transformation des matières de base pour la production de ces carburants sont également une source d'émissions de GES. Les réductions finales de GES associées aux biocarburants sont déterminées par une évaluation du cycle de vie, en comparant les émissions de la chaîne d'approvisionnement en biocarburants aux émissions des solutions de remplacement aux combustibles fossiles tout au long de leur cycle de production et de combustion (OCDE, 2009[50]).

À l'heure actuelle, la principale source de bioénergie est la biomasse solide provenant des forêts utilisée dans les centrales de production de bioénergie (biomasse moderne) et utilisée traditionnellement par les ménages dans le cadre du ramassage du bois pour la cuisine et le chauffage, une pratique courante dans les pays en développement (biomasse traditionnelle, considérée comme non durable). En revanche, les matières premières agricoles sont employées principalement pour la production de biocarburants liquides et de biogaz, et leur utilisation est récemment devenue plus courante. Les matières premières les plus usuelles pour les biocarburants sont la canne à sucre au Brésil et le maïs aux États-Unis, qui sont tous deux convertis en éthanol, ainsi que les huiles végétales provenant du palmier et du colza qui sont utilisées pour le biodiesel, par exemple en Europe et en Asie du Sud-Est.

Les matières premières dérivées des cultures qui sont utilisées pour les biocarburants, également appelées matières premières de première génération, affichent des résultats relativement mitigés en termes d'économies de GES et ont contribué de manière limitée à l'atténuation globale jusqu'à présent (OCDE, 2019[25]). Des matières premières lignocellulosiques à base de résidus agricoles (bagasses de canne à sucre, paille des céréales, tiges et feuilles de maïs, balles de riz) sont souvent jugées plus prometteuses, mais leur disponibilité reste limitée et, à l'instar des matières premières de première génération, peuvent faire concurrence à d'autres utilisations. Ces matières premières peuvent être utilisées en tant que biomasse solide ou être transformées grâce à des processus plus perfectionnés pour être utilisées sous forme de biocarburants liquides avec des avantages environnementaux nettement supérieurs. De même, il est possible de produire ces carburants au moyen de cultures lignocellulosiques dédiées, lesquelles offrent une plus grande efficacité et peuvent être cultivées sur des terres marginales. Pourtant, ces cultures énergétiques dites de deuxième génération restent chères à convertir en carburant et leur déploiement reste limité à l'heure actuelle.

Les biocarburants peuvent également représenter une option d'atténuation directe pour le secteur AFAT. Les biodigesteurs réduisent les émissions autres que de CO_2 provenant de la gestion des effluents d'élevage et produisent du biogaz qui remplace les sources d'énergies fossiles. Des cultures énergétiques spécialisées peuvent également piéger le carbone dans le sol dans le cadre d'une gestion avec un travail du sol minimum, tandis que les palmiers à huile et les plantations forestières accroissent le temps de stockage du carbone dans la végétation environnante. La bioénergie avec captage et stockage du dioxyde de carbone consiste à réinjecter les émissions générées par le processus de production des biocarburants dans des réservoirs géologiques. Bien que considérée comme la voie la plus efficace, cette technologie n'est pas encore arrivée à maturité.

Les avantages globaux des agrocarburants pour l'environnement dépendent non seulement de leur gestion locale, mais aussi de leurs effets indirects sur l'utilisation des terres. Le déplacement des cultures et des animaux pour utiliser les terres pour produire des biocarburants a fait l'objet de vifs débats, car il pourrait générer des émissions de GES supplémentaires dans différentes régions du monde et ces émissions potentielles ne sont généralement pas prises en compte dans l'évaluation du cycle de vie. C'est pourquoi certains pays ont envisagé d'assortir leur utilisation de garanties ou de restrictions (seuils de réduction des émissions minimum, plafonnement du taux d'incorporation ou critères de certification spécifiques). Étant donné le niveau de décarbonation élevé requis dans le reste de l'économie pour parvenir à la neutralité carbone, la bioénergie devrait continuer à faire partie des options d'atténuation auxquelles l'agriculture devra contribuer, en particulier pour les secteurs disposant de peu d'alternatives pour réduire leurs émissions (p. ex., aviation internationale) et dans les régions où les effets de l'utilisation des terres peuvent être maîtrisés.

Potentiel des mesures d'atténuation

La contribution potentielle des différentes mesures susmentionnées à l'atténuation du changement climatique varie en fonction de leur nature, des sources qu'elles ciblent et des régions où elles sont appliquées. Le GIEC estime que globalement, le secteur AFAT a un potentiel technique de 28 Gt éq. CO_2 par an, bioénergie exclue, ce qui représente environ la moitié des émissions anthropiques annuelles sur la période 2010-19. Cependant, le potentiel économique serait moindre, avec 8 à 14 Gt éq. CO_2 de réduction réalisables chaque année à un coût inférieur à 100 USD par tonne d'équivalent CO_2, dont 30 à 50 % seraient concrétisables pour moins de 20 USD par tonne d'équivalent CO_2. Les potentiels d'atténuation détaillés par domaine d'action du secteur AFAT sont présentés dans le tableau 1.2 ci-dessous, tels que déterminés par le GIEC à partir d'évaluations sectorielles ascendantes, ainsi que ceux correspondant à la fourchette supérieure de 8 à 14 Gt éq. CO_2 de potentiel économique total réalisable[19]. Les mesures axées sur l'offre représentent un potentiel économique d'atténuation d'environ 10 Gt éq. CO_2 par an, mais seule 0.6 Gt éq. CO_2 serait atteignable en réduisant les émissions hors CO_2 des exploitations, ce qui ne représente que 10 % de ces sources agricoles et souligne l'importance des mesures dans le secteur UTCATF. Les sols agricoles, en particulier, pourraient contribuer à hauteur de 1.6 Gt éq. CO_2 par an d'après le GIEC, un chiffre qui concorde également avec l'estimation d'Henderson et al. (2022[7]).

Tableau 1.2. Potentiels mondiaux de réduction des émissions du secteur AFOLU dans les catégories liées à l'agriculture, horizon temporel 2020-50

Estimation moyenne du GIEC (avec la fourchette examinée entre parenthèses) – en Gt éq. CO_2

	Potentiels techniques de réduction des émissions	Potentiels économiques de réduction des émissions (coût < 100 USD par t éq. CO_2)
Mesures axées sur l'offre	21.3 (5.4 – 49.6)	10.0 (4.9 – 17.4)
Émissions directes des exploitations	1.7 (0.5 – 3.2)	0.6 (0.3 – 1.3)
Cultures agricoles	0.3 (0.06 – 0.7)	0.2 (0.05 – 0.6)
Riziculture	0.3 (0.1 – 0.8)	0.2 (0.05 – 0.3)
Fermentation entérique	0.8 (0.2 – 1.2)	0.2 (0.1 – 0.3)
Gestion des effluents d'élevage	0.3 (0.1 – 0.5)	0.1 (0.09 – 0.1)
Utilisation des terres et sols agricoles*	19.6 (4.9 – 46.4)	9.4 (4.6 – 16.1)
Déboisement	4.5 (2.3 – 7.0)	3.4 (2.3 – 6.4)
Boisement et reboisement	3.9 (0.5 – 10.1)	1.6 (0.5 – 3.0)
Autres réaffectations des terres	0.2 (0.1 – 0.4)	0.04 (0.0 – 0.1)
Protection et restauration des tourbières	1.6 (0.9 – 3.3)	0.9 (0.4 – 1.3)
Carbone organique du sol		
Terres cultivées	1.9 (0.4 – 6.8)	0.6 (0.4 – 0.9)
Prairies	1.0 (0.2 – 2.6)	0.9 (0.3 – 1.6)
Biochar	2.6 (0.2 – 6.6)	1.1 (0.3 – 1.8)
Agroforesterie	4.1 (0.3 – 9.4)	0.8 (0.4 – 1.1)
Autres catégories du secteur AFAT non pertinentes pour l'agriculture	*2.9 (1.2 – 8.4)*	*1.4 (0.7 – 2.4)*
Mesures axées sur l'offre**	4.2 (2.2 – 7.1)	2.2 (1.1 – 3.6)
Changements touchant au régime alimentaire***	S.O.	1.7 (1.0 – 2.7)
Pertes et gaspillage alimentaires	S.O.	0.5 (0.0 – 0.9)
TOTAL catégories AFAT (liées à l'agriculture)*	25.5 (7.6 – 56.7)	12.2 (6.0 – 21.0)

Note : Les catégories d'utilisation des terres pertinentes pour l'agriculture indiquent le potentiel total d'atténuation des émissions de la catégorie, même si seule une partie peut être réalisée par le secteur agricole (p. ex., le boisement). Toutes les estimations se fondent sur les données issues des évaluations sectorielles et reflètent des moyennes. Les marges d'incertitude sont documentées dans GIEC (2022[5]).

* Total excluant les « Autres catégories du secteur AFAT non pertinentes pour l'agriculture », indiqué à des fins d'exhaustivité. Les catégories suivantes ne sont pas prises en compte : gestion des forêts, gestion des feux, protection et restauration des zones humides.

** Le GIEC ne fournit qu'une estimation totale du potentiel technique des mesures axées sur la demande. Néanmoins, la décomposition entre les changements touchant au régime alimentaire et les pertes et gaspillage alimentaire est disponible pour les potentiels réalisables sur le plan économique.

*** Estimations correspondant aux émissions liées à la production agricole évitées (changement d'affectation des terres exclus pour limiter le double comptage).

Source : (GIEC, 2022[5])

Les mesures axées sur la demande offrent un potentiel relativement élevé, s'élevant à 4.2 Gt éq. CO_2 par an, et pourraient atteindre des niveaux bien plus élevés si les réductions d'émissions liées à l'expansion des terres, ainsi que d'autres émissions associées à la chaîne d'approvisionnement, étaient également prises en compte (jusqu'à 8 Gt éq. CO_2 par an)[20]. L'efficacité comparée des mesures axées sur l'offre et de celles axées sur la demande par rapport à leur coût est sujette à débat. Le GIEC estime que le potentiel réalisable sur le plan économique pour les mesures axées sur la demande est de 2.2 Gt éq. CO_2, mais bon nombre de ces options dépendent de l'évolution du comportement des consommateurs. Si ces options nécessitent moins d'investissements en amont, elles peuvent être difficiles à mettre en œuvre en raison d'une résistance normative, culturelle et institutionnelle. En termes d'efficacité, les deux axes d'action sont jugés offrir un potentiel d'atténuation important pour les mêmes sources (OCDE, 2019[25]) et un consensus s'établit quant à la nécessité de les utiliser en association.

La composition actuelle de la production alimentaire, qui repose sur une grande part de terres et de production végétale consacrées aux produits animaux, est au cœur du défi de l'atténuation du changement climatique pour l'agriculture. Cependant, il est également important de reconnaître l'hétérogénéité des intensités d'émission du côté de l'offre. Le fait de cibler les sources majeures d'émissions et de s'attaquer aux producteurs les moins efficaces et générant le plus d'émissions pourrait faire baisser drastiquement les émissions de GES sans nécessairement influer sur la consommation[21].

Que font les pays pour atténuer les émissions d'origine agricole ?

Étant donné le rôle que le secteur AFAT doit jouer pour atteindre les objectifs fixés en vertu de l'Accord de Paris de 2015, des mesures ambitieuses dans le secteur agricole s'imposent pour que les pays puissent tirer parti des possibilités d'atténuation qui s'offrent. Cette partie fournit une vue d'ensemble des objectifs définis par les pays et des mesures adoptées pour atténuer les émissions d'origine agricole. Bien que cet examen ne soit pas exhaustif, il vise à mettre en lumière les mesures et instruments principaux en lien avec l'atténuation des émissions dans le secteur agricole.

Définir des objectifs de réduction des émissions pour le secteur agricole

Les 54 pays considérés dans le présent rapport ont soumis une contribution déterminée au niveau national (CDN) en vertu de l'Accord de Paris de la Convention-cadre des Nations Unies sur les changements climatiques (CCNUCC). Toutefois, les ambitions et les engagements des pays en matière d'atténuation des émissions varient considérablement selon les pays (tableau 1.3). Si la majorité des pays étudiés dans le présent rapport ont fixé des objectifs intermédiaires pour 2030 et des objectifs de neutralité en gaz à effet de serre pour 2050 (voire, dans certains cas, 2060 ou 2070), tous ne les ont pas rendus contraignants dans leur législation. Sur les 54 pays étudiés dans le présent rapport, 36 pays (plus l'Union européenne dans son ensemble) ont communiqué leur stratégie à long terme à la CCNUCC.

Bien que la plupart des pays aient précisé dans leurs CDN les émissions imputables à l'agriculture, seuls 16 des 54 pays ont fixé des objectifs de réduction des émissions propres à leur secteur agricole. Lorsque des objectifs propres au secteur agricole ont été définis par les pays, ils sont généralement inférieurs aux réductions nécessaires pour stabiliser la hausse des températures à 2 °C (Henderson, Frezal et Flynn, 2020[51]).

Tableau 1.3. Objectifs de réduction des émissions de GES à l'échelle de l'économie et dans le secteur agricole

| | Objectifs de réduction des émissions à l'échelle de l'économie | | Stratégie à long terme soumise à la CCNUCC | Objectif propre au secteur agricole (année/niveau de référence) | Engagement mondial en faveur de la réduction des émissions de méthane (réduction des émissions mondiales de CH_4 de - 30 % d'ici 2030 par rapport aux niveaux de 2020) |
	Objectif 2030 (année/niveau de référence)	Objectif 2050			
Argentine	359 Mt éq. CO_2 max.	Aucun	Non	Aucun	Oui
Australie	-26-28 % (2005)	Neutralité GES	Oui	Aucun	Non
Brésil	-50 % (2005)	Neutralité GES	Non	Aucun	Oui
Canada	-40-45 % (2005)	Neutralité GES	Oui	-30 % d'émissions provenant des engrais d'ici 2030 (2020)	Oui
Chili	95 Mt éq. CO_2 max.	Neutralité GES	Oui	Aucun	Oui
Chine	Pic d'émission de	Neutralité GES	Oui	Aucun	Non

	Objectifs de réduction des émissions à l'échelle de l'économie		Stratégie à long terme soumise à la CCNUCC	Objectif propre au secteur agricole (année/niveau de référence)	Engagement mondial en faveur de la réduction des émissions de méthane (réduction des émissions mondiales de CH_4 de -30 % d'ici 2030 par rapport aux niveaux de 2020)
	Objectif 2030 (année/niveau de référence)	Objectif 2050			
	CO_2 ; -65 % d'intensité d'émission par unité de PIB (2005)	d'ici 2060			
Colombie	-51 % (scénario de référence)	Neutralité GES	Oui	Aucun	Oui
Costa Rica	9.11 Mt éq. CO_2 max.	Neutralité GES	Oui	Aucun	Oui
Union européenne	-55 % (1990)	Neutralité GES	Oui	Aucun au niveau de l'UE	Oui
États membres de l'UE			18 pays sur 27 (sauf BGR, CYP, EST, GRC, HRV, IRL, ITA, POL, ROU)	Objectifs 2030 : BEL -25 % (2005) ; DNK -55 % (1990) ; DEU -31-34 % (1990) ; FRA -18 % (2015) ; IRL -22-30 % (2018) ; PRT -11 % (2005).	19 pays sur 27 (sauf AUT, CZE, HUN, LVA, LTU, POL, ROU, SVK)
Islande	-55 % (1990)	« Neutralité GES quasi atteinte » d'ici 2040	Oui	Aucun	Oui
Inde	-45 % d'intensité d'émission de GES (2005)	Neutralité GES d'ici 2070	Non	Aucun	Non
Indonésie	-29 % (scénario de référence) ; jusqu'à -41 % sous réserve d'un soutien international	Neutralité GES d'ici 2060	Oui	Aucun	Oui
Israël	-27 % (2015)	-85 % (2015)	Non	Aucun	Oui
Japon	-46 % (2013)	Neutralité GES	Oui	49.5 Mt éq. CO_2 d'ici 2030	Oui
Kazakhstan	-15 % (1990)	Aucun	Non	Aucun	Non
Corée	-40 % (2018)	Neutralité GES	Oui	-27.1 % d'ici 2030; -37.7 % d'ici 2050 (2018)	Oui
Mexique	-22 % (scénario de référence) ; jusqu'à -36 % sous réserve d'un soutien international	Aucun	Oui	-8 % d'ici 2030 (scénario de référence)	Oui
Nouvelle-Zélande	-50 % (2005)	Neutralité GES sauf pour le méthane	Oui	-24-47 % de réduction du méthane biogène d'ici 2050	Oui
Norvège	-50-55 % (1990)	-90-95 % (1990)	Oui	Accord volontaire avec le secteur agricole : -5 Mt éq. CO_2 d'ici 2030	Oui
Philippines	-2.7 % (2020) ; jusqu'à -75 % sous réserve d'un soutien international	Aucun	Non	-29.4 % d'ici 2030 (scénario de référence) sous réserve d'un soutien international	Oui
Russie	-30 % (1990)	Neutralité GES d'ici 2060	Non	Aucun	Non
Afrique du Sud	350-420 Mt éq.CO_2 (scénario de référence : 398-	Aucun	Oui	Aucun	Non

	Objectifs de réduction des émissions à l'échelle de l'économie		Stratégie à long terme soumise à la CCNUCC	Objectif propre au secteur agricole (année/niveau de référence)	Engagement mondial en faveur de la réduction des émissions de méthane (réduction des émissions mondiales de CH_4 de -30 % d'ici 2030 par rapport aux niveaux de 2020)
	Objectif 2030 (année/niveau de référence)	Objectif 2050			
	614 Mt éq. CO_2)				
Suisse	-50 % (1990)	Neutralité GES	Oui	-40 % d'ici 2050 (1990)	Oui
Turquie	-21 % (scénario de référence)	Neutralité GES d'ici 2053	Non	Aucun	Non
Ukraine	-65 % (1990)	Neutralité GES d'ici 2060	Oui	Aucun	Oui
Royaume-Uni	-68 % (1990)	Neutralité GES	Oui	-17-30 % d'ici 2030 ; -24-40 % d'ici 2035 (2019)	Oui
États-Unis	-50-52 % (2005)	Neutralité GES	Oui	Aucun	Oui
Viet Nam	-9 % (niveaux du scénario de référence) ; jusqu'à -27 % sous réserve d'un soutien international	Neutralité GES	Non	-20 % tous les 10 ans	Oui

Certains pays ont fixé des objectifs de réduction de GES précis, comme les émissions de méthane ou de protoxyde d'azote. En vertu de la loi portant amendement de la loi Neutralité carbone (Zero Carbon Amendment Act) de 2019, la **Nouvelle-Zélande** a défini des objectifs de réduction des émissions distincts pour les émissions de GES à courte et à longue durée de vie. Il existe notamment un objectif spécifique pour le méthane : réduire les émissions de méthane biogène de 10 % d'ici 2030 et de 24 à 47 % d'ici 2050 (par rapport aux niveaux de 2017). Le **Canada** s'est fixé comme objectif national de réduire les émissions liées aux engrais de 30 % par rapport aux niveaux de 2020 d'ici 2030, et collaborera avec les fabricants d'engrais, les agriculteurs, les provinces et les territoires pour élaborer une approche permettant d'atteindre cet objectif. La première CDN de la **Chine** soumise en 2016 intégrait l'objectif de parvenir à une croissance nulle en matière d'utilisation d'engrais et de pesticides à l'horizon 2020 (qui, selon les autorités chinoises, a été atteinte en 2018), ainsi que les objectifs généraux de maîtriser les émissions de méthane provenant des rizières et les émissions de protoxyde d'azote générées par les terres agricoles. La **Corée** s'est fixé l'objectif de réduire ses émissions de méthane de 30 % d'ici 2030 (par rapport aux niveaux de 2018) et de 20.6 % dans le secteur agricole.

Leviers pour réduire les émissions de l'agriculture

Les gouvernements disposent d'un éventail d'instruments d'action pour atténuer les émissions d'origine agricole. Ces instruments peuvent être divisés en quatre grandes catégories : instruments de tarification des émissions ; soutien à l'agriculture, subventions et crédits à des conditions préférentielles ; réglementation environnementale ; et R-D et transfert des connaissances.

La recherche montre que ces démarches générales donnent des résultats très différents sur le plan de l'efficacité à réduire les émissions, du rapport coût-efficacité, et des répercussions sur les producteurs, les consommateurs et les budgets publics (OCDE, 2019[25]). Les instruments de tarification des émissions qui s'appuient sur le principe pollueur-payeur, soit en taxant les émissions, soit en instaurant des permis négociables, sont les plus efficaces pour réduire les émissions pour un prix donné du carbone car ils incitent à adopter des mesures en faveur d'une baisse des émissions, à passer de produits à fort taux d'émissions à des produits à faible taux d'émissions et à réduire la production et les émissions globales. Ils génèrent également des recettes pour les gouvernements. En revanche, ils imposent des coûts aux producteurs, en particulier aux agriculteurs qui produisent des produits générant beaucoup d'émissions, ainsi qu'aux consommateurs, et ces répercussions sur le bien-être doivent être gérées. Les réglementations limitant certaines pratiques à fort taux d'émissions peuvent également imposer des coûts aux producteurs et aux consommateurs, mais elles n'ont pas l'efficience et le rapport coût-efficacité des mesures fondées sur le principe pollueur-payeur (Baumol et Oates, 1988[52]).

Les mesures s'appuyant sur le principe bénéficiaire-payeur qui subventionnent la réduction des émissions peuvent constituer une autre approche axée sur le marché, et qui n'impose pas de coût aux producteurs, ni n'augmente les prix des produits alimentaires. Cependant, ces mesures doivent être conçues avec soin de manière à ce que les producteurs ne reçoivent pas d'indemnisation excessive, elles tendent à être moins efficaces et elles peuvent faire peser d'importants coûts sur les gouvernements et les autres secteurs qui achètent des réductions d'émissions (si elles sont mises en œuvre à grande échelle). L'utilisation de subventions pour appuyer l'adoption de pratiques à faible taux d'émissions, soit directement, soit par l'intermédiaire d'un système de conditionnalité, présente des similitudes avec les subventions à la réduction des émissions. Toutefois, comme ce dispositif n'utilise pas d'approche concurrentielle fondée sur le marché pour verser les fonds et n'inclut généralement pas d'exigence de mesure stricte des émissions, il ne fixe pas de prix explicite du carbone et est moins efficace que les subventions à la réduction des émissions (OCDE, 2019[25]).

D'autres démarches générales d'atténuation axées sur l'offre telles que la R-D et le transfert des connaissances, ainsi que les systèmes de crédit à des conditions préférentielles s'avèrent particulièrement utiles pour encourager l'adoption de mesures d'atténuation rentables qui ne sont pas utilisées ou sont sous-utilisées en raison d'un manque d'information et d'obstacles au financement. Elles peuvent également créer un environnement plus favorable pour améliorer les résultats des autres politiques d'atténuation et, dans le cas de la R-D et du transfert de connaissances, elles peuvent stimuler l'innovation et la compétitivité à long terme et aider à faire baisser les émissions sans imposer de coûts aux producteurs et aux consommateurs (OCDE, 2019[25]). Un investissement dans des procédures et des technologies de mesure, de notification et de vérification (MNV) précises et abordables est également primordial, notamment pour permettre le fonctionnement efficace des systèmes de tarification des émissions.

Le tableau 1.4 présente des instruments d'action caractéristiques qui correspondent à ces catégories et quelques exemples de pays ayant appliqué ces instruments.

Tableau 1.4. Leviers pour réduire les émissions de l'agriculture

Catégorie	Instrument caractéristique	Exemples
Instruments de tarification des émissions	Taxes sur les émissions	
	Système d'échange de quotas d'émission / crédits carbone	Nouvelle-Zélande (NZ ETS)
	Subventions à la réduction des émissions / enchères	Australie (fonds de réduction des émissions)
Soutien à l'agriculture, subventions et crédits à des conditions préférentielles	Soutien à l'agriculture	UE (PAC) ; Canada ; autres pays
	Subventions	États-Unis (biogaz) ; Chine ; Australie
	Ligne de crédit spécifique	Brésil (programme ABC)
Réglementation environnementale	Réglementation sur la pollution	UE (Directive sur les nitrates et contrôle de la pollution)
R-D et transfert de connaissances	R-D	Alliance mondiale de recherche
	Transfert des connaissances	Nombreux pays

Source : (Henderson, Frezal et Flynn, 2020[51]).

Instruments de tarification des émissions

Les instruments de tarification des émissions visent à influer sur les mesures d'incitation liées à la production et à la consommation. Parmi les mécanismes qui fixent un prix pour les émissions figurent la tarification du carbone par l'intermédiaire de taxes sur les émissions et les systèmes d'échange de droits d'émission, les crédits carbone et certaines subventions à la réduction des émissions (p. ex., celles qui sont versées par le biais d'enchères). Il existe relativement peu d'exemples de pays qui ont mis en place une tarification des émissions pour atténuer les émissions d'origine agricole.

Le Fonds de réduction des émissions (Emissions Reduction Fund, ERF) de l'**Australie** a été mis en place en 2015. Il s'agit d'un système volontaire qui prévoit des mesures incitatives afin que les entreprises lancent des projets de réduction des émissions et de piégeage du carbone qui respectent des exigences strictes d'intégrité, notamment en matière d'additionnalité. Dans le secteur agricole, les propriétaires fonciers et les agriculteurs peuvent gagner des revenus en produisant des crédits de carbone australiens pour chaque tonne d'émission réduite ou de carbone stockée dans le cadre d'un projet, et les vendre au gouvernement ou à des tiers. En avril 2022, l'ERF avait engagé 2.7 milliards AUD (2 milliards USD) par l'intermédiaire de 14 ventes aux enchères pour un total de 217 Mt éq. CO_2 de réduction d'émissions, dont 15.2 Mt éq. CO_2 d'émissions issues de l'agriculture (sur lesquelles seule 1.1 Mt éq. CO_2 de réduction a été concrétisée jusqu'à présent). Le **Japon** a mis en place le programme J-Credit Scheme en 2013, qui fournit des crédits carbone certifiés en cas de réduction des émissions et organise des actions de piégeage du carbone comme la mise en place de technologies favorisant les économies d'énergie et la gestion des forêts. En janvier 2022, 107 projets avaient été enregistrés dans les secteurs de l'agriculture, de la sylviculture et de la pêche, avec des réductions d'émissions et des émissions évitées qui devraient s'élever à 1.5 Mt éq. CO_2.

À terme, l'échelle de ces approches volontaires fondées sur le marché est limitée par la disponibilité des fonds versés par le gouvernement et le secteur privé pour payer les réductions d'émissions aux producteurs (Henderson, Frezal et Flynn, 2020[51]). Le fait de combiner les réductions d'émissions avec d'autres services environnementaux offre une possibilité aux agriculteurs d'accroître et de diversifier leurs sources de financement. Récemment, l'**Australie** a lancé le Projet pilote « Carbone + Biodiversité » (Carbon + Biodiversity Pilot) afin de tester une approche fondée sur le marché où les agriculteurs qui améliorent la biodiversité reçoivent des paiements, outre les revenus qu'ils peuvent tirer de l'ERF pour les projets de piégeage du carbone. Les propriétaires fonciers doivent planter, gérer et entretenir leurs plantations de fixation du carbone conformément aux protocoles pour la biodiversité mis au point par l'Australian National University.

Les instruments de tarification des émissions qui appliquent le principe pollueur-payeur ne sont pas soumis à ces contraintes. La **Nouvelle-Zélande** a élaboré un système d'échange de quotas d'émission (Emissions Trading Scheme, ETS) qui couvre l'ensemble des secteurs de l'économie, mais les émissions de méthane et de protoxyde d'azote provenant de la production agricole en sont exclues. Les émissions provenant de la sylviculture sont néanmoins intégrées à ce système, ce qui incite davantage les agriculteurs et les propriétaires terriens à réduire le déboisement et à stocker le carbone en convertissant les pâturages en forêts. Les entreprises de la chaîne d'approvisionnement agricole (p. ex., usines de transformation de la viande, usines de transformation des produits laitiers, fabricants et importateurs d'engrais azotés) doivent déclarer leurs émissions issues de l'agriculture, mais ne doivent pas les payer. Du fait de l'ETS de la Nouvelle-Zélande, les émissions provenant des carburants, de la production électrique, des GES de synthèse, des déchets et des procédés industriels, y compris dans les secteurs primaires, ont un coût. Différentes solutions sont actuellement discutées pour mettre en place une tarification des émissions issues de l'agriculture.

Les émissions d'origine agricole sont exclues de la plupart des autres systèmes de tarification du carbone à l'échelle de l'économie, et sont souvent traitées par le biais d'autres mécanismes. Le système d'échange de quotas d'émission de l'**UE** (SEQE-UE) fournit un cadre pour les réductions d'émissions dans les secteurs de la production d'électricité, de la fabrication et de l'aviation, mais n'inclut pas les émissions agricoles qui sont assujetties à des objectifs annuels d'atténuation des émissions en vertu de la décision relative au partage de l'effort de l'UE (pour les émissions autres que de CO_2 du secteur agricole) et de la décision du secteur UTCATF (pour les émissions de CO_2 générées par le changement d'affectation des terres). Le système d'échanges de droits d'émission de la **Corée** (KETS) a été lancé en 2015 et impose des obligations de réduction des émissions aux entreprises qui dépassent un seuil défini d'émissions de GES. Bien que le secteur agricole ne fasse pas partie du KETS à l'heure actuelle, le ministère de l'Agriculture, de l'Alimentation et des Affaires rurales réalise des projets volontaires de réduction et de compensation des émissions afin de faire baisser les émissions dans le secteur agricole, et subventionne le coût de la vérification. Les agriculteurs peuvent obtenir des crédits compensatoires certifiés pour leurs projets de réduction des émissions et les vendre sur le marché d'échange de droits d'émission. Plusieurs systèmes d'échanges de droits d'émission régionaux et propres aux États sont en place ou en cours d'instauration aux **États-Unis**, notamment dans les États suivants : Californie, Washington, Connecticut, Delaware, Maine, Maryland, Massachusetts, New Hampshire, New Jersey, New York, Rhode Island, Vermont et Virginie. Si l'agriculture n'est pas obligatoire pour réduire les émissions de GES dans le cadre de ces programmes, c'est une source autorisée de compensation dans l'ensemble de ceux-ci.

Plusieurs pays ont mis en place des taxes sur les émissions, mais celles-ci excluent également le secteur agricole. Le système de tarification de la pollution par le carbone du **Canada**, en place dans l'ensemble des provinces et territoires depuis 2019, exclut en grande partie le secteur agricole. L'**Indonésie** a adopté une loi pour introduire une taxe sur le carbone, qui devrait être mise en œuvre en juillet 2022. La taxe sur le carbone se limitera dans un premier temps aux centrales à charbon, et servira de fondement à l'élaboration, d'ici 2025, d'un mécanisme de taxation du carbone plus général et d'une bourse du carbone où les entreprises pourront échanger leurs permis d'émission. Le secteur agricole de la **Norvège** est en grande partie exempté de la taxe nationale sur le carbone, à l'exception des émissions provenant de l'utilisation des combustibles fossiles dans l'agriculture. L'**Afrique du Sud** a instauré une taxe nationale sur le carbone en vertu de la loi sur la taxe carbone de 2017 (2017 Carbon Tax Act), mais l'agriculture primaire est exemptée de la phase 1 en cours.

Subventions, aide au revenu et programmes de crédit

Les prêts subventionnés sont parfois utilisés comme outil pour encourager la réduction des émissions dans le secteur agricole. Le programme pour une agriculture bas carbone ou le programme pour une agriculture à faibles émissions de carbone (programme ABC) du **Brésil** a été lancé en 2010 et fournit des ressources et des incitatifs aux agriculteurs pour qu'ils adoptent des pratiques et des technologies agricoles durables. Le programme ABC propose des prêts à faible taux d'intérêt aux agriculteurs pour des activités qui réduisent les émissions, comme la restauration de zones fragiles et de pâturages, le développement des systèmes intégrés culture-élevage-sylviculture et de culture sans travail du sol, l'adoption de pratiques de préservation des forêts, l'amélioration de sols improductifs et dégradés, la plantation de forêts, l'agriculture biologique, les bio-intrants, les engrais organiques et la production d'énergie renouvelable pour l'agriculture. Le programme a permis de réduire les émissions de quelque 166 Mt éq. CO_2 au cours de la période 2010-19. Les **États-Unis** ont mis en œuvre des projets qui offrent des crédits à des conditions préférentielles et des subventions afin d'encourager l'adoption de pratiques d'atténuation des émissions de GES. Ainsi, le programme Rural Energy for America (REAP) fournit des prêts garantis et des subventions pour permettre aux producteurs de se doter de systèmes fonctionnant à l'énergie renouvelable et d'améliorer leur efficacité énergétique. Le programme AgSTAR de récupération du biogaz dans le secteur agricole (AgSTAR: Biogas Recovery in the Agriculture Sector) aide les producteurs à se procurer des informations et à financer des systèmes de récupération du biogaz afin de réduire les émissions de méthane provenant des effluents d'élevage.

Plusieurs pays ont financé des initiatives qui encouragent le boisement et le piégeage du carbone dans le sol. Le Fonds pour des solutions climatiques naturelles du **Canada** a mis à disposition plus de 2 milliards USD sur dix ans pour planter deux milliards d'arbres, 48 millions USD sur deux ans pour protéger les zones humides et les arbres existants dans les exploitations, et 470 millions USD pour des projets qui conservent, restaurent et améliorent les zones humides, les tourbières et les prairies. Le programme « Des cultures à la verdure » de la **Chine** a été mis en place en 2000 et fournit des paiements directs aux agriculteurs pour réimplanter des forêts et de la végétation arbustive sur les terres en pente menacées d'érosion et pour boiser de vastes étendues de terres stériles. Le programme aurait permis le boisement de 29 millions d'hectares, dont 9 millions d'hectares de terres cultivées transformées en surfaces boisées. Le ministère de l'Environnement, de la Forêt et du Changement climatique de l'**Inde** mène un programme national de boisement (National Afforestation Programme) depuis 2000, ciblant des activités communautaires telles que l'agroforesterie, l'amélioration de la préservation des sols et la restauration des forêts dégradées. Le programme de boisement (Afforestation Scheme) de l'**Irlande** a été instauré en 2014 et fournit des subventions et une aide financière pour encourager la création et l'entretien de nouvelles forêts et surfaces boisées.

L'**Ukraine** a lancé Pays vert (Green Country), un projet de boisement à grande échelle de l'Ukraine, qui vise à planter un milliard d'arbres au cours des trois prochaines années et d'accroître les surfaces boisées d'un million d'hectares au cours des dix prochaines années. Le **Royaume-Uni** a mis en place plusieurs nouveaux systèmes de gestion écologique des terres qui contribuent à l'atténuation des émissions en favorisant la plantation d'arbres ainsi que la gestion et la restauration des tourbières. Ces programmes incluent notamment le programme d'agriculture dans des paysages protégés (Farming in Protected Landscapes Scheme) de l'**Angleterre**, le programme d'aide à la sylviculture (Forestry Grant Scheme) de l'**Écosse** et le programme « Des forêts pour notre avenir » (Forests for Our Future) du **Pays de Galles**. Les **États-Unis** ont mis en œuvre à titre temporaire le programme pour les cultures de couverture en période de pandémie (Pandemic Cover Crop Program, PCCP), qui encourage l'adoption de cultures de couverture en réduisant les primes d'assurance récolte des producteurs qui plantent une culture de couverture admissible pendant la campagne 2021 ou 2022.

L'**Inde** a lancé plusieurs programmes pour réduire les émissions générées par la production de riz, dont des systèmes de riziculture intensive dans le cadre de sa Mission nationale pour la sécurité alimentaire (actuellement menée dans 24 États), fournissant du matériel agricole pour permettre de semer en temps opportun dans les résidus des cultures de riz sur pied, ainsi que des centres de location à la carte et des banques de prêt de machines agricoles pour permettre aux producteurs de semer le blé sans brûler les résidus des cultures de riz. Le **Japon** fournit aux agriculteurs des paiements directs pour les activités d'atténuation, comme l'épandage de compost, la prolongation de la période de drainage en milieu de saison dans les rizières et la diminution de l'utilisation des engrais de synthèse. Les paiements au titre de la superficie sont versés aux producteurs laitiers pour qu'ils mettent en œuvre des pratiques respectueuses de l'environnement telles que la culture sans travail du sol associée à l'utilisation réduite de pesticides et d'engrais de synthèse. Les agriculteurs bénéficient d'une aide à l'investissement pour mettre en place des énergies renouvelables, des méthaniseurs et des installations de compostage afin de mieux gérer les effluents d'élevage et de produire de l'énergie propre, ainsi que des systèmes de chauffage des serres dans le secteur horticole. Depuis 2014, la **Suisse** fournit aux producteurs des aides favorisant une utilisation plus efficiente des ressources pour encourager l'utilisation de techniques respectueuses de l'environnement comme les systèmes de travail de conservation du sol (non-labour, labour en bandes et paillis), les méthodes d'épandage des effluents d'élevage contribuant à la réduction des émissions, ainsi que la réduction progressive de la teneur en azote de l'alimentation des porcs.

Réglementations environnementales

Les instruments réglementaires visant à réduire la pollution diffuse causée par les intrants agricoles comme les engrais et les effluents d'élevage peuvent aussi avoir des effets importants sur les émissions de GES du secteur agricole. La directive de l'**UE** sur les nitrates, qui date de 1991, vise à prévenir la pollution des eaux souterraines et superficielles par les nitrates en encourageant de bonnes pratiques agricoles. Bien que les nitrates ne soient pas des GES, cette directive contribue, en restreignant l'utilisation d'intrants à base d'azote dans le système de production agricole, à la réduction de sources importantes d'émissions de protoxyde d'azote. Elle prévoit notamment la restriction de l'épandage d'engrais azotés et d'effluents d'élevage sur les sols, la réduction de la charge animale, l'instauration d'une capacité minimale de stockage des effluents d'élevage ainsi que la mise en place de rotations des cultures, de cultures de couverture pendant l'hiver et de cultures dérobées pour empêcher le lessivage et le ruissellement des nitrates. La **Norvège** a établi des réglementations relatives à la gestion des engrais et des effluents d'élevage dans le but de contrôler les émissions provenant de ces sources, et a limité la culture des tourbières afin d'empêcher les émissions supplémentaires provenant des sols organiques. En 2025, les bâtiments agricoles ne pourront plus être chauffés à l'aide de combustibles fossiles (l'interdiction est en vigueur pour les autres types de bâtiments depuis 2020). En **Suisse**, le plan de qualité de l'eau adopté en 2022 fixe un objectif de réduction des pertes d'azote et de phosphore des engrais de 20 % au moins avant 2030. Par ailleurs, des prestations écologiques requises plus strictes, relatives à l'épandage des effluents d'élevage, vont également inciter les producteurs à utiliser moins d'engrais.

Le mécanisme de conditionnalité mis en œuvre dans l'**UE** peut également aider à atténuer les émissions du secteur agricole en obligeant les exploitants agricoles à respecter les règles européennes en ce qui concerne la santé publique, végétale et animale, le bien-être animal et l'environnement. Les exploitants bénéficiant d'une aide au titre de la PAC sont en outre tenus de respecter les normes de l'UE relatives aux bonnes conditions agricoles et environnementales des terres, à savoir : prévenir l'érosion des sols, préserver la structure des sols et leur teneur en matières organiques, maintenir des prairies permanentes, protéger la biodiversité et protéger/gérer l'eau. Au **Kazakhstan**, certaines bonifications d'intérêt accordées aux éleveurs s'accompagnent d'une obligation de réhabiliter leurs pâturages, ce qui pourrait aider à réduire les émissions du secteur agricole. La **Corée** a instauré un système de paiements directs couplé à des exigences accrues en matière d'écoconditionnalité et à l'extension de la couverture végétale grâce au développement de l'agriculture urbaine. Aux **États-Unis**, l'éligibilité à des programmes et subventions agricoles fédéraux est conditionnée à des pratiques de conservation.

La déforestation représente, dans un grand nombre de pays, une source importante d'émissions du secteur agricole. En **Argentine**, la loi de 2007 sur les forêts naturelles, le plan de 2015 sur la gestion intégrée des forêts et du bétail ainsi que la loi pour la promotion des forêts visent à garantir la mise en œuvre de bonnes pratiques et à faire reculer la déforestation. Au **Brésil**, le Code forestier contient des dispositions imposant un changement d'affectation des terres et conditionne l'accès aux crédits bonifiés au respect des réglementations environnementales.

Les réglementations visant à promouvoir les biocarburants peuvent dans une certaine mesure contribuer à réduire les émissions provenant des combustibles fossiles. Au **Canada**, par exemple, la Norme sur les combustibles propres a pour but d'encourager la production de biocarburants au niveau national en obligeant les fournisseurs à réduire progressivement au fil du temps l'intensité carbone des carburants liquides. Cette norme consiste à mettre en place un marché réglementé en vertu duquel les fournisseurs de biocarburants à faible intensité de carbone (comme l'éthanol et le biodiesel) peuvent recevoir des crédits d'émission de carbone. Elle a été complétée récemment par un investissement de 1.1 milliard USD de l'administration canadienne dans un fonds destiné aux carburants à émissions faibles ou nulles qui financera la production intérieure de cultures énergétiques pour fabriquer des biocarburants.

Programmes de R-D et de transfert de connaissances

Un grand nombre des pays examinés dans le présent rapport participent au financement de programmes de R-D et de transfert de connaissances dans le but de promouvoir l'atténuation des émissions de GES par le secteur agricole. C'est le cas de l'**Australie**, dont le plan gouvernemental de réduction des émissions à long terme (*Long-Term Emissions Reduction Plan*) fixe l'objectif de neutralité carbone pour 2050. Ce plan inclut une Feuille de route pour l'investissement technologique (*Technology Investment Roadmap*) qui vise à accélérer le développement et la commercialisation de technologies à faible émission de carbone – nouvelles et émergentes –, y compris dans le secteur agricole. Au **Canada**, le Plan de réduction des émissions pour 2030 fournit 366 millions USD au Fonds d'action à la ferme pour le climat pour aider les agriculteurs à adopter des pratiques durables comme la gestion de l'azote, les cultures de couverture et le pâturage en rotation, et 234 millions USD au Programme des technologies propres en agriculture pour financer la recherche-développement, ainsi que la commercialisation et l'adoption de nouvelles technologies vertes pour le secteur agricole. Une enveloppe de 78 millions USD est en outre fournie pour la science transformative, et 117 millions USD financent une initiative ayant trait aux paysages agricoles résilients. Au **Chili**, la Stratégie climatique à long terme, rendue publique lors de la COP26 en novembre 2021, contient plusieurs objectifs relatifs à la promotion de la R-D et des services de vulgarisation pour réduire les émissions de l'agriculture. En **Corée**, le Plan de développement et d'application de la technologie agricole pour atteindre la neutralité carbone à l'horizon 2050, mis au point par l'administration pour le développement rural, vise à étendre les technologies bas carbone à l'agriculture, comme par exemple l'alternance de l'inondation et l'assèchement pour la riziculture, le recyclage des effluents d'élevage, l'augmentation de l'utilisation des énergies renouvelables et des technologies peu gourmandes en énergie, ainsi que l'amélioration de la capacité de piégeage du carbone des sols. Aux **États-Unis**, les pôles climat (*Climate Hubs*) du ministère de l'Agriculture compilent des informations et des technologies scientifiques et les mettent à disposition en collaboration avec les agences et les partenaires du ministère dans le but d'accompagner la mise en œuvre de pratiques climato-intelligentes. Les programmes de vulgarisation des États fédérés fournissent des services de sensibilisation, de formation, d'assistance technique et d'expérimentation des pratiques d'atténuation du changement climatique dans les exploitations.

Un certain nombre de pays ont mis en place des programmes de recherche sur les émissions liées à l'élevage. L'**Australie** a accordé 23.1 millions USD sur six ans pour son programme MERiL d'aide à la réduction des émissions de méthane dans l'élevage. Ce programme finance les essais, le développement et la commercialisation de nouvelles technologies d'alimentation animale ainsi que de technologies bas carbone pour la fourniture de compléments alimentaires afin de réduire les émissions de méthane liées à la fermentation entérique des bovins et des ovins. En **Chine**, plusieurs projets de recherche collaborative ont été lancés en 2018 entre les universités et le secteur privé dans le but d'imaginer des solutions innovantes en matière d'alimentation animale et d'évaluer les réductions d'émissions rendues possibles grâce aux pratiques plus durables des exploitations laitières. La **Colombie** met actuellement en œuvre plusieurs projets d'élevage durable et a créé un organe interinstitutions public-privé sur le sujet, chargé des consultations techniques. Au **Costa Rica**, 200 prestataires de services de vulgarisation ont été formés pour établir la composition des aliments pour animaux, contrôler les exploitations d'élevage et mettre en place des actions d'atténuation comme la rotation des pâturages et des systèmes sylvo-pasturaux. En **Nouvelle-Zélande,** le partenariat pour l'action climatique dans le secteur primaire (« He Waka Eke Noa ») fournit des services de vulgarisation et de conseil aux agriculteurs pour les aider à mesurer et gérer leurs émissions ; il investit également dans la R-D consacrée aux technologies d'atténuation comme des inhibiteurs et un vaccin empêchant la production de méthane. D'autres travaux sur les technologies d'atténuation applicables aux ruminants sont également menés par le Centre néo-zélandais de recherche sur les gaz à effet de serre agricoles (*New Zealand Agricultural Greenhouse Gas Research Centre* – NZAGRC) et le Consortium de recherche sur les gaz à effet de serre pastoraux (*Pastoral Greenhouse Gas Research Consortium* – PGgRc), en coordination avec les pays membres de l'Alliance mondiale de recherche sur les gaz à effet de serre en agriculture (*Global Research Alliance on Agricultural Greenhouse Gases* – GRA).

Plusieurs pays soutiennent quant à eux la mise en place d'une agriculture intelligente face au climat. L'**Islande** met actuellement en œuvre le projet « L'agriculture pour le climat » (*Climate-Friendly Agriculture*) qui fournit des conseils et une éducation approfondis aux agriculteurs dans le but de réduire les émissions de GES liées à l'agriculture et l'utilisation des terres. Ce projet s'inscrit dans le cadre du Plan d'action pour le climat 2020 (*2020 Climate Action Plan*) qui inclut également des actions visant à réduire l'utilisation d'engrais minéraux, améliorer l'alimentation du bétail de manière à réduire la fermentation entérique, accroître la production végétale au niveau national et atteindre la neutralité carbone dans le domaine de l'élevage bovin. L'**Inde** a accru le financement de la R-D dans le domaine des technologies afin de convertir les chaumes en biogaz ou autres produits énergétiques. En **Indonésie**, l'Agence pour la recherche et le développement dans l'agriculture a créé un certain nombre de programmes de R-D et de vulgarisation centrés sur les pratiques et les technologies intelligentes face au climat, notamment la conception de variétés de plantes résistantes au stress climatique, d'un système d'ajustement du calendrier des plantations ainsi que d'équipements et de machines agricoles efficients.

Israël a mis en place plusieurs programmes visant à améliorer les pratiques agricoles de conservation et de production régénérative (par exemple : travail minimal du sol, cultures de couverture, dispersion de matière organique sur les sols), à réduire l'emploi d'engrais (naturels et de synthèse), à améliorer le traitement des déchets agricoles organiques, à développer le savoir-faire en matière d'agriculture intelligente face au climat, à protéger les arbres et les forêts de manière à assurer le piégeage du carbone et à promouvoir le rôle de l'agriculture dans la production d'énergies renouvelables. Au **Mexique**, la stratégie adoptée pour le secteur de l'agriculture consiste à encourager les pratiques agricoles adaptées aux conditions climatiques et environnementales (comme la conservation des sols et la réduction du brûlage des résidus), à tenir compte des connaissances traditionnelles et scientifiques ainsi qu'à mettre en place des systèmes d'agroforesterie/d'agroécologie et des biodigesteurs dans les exploitations d'élevage. **Les Philippines** font la part belle aux nouvelles technologies et aux pratiques permettant de réduire les émissions telles que l'alternance de l'inondation et de l'assèchement pour la riziculture, l'adoption d'inoculants microbiens, de biocharbon et de compléments alimentaires pour l'élevage, ainsi que l'utilisation de solutions fondées sur la nature. L'**Ukraine** a introduit des techniques de travail minimal du sol et interdit l'écobuage, amélioré les pratiques agricoles dans les zones exposées à la pollution par les nitrates, accru le soutien à la restauration des terres dégradées, et encourage aujourd'hui l'utilisation de fumier pour produire du biogaz.

Le renforcement des capacités de mesure, de notification et de vérification (MNV) des émissions liées au secteur agricole peut aider à préparer le terrain en vue de la mise en place de mesures de tarification du carbone. L'**Australie** a organisé un « défi national pour l'innovation » (*National Soil Carbon Innovation Challenge*) doté de 38.1 millions USD sur trois ans, dans le but de mettre au point en accéléré des solutions technologiques peu coûteuses et de précision pour mesurer le carbone présent dans le sol à un prix inférieur à 2.25 USD par hectare et par an en moyenne. Le programme quinquennal de gestion des données sur le carbone présent dans le sol (*Soil Carbon Data Program*), pourvu de 5.9 millions USD, vise à améliorer les données relatives au stock de carbone, à susciter l'intérêt pour les solutions de mesure et d'évaluation alternatives à bas coût, et à créer une base de données nationale sur le carbone présent dans le sol. Au **Viet Nam**, le ministère de l'Agriculture et du Développement rural met également en place des systèmes de MNV pour l'agriculture et d'UTCATF dans le cadre de son plan de mise en œuvre de l'Accord de Paris sur le changement climatique pour 2021-30.

Initiatives internationales

Créée en 2009, l'Alliance mondiale de recherche sur les gaz à effet de serre en agriculture comprend 65 pays membres unis dans la volonté d'accroître la coopération et l'investissement dans la R-D afin de réduire les émissions liées aux activités agricoles et de renforcer les capacités de piégeage du carbone présent dans le sol. La Coalition pour une croissance durable de la productivité au service de la sécurité alimentaire et de la conservation des ressources (*Coalition on Sustainable Productivity Growth for Food Security and Resource Conservation*) a pour but d'accélérer la transition vers des systèmes alimentaires plus durables grâce à une hausse de la productivité agricole respectueuse de l'environnement. Créée officiellement lors du Sommet 2021 des Nations Unies sur les systèmes alimentaires, cette coalition est soutenue par 46 pays (dont l'Union européenne), ainsi que par un large éventail d'organismes universitaires et de recherche, d'organisations privées et d'associations professionnelles.

Plusieurs initiatives internationales ont été lancées lors de la COP26 à Glasgow en novembre 2021, à savoir :

- L'*engagement mondial concernant le méthane* a été signé par plus de 100 pays dont 29 membres de l'OCDE et tous les États membres de l'Union européenne. Les pays signataires ont ainsi accepté de prendre volontairement des mesures pour réduire les émissions mondiales de méthane d'au moins 30 % d'ici à 2030 par rapport aux niveaux de 2020, ce qui permettra éventuellement de réduire le réchauffement de 0.2 °C à l'horizon 2050. Bien que l'objectif concerne l'ensemble des pays et que les réductions indiquées s'effectuent sur la base du volontariat, cet engagement envoie un signal fort de la volonté des pays d'abaisser substantiellement leurs émissions de méthane d'ici 2030.

- La *Déclaration des dirigeants de Glasgow sur les forêts et l'utilisation des terres*, signée par 141 pays, appelle à stopper et inverser la disparition des forêts et la dégradation des terres avant 2030 par des initiatives de préservation et restauration des forêts et des autres écosystèmes terrestres, et par des efforts pour accélérer leur restauration.

- La mission d'innovation agricole pour le climat (*Agriculture Innovation Mission for Climate – AIM for Climate),* qui a été lancée lors de la COP26, rassemble 31 pays et plus de 48 partenaires non gouvernementaux. L'objectif est d'accroître significativement l'investissement dans l'innovation agricole au cours des cinq prochaines années dans le domaine de l'agriculture climato-intelligente et des systèmes alimentaires. L'initiative vise en outre à favoriser les débats techniques et à promouvoir la coordination de l'innovation aux niveaux national et international, ainsi qu'à faciliter la coopération sur des priorités de recherche communes ayant trait à l'agriculture et au climat.

- Le Programme d'action publique pour la transition vers une agriculture et une alimentation durables (*Policy Action Agenda for Transition to Sustainable Food and Agriculture*) propose des trajectoires et des actions pouvant être adoptées par les pays pour réorienter leurs politiques publiques et leur soutien à l'alimentation et l'agriculture, obtenir des résultats en la matière et favoriser une transition juste du monde rural.

Conséquences du soutien actuel à l'agriculture sur le changement climatique

Les politiques de soutien à l'agriculture ont des conséquences importantes sur le changement climatique et la durabilité environnementale. Les administrations publiques des 54 pays examinés dans le présent rapport ont dépensé 817 milliards USD par an en 2019-21 en transferts à l'agriculture, dont 611 milliards USD par an sous forme de soutien versé directement aux producteurs. Le reste était réparti presque également entre le soutien aux services d'intérêt général (106 milliards USD) et les transferts budgétaires aux consommateurs (100 milliards USD). Certaines économies émergentes ont également imposé une taxe implicite aux producteurs, d'un montant de 117 milliards USD par an en moyenne.

Les politiques de soutien peuvent, selon la façon dont elles sont conçues, influer sur les émissions de GES et l'évolution de la situation environnementale. En modifiant les prix sur les marchés agricoles, elles peuvent influencer les décisions des agriculteurs au regard de leur production et avoir une incidence sur les émissions qui sont générées en fonction des volumes produits. Si ces politiques concernent le prix des intrants ou des facteurs de production, elles peuvent avoir des effets sur le mode de production des agriculteurs, par exemple en encourageant la substitution d'intrants intermédiaires par des facteurs primaires de production (comme la terre, le capital et la main-d'œuvre), ce qui a des conséquences sur l'intensité des émissions liées à la production, que ce soit sur l'exploitation ou par une modification de l'utilisation des terres (Henderson et Lankoski, 2019[53]). Compte tenu de ces effets, les politiques de soutien – qu'elles prennent la forme de transferts au titre du marché ou de transferts budgétaires – peuvent aller à l'encontre d'autres mesures engagées par les pouvoirs publics pour atténuer le changement climatique.[22] Elles peuvent aussi être conçues de manière à promouvoir des pratiques respectueuses de l'environnement, ou dispenser des services plus généraux susceptibles de favoriser la réduction des émissions, comme le soutien à la R-D et l'innovation.

Dans ce contexte, la section ci-après examine les effets des politiques de soutien actuelles sur les incitations à la réduction des émissions de GES et les efforts déployés dans ce sens.

Impacts des politiques de soutien à la production sur les émissions

Soutien direct à la production de produits agricoles particuliers

Les politiques de soutien à l'agriculture visent souvent à favoriser la production de certains produits. Le soutien des prix du marché (SPM), par exemple, correspond à des mesures qui créent un écart entre les prix intérieurs et les prix à la frontière pour certains produits agricoles. Les licences d'importation, les droits de douane, les contingents tarifaires et les prix minimums sont des exemples de mesures entraînant une majoration des prix pour les consommateurs. Le SPM majore le prix perçu par le producteur et incite donc à produire plus, à intensifier l'utilisation d'intrants, ainsi qu'à accroître la part des terres affectées aux cultures aidées et l'entrée de terres dans le secteur agricole. Les autres types de soutien direct à la production sont notamment les paiements couplés, qui peuvent être calculés sur la base de la production, de la superficie cultivée ou du nombre d'animaux. De manière générale, ces paiements encouragent également l'augmentation de la production, que ce soit via l'intensification, l'extension de la superficie des terres ou le maintien en activité d'exploitations qui ne seraient sinon pas viables financièrement. Du côté des consommateurs, en revanche, les conséquences de ces deux types de soutien divergent : le SPM renchérit les prix de vente, ce qui entraîne (toutes choses égales par ailleurs) une baisse de la consommation intérieure ; les paiements couplés produisent l'effet inverse, à savoir la diminution des prix de vente qui, à terme, soutient et stimule la consommation intérieure.

Le soutien direct à la production de produits agricoles particuliers se mesure dans le contexte du présent rapport par l'indicateur des transferts au titre d'un seul produit (TSP), qui tient compte à la fois du SPM et des paiements couplés en faveur de tel ou tel produit. Sur les 54 pays examinés dans ce rapport, les TSP représentent en moyenne la moitié du soutien direct aux producteurs, soit 247 milliards USD en 2019-21 (362 milliards en transferts positifs et 115 milliards en taxation implicite). Le soutien aux produits d'origine animale, qui ont tendance à générer de fortes émissions de GES, s'est élevé à 111 milliards USD, soit 31 % du montant total des TSP positifs (graphique 1.9). Les transferts au profit de ces produits représentent plus de 60 % des TSP positifs en Islande, au Royaume-Uni, en Norvège, en Suisse, au Canada et dans l'Union européenne.

Graphique 1.9. Répartition des transferts au titre de produits spécifiques (TSP), 2019-21

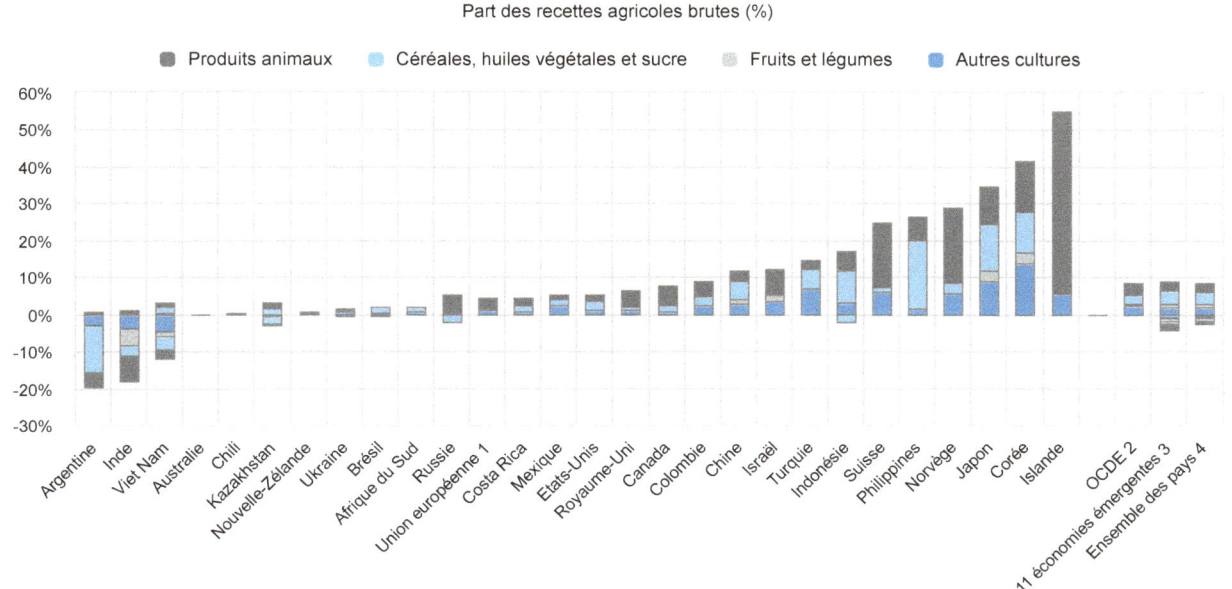

Part des recettes agricoles brutes (%)

Note : Les pays sont classés en fonction des niveaux des TSP en pourcentage.
1. UE28 en 2019, UE27 + Royaume-Uni en 2020 et UE27 en 2021.
2. Le total pour l'OCDE ne comprend pas les pays de l'UE non membres de l'OCDE.
3. Les 11 économies émergentes incluent l'Argentine, le Brésil, la Chine, l'Inde, l'Indonésie, le Kazakhstan, les Philippines, la Fédération de Russie, l'Afrique du Sud, l'Ukraine et le Viet Nam.
4. Le total des pays inclut tous les pays de l'OCDE, les États membres de l'UE non-OCDE et les économies émergentes.
Source : OCDE (2022), « Estimations du soutien aux producteurs et aux consommateurs », Statistiques agricoles de l'OCDE (base de données), http://dx.doi.org/10.1787/agr-pcse-data-fr.

Parmi les produits bénéficiant des plus forts pourcentages de TSP, plusieurs affichent des niveaux d'émissions particulièrement élevés, comme l'indique le nombre de kg d'équivalent CO_2 par rapport aux recettes agricoles brutes mesurées en USD (graphique 1.10). Trois produits en particulier génèrent de fortes émissions – qui, mesurées par le volume d'émissions par rapport à la valeur de la production en USD (dont les recettes), représentent 47 % des émissions directement liées à l'agriculture examinées dans le présent rapport – et bénéficient de soutiens positifs importants ; il s'agit de la viande bovine (25 milliards USD), de la viande ovine et caprine (7 milliards USD) et du riz (44 milliards USD). Sous l'angle environnemental, cela correspond respectivement à un transfert de 22 USD, 31 USD et 115 USD par tonne d'équivalent CO_2. Cela dit, ces TSP prennent plus souvent la forme d'un soutien des prix du marché que de paiements directs aux producteurs.

Graphique 1.10. Mise en correspondance de l'intensité des émissions avec les transferts au titre d'un seul produit (TSP)

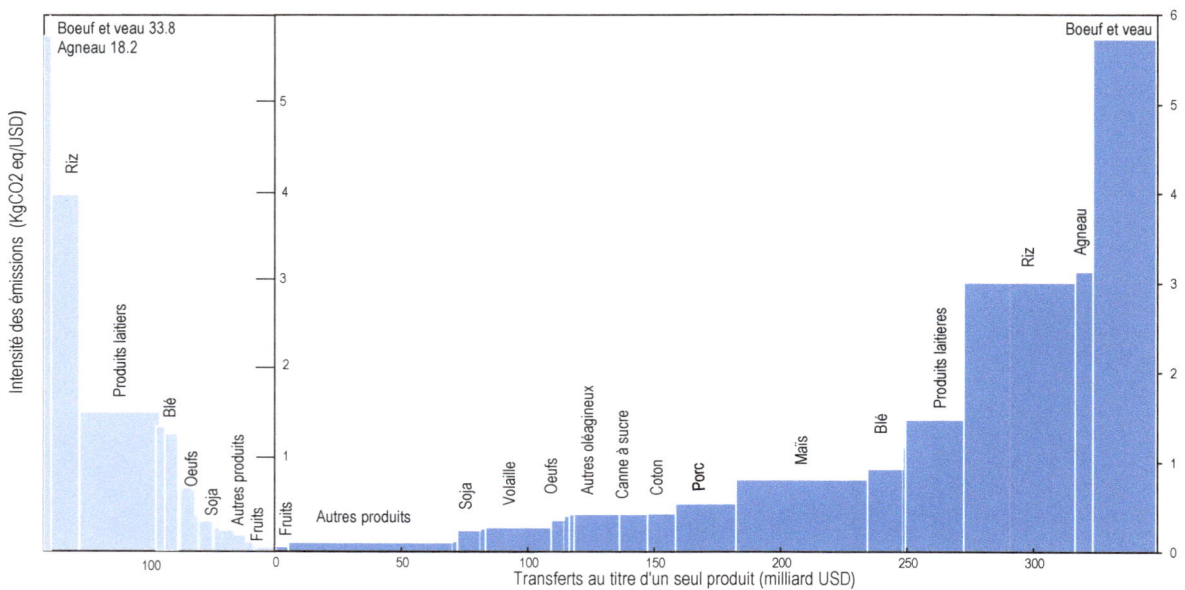

Note : Le graphique représente les TSP versés dans les 54 pays examinés dans le présent rapport. Les barres bleu foncé correspondent aux TSP positifs, et les barres bleu clair aux TSP négatifs.

Source : OCDE (2022), « Estimations du soutien aux producteurs et aux consommateurs », Statistiques agricoles de l'OCDE (base de données), http://dx.doi.org/10.1787/agr-pcse-data-fr.

StatLink 🔗 https://stat.link/4oxlbj

L'impact global des TSP sur le climat dépend au final des instruments utilisés. Les mesures susceptibles d'être les plus préjudiciables pour l'environnement sont les paiements au titre de la production – dont le SPM et le soutien à la production – car ils provoquent une hausse directe de la production intérieure, mais aussi les paiements au titre de l'utilisation d'intrants, sauf s'ils améliorent la compétitivité des produits à faibles émissions par rapport à ceux qui en génèrent beaucoup, ou s'ils entraînent la baisse de l'utilisation d'intrants à forte intensité d'émissions par rapport à d'autres intrants. Au niveau mondial, l'utilisation généralisée du soutien des prix du marché a des effets plus incertains sur la production globale et pourrait même susciter une diminution des émissions à l'échelle planétaire dans le cas où le SPM améliore la compétitivité des systèmes de production peu générateurs d'émissions (Laborde et al., 2021[54] ; Guerrero et al., 2022[55]).[1] Par conséquent, l'impact global sur le climat de la réforme du SPM dépendra des différences de niveau des émissions entre les régions où la production est relocalisée, ainsi que des gains de productivité éventuels associés à la réforme. Les contextes locaux ainsi que les conditions accompagnant certaines formes de soutien doivent également être pris en compte. Le problème des TSP reste qu'ils fournissent généralement aux producteurs un soutien relativement peu ciblé et ne sont donc pas aussi efficaces que les investissements privilégiant des technologies et des modes de gestion sobres en carbone, ou que d'autres incitations visant à accélérer les actions d'atténuation (Gautam et al., 2022[56]). Pour finir, les formes de TSP causant moins de distorsion (comme les paiements au titre de la superficie de terres ou du nombre d'animaux) peuvent accroître les émissions si elles favorisent la production de

---

[1] D'après les estimations de Laborde et al. (2021[54]), la suppression des mesures de soutien interne et à la frontière entraînerait une hausse des émissions directes de l'agriculture de 1.7 %. Dans une étude similaire portant sur l'ensemble du secteur AFAT, Guerrero et al. (2022[55]) déduit que cette suppression provoquerait une augmentation des émissions de 0.5 %.

produits à forte intensité de GES, ce qui est souvent le cas dans le domaine de l'élevage. En revanche, lorsqu'elles sont associées à des exigences en matière d'écoconditionnalité relatives à la gestion des exploitations, ces formes de soutien peuvent aussi inciter à adopter des mesures d'atténuation.

Paiements au titre de l'utilisation d'intrants variables

Cette catégorie de paiements mérite une attention particulière car leur montant s'est élevé à 60 milliards USD en 2019-2021 et une grande partie de ces paiements ne sont pas inclus dans les TSP. Les intrants variables dont il est question sont généralement des engrais, des combustibles fossiles ou de l'irrigation, qui sont des sources d'émissions directes de GES ou génèrent une demande supplémentaire d'énergie, et qui peuvent également produire d'autres impacts environnementaux. L'utilisation excessive d'engrais et d'effluents d'élevage entraîne une accumulation excédentaire d'azote qui, en plus des émissions d'oxyde d'azote, provoque une pollution au niveau local qui endommage les écosystèmes d'eau douce, porte atteinte aux invertébrés et aux poissons et est à l'origine d'une acidification et d'une eutrophisation des milieux favorisant la croissance d'algues toxiques et la baisse du niveau d'oxygène dans l'eau (hypoxie). (Guerrero, 2018[57] ; Sud, 2020[58]). De même, les subventions à l'irrigation peuvent générer de gros problèmes de surexploitation des ressources et aggraver la rareté de l'eau dans des régions déjà fragilisées (OCDE, 2017[59]).

Dans la plupart des pays, rares sont les restrictions ayant été mises en place pour se prémunir contre l'utilisation excessive des intrants subventionnés, d'où l'absence d'atténuation de leurs impacts en matière d'émissions de GES. Le panachage optimal de mesures, dans le cas d'un soutien encourageant l'utilisation d'intrants préjudiciables à l'environnement, voudrait non pas que l'on verse une subvention mais que l'on impose une taxe prenant en compte les dommages causés au climat, aux cours d'eau et aux écosystèmes naturels (Anderson et Valenzuela, 2021[60]).

Autres formes de paiements

Les autres formes de soutien aux producteurs – paiements à la surface découplés et autres paiements spécifiques non liés à un produit particulier – ont un impact moins direct sur les émissions liées à la production et peuvent parfois procurer d'autres types de bienfaits sur le plan social et environnemental. Il n'en reste pas moins que les paiements au titre de la superficie agricole courante créent, même lorsqu'ils ne sont pas destinés à des cultures précises, des incitations à étendre la superficie cultivée et à maintenir les terres marginales en production. Si les paiements à l'hectare privilégient les grandes cultures plutôt que la production animale, ils peuvent induire un recul de l'élevage et une baisse des émissions de GES et des excédents d'éléments nutritifs d'origine agricole. En revanche, ces mêmes paiements à l'hectare peuvent augmenter les émissions de GES dans les pays où les émissions liées à l'agriculture proviennent surtout de la production végétale (Henderson et Lankoski, 2019[53]).

Les paiements totalement découplés, octroyés au titre de la superficie cultivée non courante (paiements fondés sur des droits historiques, par exemple, ou paiements au titre du revenu global de l'exploitation), font partie des mesures de soutien les moins dommageables pour l'environnement (Henderson et Lankoski, 2019[53]). Ils permettent aux agriculteurs de suivre les signaux des marchés pour prendre leurs décisions de production ; dans certains cas, d'ailleurs, la production n'est pas obligatoire pour que les exploitants reçoivent les paiements. Si la superficie cultivée sur laquelle reposent les paiements est fixe, prise en compte à une date historique donnée, il n'y a pas d'incitation à étendre la superficie de terres agricoles (Lankoski et Thiem, 2020[61]). Malgré tout, il est possible que les paiements fondés sur des droits historiques conservent un pouvoir incitatif si les agriculteurs pensent que leurs décisions actuelles sont susceptibles d'influer sur les paiements futurs (DeBoe et al., 2020[62]). Par ailleurs, dans la mesure où ils complètent le revenu des exploitants et améliorent la rentabilité de l'agriculture par rapport à d'autres utilisations des terres, les paiements découplés peuvent cependant freiner le changement structurel et empêcher la réaffectation des terres agricoles à d'autres utilisations plus durables. Enfin, l'impact sur le climat des paiements découplés dépend du type et de l'efficacité des modes de gestion et des critères environnementaux obligatoires (écoconditionnalité) qui leur sont associés (DeBoe, 2020[63]).

Réorienter le soutien à l'agriculture en abandonnant les formes d'aide les plus génératrices de distorsions au niveau de la production pour leur substituer des paiements découplés devrait permettre de réduire les impacts climatiques et d'améliorer encore la durabilité de la production. Par ailleurs, il est important de comprendre que les choix de la politique agricole sont susceptibles de déterminer la structure et l'intensité de la production à long terme. Il est donc peu probable que le découplage, seul, soit suffisant, surtout dans les pays caractérisés par un chargement en bétail élevé et des systèmes de production intensive (OCDE, 2020[64] ; Lankoski et Thiem, 2020[61]). Dans ces cas de figure, des mesures plus ciblées peuvent s'imposer pour faire en sorte que les politiques et les prix du marché prennent en compte les externalités écologiques négatives associées à la production agricole.

Politiques encourageant la réduction des émissions

Paiements pour des services en faveur du climat et de l'environnement

Les mesures prises au regard de l'agriculture peuvent aussi être conçues pour produire des résultats positifs sur l'environnement, en encourageant les agriculteurs à fournir des biens et services environnementaux comme le piégeage du carbone, la préservation des paysages ruraux, la résilience aux catastrophes naturelles, la pollinisation, la création d'habitats et la lutte contre les espèces envahissantes. Les paiements agro-environnementaux qui incitent à observer des pratiques ou utiliser des intrants éco-compatibles (respect des restrictions d'utilisation d'engrais, par exemple) se classent potentiellement parmi les types de mesures d'aide les plus bénéfiques sur le plan de l'environnement (DeBoe, 2020[63]). Cela concerne en particulier l'atténuation du changement climatique, qui requiert des technologies et des modifications très particulières sur le plan de la gestion. Cela dit, sur les 293 milliards USD de transferts budgétaires versés annuellement aux producteurs en 2019-21, seul 1.7 milliard USD était exclusivement consacré à la fourniture de biens publics environnementaux (autrement dit, des paiements au titre de produits spécifiques autres que des produits de base). L'augmentation du soutien pourrait cependant avoir des impacts directs ou indirects importants sur les biens environnementaux, comme par exemple les paiements découplés (voir plus haut) dans le cas de l'agriculture biologique. La conditionnalité attachée aux paiements directs aux producteurs peut également être bénéfique à l'environnement en compensant les effets potentiellement néfastes des subventions.

D'autres mesures des pouvoirs publics peuvent avoir des effets positifs sur le climat. Ainsi, la mise hors production de terres agricoles est susceptible d'inciter les agriculteurs à passer d'une production végétale à des pâturages permanents ou de la forêt, favorisant une contraction des terres agricoles et un abaissement des pressions sur l'environnement. Toutefois, si elle n'est pas bien gérée, cette contraction – aboutissant à une déprise – peut, dans certains cas, avoir des effets défavorables sur l'environnement, comme l'appauvrissement de la biodiversité, la prolifération d'espèces envahissantes ou un risque accru d'incendie incontrôlé (DeBoe et al., 2020[62]). Si la réduction de la superficie cultivée a souvent des effets bénéfiques pour le climat en réduisant les stocks de carbone, elle peut aussi s'accompagner d'une intensification de la production sur les terres restantes, qui peut avoir des effets néfastes involontaires sur l'environnement (dont des émissions supplémentaires liées aux engrais).

Ces éléments montrent l'importance d'une gestion attentive du processus de réforme, afin de prendre en considération d'éventuels effets pervers sur l'environnement. Ainsi, la diminution du soutien des prix du marché peut aussi se traduire par une déprise agricole accompagnée d'une intensification de la production, ce qui peut avoir des conséquences déplorables sur la biodiversité et l'écologie des paysages. Par ailleurs, les programmes agro-environnementaux pourraient gagner à être mieux conçus – en tenant compte des objectifs d'atténuation du changement climatique – et à s'accompagner de contraintes imposant la fourniture de réels gains environnementaux (DeBoe, 2020[63]).

Soutien à la R-D et l'innovation dans le secteur agricole

Le soutien à la R-D et l'innovation dans le secteur de l'agriculture joue un rôle vital en contribuant à l'atténuation des émissions imputables aux activités agricoles. De nombreuses preuves attestent en outre du fort taux de rendement des investissements publics dans la R-D au service de l'agriculture (Alston, Pardey et Rao, 2021[65] ; Alston et al., 2010[66] ; Piesse et Thirtle, 2010[67]). Cette dernière est un moteur clé de la hausse de la productivité qui, en permettant de produire plus d'aliments avec la même quantité d'intrants ou avec des intrants générant moins d'émissions (par exemple les terres, les engrais et les aliments pour animaux), peut aider à réduire les émissions. Les innovations telles que les améliorations des modes de gestion des exploitations, les nouvelles variétés de cultures et races de bétail ainsi que les nouvelles technologies numériques (par exemple l'agriculture de précision) peuvent réduire le niveau des émissions de la production agricole (c'est-à-dire le volume d'émissions par unité produite) tout en atténuant celles provenant du changement d'affectation des terres.

Le soutien à l'innovation agricole reste faible, à seulement 0.7 % de la valeur de la production pour les 54 pays examinés dans ce rapport (graphique 1.11). S'agissant de la zone OCDE dans son ensemble, les dépenses publiques consacrées aux systèmes d'innovation agricole y représentent 1.1 % de la valeur de la production du secteur, soit nettement plus que les 0.4 % obtenus en moyenne dans les 11 économies émergentes. C'est en Suisse, en Norvège et en Corée que le soutien à l'innovation dans l'agriculture est le plus élevé, à plus de 2 % de la valeur de la production du secteur.

Graphique 1.11. Soutien à la R-D et l'innovation dans le secteur agricole, 2019-21

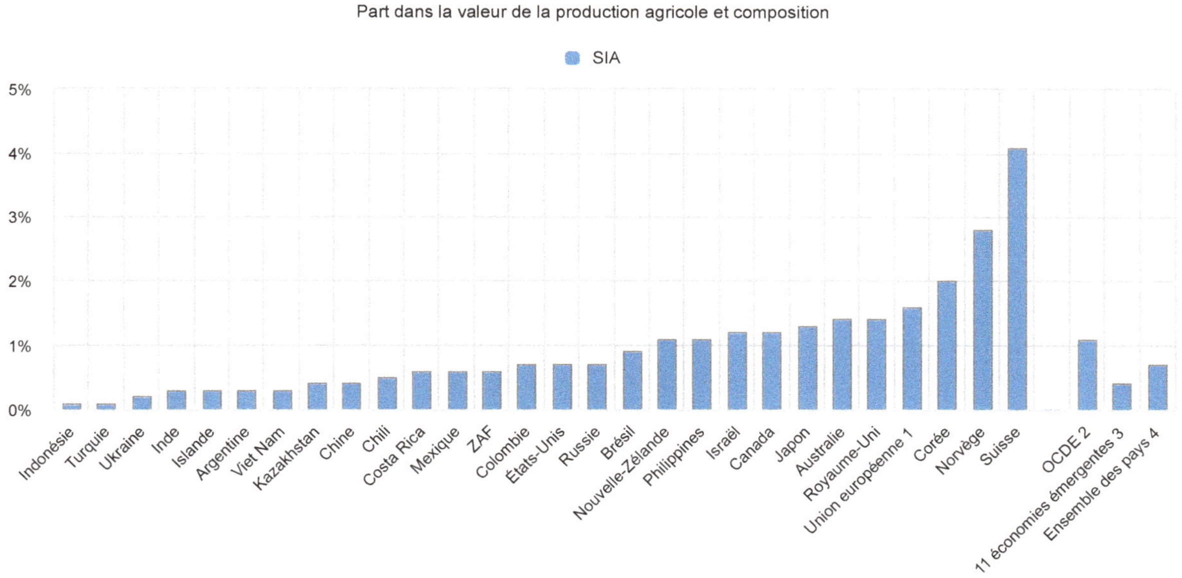

Part dans la valeur de la production agricole et composition

Note : Les pays sont classés en fonction de la part des dépenses publiques consacrées à l'innovation dans l'agriculture par rapport à la valeur de la production agricole. « SIA » désigne le système de connaissances et d'innovation agricoles.
1. UE28 en 2019, UE27 + Royaume-Uni en 2020 et UE27 en 2021.
2. Le total pour l'OCDE ne comprend pas les pays de l'UE non membres de l'OCDE.
3. Les 11 économies émergentes incluent l'Argentine, le Brésil, la Chine, l'Inde, l'Indonésie, le Kazakhstan, les Philippines, la Fédération de Russie, l'Afrique du Sud, l'Ukraine et le Viet Nam.
4. Le total des pays inclut tous les pays de l'OCDE, les États membres de l'UE non-OCDE et les économies émergentes.
Source : OCDE (2022), « Estimations du soutien aux producteurs et aux consommateurs », Statistiques agricoles de l'OCDE (base de données), http://dx.doi.org/10.1787/agr-pcse-data-fr.

Dans certains cas, les améliorations de la productivité peuvent entraîner une hausse de la production et n'abaisseront pas nécessairement les émissions (voir l'encadré 1.3). Cela dit, l'affectation d'une part plus élevée des dépenses de R-D à des mesures d'atténuation peut aider à mettre en place une intensification durable et a plus de chances de réduire les émissions liées à l'activité agricole. Bien que le soutien aux mesures d'atténuation soit en hausse, il existe peu de preuves qu'il représente une part importante du financement total affecté à la R-D et l'innovation dans le secteur agricole. En Australie, par exemple, l'aide au développement de technologies innovantes pour l'alimentation animale s'élève à 23 millions USD sur six ans, ce qui représente moins de 0.4 % du total des dépenses annuelles consacrées à l'innovation dans le secteur agricole (994 millions USD en 2019-21). Jusqu'à récemment, le Fonds d'action à la ferme pour le climat créé par le Canada (160 millions USD sur la période 2021-24) ne représentait que 6 % du budget affecté à l'innovation pour l'agriculture (842 millions USD en 2019-21), même si de nouveaux investissements viennent d'être proposés. Ces deux exemples concernent des pays qui affichent des taux relativement élevés de soutien à la R-D et l'innovation dans le secteur agricole, ce qui laisse entendre qu'il existe une grande marge d'amélioration en ce qui concerne l'augmentation des sommes affectées à la R&D pour l'atténuation des émissions de l'agriculture.

Les récentes études ont montré que les aides publiques consacrées au développement et à l'adoption d'innovations vertes dans l'agriculture (c'est-à-dire les nouvelles technologies permettant de réduire les émissions et d'accroître la productivité, comme l'agriculture climato-intelligente) peuvent abaisser les émissions imputables à l'activité agricole et l'utilisation des terres de plus de 40 %, avec une restitution de 105 millions d'hectares de terres agricoles aux habitats naturels (Gautam et al., 2022[56]). Malheureusement, l'augmentation des investissements dans la R-D agricole publique a ralenti ces dix dernières années dans les pays à revenu élevé (Heisey et Fuglie, 2018[68]). Il est donc de la plus haute importance, pour atténuer les émissions liées à l'agriculture, d'inverser cette tendance et d'accroître le soutien au développement de nouvelles technologies et d'innovations allant dans ce sens. Il faudra cependant du temps avant que ces travaux de R-D ne donnent des résultats, raison pour laquelle cette disposition devrait être associée à des actions produisant des effets plus immédiats.

Conclusion et synthèse des recommandations : réformer les politiques agricoles pour atteindre les objectifs d'atténuation du changement climatique

L'agriculture intervient pour une part importante dans le changement climatique, à la fois du fait des émissions directes au niveau des exploitations et des émissions indirectes provenant du changement d'affectation des terres. L'agriculture, la foresterie et les autres affectations des terres (AFAT) sont aujourd'hui responsables de 22 % des émissions mondiales de GES d'origine anthropique ; ce pourcentage devrait s'accroître à mesure que la croissance démographique et la hausse des revenus au niveau mondial continuent de faire augmenter la demande alimentaire, et à mesure que les autres secteurs procèdent à leur décarbonation. L'engagement qui a été pris par les signataires de l'Accord de Paris de maintenir le réchauffement à 1.5 °C au-dessus des niveaux pré-industriels ne pourra pas être respecté si l'agriculture ne contribue pas aux efforts d'atténuation internationaux. Ce secteur est amplement capable de réduire ses émissions de GES et il est en outre idéalement placé pour contribuer à l'élimination du CO_2 par le piégeage du carbone. D'un autre côté, l'agriculture doit faire face à des défis sans pareil car elle doit s'adapter au changement climatique tout en fournissant des aliments sûrs et nutritifs pour tous et en assurant des revenus et des moyens de subsistance pour la population rurale.

Des actions publiques plus ambitieuses sont nécessaires pour atténuer les émissions de GES de l'agriculture

Bien que la plupart des pays aient précisé dans leurs CDN les émissions imputables à l'agriculture, seuls 16 des 54 pays examinés dans le présent rapport ont fixé des objectifs de réduction des émissions propres à leur secteur agricole. Certains d'entre eux ont inclus ces objectifs dans leurs CDN ou dans leurs plans stratégiques nationaux, mais la plupart de ces objectifs n'ont pas de caractère obligatoire. Un petit nombre seulement de pays ont inclus l'agriculture dans les mécanismes de tarification du carbone ; par ailleurs, les réglementations environnementales sont souvent à la traîne lorsqu'il est question du changement climatique. Il existe donc une très grande marge d'action de la part des pouvoirs publics pour intensifier et accélérer la réduction des émissions liées à l'agriculture, afin d'œuvrer pour la stabilisation du climat.

Les mesures de soutien à l'agriculture existantes contribuent à la hausse des émissions

La structure des aides à la production agricole a peu changé en dix ans et continue de contribuer à l'augmentation des émissions de GES. Sur les 611 milliards USD de soutien annuel versé aux producteurs à titre individuel en 2019-21, plus de la moitié (361 milliards USD) étaient des transferts positifs au titre de produits spécifiques. Cela inclut le soutien des prix du marché (SPM), qui correspond à la majoration des prix sur le marché intérieur par rapport à ceux pratiqués sur les marchés internationaux, et les paiements au titre de produits spécifiques. Ces mesures de soutien représentent des incitations à accroître la production intérieure, intensifier l'utilisation d'intrants et étendre la superficie des terres agricoles, autant d'actions qui aboutissent à la hausse des émissions de GES (même si l'effet du SPM sur les émissions globales a tendance à être peu important et potentiellement négatif en raison des différences d'intensité des émissions entre les pays). Le SPM pourrait donc être perçu, dans les pays à faible niveau d'émissions, comme un moyen de réduire celles qui sont liées aux importations. Toutefois, cette approche indirecte a des impacts incertains et est probablement moins efficace que la tarification directe des émissions ou les investissements ciblés dans les efforts d'atténuation.

Les pays devraient réduire et réformer leur soutien en ciblant les produits à forte intensité d'émissions

Le soutien au secteur de l'élevage est à cet égard particulièrement problématique. L'élevage est responsable de la majorité des émissions de GES de l'agriculture et contribue pour une grande part aux émissions mondiales de méthane, en particulier à cause de la fermentation entérique des ruminants. Le soutien aux produits d'origine animale, qui ont tendance à générer des niveaux élevés d'émissions de GES, s'est élevé à 111 milliards USD, soit 31 % du montant total des transferts positifs au titre de produits spécifiques. Du point de vue environnemental, ce soutien équivaut par exemple à une subvention de respectivement 22 USD et 31 USD par tonne d'équivalent CO_2 pour la viande bovine et la viande ovine et caprine. La production de riz génère elle aussi plus d'émissions que d'autres cultures en raison du méthane émis par les zones inondées. Or, le soutien au riz a atteint 44 milliards USD, soit 115 USD par tonne d'équivalent CO_2. Les soutiens précités se présentent la plupart du temps sous la forme d'un SPM qui encourage la production locale et risque de pousser la consommation intérieure à la baisse en raison de la hausse des prix, mais qui n'incite pas à investir pour réduire les émissions. Le soutien aux autres cultures contribue relativement moins au changement climatique mais entraîne malgré tout l'augmentation des émissions de GES du fait de l'utilisation d'engrais. Ces formes de soutien devraient être réduites et réformées en tenant compte des situations de chaque pays ainsi que des spécificités des actions publiques.

Les subventions aux intrants préjudiciables à l'environnement devraient être progressivement abandonnées

Les politiques en vigueur actuellement subventionnent directement l'utilisation d'intrants variables comme les engrais, les aliments pour animaux et le carburant, à hauteur de 60 milliards USD par an en 2019-21. Les subventions aux engrais de synthèse qui ne s'accompagnent d'aucune contrainte entraînent une hausse des émissions d'oxyde d'azote ainsi que le lessivage et le ruissellement des éléments fertilisants, qui causent de graves dommages aux ressources d'eau douce. Les subventions aux aliments pour animaux sont une incitation directe à l'accroissement de la production dans le secteur de l'élevage – dont le corollaire est la hausse des émissions de GES –, tandis que les subventions aux combustibles fossiles favorisent les émissions de CO_2 du fait de l'augmentation de la consommation d'énergie dans les exploitations. Ces intrants ne devraient pas être subventionnés mais au contraire taxés lorsqu'ils s'avèrent préjudiciables à l'environnement, de manière à tenir compte de leurs externalités écologiques négatives.

Des interventions axées sur la gestion durable et la hausse de la productivité sont nécessaires

La réduction du soutien aux produits et intrants générateurs d'émissions ne sera en soi pas suffisante, et des actions plus ciblées seront nécessaires pour obtenir une atténuation importante des émissions. Réduire les émissions directement liées à l'activité agricole sur les exploitations nécessitera d'accroître la productivité et l'efficience de l'utilisation des intrants, de déployer à plus grande échelle les nouvelles technologies et d'améliorer la gestion des exploitations. Pour de nombreux producteurs, cela suppose d'améliorer les méthodes de culture, d'utiliser les engrais de manière plus efficiente ainsi que de développer l'agriculture de précision et la gestion intégrée des cultures. Les solutions pour réduire les émissions provenant de l'élevage sont les suivantes : amélioration de l'efficience alimentaire, meilleure qualité des aliments pour animaux et des pâturages, renforcement de la gestion des exploitations et des animaux, et utilisation d'inhibiteurs de méthane (comme les compléments alimentaires). Il est en outre possible de revoir à la baisse les besoins de production en limitant les pertes des exploitations grâce à l'utilisation de variétés végétales plus résistantes, à l'amélioration des équipements et des techniques de récolte, et à la mise en place d'une infrastructure de stockage et d'une logistique plus adaptées. La consommation d'énergie sur les exploitations peut également être réduite en promouvant les énergies renouvelables ainsi que l'adoption de carburants plus écologiques et plus efficients pour faire fonctionner les machines agricoles. L'agriculture peut aussi réduire sa consommation de combustibles fossiles grâce à la production durable de bioénergie.

Pour réduire de façon significative les émissions, plusieurs pistes sont également envisageables du côté de l'affectation des terres. La protection des forêts, associée à l'amélioration de la productivité de l'agriculture, peut jouer un rôle essentiel en limitant l'expansion des terres agricoles ; elle peut également favoriser la séquestration du carbone par la restauration et la reforestation des terres marginales. Une autre possibilité, au coût relativement faible, est de stopper et d'inverser la conversion des marécages. La séquestration du carbone présent dans le sol est possible à l'aide de mesures comme l'amélioration de la gestion de la rotation des cultures, des résidus, de la végétation, de la densité des cheptels bovins et de l'association cultures-pâturages. Les plantations agricoles, l'agroforesterie et le boisement des terres agricoles sont d'autres pistes prometteuses pour opérer cette séquestration.

Le soutien devrait s'orienter vers des paiements moins couplés et associés à la fourniture de biens publics environnementaux

Les autres formes de soutien aux producteurs – notamment les paiements à la surface découplés et autres paiements spécifiques non liés à un produit particulier – ont un impact moins direct sur les émissions liées à la production et procurent simultanément des bienfaits pour l'environnement par le mécanisme de la conditionnalité. Il n'en reste pas moins que les paiements au titre de la superficie agricole courante risquent, même lorsqu'ils ne sont pas destinés à des cultures précises, de créer des incitations à étendre la superficie cultivée et à maintenir les terres marginales en production. Il existe donc une grande marge d'amélioration pour rendre ces paiements plus profitables à l'action climatique. Les paiements peuvent par exemple être conditionnés à la fourniture de biens et services environnementaux comme la séquestration du carbone, le boisement ainsi que la restauration et la réhabilitation des terres marginales. En 2019-21, sur les 293 milliards USD de transferts budgétaires versés annuellement aux producteurs, seul 1.7 milliard USD était exclusivement consacré à la fourniture de biens publics environnementaux (autrement dit, sous forme de paiements au titre de produits spécifiques autres que des produits de base). L'augmentation du soutien pourrait cependant avoir des impacts directs ou indirects importants sur les biens environnementaux, au travers des paiements découplés (p. ex. dans le cas de l'agriculture biologique). Les paiements à l'agriculture pour des services en faveur du climat devraient être accrus afin d'accélérer les ajustements requis au niveau des exploitations.

L'intégration de l'agriculture dans les dispositifs de tarification du carbone pourrait inciter à évoluer vers un secteur générant moins d'émissions

Les mécanismes fixant explicitement un prix aux émissions représentent la méthode la plus efficiente pour réduire au maximum le fardeau de l'atténuation qui pèse sur le secteur, en tenant compte de l'hétérogénéité des coûts de cette tâche pour les différents producteurs. Il existe plusieurs options de tarification du carbone telles que les taxes sur les émissions et les systèmes d'échange de quotas d'émission, la compensation carbone et certaines subventions accordées en échange du piégeage du carbone (par exemple aux enchères). La participation à des dispositifs volontaires comme les programmes de compensation carbone et les subventions précitées est limitée par la disponibilité des fonds publics et privés utilisés pour financer la réduction des émissions par les producteurs. Pour que ces dispositifs produisent plus d'effets, des normes strictes en matière de transparence et d'intégrité doivent en outre être mises en place, avec le risque qu'elles limitent la portée et l'efficacité des mesures. Inversement, les instruments mettant en pratique le principe « pollueur-payeur » (comme les taxes sur les émissions) figurent parmi les plus efficaces et les plus efficients pour atténuer les émissions de l'agriculture, mais ils transfèrent une partie de la charge aux consommateurs et peuvent donc nécessiter des mesures d'accompagnement.

Malgré l'efficience de la tarification des émissions et son utilisation dans d'autres secteurs, il existe à ce jour relativement peu d'exemples de pays l'ayant mise en œuvre dans le secteur de l'agriculture. Les émissions liées à l'activité agricole ont tendance à être exclues de la plupart des systèmes de taxation du carbone et d'échange de quotas d'émission qui sont appliqués dans les autres secteurs, et sont souvent traitées dans le cadre de dispositifs annexes. Le fait de soumettre l'agriculture à des dispositifs de tarification pourrait favoriser des plans d'atténuation plus ambitieux, même si ces dispositifs devront être adaptés au contexte et tenir compte des contraintes du secteur.

Outre les instruments de tarification des émissions, des réglementations environnementales plus strictes et l'application de l'écoconditionnalité peuvent permettre de réduire les émissions

Le renforcement des réglementations environnementales peut permettre d'accélérer l'atténuation des émissions du secteur agricole. Les administrations publiques peuvent par exemple combiner le soutien avec des mesures visant à prévenir la poursuite du déboisement et de l'expansion des terres agricoles. Une bonne pratique veut qu'aucun soutien ne soit versé aux producteurs participant à la déforestation illégale ou à la conversion et au drainage de marécages. Le fait d'associer les paiements aux producteurs au principe d'écoconditionnalité pourrait en outre favoriser l'adoption de pratiques agricoles n'ayant pas d'effets néfastes sur le climat. L'instauration de réglementations environnementales et de normes plus strictes dans des domaines d'action connexes – comme la qualité de l'air et de l'eau – peuvent également être nécessaire pour encourager le secteur agricole à agir en faveur du climat.

Des mesures peuvent également être nécessaires du côté de la demande, notamment pour réduire les émissions liées aux habitudes alimentaires des consommateurs

Une production plus durable aidera certes à limiter les impacts climatiques de l'agriculture, mais elle ne sera pas forcément suffisante au vu du niveau de transformation requis. Des changements structurels profonds devront être engagés pour réduire l'empreinte carbone de la production agricole, ce qui nécessitera de se concentrer sur les systèmes alimentaires et de procéder à des adaptations à toutes les étapes de la chaîne d'approvisionnement et au niveau de la demande. Cela pourra passer par des modifications des habitudes alimentaires en vue de réduire la consommation de produits à forte intensité d'émissions (en particulier d'origine animale) dans les pays où la consommation de protéines par habitant dépasse de loin les recommandations alimentaires. Ces modifications pourraient par ailleurs s'avérer doublement bénéfiques pour les consommateurs dans le sens où elles favoriseraient une meilleure santé et nutrition. Le fait de réduire la consommation de produits d'origine animale peut aussi endiguer la déforestation et limiter la perte de biodiversité due à l'expansion des pâturages et des terres cultivées destinées à la production d'aliments pour animaux. Les actions visant à encourager les consommateurs à limiter le gaspillage alimentaire et la surconsommation peuvent aussi contribuer à atténuer les émissions liées à l'agriculture en réduisant le volume des besoins de production – même si l'atténuation obtenue par ce biais est plus limitée.

Le soutien à la R-D et l'innovation devrait être intensifié pour permettre l'atténuation du changement climatique

Enfin, le soutien à la R-D et l'innovation dans le secteur agricole a un rôle vital à jouer au regard de l'atténuation des émissions du secteur. Le soutien à l'innovation agricole, qui n'a atteint que 26 milliards USD en 2019-21, reste faible, à seulement 0.7 % de la valeur de la production. Si le soutien aux mesures d'atténuation ne cesse d'augmenter, sa part dans le financement total de la R-D et l'innovation dans l'agriculture demeure peu élevée. Le fait d'accroître la part de R-D consacrée à l'atténuation peut favoriser une croissance durable de la productivité et permettre le développement des nouvelles technologies qui sont nécessaires pour parvenir à une agriculture sobre en carbone. Il est recommandé aux administrations publiques d'accroître leur financement de la R-D au service de l'agriculture, de créer des conditions susceptibles d'attirer les investissements privés, ainsi que de faciliter les partenariats public-privé et la coopération internationale en matière de R-D, avec la participation des exploitants agricoles et autres parties prenantes.

L'action de l'agriculture en faveur du climat devrait s'appuyer sur des synergies et gérer les éventuels arbitrages

Au vu de l'urgence du défi climatique, l'agriculture doit engager rapidement des actions en faveur du climat. Cela dit, ces actions ne sont optimales que si elles tiennent compte de leurs implications au sens large sur les systèmes alimentaires, si elles exploitent les synergies qui existent avec d'autres objectifs (sociaux et environnementaux) et si elles parviennent, dans chaque contexte, à contrebalancer les impacts potentiellement négatifs. Pour citer un exemple, les mesures visant à réduire la déforestation ou à limiter l'utilisation d'engrais de synthèse permettent également d'améliorer la biodiversité, la santé des sols et la qualité de l'eau, mais elles peuvent entrer en conflit avec les besoins de production de l'agriculture. De même, les politiques qui, axées sur la demande, encouragent l'adoption de régimes contenant des produits à plus faible intensité d'émissions peuvent être simultanément bénéfiques pour la santé publique, mais elles peuvent aussi représenter une menace pour les producteurs vivant de l'élevage.

La mise en place de taxes sur les émissions peut se traduire par une hausse des coûts pour certains producteurs et consommateurs, et devrait donc s'accompagner d'une assistance transitoire et de transferts ciblés à l'intention des populations les plus vulnérables pouvant être mises en difficulté par l'augmentation des prix de l'alimentation. D'un autre côté, payer les producteurs pour qu'ils réduisent leurs émissions peut alléger leur facture ainsi que celle des consommateurs, mais cela peut aussi peser sur les finances publiques, à moins que ce soutien ne soit compensé par une baisse des aides à l'agriculture existantes. Une approche plus globale incluant les systèmes alimentaires doit être adoptée pour faire face à ces défis et avoir une vue d'ensemble sur les effets des mesures en faveur du climat, étant donné les nombreux autres objectifs des pouvoirs publics et les implications pour les diverses parties prenantes.

Comme pour d'autres questions ayant trait aux systèmes alimentaires, l'action de l'agriculture en faveur du climat devra, pour être efficace, reposer sur la collaboration entre différents domaines de l'action publique (climat, agriculture, développement rural, sécurité alimentaire, santé publique) et surmonter les obstacles liés aux faits, aux intérêts et aux valeurs (OCDE, 2021[40]). Des processus robustes, inclusifs et fondés sur des preuves sont donc indispensables.

Références

Adhya, T. et al. (2014), *Wetting and Drying: Reducing Greenhouse Gas Emissions and Saving Water from Rice Production*, Institut des ressources mondiales, https://files.wri.org/d8/s3fs-public/wetting-drying-reducing-greenhouse-gas-emissions-saving-water-rice-production.pdf. [16]

Alston, J. et al. (2010), *A Meta-Analysis of Rates of Return to Agricultural R&D: Ex Pede Herculem?*, International Food Policy Research Institute (IFPRI) Research Report 113. [66]

Alston, J., P. Pardey et X. Rao (2021), « Payoffs to a half century of CGIAR research », *American Journal of Agricultural Economics*, vol. 104/2, pp. 502-529, https://doi.org/10.1111/ajae.12255. [65]

Anderson, K. et E. Valenzuela (2021), « What impact are subsidies and trade barriers abroad having on Australasian and Brazilian agriculture? », *Australian Journal of Agricultural and Resource Economics*, vol. 65/2, https://doi.org/10.1111/1467-8489.12413. [60]

Baumol, W. et W. Oates (1988), *The theory of environmental policy*, Cambridge University Press, Cambridge, https://doi.org/10.1017/cbo9781139173513. [52]

Blandford, D. et K. Hassapoyannes (2018), « The role of agriculture in global GHG mitigation », *OECD Food, Agriculture and Fisheries Papers*, n° 112, OECD Publishing, Paris, https://doi.org/10.1787/da017ae2-en. [26]

Burney, J., S. Davis et D. Lobel (2010), « Greenhouse gas mitigation by agricultural intensification », *Proceedings of the National Academy of Sciences*, vol. 107/26, pp. 12052-12057, https://doi.org/10.1073/pnas.0914216107. [41]

Busch, J. et K. Ferretti-Gallon (2017), « What Drives Deforestation and What Stops It? A Meta-Analysis », *Review of Environmental Economics and Policy*, vol. 11/1, pp. 3-23, https://doi.org/10.1093/reep/rew013. [32]

Clark, M. et al. (2020), « Global food system emissions could preclude achieving the 1.5° and 2°C climate change targets », *Science*, vol. 370/6517, pp. 705-708, https://doi.org/10.1126/science.aba7357. [24]

Crippa, M. et al. (2021), « Food systems are responsible for a third of global anthropogenic GHG emissions », *Nature Food*, vol. 2, pp. 198-209, https://doi.org/10.1038/s43016-021-00225-9. [11]

Curtis, P. et al. (2018), « Classifying drivers of global forest loss », *Science*, vol. 361/6407, pp. 1108-1111, https://doi.org/10.1126/science.aau3445. [33]

Dasgupta, P. (2021), *The Economics of Biodiversity: The Dasgupta Review. Abridged Version*, Trésor britannique, Londres, https://assets.publishing.service.gov.uk/government/uploads/system/uploads/attachment_data/file/957292/Dasgupta_Review_-_Abridged_Version.pdf. [31]

DeBoe, G. (2020), « Impacts of agricultural policies on productivity and sustainability performance in agriculture: A literature review », *OECD Food, Agriculture and Fisheries Papers*, n° 141, OECD Publishing, Paris, https://doi.org/10.1787/6bc916e7-en. [63]

DeBoe, G. et al. (2020), « Reforming Agricultural Policies Will Help to Improve Environmental Performance », *EuroChoices*, vol. 19/1, pp. 30-35, https://doi.org/10.1111/1746-692X.12247. [62]

FAO (2022), *Base de données FAOSTAT Totaux des émissions*, Organisation des Nations Unies pour l'alimentation et l'agriculture, Rome, Italie, https://www.fao.org/faostat/fr/#data/GT (consulté le 8 March 2022). [36]

FAO (2021), *The share of agri-food systems in total greenhouse gas emissions: Global, regional and country trends 1990–2019*, Organisation des Nations Unies pour l'alimentation et l'agriculture, Rome, Italie, https://fenixservices.fao.org/faostat/static/documents/EM/cb7514en.pdf. [12]

FAO (2019), *La situation mondiale de l'alimentation et de l'agriculture 2019. Aller plus loin dans la réduction des pertes et gaspillages de denrées alimentaires*, https://www.fao.org/3/ca6030fr/ca6030fr.pdf. [45]

FAO (2018), *The future of food and agriculture – Alternative pathways to 2050*, FAO, Rome, https://www.fao.org/3/I8429EN/i8429en.pdf. [20]

FAO et PNUE (2020), *La situation des forêts du monde 2020 Forêts, biodiversité et activité humaine*, FAO, Rome, https://www.fao.org/publications/card/fr/c/CA8642FR. [35]

Fuglie, K. (2015), « Accounting for growth in global agriculture », *Bio-based and Applied Economics*, vol. 4/3, pp. 201-234, https://doi.org/10.13128/BAE-17151. [38]

Gautam, M. et al. (2022), *Repurposing Agricultural Policies and Support: Options to Transform Agriculture and Food Systems to Better Serve the Health of People, Economies, and the Planet*, Banque mondiale, Washington, D.C., https://openknowledge.worldbank.org/handle/10986/36875. [56]

Gerber, P. et al. (2013), *Lutter contre le changement climatique grâce à l'élevage – une évaluation des émissions et des opportunités d'atténuation au niveau mondial*, Organisation des Nations Unies pour l'alimentation et l'agriculture (FAO), Rome, https://www.fao.org/3/i3437f/i3437f.pdf. [15]

GIEC (2022), *Chapter 12: Cross-sectoral perspectives*, Working Group III contribution to the Sixth Assessment Report (AR6) of the Intergovernmental Panel on Climate Change (IPCC), https://report.ipcc.ch/ar6wg3/pdf/IPCC_AR6_WGIII_FinalDraft_Chapter12.pdf. [10]

GIEC (2022), *Chapter 7: Agriculture, Forestry and Other Land Uses (AFOLU)*, Working Group III contribution to the Sixth Assessment Report (AR6) of the Intergovernmental Panel on Climate Change (IPCC), https://report.ipcc.ch/ar6wg3/pdf/IPCC_AR6_WGIII_FinalDraft_Chapter07.pdf. [5]

GIEC (2022), *Climate Change 2022: Impacts, Adaptation and Vulnerability. Working Group II Contribution to the IPCC Sixth Assessment Report*, Cambridge University Press, https://www.ipcc.ch/report/sixth-assessment-report-working-group-ii/. [1]

GIEC (2019), « Résumé à l'intention des décideurs », dans *Changement climatique et terres émergées : rapport spécial du GIEC sur le changement climatique, la désertification, la dégradation des sols, la gestion durable des terres, la sécurité alimentaire et les flux de gaz à effet de serre dans les écosystèmes terrestres*, Groupe d'experts intergouvernemental sur l'évolution du climat (GIEC), https://www.ipcc.ch/site/assets/uploads/sites/4/2020/06/SRCCL_SPM_fr.pdf. [30]

GIEC (2019), « Résumé à l'intention des décideurs », dans *Changement climatique et terres émergées : rapport spécial du GIEC sur le changement climatique, la désertification, la dégradation des sols, la gestion durable des terres, la sécurité alimentaire et les flux de gaz à effet de serre dans les écosystèmes terrestres*, https://www.ipcc.ch/site/assets/uploads/sites/4/2020/06/SRCCL_SPM_fr.pdf. [70]

Grafton, R. et al. (2018), « The paradox of irrigation efficiency », *Science*, vol. 361/6404, pp. 748-750, https://doi.org/10.1126/science.aat9314. [44]

Guerrero, S. (2018), « Farmland Birds under Pressure », *EuroChoices*, vol. 17/3, pp. 24-25, https://doi.org/10.1111/1746-692X.12204. [57]

Guerrero, S. et al. (2022), « The Impacts of Agricultural Trade and Support Policy Reform on Climate Change Adaptation and Environmental Performance: A Model-Based Analysis », *Documents de l'OCDE sur l'alimentation, l'agriculture et les pêcheries*, n° 180, Éditions OCDE, Paris, https://www.oecd-ilibrary.org/agriculture-and-food/oecd-food-agriculture-and-fisheries-working-papers_18156797. [55]

Heisey, P. et K. Fuglie (2018), « Public agricultural R&D in high-income countries: Old and new roles in a new funding environment », *Global Food Security*, vol. 17, pp. 92-102, https://doi.org/10.1016/j.gfs.2018.03.008. [68]

Henderson, B., C. Frezal et E. Flynn (2020), « A survey of GHG mitigation policies for the agriculture, forestry and other land use sector », *OECD Food, Agriculture and Fisheries Papers*, n° 145, OECD Publishing, Paris, https://doi.org/10.1787/59ff2738-en. [51]

Henderson, B. et J. Lankoski (2020), « Assessing The Environmental Impact Of Agricultural Policies », *Applied Economic Perspectives and Policy*, pp. 1-16, https://doi.org/10.1002/aepp.13081. [69]

Henderson, B. et J. Lankoski (2019), « Evaluating the environmental impact of agricultural policies », *OECD Food, Agriculture and Fisheries Papers*, n° 130, OECD Publishing, Paris, https://doi.org/10.1787/add0f27c-en. [53]

Henderson, B. et al. (2022), « Soil carbon sequestration by agriculture : Policy options », *OECD Food, Agriculture and Fisheries Papers*, n° 174, OECD Publishing, Paris, https://doi.org/10.1787/63ef3841-en. [7]

Herrero, M. et al. (2013), « Biomass use, production, feed efficiencies, and greenhouse gas emissions from global livestock systems », *Proceedings of the National Academy of Sciences*, vol. 110/52, pp. 20888-20893, https://doi.org/10.1073/pnas.1308149110. [14]

Hertel, T., N. Ramankutty et U. Baldos (2014), « Global market integration increases likelihood that a future African Green Revolution could increase crop land use and CO2 emissions », *Proceedings of the National Academy of Sciences*, vol. 111/38, pp. 13799-13804, https://doi.org/10.1073/pnas.1403543111. [43]

Hirvonen, K. et al. (2020), « Affordability of the EAT–Lancet reference diet: a global analysis », *The Lancet Global Health*, vol. 8/1, pp. e59-e66, https://doi.org/10.1016/s2214-109x(19)30447-4. [48]

Hosonuma, N. et al. (2012), « An assessment of deforestation and forest degradation drivers in developing countries », *Environmental Research Letters*, vol. 7/4, https://doi.org/10.1088/1748-9326/7/4/044009. [34]

Ignaciuk, A. et D. Mason-D'Croz (2014), « Modelling Adaptation to Climate Change in Agriculture », *OECD Food, Agriculture and Fisheries Papers*, n° 70, OECD Publishing, Paris, https://doi.org/10.1787/5jxrclljnbxq-en. [2]

Laborde, D. et al. (2021), « Agricultural subsidies and global greenhouse gas emissions », *Nature Communications*, vol. 12/2601, https://doi.org/10.1038/s41467-021-22703-1. [54]

Lankoski, J. et A. Thiem (2020), « Linkages between agricultural policies, productivity and environmental sustainability », *Ecological Economics*, vol. 178, https://doi.org/10.1016/j.ecolecon.2020.106809. [61]

Leifeld, J. et L. Menichetti (2018), « The underappreciated potential of peatlands in global climate change mitigation strategies », *Nature Communications*, vol. 9/1, https://doi.org/10.1038/s41467-018-03406-6. [37]

MacLeod, M. et al. (2015), « Cost-Effectiveness of Greenhouse Gas Mitigation Measures for Agriculture : A Literature Review », *OECD Food, Agriculture and Fisheries Papers*, n° 89, OECD Publishing, Paris, https://doi.org/10.1787/5jrvvkq900vj-en. [28]

Minx, J. et al. (2021), « A comprehensive and synthetic dataset for global, regional, and national greenhouse gas emissions by sector 1970–2018 with an extension to 2019 », *Earth System Science Data*, vol. 13/11, pp. 5213-5252, https://doi.org/10.5194/essd-13-5213-2021. [6]

OCDE (2021), *Making Better Policies for Food Systems*, Éditions OCDE, Paris, https://doi.org/10.1787/ddfba4de-en. [40]

OCDE (2020), « Exploring the Linkages between Agricultural Policies, Productivity and Environmental Sustainability », COM/TAD/CA/ENV/EPOC(2019)4/FINAL, https://one.oecd.org/document/COM/TAD/CA/ENV/EPOC(2019)4/FINAL/en/pdf. [64]

OCDE (2020), *Strengthening Agricultural Resilience in the Face of Multiple Risks*, Éditions OCDE, Paris, https://doi.org/10.1787/2250453e-en. [3]

OCDE (2019), *Enhancing Climate Change Mitigation through Agriculture*, Éditions OCDE, Paris, https://doi.org/10.1787/e9a79226-en. [25]

OCDE (2017), *Water Risk Hotspots for Agriculture*, OECD Studies on Water, Éditions OCDE, Paris, https://doi.org/10.1787/9789264279551-en. [59]

OCDE (2016), *Alternative Futures for Global Food and Agriculture*, Éditions OCDE, Paris, https://doi.org/10.1787/9789264247826-en. [21]

OCDE (2009), *Politiques de soutien des biocarburants : une évaluation économique*, Éditions OCDE, Paris, https://doi.org/10.1787/9789264050167-fr. [50]

OCDE.Stat (2021), *Indicateurs environnementaux pour l'agriculture*, https://stats.oecd.org/ (consulté le 9 March 2022). [9]

OCDE/FAO (2022), *Perspectives agricoles de l'OCDE et de la FAO 2022-2031*, Éditions OCDE, Paris. [18]

OCDE/FAO (2021), *Building Agricultural Resilience to Natural Hazard-induced Disasters : Insights from Country Case Studies*, Éditions OCDE, Paris, https://doi.org/10.1787/49eefdd7-en. [4]

OCDE/FAO (2021), *Perspectives agricoles de l'OCDE et de la FAO 2021-2030*, Éditions OCDE, Paris, https://doi.org/10.1787/e32fb104-fr. [8]

OCDE/FAO (2021), *Perspectives agricoles de l'OCDE et de la FAO 2021-2030*, Éditions OCDE, Paris, https://doi.org/10.1787/e32fb104-fr. [19]

Parker, R. et al. (2018), « Fuel use and greenhouse gas emissions of world fisheries », *Nature Climate Change*, vol. 8, pp. 333-337, https://doi.org/10.1038/s41558-018-0117-x. [17]

Piesse, J. et C. Thirtle (2010), « Agricultural R&D, technology and productivity », *Philosophical transactions of the Royal Society B*, vol. 365/1554, pp. 3035-3047, https://doi.org/10.1098/rstb.2010.0140. [67]

PNUE (2021), *Food Waste Index Report 2021*, Programme des Nations Unies pour l'environnement, https://www.unep.org/fr/resources/rapport/rapport-2021-du-pnue-sur-lindice-du-gaspillage-alimentaire. [49]

Poore, J. et T. Nemecek (2018), « Reducing food's environmental impacts through producers and consumers », *Science*, vol. 360/6392, pp. 987-992, https://doi.org/10.1126/science.aaq0216. [13]

Popp, A. et al. (2017), « Land-use futures in the shared socio-economic pathways », *Global Environmental Change*, vol. 42, pp. 331-345, https://doi.org/10.1016/j.gloenvcha.2016.10.002. [22]

Reisinger, A. et al. (2021), « How necessary and feasible are reductions of methane emissions from livestock to support stringent temperature goals? », *Philosophical Transactions of the Royal Society A: Mathematical, Physical and Engineering Sciences*, vol. 379/2210, p. 20200452, https://doi.org/10.1098/rsta.2020.0452. [29]

Springmann, M. et al. (2018), « Options for keeping the food system within environmental limits », *Nature*, vol. 562/7728, pp. 519-525, https://doi.org/10.1038/s41586-018-0594-0. [23]

Sud, M. (2020), « Managing the biodiversity impacts of fertiliser and pesticide use : Overview and insights from trends and policies across selected OECD countries »*, OECD Environment Working Papers*, n° 155, OECD Publishing, Paris, https://doi.org/10.1787/63942249-en. [58]

Tilman, D. et M. Clark (2014), « Global diets link environmental sustainability and human health », *Nature*, vol. 515/7528, pp. 518-522, https://doi.org/10.1038/nature13959. [46]

USDA (2021), *International Agricultural Productivity Statistics (October 2021 update)*, USDA Economic Research Service (ERS), https://www.ers.usda.gov/data-products/international-agricultural-productivity/. [39]

Villoria, N. (2019), « Technology Spillovers and Land Use Change: Empirical Evidence from Global Agriculture », *American Journal of Agricultural Economics*, vol. 101/3, pp. 870-893, https://doi.org/10.1093/ajae/aay088. [42]

Wassmann, R., Y. Hosen et K. Sumfleth (2009), *Reducing Methane Emissions from Irrigated Rice*, Institut international de recherche sur les politiques alimentaires (IFPRI), https://ebrary.ifpri.org/utils/getfile/collection/p15738coll2/id/28232/filename/28233.pdf. [27]

Willett, W. et al. (2019), « Food in the Anthropocene: the EAT–Lancet Commission on healthy diets from sustainable food systems », *The Lancet*, vol. 393/10170, pp. 447-492, https://doi.org/10.1016/s0140-6736(18)31788-4. [47]

Notes

[1] Le secteur « Agriculture » des inventaires au titre de la CCNUCC couvre uniquement les émissions hors CO_2 associées à la production agricole et quelques sources mineures de CO_2 liées à l'amélioration des sols. Les émissions issues des combustibles fossiles générées dans les exploitations sont comptabilisées dans le secteur « Énergie ». L'évolution des stocks de carbone dans les sols agricoles est prise en compte dans la catégorie UTCATF.

[2] La catégorie UTCATF correspond à la partie concernant l'utilisation des terres et le changement d'affectation des terres du secteur AFAT, de sorte que AFAT = agriculture + UTCATF.

[3] Les émissions du secteur AFAT en 2010-19 se sont élevées en moyenne à 11.9 ± 4.4 milliards de tonnes d'équivalent dioxyde de carbone (Gt éq. CO_2) sur un total de 56.3 ± 6.1 Gt éq. CO_2 par an. En 2019, les émissions du secteur AFAT ont représenté 12.8 ± 5.0 Gt éq. Co_2 sur un total de 58.6 Gt éq. CO_2 avec le potentiel de réchauffement global à 100 ans du 6e rapport d'évaluation du GIEC pour le CH_4 et le N_2O (GIEC, 2022[5] ; Minx et al., 2021[6]).

[4] 5.9 ± 4.1 Gt éq. CO_2 par an.

[5] 6.0 ± 1.7 Gt éq. CO_2 par an pour la catégorie Agriculture du GIEC (qui exclut la consommation énergétique dans les exploitations).

6 En moyenne, l'agriculture génère 4.2 ± 1.3 Gt éq. CO_2 par an en émissions de méthane et 1.8 ± 1.1 Gt éq. CO_2 par an en émissions de protoxyde d'azote.

7 Les potentiels de réchauffement global (PRG) sont utilisés pour convertir les GES en équivalent dioxyde de carbone (éq. CO_2), ce qui fournit une échelle commune pour mesurer l'effet de chaque GES sur le climat. Le dioxyde de carbone sert de référence et a un PRG de 1 quel que soit l'horizon temporel. Le méthane d'origine non fossile comme celui produit par l'agriculture aurait un potentiel de réchauffement global (PRG_{100}) de 27.0 ± 11, ce qui signifie qu'une tonne d'émissions de méthane absorbera 27 fois plus d'énergie qu'une tonne de dioxyde de carbone sur une période de 100 ans. Le protoxyde d'azote a un PRG_{100} de 273 ± 130 fois celui du dioxyde de carbone sur une échelle de temps de 100 ans.

8 La moyenne annuelle des émissions autres que de CO_2 d'origine agricole est passée de 5.2 ± 1.4 Gt éq. CO_2 durant la période 1990-99 à 6.0 ± 1.7 Gt éq. CO_2 pour la période 2010-19 (en utilisant les valeurs du PRG_{100} du 6e rapport d'évaluation du GIEC pour convertir les émissions de CH_4 et de N_2O en équivalent CO_2) (GIEC, 2022[5]). Les émissions autres que de CO_2 du secteur UTCATF représenteraient 0.6 Gt éq. CO_2 et sont prises en compte séparément dans le rapport du GIEC (2022[5]).

9 Ou 4.1 Gt éq. CO_2.

10 La part des émissions liées à l'élevage associée à la fermentation entérique, à la gestion des effluents d'élevage et au fumier déposé dans les prairies représente 67 % des émissions directes issues de l'agriculture dans les 54 pays étudiés dans ce rapport, d'après le PRG_{100} du 6e rapport d'évaluation du GIEC pour le méthane et le protoxyde d'azote. Lorsqu'on ajoute le fumier épandu comme engrais organique sur les terres cultivées, la part de ces émissions atteint 70 % (FAO, 2022[36]).

11 Des estimations antérieures de (GIEC, 2019[70]) évaluent les émissions des systèmes alimentaires mondiaux à 10.8 à 19.1 Gt éq. CO_2 par an, soit 21 % à 37 % des émissions anthropiques totales. D'après (Poore et Nemecek, 2018[13]), les systèmes alimentaires génèrent 26 % des émissions anthropiques de GES. Ce pourcentage grimpe à 31 % lorsqu'on inclut le secteur agricole non alimentaire et d'autres facteurs de déboisement. (Crippa et al., 2021[11]) estime que les systèmes alimentaires ont été à l'origine de 34 % des émissions anthropiques totales de GES en 2015, tandis que (FAO, 2021[12]) a évalué les émissions totales des systèmes alimentaires à 16.5 Gt éq. CO_2, soit 31 % des émissions globales en 2019.

12 Elles s'élèvent à 1.2 kg éq. CO_2/USD et 1.1 kg éq. CO_2/USD respectivement.

13 Elles s'élèvent à 1.2 t éq. CO_2/ha et 1.5 t éq. CO_2/ha respectivement.

14 Les estimations sont fondées sur une méta-analyse exhaustive de 1530 études couvrant plus de 38 000 exploitations commerciales dans 119 pays.

15 La viande bovine provenant de troupeaux de races à viande génère 90 kg éq. CO_2 par kg de produit et 45 kg éq. CO_2 pour 100 g de protéines. Les viandes d'agneau et de mouton génèrent 34 kg éq. CO_2 par kg de produit et 17 kg éq. CO_2 pour 100 g de protéines.

16 30 kg éq. CO_2 par kg de produit et 15 kg éq. CO_2 pour 100 g de protéines.

17 Le riz génère des émissions s'élevant à 3.9 kg éq. CO_2 par kg de produit. La plupart des céréales génèrent moins de 3 kg éq. CO_2 par kg de produit et pour 100 g de protéines, tandis que la majorité des fruits, des légumes, des racines et des tubercules produisent en moyenne moins de 1 kg éq. CO_2 par kg de produit.

18 Dans ces exemples, les émissions les plus élevées font référence au 90e centile, et les plus faibles, au 10e centile. Les émissions liées à la viande bovine les plus élevées atteignent 188 kg éq. CO_2 par kg,

contre 34 kg éq. CO_2 par kg pour les plus faibles dans les troupeaux de races à viande et 16 kg éq. CO_2 par kg pour les plus faibles dans les troupeaux laitiers.

[19] La borne inférieure correspond aux résultats moyens fondés sur les modèles d'évaluation intégrée (MEI). Ces modèles ont l'avantage de refléter toutes les combinaisons possibles entre les options dans un cadre cohérent sur le plan structurel, mais ils ne prennent pas en compte la gamme complète des options d'atténuation analysées par les modèles sectoriels.

[20] Les potentiels techniques peuvent atteindre 8 Gt éq. CO_2 pour les changements touchant au régime alimentaire et 5.8 Gt éq. CO_2 par an pour la réduction des pertes de production et du gaspillage alimentaire, selon le GIEC (2022[5]). Étant donné qu'il y a beaucoup de chevauchements entre ces deux options d'atténuation, nous n'additionnons pas les deux estimations ici, mais ne présentons que la plus élevée.

[21] Par exemple, dans le cas de la viande bovine provenant de troupeaux de races à viande, les 25 % de la production affichant les plus fortes intensités d'émission représentent 56 % des émissions du secteur et 61 % de l'utilisation des terres (Poore et Nemecek, 2018[13]).

[22] Cela est également vrai pour d'autres dispositions environnementales. Des études ont montré que la plupart des mesures de soutien à l'agriculture ayant des effets de distorsion sont également les plus néfastes pour l'environnement, que ce soit au regard de la pollution à l'azote (Henderson et Lankoski, 2019[53] ; Henderson et Lankoski, 2020[69] ; OCDE, 2020[64] ; DeBoe, 2020[63]) ou de la biodiversité (DeBoe, 2020[63] ; Lankoski et Thiem, 2020[61]).

2. Évolution des politiques et du soutien agricoles

Ce chapitre contient une analyse transversale des évolutions des politiques agricoles qui s'appuie sur les informations et les estimations du soutien relatives aux 54 pays examinés dans le rapport de l'OCDE intitulé *Politiques agricoles : suivi et évaluation 2022*. Il offre une vue d'ensemble des évolutions récentes du contexte économique et de la situation des marchés qui exercent une influence sur l'environnement dans lequel s'inscrit la mise en œuvre des politiques agricoles. Il expose ensuite brièvement les répercussions sur les politiques et les marchés agricoles de l'agression de la Russie contre l'Ukraine, en se penchant sur les principaux produits et intrants agricoles ; cette section donne en outre un aperçu des mesures prises par les différents pays pour contribuer à sauvegarder le fonctionnement du secteur agricole et des systèmes alimentaires. La troisième section présente les évolutions des politiques agricoles survenues en 2021-22, ainsi qu'une analyse des variations du niveau et de la structure du soutien à l'agriculture et un examen des effets du COVID-19 sur le soutien apporté au secteur en 2020 et 2021. Ce chapitre s'achève sur de grandes recommandations de réforme pour mieux promouvoir les objectifs publics.

En 2021, les politiques agricoles et les mesures de soutien du secteur ont encore été affectées par la persistance de la pandémie provoquée par le coronavirus SARS-CoV-2. La plupart des pays ont subi des vagues épidémiques répétées marquées par des taux élevés de contamination, mais aussi les restrictions imposées par la suite aux populations et aux entreprises afin de contenir le virus. Toutefois, après le ralentissement de l'économie mondiale en 2020, le PIB mondial a rebondi et le chômage a reculé en 2021, alors que le secteur agricole a continué de montrer une forte résilience malgré des problèmes multiples. Dans le même temps, le risque que la hausse des prix des produits de base mette à rude épreuve la sécurité alimentaire dans certaines régions et bloque la reprise économique suscite une préoccupation croissante. En particulier, la stagnation ou la baisse des approvisionnements, de gaz naturel notamment, crée des tensions sur des marchés de l'énergie par ailleurs en phase de reprise.

Les tensions croissantes entre la Fédération de Russie (ci-après « Russie »)[1] et l'Ukraine vers la fin de 2021, et l'agression à grande échelle menée contre l'Ukraine par les forces russes en février 2022, risquent d'avoir de nouvelles répercussions majeures sur les économies en général et sur les marchés alimentaires mondiaux en particulier. Ce rapport décrit l'évolution des politiques agricoles et quantifie le soutien apporté au secteur jusque fin 2021, c'est-à-dire avant la guerre en Ukraine. Néanmoins, compte tenu de leur ampleur potentielle, les conséquences de la guerre sur les marchés agricoles et les premières mesures prises pour y faire face sont examinées plus en détail ci-dessous.

Ce chapitre décrit en premier lieu la situation économique d'ensemble et le contexte de marché dans lequel se sont inscrites les évolutions des politiques agricoles en 2021. La deuxième section procède à un bref examen de l'agression à grande échelle de la Russie contre l'Ukraine, en prenant en considération aussi bien ses répercussions sur les marchés des principaux produits et intrants agricoles que les mesures prises par les gouvernements pour en atténuer les conséquences pour leurs producteurs agricoles et leurs consommateurs. La troisième section offre ensuite une vue d'ensemble de l'évolution des politiques agricoles en 2021 et dans les premiers mois de 2022. La quatrième section présente différents indicateurs du soutien apporté au secteur par les politiques agricoles. Elle propose également des estimations des évolutions du soutien à l'agriculture induites par les mesures prises par les pouvoirs publics pour faire face à la pandémie de COVID-19. Le chapitre s'achève par une brève évaluation de ce soutien par rapport au large éventail d'objectifs assignés au secteur agricole.

Principales évolutions de l'économie et des marchés

La situation des marchés agricoles est fortement influencée par les facteurs macroéconomiques, comme la croissance économique (dont le produit intérieur brut, ou PIB, est un indicateur), qui détermine la demande de produits agricoles et alimentaires, ainsi que par les prix du pétrole brut et des autres sources d'énergie, dont sont tributaires de nombreux intrants agricoles comme les combustibles et les produits chimiques, notamment les engrais. Par ailleurs, les prix de l'énergie exercent aussi une influence sur la demande de céréales, de plantes sucrières et d'oléagineux, par l'intermédiaire du marché des biocarburants fabriqués avec ces produits.

Le PIB mondial, qui a reculé de plus de 3 % en 2020 du fait de la pandémie de COVID-19 et des restrictions dont elle s'est accompagnée, a rebondi en 2021, enregistrant une croissance de 5.6 %. Fin 2021, la production se situait dans la plupart des pays de l'OCDE à un niveau proche de ceux observés avant la pandémie, voire supérieurs (OCDE, 2021[1]). Dans les pays de l'OCDE, la croissance a été particulièrement forte, atteignant des taux allant de 9 % à plus de 15 % en Irlande, en Colombie, en Estonie, au Costa Rica et en Turquie, alors qu'elle est restée inférieure à 2 % au Japon. Au sein de la zone euro, la croissance a été proche de la moyenne OCDE, s'établissant à 5.2 % ; elle n'a toutefois pas contrebalancé la contraction économique de 2020 (-6.5 %).

Le rebond des économies de l'OCDE en 2021 s'est accompagné d'une augmentation de la demande de main-d'œuvre. Au sein de la zone OCDE, le chômage, qui dans le contexte de la pandémie de COVID-19 avait atteint 7.1 % en 2020, a reculé de près de un point de pourcentage en 2021. À 6.2 %, cependant, le niveau du chômage est demeuré plus élevé qu'en 2019. Dans beaucoup de pays, les importantes interventions publiques mises en place en 2020 pour atténuer les effets négatifs de la pandémie sur l'emploi se sont poursuivies en 2021, y compris notamment les dispositifs d'activité partielle bénéficiant d'un financement public[2]. Le taux moyen d'inflation, qui suivait une tendance à la baisse depuis plusieurs années et était tombé à 1.5 % en 2020, s'est élevé à 3.5 % en 2021, sous l'effet, entre autres, de la hausse des prix de l'énergie et de l'alimentation (voir ci-dessous).

Dans les économies émergentes, la croissance a également rebondi en 2021, bien que dans des proportions variables. Parmi les pays étudiés dans ce rapport, l'Inde a enregistré le plus fort rebond, avec une croissance atteignant 9.4 %, après une baisse de 7.2 % l'année précédente. La République populaire de Chine (ci-après « Chine ») et l'Argentine ont bénéficié d'une augmentation de leur PIB d'environ 8 %, chiffre légèrement supérieur aux taux de croissance chinois d'avant la pandémie, mais plus forte progression observée en Argentine depuis une décennie. La reprise a été plus modeste en Afrique du Sud, au Brésil et, surtout, en Indonésie, où la croissance a été à peine supérieure à 3 %, taux bien inférieur à ceux d'avant la pandémie.

Des signes de reprise économique mondiale ont également été observés dans les échanges internationaux. En termes réels, le commerce mondial a progressé de 9 % d'une année sur l'autre, après une contraction de 8.4 % en 2020.

Tableau 2.1. Principaux indicateurs économiques

	Moyenne 2009-18	2019	2020	2021
Croissance du PIB réel[1]				
Monde[2]	3.2	2.8	-3.4	5.6
OCDE[2]	1.6	1.7	-4.7	5.3
États-Unis	1.8	2.3	-3.4	5.6
Zone euro	0.8	1.6	-6.5	5.2
Japon	0.7	0.0	-4.6	1.8
Hors OCDE[2]	4.9	3.7	-2.2	5.8
Argentine	1.0	-2.0	-9.9	8.0
Brésil	1.3	1.4	-4.4	5.0
Chine	8.0	6.0	2.3	8.1
Inde	7.0	4.0	-7.3	9.4
Indonésie	5.4	5.0	-2.1	3.3
Afrique du Sud	1.6	0.1	-6.4	5.2
Zone OCDE				
Taux de chômage[3]	7.3	5.4	7.1	6.2
Inflation [1,4]	1.6	1.9	1.5	3.5
Croissance réelle du commerce mondial[1]	3.6	1.4	-8.4	9.3

l. Variations en pourcentage ; dans les trois dernières colonnes figure la variation par rapport à l'année précédente.
2. Pondérations variables, PIB en parités de pouvoir d'achat.
3. Pourcentage de la population active.
4. Déflateur de la consommation privée.
Source : OCDE (2021), Perspectives économiques de l'OCDE n° 110 – décembre 2021, https://stats.oecd.org/.

L'accélération de l'activité économique, associée à la réduction des restrictions des déplacements personnels et professionnels, a entraîné une hausse des prix des produits non alimentaires en général et de l'énergie (et donc des engrais) en particulier (FMI, 2022[2]). En moyenne, les prix de l'énergie ont été en 2021 deux fois plus élevés qu'en 2020, après une baisse de 30 % entre 2019 et 2020. Les prix du gaz naturel ont en particulier augmenté de 263 %, à la suite de l'hiver froid traversé par l'Europe et des tensions autour du gazoduc Nord Stream 2, qui relie les approvisionnements russes au marché européen. Les prix du pétrole brut ont enregistré en 2021 une hausse de 64 % d'une année sur l'autre, tandis que les prix du charbon ont en moyenne plus que doublé. Le renchérissement de l'énergie a entraîné une augmentation de près de 80 % des prix des engrais. L'agression à grande échelle de la Russie contre l'Ukraine et le durcissement des sanctions économiques contre la Russie qui s'en est suivi réduiront les exportations russes et ukrainiennes d'énergie et d'engrais et devraient nourrir une poursuite de la hausse des prix en 2022 (voir ci-dessous et la prochaine section sur ce point).

En 2021, l'augmentation des prix des produits alimentaires a été plus modérée que celle des prix de l'énergie, mais elle n'en demeure pas moins substantielle. Les prix alimentaires internationaux ont été en moyenne d'environ 28 % plus élevés en 2021 qu'en 2020, une hausse sur un an plus forte que lors de la crise des prix alimentaires de 2007-08. Les augmentations de prix ont été variables selon les produits, mais elles ont généralement été plus modestes pour les productions animales que pour les productions végétales (FAO, 2021[3]).

Graphique 2.1. Évolution des prix mondiaux des produits de base, 2007 à 2021

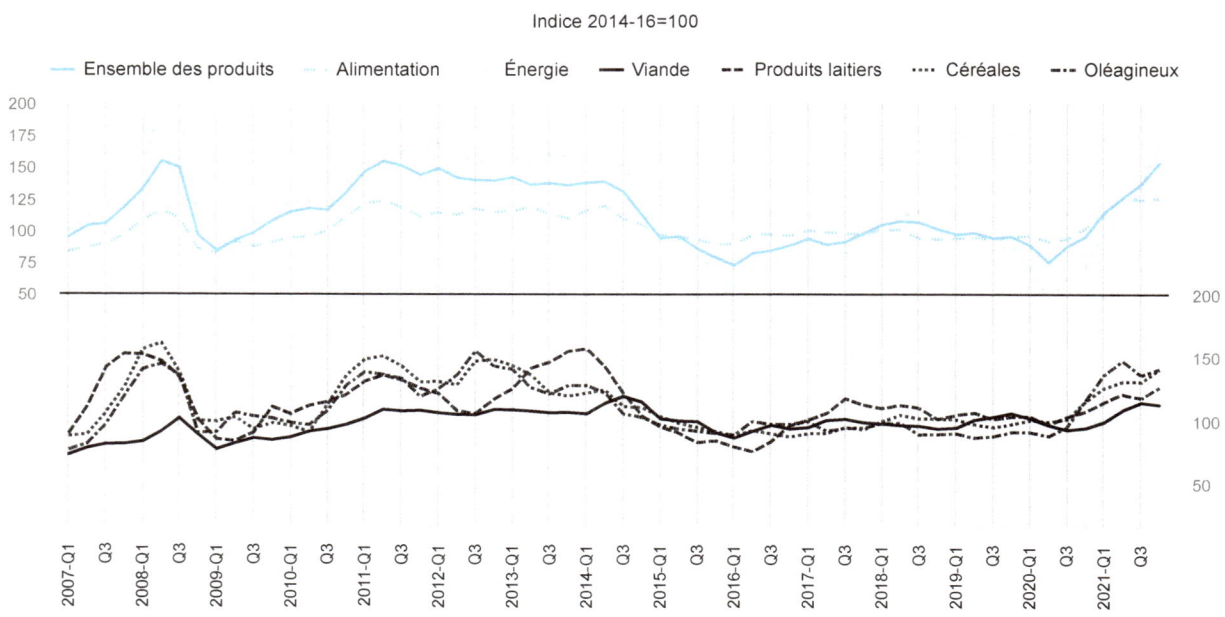

Indice 2014-16=100

Note : La partie supérieure du graphique se lit sur l'échelle de gauche et la partie inférieure sur l'échelle de droite.
Source : FMI (2022), *Commodity Market Review*, pour les indices sur l'ensemble des produits, l'alimentation et l'énergie (année de base 2016=100), www.imf.org/external/np/res/commod/index.aspx ; FAO (2022), *Indice FAO des prix des produits alimentaires*, pour les indices de la viande, des produits laitiers et des céréales (période de base 2014-16=100), www.fao.org/worldfoodsituation/foodpricesindex/fr.

La production mondiale de viande a diminué en 2019 et est restée stable en 2020, du fait principalement des effets de la peste porcine africaine (PPA) sur le secteur chinois de la viande porcine. La production mondiale de viande a progressé de plus de 4 % en 2021, en raison essentiellement du rebond de la production asiatique de viande de porc, conjuguée à une réduction plus marquée des cheptels en Chine à la suite des baisses de prix. La production de viande s'est également accrue dans la plupart des autres régions, sauf dans le cas du bœuf en Océanie, où la reconstitution des troupeaux et les plus faibles effectifs du cheptel bovin ont entraîné un recul de la production. En 2021, une forte demande d'importations a relevé de près de 13 % les prix mondiaux de la viande d'une année sur l'autre, même si le ralentissement des importations de la Chine a entraîné de légères baisses des prix depuis août 2021.

Les marchés mondiaux des produits laitiers ont été affectés par la forte demande d'importations, émanant en particulier d'Asie, ainsi que par les disponibilités exportables souvent limitées des grandes régions productrices. La production mondiale de lait s'est accrue dans la plupart des régions, principalement en Asie et en Amérique du Nord, à la faveur de l'expansion des cheptels bovins et de l'amélioration de la productivité agricole et des rendements laitiers. Cependant, la diminution des précipitations et la hausse des prix des céréales ont abouti à de légères baisses de la production en Amérique du Sud. Dans l'ensemble, les prix mondiaux des produits laitiers ont poursuivi quasiment sans interruption leur tendance à la hausse entamée au milieu de 2020. En moyenne, les prix des produits laitiers ont été de 17 % plus élevés en 2021 qu'en 2020.

Les prix mondiaux des produits végétaux ont enregistré une hausse encore plus forte en 2021. Les marchés des oléagineux, déjà stimulés par la forte demande d'importations d'aliments du bétail émanant de la Chine en 2020, ont été soumis à de nouvelles tensions imputables au rebond de la demande d'huiles végétales et à la croissance persistante de la demande de tourteaux oléagineux pour nourrir les animaux. Malgré une forte croissance de la production d'oléagineux, les stocks des grands pays exportateurs se sont réduits au cours de la campagne 2020-21[3]. Aussi les prix moyens des oléagineux ont-ils été en 2021 de 44 % plus élevés qu'en 2020, tirés vers le haut par les prix des huiles végétales, qui ont enregistré une hausse de près des deux tiers d'une année sur l'autre.

La production mondiale de céréales a légèrement progressé en 2021. L'augmentation de la production de céréales secondaires, en particulier en Chine, en Ukraine et aux États-Unis, a plus que compensé la baisse de la production de blé, notamment au Canada et aux États-Unis. Une plus faible fréquence des sécheresses et des inondations en Asie a contribué à accroître la production mondiale de riz. Si la consommation de céréales vivrières a pour une large part augmenté de pair avec la croissance démographique, l'utilisation de céréales, de blé notamment, pour nourrir les animaux a enregistré une plus forte progression du fait du développement de l'élevage et de la taille des cheptels, ainsi que de la hausse des prix des tourteaux oléagineux. La baisse des ratios stock/consommation et la forte croissance des importations chinoises de maïs ont provoqué une hausse des prix des céréales, qui ont été en moyenne de 27 % plus élevés en 2021 qu'en 2020.

La relance de la production en 2021, notamment dans l'Union européenne et en Thaïlande, a mis fin à trois années de baisse de la production mondiale de sucre. Malgré cette augmentation, la production est demeurée inférieure à la demande, qui était stimulée par la reprise économique et a enregistré une croissance particulièrement vigoureuse en Inde et en Chine. Du fait de la persistance de tensions sur le marché, les prix mondiaux du sucre ont en moyenne été de 37 % plus élevés en 2021 qu'en 2020.

Globalement, le niveau moyen des recettes agricoles (y compris les transferts budgétaires liés aux politiques agricoles) dans les 54 pays étudiés dans ce rapport a poursuivi sa tendance à la hausse depuis 2016 et s'est avéré, d'après les estimations, de 19 % plus élevé en 2021 qu'en 2019 (OCDE, 2022[4]). Cela porte à croire que, en moyenne, et du fait en partie de l'adoption rapide de mesures pour y faire face, la pandémie de COVID-19 n'a pas eu de conséquences négatives majeures sur les revenus agricoles dans les pays étudiés dans ce rapport.

L'agression à grande échelle de la Russie contre l'Ukraine continuera vraisemblablement d'avoir des répercussions sur les approvisionnements et les prix agricoles. Des sanctions internationales de grande ampleur ont été prises contre la Russie, et les infrastructures commerciales de l'Ukraine sont affectées par le conflit, tout comme sa production de céréales et d'oléagineux. Des pénuries mondiales d'intrants essentiels, tels que l'énergie et les engrais, sont également possibles. Les données sur l'évolution des prix des produits agricoles depuis le début de cette agression demeurent incomplètes, mais les prix mondiaux du pétrole brut ont bondi de plus de 30 % dans les dix jours qui ont suivi l'agression à grande échelle, avant de revenir à des niveaux plus modérés.

L'agression à grande échelle de la Russie contre l'Ukraine : premières conséquences sur les politiques et les marchés agricoles

Le 24 février 2022, les troupes russes ont lancé une agression militaire à grande échelle contre l'Ukraine. Trois jours auparavant, le gouvernement russe avait officiellement reconnu l'indépendance et la souveraineté des régions ukrainiennes formées par les soi-disant République populaire de Lougansk et République populaire de Donetsk. Au moment de la rédaction de ces lignes, l'agression à grande échelle de la Russie contre l'Ukraine se poursuit.

En conséquence, un grand nombre de pays, dont les États-Unis et l'Union européenne, se sont inspirés des mesures précédemment en vigueur depuis l'annexion de la Crimée par la Russie et ont, entre autres, imposé des sanctions dans le domaine des échanges (sauf pour les denrées alimentaires et les engrais) et des voyages en provenance et à destination de la Fédération de Russie et de la Biélorussie (PIIE, 2022[5]). En outre, conséquence directe de l'agression à grande échelle, les infrastructures commerciales de l'Ukraine, notamment ses ports sur la mer Noire, ont été fortement affectées. Du fait du conflit en cours, les répercussions sur la production agricole ukrainienne demeurent incertaines. Pour finir, la Russie a annoncé une interdiction temporaire de l'exportation de produits agricoles stratégiques, dont notamment les céréales et le sucre, et elle a mis en place des interdictions et licences d'exportation de certains engrais azotés.

Cette section présente une première évaluation des conséquences que la réduction des échanges avec l'Ukraine, la Russie et la Biélorussie pourrait avoir sur les politiques et les marchés agricoles au niveau mondial.

Importance de la Russie, de la Biélorussie et de l'Ukraine sur les marchés mondiaux des différents produits

La Russie et l'Ukraine sont des producteurs et exportateurs majeurs de plusieurs produits agricoles, dont les céréales et les oléagineux. Au cours de la période 2018-20, la part conjointe de ces deux pays dans les exportations mondiales s'est élevée à 28 % pour le blé, à 15 % pour le maïs, à 24 % pour l'orge, à 12 % pour les graines de tournesol et à 14 % pour le colza. Dans le cas du tournesol, la part est encore plus importante si l'on tient compte des produits dérivés tels que l'huile et les tourteaux : au cours de la période 2018-20, l'Ukraine et la Russie ont respectivement contribué pour environ 43 % et 20 % aux exportations mondiales d'huile de tournesol.

Comme la Biélorussie, la Russie figure par ailleurs parmi les principaux exportateurs d'engrais. Au cours de la période 2018-20, ces deux pays représentaient 16 % des exportations mondiales d'azote, et 38 % de celles de potasse. La place de premier exportateur mondial d'azote détenue par la Russie est liée à son importante production de combustibles fossiles, dont elle est également l'un des principaux exportateurs. La Russie exporte également de grandes quantités d'engrais mixtes contenant du phosphore.

Graphique 2.2. Parts de la Russie, de la Biélorussie et de l'Ukraine dans la production et les exportations mondiales de certains produits agricoles et de différents engrais

Moyenne 2018-20

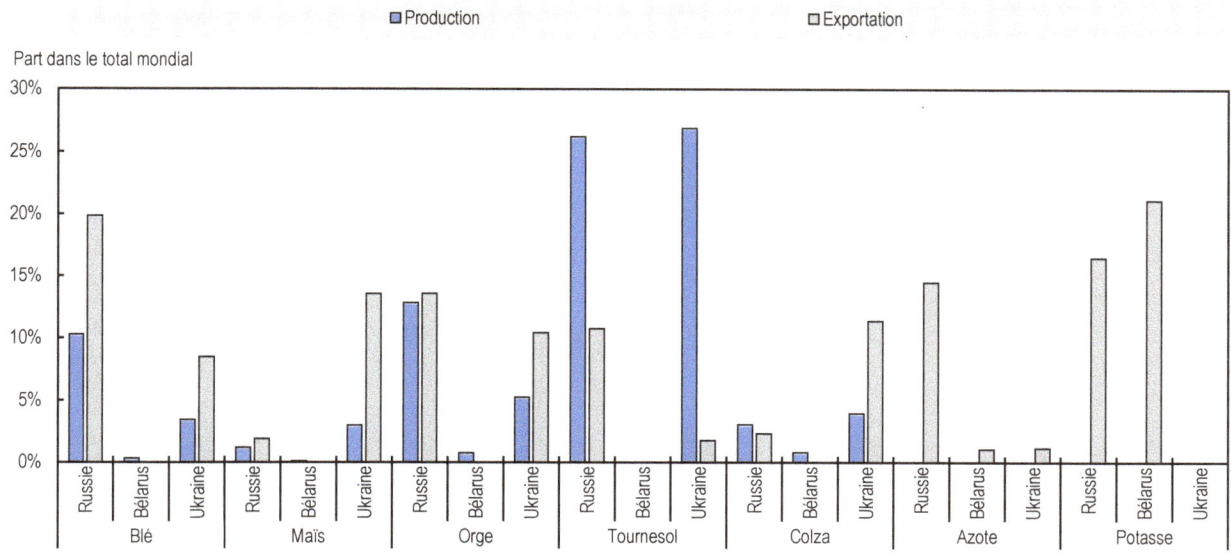

Note : Les données relatives aux produits agricoles sont indiquées en volume alors que celles portant sur les engrais sont exprimées en valeur. Les données relatives à la production ne sont pas disponibles pour les engrais azotés et potassiques.
Source : FAOSTAT (2022), https://www.fao.org/faostat/fr/#data ; UN Comtrade (2022), https://wits.worldbank.org/.

StatLink ⋙ https://stat.link/xildgs

Conséquences pour les marchés

Compte tenu de l'importance de ces pays pour les marchés agricoles mondiaux, l'agression à grande échelle de la Russie contre l'Ukraine et les réponses qui lui sont apportées ont des conséquences considérables et potentiellement durables pour les marchés des intrants et des produits agricoles, et donc pour les exploitants agricoles comme pour les consommateurs. Les prix du pétrole brut ont augmenté de plus de 30 % dans les dix jours qui ont suivi l'invasion, bien qu'ils soient par la suite retombés à des niveaux seulement un peu plus élevés qu'ils ne l'étaient juste avant l'agression.

La volatilité des prix est demeurée sensiblement supérieure aux niveaux observés fin 2021. Les prix à l'exportation des principaux produits agricoles ont sensiblement grimpé (Banque mondiale, 2022[6]). L'Indice des céréales et des oléagineux du CIC, qui montre les variations des prix à l'exportation des céréales et des oléagineux, a atteint son plus haut niveau jamais enregistré à la mi-mars 2022[4]. Les prix des engrais, potassiques et azotés en particulier, ont également connu d'importantes hausses[5]. De plus, le renchérissement du pétrole brut se surajoute aux coûts déjà élevés du transport maritime. Dans l'ensemble, les informations disponibles portent à croire que les prix moyens des intrants pourraient avoir à ce stade progressé plus rapidement que ceux des produits végétaux, alors que les prix des produits animaux semblent être les moins affectés. Cette évolution entraînera une augmentation du coût des produits alimentaires et aura vraisemblablement des répercussions sur les marges des exploitants agricoles, qu'ils soient éleveurs ou cultivateurs.

Réponses apportées

Outre les réponses humanitaires, économiques et militaires visant l'Ukraine et la Russie, les pays ont commencé à mettre en œuvre des mesures destinées à réduire le poids de la guerre pour les producteurs agricoles comme pour les consommateurs[6]. Parmi ces dernières, les modifications des politiques commerciales des pays ont été les plus marquantes. Plusieurs pays ont **annoncé, mis en œuvre ou étendu des interdictions d'exportation, des taxes à l'exportation ou d'autres mesures de restriction des exportations**, dont l'Égypte (produits alimentaires de base) ; la Hongrie, la Moldavie et la Serbie (céréales) ; et l'Argentine (soja et produits à base de soja). La Chine, qui détient une large part des stocks mondiaux de céréales, a fait savoir qu'elle pourrait restreindre ses exportations de riz. La Turquie a interdit l'exportation des céréales et de plusieurs autres produits alimentaires retenus dans les entrepôts de stockage des ports maritimes turcs. Ces mesures viennent s'ajouter aux interdictions d'exportation mises en œuvre par la Russie.

Cependant, l'Argentine a par ailleurs suspendu l'enregistrement des ventes à l'exportation d'huile et de tourteaux de soja et repris les ventes à l'exportation de ces deux produits, ce qui peut compenser en partie l'effet de l'augmentation des taxes à l'exportation. L'Argentine a par ailleurs accru son contingent annuel d'exportation de blé.

Certains pays ont **réduit les obstacles à l'importation**. La Suisse a ainsi décidé de réduire ses droits à l'importation de céréales fourragères à compter du 15 mars, alors que la Turquie a suspendu les exigences documentaires pour les importations de produits agricoles ou le commerce de transit en provenance d'Ukraine. Israël a élargi ses contingents d'importation d'œufs de table, bien que cette évolution soit peut-être davantage liée à l'augmentation de la consommation durant la Pâque juive qu'à la guerre en Ukraine. L'Égypte a facilité les importations en relevant provisoirement le taux d'humidité maximal pour le blé importé. Le Brésil a supprimé à titre temporaire les droits à l'importation sur plusieurs produits agricoles, dont l'éthanol et l'huile de soja.

Plus généralement, l'Union européenne a par ailleurs annoncé le recours à des « voies réservées » pour faciliter l'importation par voie terrestre de produits agricoles en provenance d'Ukraine. Plusieurs pays sud-américains ont également soumis à la FAO une proposition visant à exclure les engrais des sanctions internationales à l'encontre de la Russie.

Les mesures internes prises pour faire face à la crise ont jusqu'ici privilégié l'**assouplissement des contraintes de production**, le **soutien direct aux agriculteurs** et l'**action sur les marchés du travail**. L'Union européenne a mis en application plusieurs mesures, telles qu'une dérogation autorisant la pratique de cultures vivrières et fourragères sur les terres en jachère sans que cela entraîne la perte des paiements en faveur de l'écologisation, ainsi qu'un programme de soutien permettant d'offrir une aide supplémentaire aux agriculteurs. Les États membres peuvent décider d'avoir recours à ces mesures. L'Allemagne a ainsi annoncé qu'elle autoriserait exceptionnellement en 2022 l'utilisation en tant que fourrage des plantes cultivées dans les zones écologiques prioritaires relevant des catégories « jachères » et « cultures dérobées ». L'Espagne, la Finlande, la France et la Chine sont autant de pays qui ont débloqué des fonds supplémentaires pour aider les agriculteurs à faire face au coût élevé des intrants. De même, la Chine a octroyé un soutien supplémentaire pour stabiliser les revenus et compenser la hausse des coûts des intrants subie par les producteurs de céréales, alors que la République tchèque a également aboli l'incorporation obligatoire de biocarburants afin d'accroître les quantités de céréales disponibles sur le marché. Le ministère tchèque de l'Agriculture prévoit par ailleurs de lancer un site web spécifiquement destiné à mettre les réfugiés ukrainiens en relation avec les exploitations agricoles et les autres sociétés offrant un emploi et un hébergement.

Au-delà de ces mesures à court terme, les pays redoublent également d'efforts pour **réduire leur vulnérabilité** face à ces chocs, et pour renforcer plus généralement leur résilience. Plusieurs pays, tels que la Bulgarie et l'Égypte, ont accru leurs efforts pour constituer des réserves stratégiques de denrées destinées à la consommation humaine ou animale. Certains ont intensifié les efforts diplomatiques pour ouvrir de nouveaux marchés pour leurs produits préalablement exportés vers la Russie (la Colombie, par exemple), ou pour trouver d'autres sources d'approvisionnement afin de satisfaire leurs besoins d'importation, surtout dans le cas des engrais (le Brésil ou le Costa Rica, par exemple). Des efforts additionnels sont par ailleurs déployés en vue de favoriser et de promouvoir l'offre intérieure de substituts des engrais importés, grâce par exemple aux sources d'engrais organiques ou, à plus long terme, à la production intérieure d'engrais à partir de combustibles fossiles.

Pour sa part, l'**Ukraine** a imposé l'obligation d'obtenir une licence pour pouvoir exporter des céréales, des volailles ou des œufs à compter du 6 mars 2022 ; le maïs et l'huile de tournesol ont été retirés de la liste des produits nécessitant une licence d'exportation, où ils figuraient initialement. Le 12 mars 2022, l'Ukraine a également mis en place une interdiction *de facto* des exportations de divers engrais minéraux. Pour ce qui est des importations, l'Ukraine a supprimé le 16 mars 2022 les droits d'accise sur tous les biens importés. Sur le plan intérieur, l'Ukraine a mis en place un nouveau programme de prêts à l'agriculture et accru ses efforts pour constituer des réserves stratégiques de produits alimentaires destinés à la consommation humaine et animale.

Première évaluation

Les mesures mises en œuvre pour répondre aux répercussions sur les marchés de l'agression à grande échelle de la Russie contre l'Ukraine se concentrent sur différents domaines, celles de nature commerciale occupant à court terme une place prépondérante. Ces dernières visent pour la plupart à isoler les marchés intérieurs des fortes augmentations des prix internationaux des produits et des intrants agricoles. Les interdictions des exportations et les autres restrictions en ce domaine peuvent toutefois tempérer les hausses des prix intérieurs des produits concernés, mais elles risquent aussi d'accélérer la flambée des prix sur les marchés internationaux et de saper la confiance des pays dans la fiabilité du système commercial international en tant que source d'approvisionnement. C'est pourquoi il conviendrait d'éviter les restrictions à l'exportation et de démanteler dès que possible celles qui sont déjà en vigueur. Les réductions des obstacles à l'importation et la simplification des procédures commerciales peuvent à l'inverse favoriser les échanges et le fonctionnement des marchés internationaux et devraient dans toute la mesure du possible être pérennisées.

De nouveaux appels à un assouplissement des contraintes environnementales sont actuellement lancés, ce qui met en lumière les arbitrages entre les objectifs de durabilité environnementale et les préoccupations immédiates liées à l'insuffisance des approvisionnements alimentaires mondiaux et à ses conséquences potentielles sur la sécurité alimentaire. Les pays qui envisagent de telles mesures à titre exceptionnel doivent réfléchir à la possibilité de faire face aux conséquences sur les approvisionnements alimentaires en ayant recours à d'autres dispositions, dont un déblocage des stocks, une aide directe permettant aux consommateurs de mieux affronter les hausses des prix alimentaires, et un soutien spécifique dans le cas des pays supportant de lourdes factures d'importation de denrées alimentaires. Ils doivent également peser le risque que ces mesures ne soient pas aisément réversibles et n'offrent qu'une aide limitée, voire marginale, face aux tensions actuelles, tout en comportant de considérables coûts environnementaux à plus long terme, en particulier du point de vue de la biodiversité. Le bilan peut être particulièrement défavorable si les terres agricoles concernées sont peu productives mais d'une grande valeur écologique potentielle.

Pour les pays voisins de l'Ukraine, il peut être particulièrement difficile de compenser la moindre disponibilité de travailleurs migrants. Pour faire en sorte que les travailleurs disponibles parmi les réfugiés puissent répondre à court terme aux besoins de main-d'œuvre des exploitations agricoles et des entreprises connexes, il sera indispensable de simplifier les procédures d'enregistrement et d'embauche.

Évolution récente des politiques agricoles

Plusieurs pays ont revu leur cadre stratégique pour l'agriculture

L'**Australie** a lancé la stratégie de mise en œuvre du Programme Ag2030 (*Delivering Ag2030*), qui vise à renforcer les échanges, la biosécurité, la gestion des ressources naturelles, les infrastructures et les chaînes d'approvisionnement. Le **Canada** a publié l'*Énoncé de Guelph*, qui définit l'orientation future de la politique agricole et des priorités telles que la lutte contre le changement climatique, le soutien à la recherche et à l'innovation, ainsi que le renforcement de la résilience. La **Chine** a lancé un nouveau *Plan quinquennal 2021-25 pour promouvoir la modernisation agricole et rurale* qui met l'accent sur la sécurité alimentaire et sur l'amélioration des conditions de vie dans les zones rurales.

Le **Parlement européen et le Conseil** sont parvenus à un accord politique sur la réforme de la politique agricole commune (PAC) de l'UE pour 2023-27. La nouvelle législation vise à assurer un avenir durable aux agriculteurs européens, à offrir un soutien plus ciblé aux petites exploitations, et à accorder une plus grande latitude aux pays de l'UE pour adapter les mesures aux conditions locales. En **Islande,** le nouvel accord-cadre sur l'agriculture (*Agricultural Framework Agreement*) est entré en vigueur et régit l'environnement opérationnel d'ensemble du secteur agricole. L'**Indonésie** a établi la *Badan Pangan Nasional* (BAPANAS), une nouvelle agence nationale de l'alimentation rattachée au Président et ayant pour mandat de stabiliser les prix des aliments de base, sauvegarder les disponibilités alimentaires, mettre en œuvre des politiques d'importation de denrées alimentaires, assurer la sécurité alimentaire et nutritionnelle et garantir la sécurité des aliments. Le **Kazakhstan** a adopté le *Projet national*, qui vise à accroître la productivité, les exportations, la production agroalimentaire et les revenus ruraux dans les cinq années à venir.

En **Norvège,** le nouveau gouvernement a défini ses priorités en matière d'agriculture dans sa *plateforme Hurdal*. Cette plateforme fait de la réduction des inégalités de revenu entre l'agriculture et les autres secteurs de la société une préoccupation essentielle, et elle propose une réforme du système des quotas laitiers, un plafonnement des subventions à la production, et de nouveaux objectifs d'indépendance alimentaire. La **Turquie** a élaboré sa *Feuille de route nationale pour les systèmes alimentaires*, qui comprend 10 grands domaines de priorité et 117 mesures destinées à transformer les systèmes alimentaires et à atteindre les Objectifs de développement durable d'ici 2030. Le **Viet Nam** a adopté plusieurs nouveaux documents de stratégie, dont la *Résolution pour garantir la sécurité alimentaire nationale jusqu'en 2030* ; le *Plan structurel pour le secteur agricole pour 2021-25* ; et le *Programme de restructuration du secteur rizicole du Viet Nam à l'horizon 2025 et 2030*.

Certains pays ont adopté de nouvelles mesures (ou étendu celles existantes) pour faire face à la pandémie de COVID-19

L'**Australie** a annoncé la mise en place du Visa agricole pour aider à remédier à la pénurie de main-d'œuvre dans le secteur agricole. L'**Australie** a par ailleurs étendu son mécanisme d'assistance au transport aérien de marchandises (*International Freight Assistance Mechanism*), qui apporte un soutien supplémentaire pour garder ouvertes les chaînes d'approvisionnement dans le contexte des perturbations des échanges liées au COVID-19. L'**Union européenne** a prolongé l'encadrement temporaire des aides d'État pour soutenir l'économie dans le contexte de la pandémie de COVID-19, et la Commission européenne a adopté des mesures exceptionnelles pour soutenir les secteurs du vin et des fruits et légumes.

Pour faire face à la deuxième vague de la pandémie de COVID-19, l'**Inde** a étendu le programme de distribution alimentaire *Pradhan Mantri Garib Kalyan Anna Yojana* (PMGKAY), dont le budget a été accru de près de 10 milliards USD. Le gouvernement des **Philippines** a maintenu les mesures destinées à protéger les moyens d'existence et la sécurité alimentaire des producteurs, telles que le projet pour la résilience du riz, qui vise à accroître l'autosuffisance rizicole du pays. Le gouvernement a également élargi le financement de prêts et garanties de prêts supplémentaires en faveur des petits exploitants agricoles dans le cadre du programme SURE COVID, et il a prolongé les mesures de contrôle des prix de détail des denrées alimentaires de base en 2021.

Les **États-Unis** ont mis en place plusieurs dispositifs temporaires pour atténuer l'impact des perturbations liées à la pandémie. Ils ont notamment pris la forme d'une compensation de la baisse des capacités de transformation des viandes de porc et de volaille, ainsi que de programmes facultatifs visant à encourager le don des excédents de produits laitiers aux programmes alimentaires. Le **Viet Nam** a continué de fournir un soutien visant à compenser les répercussions de la pandémie de COVID-19 sur les agriculteurs, au moyen notamment d'une imposition différée, de versements monétaires et de crédits à des conditions préférentielles. Plus de 250 000 tonnes de riz issues des stocks de réserve ont été distribuées, alors que les droits de douane sur certains produits agricoles ont été abaissés pour alléger les pressions sur les coûts.

Un soutien additionnel a été accordé pour aider les agriculteurs à faire face à la hausse des coûts des intrants

La **Chine** a fourni aux céréaliers une subvention ponctuelle pour compenser la tendance à la hausse des coûts des intrants. En 2021, la **Colombie** a sensiblement renforcé le soutien budgétaire au secteur agricole, et elle a ramené à zéro ses droits de douane sur les intrants agricoles. L'**Inde** a affecté davantage de fonds aux subventions aux intrants afin de compenser les hausses des prix internationaux, et elle a apporté une aide dans le cadre de la Mission nationale sur les oléagineux et le palmier à huile (*National Mission on Oilseeds and Oil Palm – NMOOP*) en vue d'accroître son autosuffisance en matière de production d'oléagineux. En 2022, le **Mexique** a renforcé son programme de distribution d'engrais en le dotant d'un budget de 160 % plus élevé qu'en 2021 et en l'étendant à de nouveaux bénéficiaires dans certains des États les plus pauvres du pays.

De nombreux pays ont renforcé les mesures destinées à accroître la durabilité de leur agriculture…

L'**Australie** a accru le financement de son dispositif pour une bonne gestion de la biodiversité en agriculture (*Agriculture Biodiversity Stewardship Package*), qui prévoit des paiements aux agriculteurs pour la protection, la gestion et la promotion de la végétation indigène qui subsiste, la mise en œuvre d'un système de certification de la biodiversité agricole, et la création d'une plateforme nationale d'échange de certificats de bonne gestion (*National Stewardship Trading Platform*) pour mettre en relation les agriculteurs et les acheteurs de résultats en matière de biodiversité. Une stratégie nationale des sols (*National Soil Strategy*) a également été adoptée, et elle définit comment l'Australie valorisera, gérera et améliorera ses ressources en sols dans les 20 prochaines années. Au **Chili**, la stratégie de durabilité pour le secteur agroalimentaire (*Estrategia de Sustentabilidad para el sector agroalimentario*) a été lancée en vue d'identifier les meilleures pratiques de production agricole durable. Le **Japon** a élaboré une nouvelle stratégie pour des systèmes alimentaires durables baptisée *Mesures pour atteindre l'objectif de décarbonation et la résilience par l'innovation*, dont l'objectif est de réduire l'utilisation d'engrais et de pesticides chimiques, et d'accroître les superficies consacrées à l'agriculture biologique. La **Corée** a annoncé son *Cinquième plan quinquennal de promotion d'une agriculture respectueuse de l'environnement* pour 2021-25.

En **Nouvelle-Zélande**, le programme pour une utilisation productive et durable des terres (*Productive and Sustainable Land Use*) a financé un certain nombre de projets visant à renforcer les liens entre les agriculteurs et les autres parties prenantes telles que les groupes sectoriels, les conseils régionaux et les acteurs du monde scientifique. La **Nouvelle-Zélande** a également annoncé la mise en place progressive, sur une durée de deux ans, d'une interdiction des exportations de bétail par la voie maritime, pour des questions de bien-être animal liées à la souffrance du bétail sur les navires. Le **Mexique** a entamé une élimination progressive de l'utilisation du glyphosate et du maïs génétiquement modifié pour la consommation humaine, et il a annoncé une nouvelle stratégie de réduction de la pratique du brûlis sur les terres agricoles. Le gouvernement a par ailleurs entrepris de cartographier les potentialités de séquestration du carbone dans les sols et d'établir une Stratégie nationale des sols pour une agriculture durable (*Estrategia Nacional de Suelo para la Agricultura Sostenible*) pour maintenir, rétablir et promouvoir une gestion durable des sols.

La **Suisse** a adopté une *Stratégie de développement durable à l'horizon 2030* et un plan d'action connexe visant à atteindre une série d'objectifs liés à la réduction des émissions du système alimentaire, à la promotion de régimes alimentaires sains et durables, à une diminution des pertes et du gaspillage alimentaires, et à un développement des services écosystémiques. Un train de mesures sur la qualité de l'eau a également été adopté. Il inclut notamment des mesures visant à réduire les risques liés à l'utilisation de pesticides, ainsi que les pertes d'azote et de phosphore. La **Turquie** a adopté son *Plan d'action du Pacte vert*, qui vise à accroître la durabilité de l'agriculture au moyen de réductions de l'utilisation de pesticides, d'agents antimicrobiens et d'engrais chimiques, d'un développement de la production biologique, d'un recours croissant aux énergies renouvelables dans le secteur agricole et d'une meilleure gestion des déchets et des résidus. L'**Ukraine**[7] a adopté un *Plan national d'action pour la protection de l'environnement jusqu'en 2025*, ainsi que des textes de loi visant à renforcer la protection des forêts et des tourbières, à encourager un boisement à grande échelle, et à favoriser l'expansion de l'agriculture biologique.

Le **Royaume-Uni** met graduellement en place de nouveaux programmes de soutien nationaux dans le cadre de sa sortie progressive de la PAC de l'UE. En Angleterre, le soutien aux agriculteurs visera à améliorer l'environnement, à promouvoir la santé et le bien-être des animaux, à réduire les émissions, à renforcer la résilience face aux risques climatiques, et à accroître la productivité et la durabilité des exploitations agricoles. En Écosse, la Vision pour l'agriculture écossaise (*Vision for Scottish Agriculture*) prévoit de transformer le soutien à l'agriculture et à la production alimentaire locales et de faire du secteur un leader mondial de l'agriculture durable et régénératrice. Au Pays de Galles, le projet de Programme pour une agriculture durable (*Sustainable Farming Scheme*) mettra l'accent sur la durabilité de la gestion des terres et de la production alimentaire.

Les **États-Unis** ont actualisé un certain nombre de programmes existants pour en accroître les avantages climatiques. Une nouvelle initiative pilote a ainsi été lancée dans le cadre du programme en faveur de la qualité de l'environnement (*Environmental Quality Incentives Program*) en vue d'encourager une agriculture et une sylviculture climato-intelligentes grâce à l'adoption de pratiques de conservation ciblées.

… grâce notamment à un soutien accru aux petits producteurs et à la promotion d'un développement plus inclusif dans le secteur agricole

Le **Costa Rica** a mis en œuvre l'initiative *Puente Agro*, qui vise à accroître la productivité des petits agriculteurs en leur fournissant des équipements, des intrants et une assistance technique. La **Corée** a élaboré son *Cinquième plan de base en matière de soutien aux agricultrices pour 2021-25*, dont l'objet est de renforcer la participation des femmes dans l'agriculture, de promouvoir les droits des agricultrices et d'améliorer leur qualité de vie. La **Corée** a également adopté la *Loi sur la promotion et le soutien de la prochaine génération d'agriculteurs ou de pêcheurs et des jeunes agriculteurs ou pêcheurs*, ce qui aidera la nouvelle génération et les jeunes agriculteurs à s'établir dans les villages ruraux, et favorisera en outre un développement durable. L'**Afrique du Sud** a mis en place un Fonds agroindustriel (*Agri-Industrial Fund*) en vue d'aider les producteurs et les entrepreneurs noirs à créer, développer et acquérir des exploitations, et à les intégrer dans des chaînes de valeur prioritaires. Ce Fonds vise également à accélérer la redistribution des terres et à accroître les exportations. L'**Ukraine** a mis en place un nouveau *Fonds de garantie partielle des crédits à l'agriculture*, qui procure des garanties de crédits aux petites et moyennes exploitations et entreprises agricoles dont la superficie cultivée ne dépasse pas 500 hectares. Les **États-Unis** ont assuré une sensibilisation à la gestion des risques, des actions de terrain et une assistance technique ciblée afin que les producteurs traditionnellement mal desservis puissent avoir accès aux programmes et aux services du ministère de l'Agriculture des États-Unis.

Les instruments d'action relatifs à la gestion des risques et à l'aide en cas de catastrophe ont été renforcés

L'**Australie** a affecté des fonds additionnels à la mise en place de services d'information climatique, d'indicateurs de la sécheresse pour un nouveau système d'alerte rapide, ainsi que des infrastructures pour assurer une meilleure préparation à la sécheresse. Au **Brésil**, le ministère de l'Agriculture a lancé une plateforme numérique (AGROMET) qui compile les informations météorologiques et offre un accès en ligne à divers services climatiques liés à l'agriculture. Le **Canada** a renforcé le soutien offert au moyen de son cadre *Agri-relance* afin d'alléger la pression financière supportée par les éleveurs confrontés à une hausse de leurs coûts du fait de la sécheresse et des incendies de forêt. La **Nouvelle-Zélande** a alloué des fonds additionnels aux coopératives de soutien rural (*Rural Support Trusts*) et aux paiements au titre de l'aide rurale (*Rural Assistance Payments*) pour aider les producteurs primaires, leurs familles et leurs employés à faire face aux effets néfastes des sécheresses et des inondations. L'**Ukraine** a établi un soutien public à l'assurance agricole qui rembourse aux producteurs agricoles jusqu'à 60 % du coût des primes d'assurance. Les **États-Unis** ont lancé un nouveau programme de protection contre la baisse de qualité (*Quality Loss Adjustment* Program) dans le cadre du programme d'indemnisation des victimes d'incendies, ouragans et autres catastrophes (*Wildfire and Hurricane Indemnity Program Plus – WHIP+*), et ils ont étendu le programme d'aide d'urgence aux éleveurs, aux apiculteurs et aux pisciculteurs (*Emergency Assistance for Livestock, Honey Bees and Farm-raised Fish Program*) pour couvrir les coûts de transport des aliments pour animaux supportés par les exploitations d'élevage affectées par la sécheresse.

De nouvelles lois et réglementations portant sur la santé animale et végétale ont été adoptées

En **Argentine**, face aux flambées de peste porcine africaine (PPA) dans la région, l'organisme chargé de la protection phytosanitaire et zoosanitaire et de la sécurité des aliments (SENASA) a mis en place des commissions nationales de protection de la santé et du bien-être animal (*Comisiones Nacionales de Sanidad y Bienestar Animal*) pour le porc et les autres espèces d'animaux, et elle a introduit une nouvelle réglementation applicable aux installations de production de porcs conforme aux normes de l'Organisation mondiale de la santé animale (OIE) en matière de compartimentalisation. L'**Australie** a également procédé à de nouveaux investissements dans des mesures de première ligne dans le domaine de la biosécurité pour gérer les risques que des parasites ou des maladies (dont la peste porcine africaine) ne pénètrent en Australie, pour moderniser les systèmes informatiques et l'analyse des données, ainsi que pour renforcer les capacités de détection et de gestion des menaces à l'extérieur du territoire national.

Au **Chili,** le service d'inspection de l'agriculture et de l'élevage (SAG) a actualisé ses réglementations phytosanitaires et modernisé ses systèmes de certification électronique. Le **Mexique** a imposé de nouvelles exigences de certification biologique pour les importations de produits biologiques, qu'ils soient bruts ou transformés. L'**Ukraine** a également introduit des réformes dans le cadre de son accord d'association avec l'Union européenne en vue de renforcer les normes sanitaires applicables aux exportations de produits animaux.

Certains pays ont adopté de nouvelles mesures de soutien de l'innovation agricole et du développement du capital humain

L'**Australie** a publié une Déclaration de politique nationale sur l'innovation agricole (*National Agricultural Innovation Policy Statement*), qui assigne à l'innovation agricole quatre nouvelles priorités respectivement axées sur les exportations, la résilience climatique, la biosécurité et l'agriculture numérique. Le gouvernement australien a par ailleurs publié une Feuille de route pour attirer, conserver, perfectionner et moderniser la main-d'œuvre agricole (*Roadmap to Attract, Retain, Upskill and Modernise the Agriculture Workforce*) qui a été suivie par plusieurs initiatives destinées à améliorer les perspectives d'emploi dans l'agriculture. L'**Indonésie** a créé la *Badan Riset dan Inovasi Nasional*, une agence nationale unique chargée de la recherche et de l'innovation, en vue de coordonner les activités publiques de R-D et d'innovation, y compris dans le domaine de l'agriculture. La **Corée** a poursuivi en 2021 le développement du projet d'agriculture intelligente avec l'ouverture de deux vallées d'innovation en agriculture intelligente.

De nombreux pays ont conclu des accords commerciaux bilatéraux et régionaux

Le Partenariat économique régional global (RCEP) est entré en vigueur en janvier 2022 et regroupe quinze pays de la région Asie-Pacifique, dont l'**Australie**, la **Chine**, l'**Indonésie**, le **Japon**, la **Nouvelle-Zélande**, les **Philippines**, la **Corée** et le **Viet Nam**. Cet accord réduira les droits de douane sur les marchandises de 90 % sur 20 ans à compter de la date de son entrée en vigueur pour les 15 économies participantes, et il fournit un cadre pour renforcer la coopération dans les domaines des normes, de la réglementation technique et des procédures d'évaluation de la conformité, ainsi que pour simplifier les règles d'origine et les procédures douanières pour les marchandises périssables. Il inclut d'importantes concessions tarifaires pour l'agriculture aboutissant à une réduction des droits de douane d'environ 12.8 points de pourcentage pour environ 8.4 % des produits, même si l'agriculture demeurera relativement plus protégée (17 % des lignes tarifaires restent non visées par des engagements, contre environ 5 % dans le cas des activités manufacturières) (CNUCED, 2021[7]). L'accord de commerce et de coopération entre l'**UE** et le **Royaume-Uni** est entré en vigueur le 1er mai 2021 après son approbation par le Parlement européen et son adoption par le Conseil européen.

Plusieurs autres accords bilatéraux de libre-échange (ALE) ont été négociés ou sont entrés en vigueur en 2021 et dans les premiers mois de 2022, facilitant les échanges bilatéraux de produits agricoles : l'ALE **Australie–Royaume-Uni** ; l'ALE AELE-**Israël** (actualisé au moyen d'accords agricoles bilatéraux modernisés et élargis) ; l'ALE **Turquie–Royaume-Uni** ; l'ALE **Ukraine-Israël** ; l'ALE **Royaume-Uni–Israël** ; l'ALE **Ukraine-Turquie** ; l'ALE UEEA-**Viet Nam**. De nombreuses autres négociations d'ALE sont en cours.

Des instruments d'action pour la promotion du commerce et le développement des marchés ont été adoptés par un certain nombre de pays

L'**Australie** a accru les fonds destinés à assurer une réorganisation de ses systèmes commerciaux par une simplification des réglementations et la mise en place d'un guichet unique de dédouanement des échanges. **Israël** a adopté une résolution gouvernementale visant à réduire les droits de douane sur les produits agricoles frais et à assouplir les procédures d'importation, dans le cadre d'un ensemble de mesures plus large.

Évolutions du soutien à l'agriculture

Cette section offre une vue d'ensemble des évolutions du soutien public à l'agriculture en s'appuyant sur les indicateurs du soutien à l'agriculture de l'OCDE, qui sont comparables entre les pays et dans le temps. Ces indicateurs montrent la diversité des mesures de soutien mises en œuvre selon les pays, et ils sont axés sur différentes dimensions de ces dispositifs. Les définitions des indicateurs utilisés dans ce rapport sont présentées à l'annexe A, tandis que le graphique 2.3 illustre les composantes des différents indicateurs, ainsi que les relations qu'ils entretiennent entre eux.

L'**estimation du soutien total (EST)**, le plus large de ces indicateurs, combine trois éléments différents : a) les transferts versés aux exploitants agricoles individuellement ; b) les dépenses publiques en faveur du secteur agricole primaire collectivement ; et c) le soutien budgétaire aux consommateurs de produits agricoles. L'EST constitue un indicateur des transferts nets et tient aussi bien compte des éléments positifs que des éléments négatifs.

L'**estimation du soutien aux producteurs (ESP)** mesure tous les transferts versés aux exploitants agricoles individuellement. On peut distinguer deux types de transferts : le *soutien des prix du marché (SPM)* représente les transferts versés par les contribuables et les consommateurs aux agriculteurs du fait de prix intérieurs plus élevés que les prix de référence internationaux en raison des mesures internes et des mesures commerciales mises en œuvre (voir l'encadré 2.1). Le *soutien budgétaire* est financé par les seuls contribuables et se divise lui-même en plusieurs catégories qui se distinguent par les différences de mise en œuvre des mesures correspondantes. L'ESP constitue un indicateur des transferts nets et tient aussi bien compte des éléments positifs que des éléments négatifs.

L'**estimation du soutien aux services d'intérêt général (ESSG)** mesure les dépenses publiques qui ont pour principal bénéficiaire l'agriculture primaire mais ne donnent pas lieu à des versements aux producteurs individuellement. Différents types de dépenses sont inclus dans des catégories spécifiques de l'ESSG.

Comme l'ESP, l'**estimation du soutien aux consommateurs (ESC)**, qui mesure le soutien aux consommateurs de produits agricoles, établit une distinction entre les transferts de marché liés au SPM et le soutien budgétaire. Pour évider un double comptage, seule la composante budgétaire de l'ESC est prise en considération dans l'EST.

Graphique 2.3. Structure des indicateurs du soutien à l'agriculture

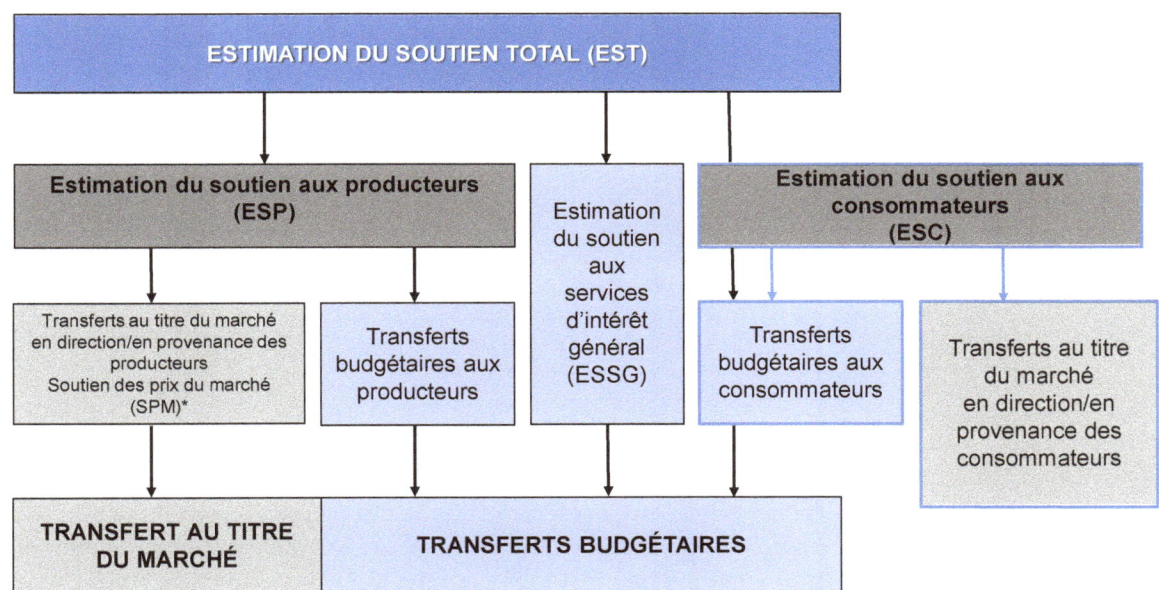

Note : *Le soutien des prix du marché (SPM) s'entend net des prélèvements aux producteurs et du surcoût de l'alimentation animale.
Source : Annexe 2.A.

Le soutien total à l'agriculture a atteint des niveaux sans précédent

Dans les 54 pays étudiés dans ce rapport, le soutien total en faveur du secteur[8] s'est accru pour atteindre plus de **817 milliards USD par an en moyenne au cours de la période 2019-2021** (graphique 2.4). La hausse marquée du soutien en 2020 et 2021 a principalement été provoquée par divers facteurs conjoncturels décrits plus en détail plus bas. Sur le montant du soutien total, près de 611 milliards USD par an, soit 75 %, ont pris la forme de transferts aux producteurs[9], alors que le reste s'est réparti quasiment à parts égales entre le soutien aux services d'intérêt général (106 milliards USD) et les transferts budgétaires aux consommateurs de produits agricoles (100 milliards USD). Dans le même temps, certaines économies émergentes ont implicitement taxé leurs producteurs, à hauteur de 117 milliards USD par an en moyenne. Le soutien négatif des prix de marché observé dans ces pays est examiné plus en détail ci-dessous.

Graphique 2.4. Répartition des mesures de soutien à l'agriculture, total pour l'ensemble des pays 2019-2021

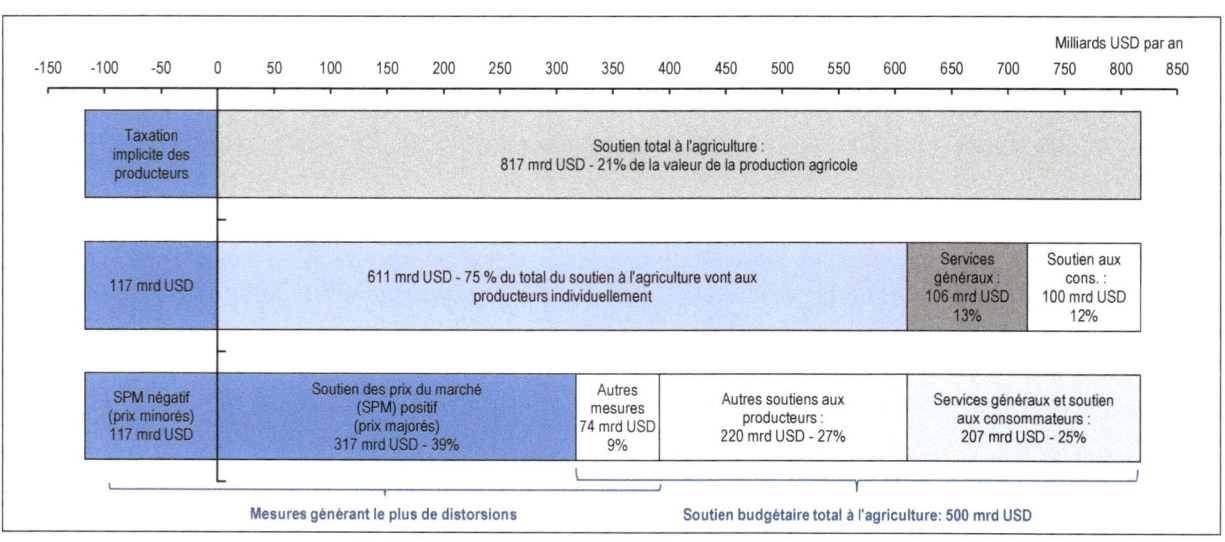

Note : Les données correspondent au total pour l'ensemble des pays, à savoir tous les pays de l'OCDE, les pays de l'UE non membres de l'OCDE et les 11 économies émergentes.

La « taxation implicite des producteurs » correspond au soutien négatif des prix de marché, les « services d'intérêt général » renvoient à l'estimation du soutien aux services d'intérêt général, le « soutien aux consommateurs » aux transferts des contribuables aux consommateurs, et les « autres mesures » aux mesures de soutien aux producteurs générant le plus de distorsions et autres que le soutien des prix de marché (à savoir les paiements au titre de la production et de l'utilisation d'intrants variables non assortie de contraintes).

Source : OCDE (2022), « Estimations du soutien aux producteurs et aux consommateurs », *Statistiques agricoles de l'OCDE* (base de données), http://dx.doi.org/10.1787/agr-pcse-data-fr.

StatLink 🔗 https://stat.link/cp5onx

En valeur nominale, au cours des 20 dernières années, le soutien a enregistré une progression marquée dans les économies émergentes (graphique 2.5). Celles-ci ont alloué à l'agriculture 464 milliards USD par an en 2019-21, contre 68 milliards USD en 2000-02, une majorité écrasante de ce soutien étant apporté par deux pays : la Chine (285 milliards USD) et l'Inde (116 milliards USD). Au sein de la zone OCDE, le niveau du soutien agricole est demeuré constamment élevé, enregistrant une progression plus modeste en valeur nominale au cours de la même période pour atteindre 346 milliards USD par an en 2019-21. L'Union européenne et les États-Unis ont fourni une part importante de ce montant, leur contribution se montant respectivement à 117 milliards USD et 114 milliards USD. Du fait de leur PIB moins élevé et de la plus forte contribution apportée à celui-ci par l'agriculture, le soutien total représente en moyenne un fardeau économique plus lourd, quoique fluctuant, pour les 11 économies émergentes étudiées dans ce rapport que pour l'ensemble de la zone OCDE.

Graphique 2.5. Évolution du soutien total à l'agriculture dans les pays de l'OCDE et dans les 11 économies émergentes, de 2000 à 2021

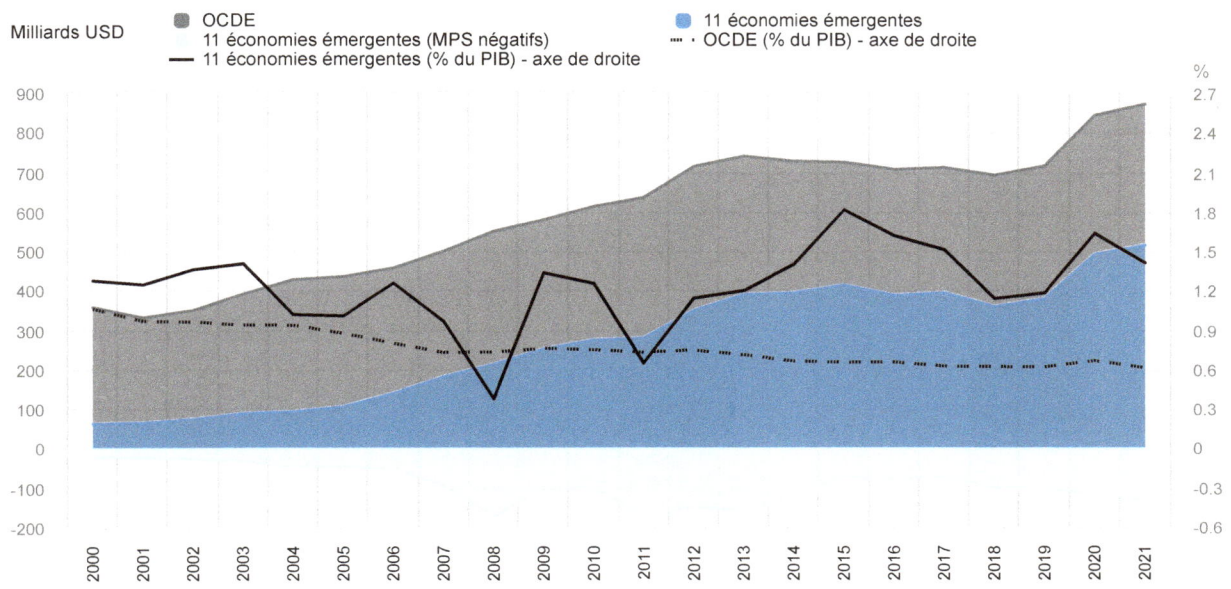

Note : Le SPM négatif pour les pays de l'OCDE, qui découle principalement des ajustements pour tenir compte de la hausse des coûts de l'alimentation animale due à un SPM positif pour les aliments pour animaux, s'est en moyenne élevé à 461 millions USD par an entre 2000 et 2021, et il est donc trop faible pour apparaître sur le graphique.
Le total pour l'OCDE ne comprend pas les pays de l'UE non membres de l'OCDE. La Lettonie et la Lituanie sont incluses à partir de 2004.
Les 11 économies émergentes incluent l'Argentine, le Brésil, la Chine, l'Inde, l'Indonésie, le Kazakhstan, les Philippines, la Fédération de Russie, l'Afrique du Sud, l'Ukraine et le Viet Nam.
Source : OCDE (2022), « Estimations du soutien aux producteurs et aux consommateurs », *Statistiques agricoles de l'OCDE* (base de données), http://dx.doi.org/10.1787/agr-pcse-data-fr.

Toutefois, pour comprendre quelle est l'importance de ce soutien pour le secteur agricole, il convient de remettre ces chiffres dans leur contexte. Pour les 54 pays étudiés dans ce rapport, le soutien total a représenté en 2019-21 l'équivalent de 18 % de la valeur de la production du secteur. À titre de comparaison, il s'élevait à 27 % de la valeur de la production du secteur en 2000-02. Dans la zone OCDE, le soutien en pourcentage de la valeur de la production est tombé de 41 % à 27 % au cours des 20 dernières années. Dans les 11 économies émergentes, il s'est accru en termes relatifs, passant de 13 % en 2000-02 à 18 % dans les années plus récentes. Cependant, après prise en compte du SPM négatif observé dans plusieurs des économies émergentes (autrement dit, de l'ampleur de la taxation implicite du secteur dans ces pays), le soutien net moyen accordé au secteur s'est élevé en 2019-21 à 13.4 % de la valeur de sa production (contre 8.5 % près de 20 ans auparavant).

Ces chiffres globaux masquent une importante variabilité selon les pays (graphique 2.6). Si en Suisse, au Japon et en Norvège, le soutien total a en moyenne représenté de 78 % à 87 % de la valeur de la production agricole nationale en 2019-21, le soutien net s'est élevé à moins de 5 % de la valeur de la production du secteur en Afrique du Sud, au Brésil, en Nouvelle-Zélande et en Ukraine, et il a été négatif au Viet Nam et en Argentine, où il s'est respectivement établi à -5 % et -18 %.

Le fardeau économique qu'il impose aux sociétés est également très variable. La part du soutien à l'agriculture dans le PIB d'un pays (graphique 2.6, partie de droite) est d'autant plus importante que son niveau de soutien est plus élevé, que son niveau de développement économique est plus faible et que le secteur agricole occupe une plus grande place dans son économie. Les pays où le soutien impose le plus lourd fardeau économique ne sont pas toujours ceux qui fournissent le niveau de soutien le plus élevé par rapport à la taille du secteur. En pourcentage du PIB, le soutien à l'agriculture atteint son plus haut niveau aux Philippines, en Indonésie, en Chine, en Turquie et en Corée, sa part dans le PIB étant dans chacun de ces pays égale ou supérieure à 1.5 %. En Australie et en Afrique du Sud, il est inférieur ou égal à 0.25 % du PIB.

Graphique 2.6. Estimation du soutien total par pays, 2000-02 et 2019-21

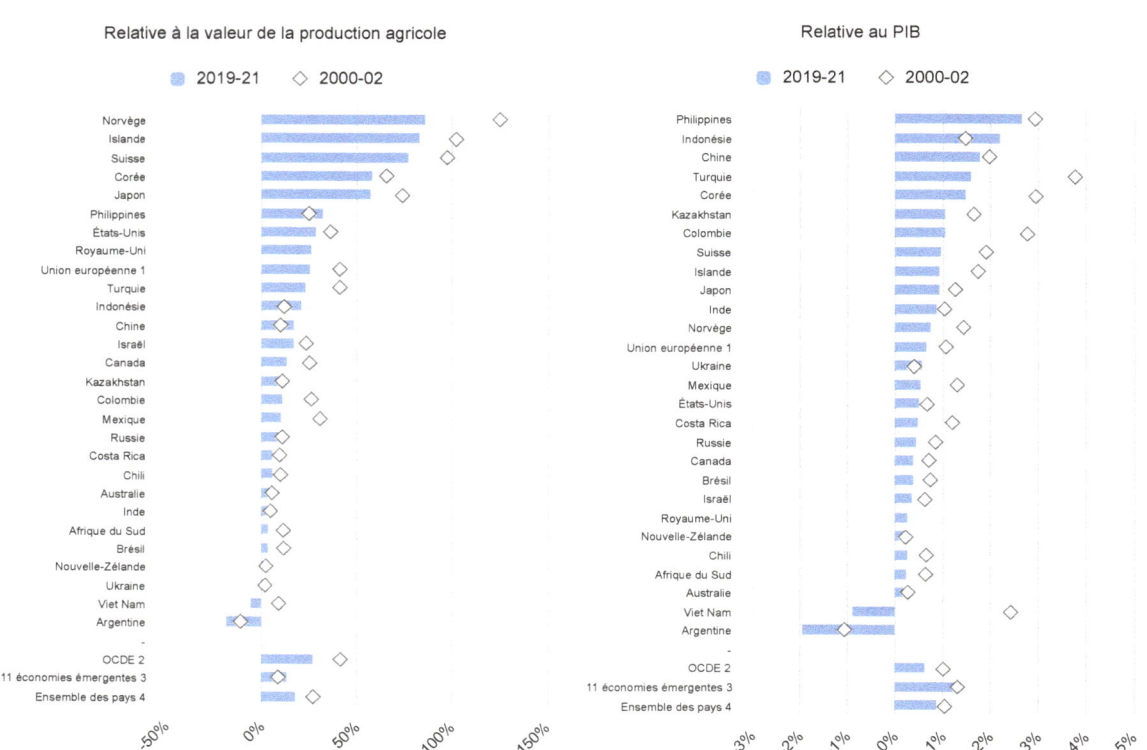

Note : Les pays sont classés en fonction de l'EST par rapport à la valeur de la production agricole (partie de gauche) et par rapport au PIB (partie de droite) en 2019-21, respectivement.
1. UE15 pour 2000-02, UE28 pour 2019, UE27 et Royaume-Uni pour 2020 et UE27 pour 2021.
2. Le total pour l'OCDE ne comprend pas les pays de l'UE non membres de l'OCDE. La Lettonie et la Lituanie ne sont incluses que pour la période 2019-21.
3. Les 11 économies émergentes incluent l'Argentine, le Brésil, la Chine, l'Inde, l'Indonésie, le Kazakhstan, les Philippines, la Fédération de Russie, l'Afrique du Sud, l'Ukraine et le Viet Nam.
4. Le total pour l'ensemble des pays inclut tous les pays de l'OCDE, les pays de l'UE non membres de l'OCDE et les économies émergentes.
Les données statistiques concernant Israël sont fournies par et sous la responsabilité des autorités israéliennes compétentes. L'utilisation de ces données par l'OCDE est sans préjudice du statut des hauteurs du Golan, de Jérusalem-Est et des colonies de peuplement israéliennes en Cisjordanie aux termes du droit international.
Source : OCDE (2022), « Estimations du soutien aux producteurs et aux consommateurs », *Statistiques agricoles de l'OCDE* (base de données), http://dx.doi.org/10.1787/agr-pcse-data-fr.

La réforme du soutien aux producteurs a marqué le pas ces dernières années

Après une baisse sensible du soutien dont ont bénéficié les producteurs à l'intérieur de la zone OCDE jusqu'au début des années 2010, les niveaux de soutien par rapport aux recettes agricoles brutes (RAB) sont ensuite restés en grande partie inchangés (graphique 2.7). Globalement, le soutien aux producteurs dans les 38 pays de l'OCDE s'est élevé à 17 % des RAB en 2019-21 (ESP en pourcentage). Bien que les données préliminaires indiquent que le niveau du soutien des prix de marché, et donc le soutien aux producteurs considéré dans son ensemble, a enregistré une baisse marquée en 2021, celle-ci est en grande partie liée à la hausse des prix sur le marché mondial, et non à des réformes au sein de la zone OCDE.

Les niveaux moyens de soutien aux producteurs dans les économies émergentes étudiées dans ce rapport ont atteint un sommet en 2015 et ont relativement peu évolué depuis. À 9 % des RAB, le niveau moyen de soutien est bien inférieur à celui observé dans la zone OCDE, mais il est supérieur aux 4 % de 2000-02, tout en restant légèrement en deçà des sommets atteints en 2015. Ce chiffre moyen tient compte de l'ensemble du soutien aux producteurs, qu'il soit positif ou négatif. Dans plusieurs pays, notamment en Argentine, en Inde et au Viet Nam, les mesures internes et la politique commerciale entraînent une baisse des prix intérieurs de certains produits ou de la totalité d'entre eux par rapport à leurs prix internationaux de référence. Le SPM négatif qui en découle correspond à une taxation implicite des producteurs agricoles d'un montant équivalent en moyenne à plus de 4 % des RAB dans les économies émergentes. S'il n'est pas tenu compte du SPM négatif, le soutien aux producteurs représente en moyenne plus de 13 % des RAB.

Dans l'ensemble des 54 pays étudiés, 12 % des recettes agricoles brutes ont eu pour origine une forme ou une autre de soutien aux producteurs en 2019-21, un niveau comparable à celui observé une décennie auparavant, et qui est le résultat d'un soutien positif proche de 15 % et d'une taxation implicite des producteurs agricoles de près de 3 %. En termes nominaux, le soutien aux producteurs agricoles a toutefois atteint des niveaux sans précédent supérieurs à 610 milliards USD par an, alors que la taxation implicite s'est en moyenne élevée à 117 milliards USD par an, un niveau inégalé depuis plus d'une décennie, et qui a encore augmenté ces deux dernières années.

Graphique 2.7. Évolution de l'estimation du soutien aux producteurs en %, 2000 à 2021

En pourcentage des recettes agricoles brutes

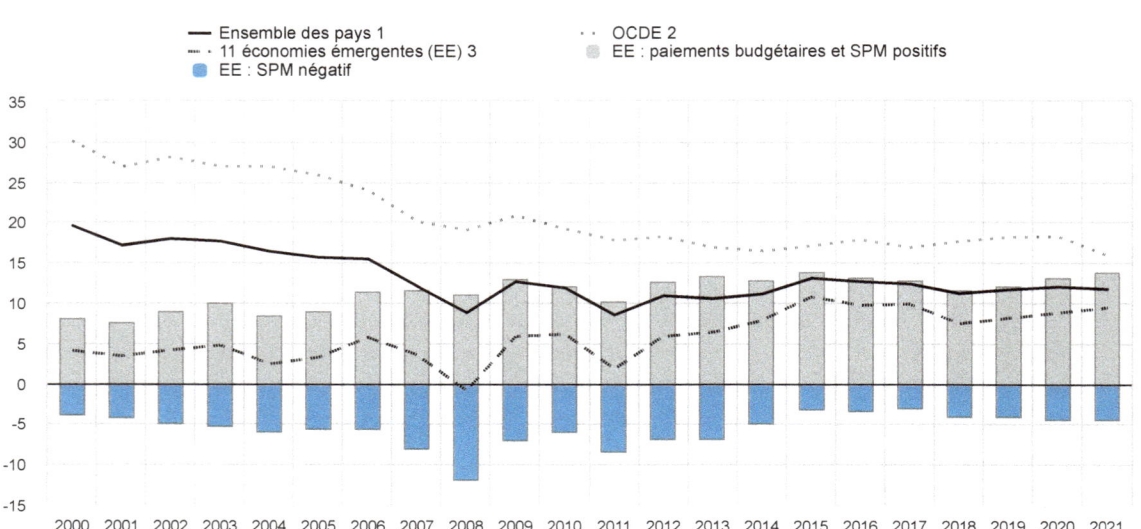

Note : Les deux barres se rapportent aux 11 économies émergentes et représentent la décomposition de l'ESP selon ses parts positives et négatives.

1. Le total pour l'ensemble des pays inclut tous les pays de l'OCDE, les pays de l'UE non membres de l'OCDE et les 11 économies émergentes.

2. Le total pour l'OCDE ne comprend pas les pays de l'UE non membres de l'OCDE. La Lettonie et la Lituanie sont incluses à partir de 2004.

3. Les 11 économies émergentes incluent l'Argentine, le Brésil, la Chine, l'Inde, l'Indonésie, le Kazakhstan, les Philippines, la Fédération de Russie, l'Afrique du Sud, l'Ukraine et le Viet Nam.

Source : OCDE (2022), *Estimations du soutien aux producteurs et aux consommateurs*, *Statistiques agricoles de l'OCDE* (base de données), http://dx.doi.org/10.1787/agr-pcse-data-fr.

Là encore, ces chiffres moyens masquent la variabilité persistante du soutien agricole dans les pays de l'OCDE comme parmi les économies émergentes (graphique 2.8). De fait, le soutien moyen dont bénéficient les producteurs est très faible en Nouvelle-Zélande, en Ukraine, au Brésil, en Afrique du Sud, au Chili et en Australie, avec des niveaux inférieurs à 3 % des RAB, ou des valeurs qui s'en approchent. Comme précédemment indiqué, trois pays, à savoir l'Argentine, le Viet Nam et l'Inde, vont jusqu'à imposer une taxe implicite à leurs producteurs en leur fournissant des niveaux de soutien négatifs. À l'inverse, le Japon, la Corée, la Suisse, la Norvège et l'Islande présentent des niveaux d'ESP allant de 40 % à 57 %. Autrement dit, environ la moitié des RAB proviennent des mesures de soutien public mises en œuvre dans ces pays.

Parmi les économies émergentes, seules les Philippines (27 %) et l'Indonésie (18 %) présentent des niveaux de soutien aux producteurs supérieurs à la moyenne OCDE. Il n'en demeure pas moins que la plupart des économies émergentes étudiées ont accru leurs niveaux de soutien depuis le début du siècle, et tel a été plus particulièrement le cas de l'Indonésie et de la Chine, où l'ESP en pourcentage a progressé de 11 et de 10 points de pourcentage, respectivement, pour atteindre 18 % en Indonésie et 15 % en Chine. En Chine, le soutien aux producteurs a enregistré une sensible augmentation en 2020 et en 2021, en particulier dans le cas du SPM et des paiements versés aux producteurs, qui sont examinés ci-dessous.

Graphique 2.8. Estimations du soutien aux producteurs par pays, 2000-02 et 2019-21

En pourcentage des recettes agricoles brutes

■ 2019-21   ◇ 2000-02

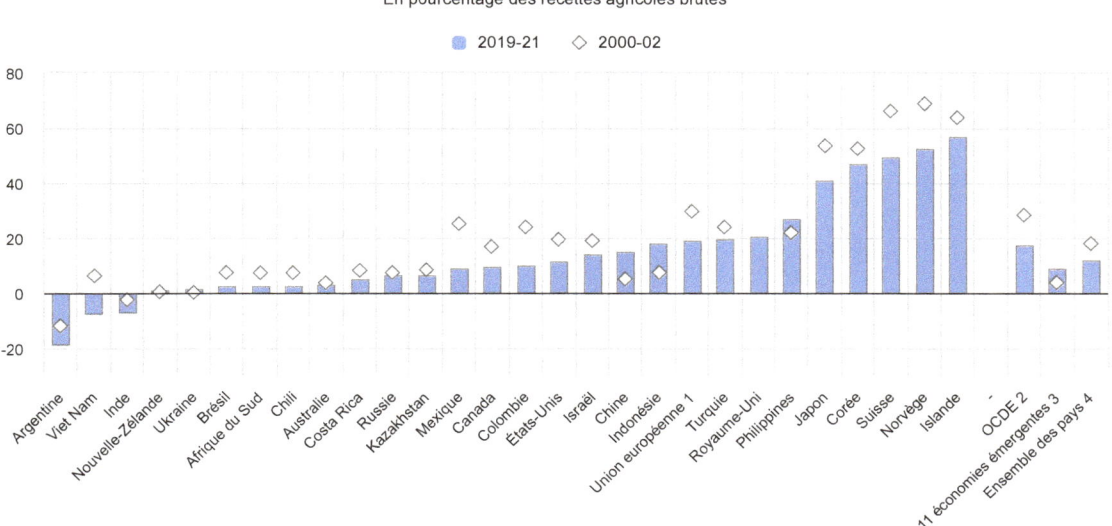

Note : Les pays sont classés en fonction des niveaux pour 2019-21.

1. UE15 pour 2000-02, UE28 pour 2019, UE27 et Royaume-Uni pour 2020, et UE27 pour 2021.

2. Le total pour l'OCDE ne comprend pas les pays de l'UE non membres de l'OCDE. La Lettonie et la Lituanie ne sont incluses que pour la période 2019-21.

3. Les 11 économies émergentes incluent l'Argentine, le Brésil, la Chine, l'Inde, l'Indonésie, le Kazakhstan, les Philippines, la Fédération de Russie, l'Afrique du Sud, l'Ukraine et le Viet Nam.

4. Le total pour l'ensemble des pays inclut tous les pays de l'OCDE, les pays de l'UE non membres de l'OCDE et les économies émergentes.

Source : OCDE (2022), *Estimations du soutien aux producteurs et aux consommateurs, Statistiques agricoles de l'OCDE* (base de données), http://dx.doi.org/10.1787/agr-pcse-data-fr.

Le soutien des prix de marché demeure la principale forme d'aide dans la plupart des pays

Dans le cadre du soutien aux producteurs, d'importants transferts continuent d'être induits par des mesures ayant pour effet de modifier les prix du marché intérieur. Diverses mesures contribuent à faire monter les prix. Il peut aussi bien s'agir de mesures internes que de mesures commerciales, mais les plus fréquemment mises en œuvre prennent la forme de droits à l'importation et de contingents tarifaires. Dans l'ensemble des pays étudiés dans ce rapport, le soutien à travers le paiement de prix plus élevés aux producteurs a atteint en moyenne 317 milliards USD par an en 2019-21, soit l'équivalent de 8 % des RAB annuelles et plus de la moitié de tous les transferts aux producteurs.

L'importance du SPM est très variable selon les pays. En Norvège, en Suisse, aux Philippines, en Islande, au Japon et en Corée, le soutien des prix de marché constitue de 20 % à plus de 40 % des recettes brutes des agriculteurs, alors que ces transferts aux producteurs comptent pour moins de 5 % des recettes brutes des agriculteurs dans 16 autres pays. À l'inverse, trois pays, à savoir l'Argentine, l'Inde et le Viet Nam, taxent lourdement leurs producteurs, leur SPM négatif représentant de -9 % à -19 % des recettes agricoles brutes. Ce SPM négatif est principalement une conséquence des taxes à l'exportation et des autres mesures de restriction de l'accès aux marchés et des échanges.

En Chine, le SPM, qui représente près de 11 % des RAB, demeure légèrement supérieur à la moyenne pour l'ensemble des pays, mais il s'est sensiblement accru en 2020 et en 2021 à la suite : a) d'un renforcement des tensions sur les marchés intérieurs, surtout pour le maïs et le soja, liées à la reconstitution du cheptel porcin après la flambée de peste porcine africaine, à des problèmes météorologiques et à un déblocage restreint des stocks ; et b) d'une augmentation des prix minimums des achats de riz et de blé ; et du fait que les arachides sont devenues un produit d'importation soumis à des droits aux frontières.

Outre cette diversité selon les pays, le niveau moyen du soutien des prix en pourcentage des recettes agricoles brutes cache souvent de notables variations selon les produits à l'intérieur même des pays (graphique 2.9). Le soutien des prix demeure souvent particulièrement notable pour un sous-ensemble de produits, tout en étant plus limité, nul ou même négatif pour d'autres. En Corée, en Suisse, en Ukraine, au Japon et en Islande, le SPM représente de 72 % à 82 % des recettes brutes par produit[10] pour ce qui est des produits qui bénéficient du plus fort soutien[11]. Autrement dit, les recettes agricoles brutes liées à ces produits sont de 3.5 à 5.6 fois plus élevées que si elles avaient été calculées aux prix de référence à la frontière (l'encadré 2.1 présente des informations sur l'estimation du SPM).

La taxation implicite précédemment évoquée connaît de même de fortes variations parmi les pays présentant un SPM négatif. Si au Viet Nam, en Inde et en Argentine, le SPM moyen au niveau national s'avère négatif et représente de -9 % à -19 % des recettes agricoles brutes, les produits les plus lourdement taxés ont supporté un SPM négatif allant de -45 % à -91 %[12]. Cela a pour effet d'amputer les recettes brutes par produit dans des proportions pouvant atteindre jusqu'à la moitié de la valeur qui aurait été la leur si elles avaient été calculées aux prix de référence à la frontière. Dans le même temps, chacun de ces pays encourage par ailleurs la production d'au moins un autre produit au moyen d'un soutien des prix positif.

Graphique 2.9. Ampleur relative du soutien des prix du marché pour les différents produits par pays, 2019-21

En pourcentage des recettes brutes par produit

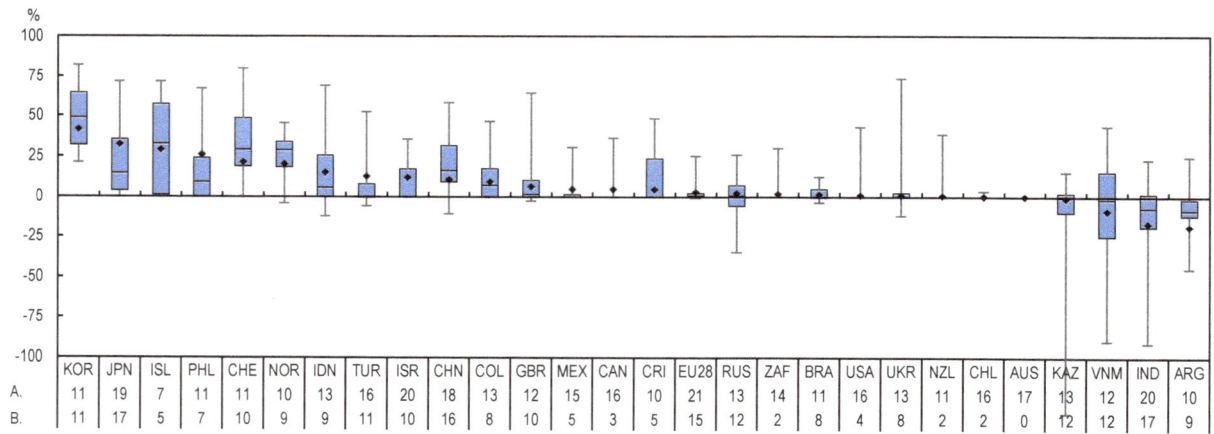

Note : A. Nombre de produits SPM (pour lesquels le SPM est calculé). B. Nombre de produits SPM dont la valeur du SPM n'est pas nulle. Les extrémités des traits représentent les valeurs minimales et maximales par produit, les rectangles délimitent l'espace entre le premier et le troisième quartile, et le trait horizontal à l'intérieur représente la médiane. Les losanges représentent la part du SPM par rapport aux RAB pour l'ensemble de l'agriculture.
Les valeurs minimales pour le Kazakhstan s'établissent à -134 %.
Source : OCDE (2022), *Estimations du soutien aux producteurs et aux consommateurs, Statistiques agricoles de l'OCDE* (base de données), http://dx.doi.org/10.1787/agr-pcse-data-fr.

StatLink 🔗 https://stat.link/9ck2h0

Plusieurs des pays qui présentent un faible SPM total, tels que le Kazakhstan et l'Ukraine, mettent également en œuvre un soutien des prix positif pour certains produits et négatif pour d'autres.

La faiblesse du SPM moyen estimé masque donc des taux élevés de soutien positif et négatif selon les produits, ce qui souligne à quel point il importe de se pencher aussi bien sur la composante négative des niveaux de soutien global que sur leur composante positive.

Encadré 2.1. Soutien des prix du marché – concept et interprétation

Le soutien des prix du marché (SPM) répond à la définition suivante : « valeur monétaire annuelle des transferts bruts des consommateurs et des contribuables aux producteurs agricoles, qui découlent des mesures créant un écart entre les prix intérieurs et les prix à la frontière d'un produit agricole donné, mesurés au départ de l'exploitation » (OCDE, 2016[8]). Calculé produit par produit, il se fonde sur l'écart entre le prix intérieur payé aux producteurs et le prix de référence à la frontière (différentiel des prix du marché, DPM) multiplié par la quantité produite, et il est agrégé au niveau national.

Cette définition comporte trois principaux éléments. Premièrement, le SPM mesure les transferts qui découlent de dispositions créant un écart de prix (droits sur les importations, prix minimums, taxes sur les exportations, par exemple). Deuxièmement, il indique les transferts bruts (positifs ou négatifs) des consommateurs et des contribuables aux producteurs agricoles. Troisièmement, il est mesuré à la sortie de l'exploitation, de manière à ce que les valeurs obtenues concordent avec les données sur la production et les prix dans l'ensemble du secteur agricole.

L'écart de prix (DPM) pour un produit donné mesure la différence entre deux prix : le prix intérieur moyen et un prix de référence calculé au même niveau de la chaîne de valeur (généralement au départ de l'exploitation). Ce prix de référence correspond au prix à la frontière du pays, c'est-à-dire au prix à l'importation (pour les produits dont le pays est importateur net) ou au prix à l'exportation (pour les produits dont le pays est exportateur net) ou, si ceux-ci ne sont pas disponibles, à un autre prix pouvant servir d'indicateur de leur valeur, tel que le prix mondial ou le prix à la frontière d'un autre pays, ajusté pour tenir compte des coûts de transport et des éventuelles différences de qualité, de poids ou de degré de transformation, pour les rendre comparables au prix intérieur moyen (voir ci-dessous).

Le DPM n'est calculé que s'il existe des mesures de nature à le créer, comme celles qui restreignent ou encouragent les importations ou les exportations, et les achats publics, les ventes publiques et les prix d'intervention sur le marché intérieur. Si aucune mesure de ce type n'est mise en œuvre dans un pays, le DPM est réputé nul. Un DPM non nul, qu'il soit positif ou négatif, a pour origine des mesures qui faussent les prix. Il est important de noter que le SPM mesure l'« action publique » elle-même (le niveau du soutien des prix), et non son effet (comme par exemple son incidence sur le revenu agricole). Outre les instruments d'action qui limitent la transmission des prix (un prix indicatif, par exemple), les évolutions du marché (comme les fluctuations des taux de change se répercutant sur les prix mondiaux exprimés en monnaies locales) peuvent influencer l'action publique et, par conséquent, les transferts qui en découlent.

Le calcul du DPM des différents produits à l'aide des prix nécessite des informations non seulement sur les prix de ces produits, mais aussi sur les différences de qualité et de marges de transformation et de transport, de façon à comparer ce qui est comparable. Dans certains cas, les difficultés à repérer ou à se procurer les prix ou d'autres informations nécessaires empêchent de calculer le DPM sur la base des écarts de prix observés. Une autre possibilité est alors d'utiliser les droits de douane à l'importation ou les taxes sur les exportations (OCDE, 2016[8]), ce qui ne permet d'obtenir des estimations du SPM fiables que si les seules mesures à la frontière en vigueur sont un droit de douane ou un taux de taxe uniformes.

L'utilisation des données sur les droits de douane à la place du différentiel de prix pose un certain nombre de problèmes de mesure complexes, notamment en ce qui concerne la composition des groupes de produits soumis aux différentes lignes tarifaires, ainsi que la saisonnalité de la production et des échanges. Par ailleurs, pour mesurer le taux de protection marginal à l'importation plutôt que le taux moyen, on utilise les droits de la nation la plus favorisée (NPF) appliqués. Compte tenu du nombre croissant d'accords commerciaux préférentiels conclus par les pays étudiés dans ce rapport, il est important d'utiliser ces données avec prudence, car les droits NPF appliqués restent inchangés même lorsque de plus grandes quantités de produits sont importées en franchise de droits ou avec des droits préférentiels dans le cadre desdits accords. Par conséquent, les effets de libéralisation des échanges que peuvent avoir les nouveaux accords commerciaux préférentiels ne se reflètent pas dans les estimations du SPM lorsqu'on le calcule à partir des droits de douane. Étant donné la place croissante des accords préférentiels dans le commerce international, il devient d'autant plus important de calculer le DPM à partir des prix chaque fois que les données le permettent.

Lorsque l'on interprète les valeurs du SPM, il importe de garder à l'esprit qu'il ne s'agit pas d'un indicateur de la dépense publique, mais d'une estimation des transferts implicites ou explicites. À ce titre, les estimations du SPM publiées par l'OCDE s'écartent souvent de celles qui sont réalisées par d'autres organisations comme l'Organisation mondiale du commerce, et ne doivent pas leur être assimilées, les concepts utilisés pour calculer ces autres indicateurs pouvant être très différents malgré des noms similaires (Effland, 2011[9] ; Brink, 2018[10] ; OCDE, 2002[11]).

Source : (OCDE, 2020[12]).

Les paiements par unité produite font partie intégrante des prix effectifs perçus par les producteurs, et l'écart entre ces prix effectifs et ceux des marchés mondiaux est indiqué par le coefficient nominal de protection (CNP). Dans beaucoup de pays, l'écart entre les prix effectifs payés aux producteurs et les prix mondiaux s'est sensiblement réduit au fil du temps, ce qui porte à croire que les producteurs reçoivent une plus grande partie des signaux transmis par les marchés (graphique 2.10).

Pour les pays de l'OCDE, le CNP moyen de 1.08 indique que les prix effectifs payés aux producteurs ont été au cours de la période 2019-21 de 8 % plus élevés que ceux des marchés mondiaux, alors que l'écart était de 26 % il y a près de 20 ans. Les progrès ont été particulièrement notables en Norvège et en Suisse, où l'écart de prix a baissé de plus de 90 points de pourcentage, mais aussi en Islande, au Japon, en Corée, en Colombie et au Mexique, pays ayant tous enregistré des réductions de l'écart de prix de plus de 20 points de pourcentage.

On observe de fait de fortes variations selon les pays. Au cours de la période 2019-21, les prix effectifs moyens sont restés supérieurs d'au moins 40 % à ceux des marchés mondiaux aux Philippines, en Suisse, en Norvège, au Japon, en Corée et en Islande, alors qu'ils ont été étroitement alignés sur les prix des marchés mondiaux au Kazakhstan, en Australie, au Chili, en Nouvelle-Zélande, en Ukraine, en Afrique du Sud, au Brésil et en Russie, où les écarts de prix sont inférieurs à 2 %.

Tous les pays n'ont pas enregistré une baisse des écarts de prix. Les CNP ont augmenté de 9 à 12 points de pourcentage aux Philippines, en Chine et en Indonésie, de sorte que les prix effectifs moyens payés aux producteurs ont été dans ces pays de 14 % à 40 % plus élevés que sur les marchés mondiaux. Tiré par ces pays, l'écart de prix moyen pour l'ensemble des économies émergentes étudiées dans ce rapport, qui était quasiment nul en 2000-02, a atteint près de 6 % en 2019-21. Toutefois, au Viet Nam, en Inde et en Argentine, les prix effectifs moyens ont été de 7 % à 16 % inférieurs aux prix internationaux au cours de cette même période.

Graphique 2.10. Coefficient nominal de soutien aux producteurs par pays, 2000-02 et 2019-21

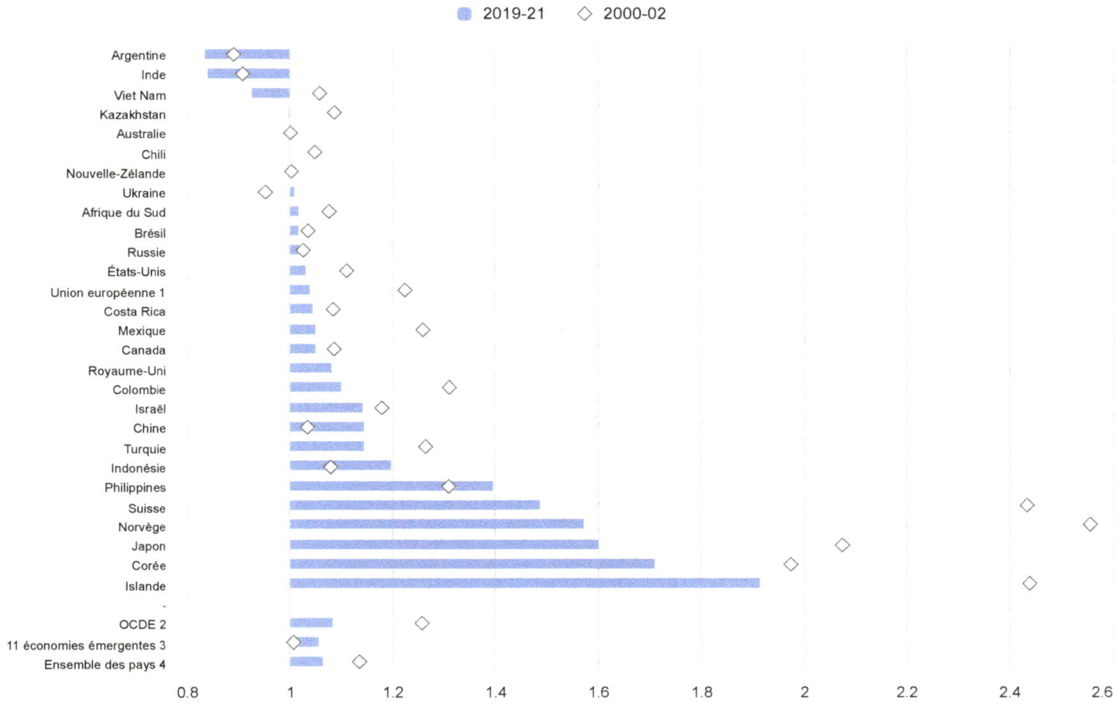

■ 2019-21   ◇ 2000-02

Argentine
Inde
Viet Nam
Kazakhstan
Australie
Chili
Nouvelle-Zélande
Ukraine
Afrique du Sud
Brésil
Russie
États-Unis
Union européenne 1
Costa Rica
Mexique
Canada
Royaume-Uni
Colombie
Israël
Chine
Turquie
Indonésie
Philippines
Suisse
Norvège
Japon
Corée
Islande
-
OCDE 2
11 économies émergentes 3
Ensemble des pays 4

0.8   1   1.2   1.4   1.6   1.8   2   2.2   2.4   2.6

Note : Les pays sont classés en fonction des niveaux pour 2019-21.

1. UE15 pour 2000-02, UE28 pour 2019, UE27 et Royaume-Uni pour 2020 et UE27 pour 2021.

2. Le total pour l'OCDE ne comprend pas les pays de l'UE non membres de l'OCDE. La Lettonie et la Lituanie ne sont incluses que pour la période 2019-21.

3. Les 11 économies émergentes incluent l'Argentine, le Brésil, la Chine, l'Inde, l'Indonésie, le Kazakhstan, les Philippines, la Fédération de Russie, l'Afrique du Sud, l'Ukraine et le Viet Nam.

4. Le total pour l'ensemble des pays inclut tous les pays de l'OCDE, les pays de l'UE non membres de l'OCDE et les économies émergentes.

Source : OCDE (2022), *Estimations du soutien aux producteurs et aux consommateurs*, *Statistiques agricoles de l'OCDE* (base de données), http://dx.doi.org/10.1787/agr-pcse-data-fr.

La majeure partie du soutien aux producteurs reste assuré par les mesures les plus génératrices de distorsions

La structure du soutien aux producteurs est aussi importante que son niveau global. Les pays ont un large éventail de mesures à leur disposition. Outre les mesures internes et les mesures commerciales qui entraînent une augmentation ou une baisse des prix sur le marché intérieur, et les paiements par unité produite (qui accroissent les prix effectifs perçus par les producteurs), les gouvernements fournissent des subventions ayant pour effet de réduire le coût des intrants pour les producteurs ; des paiements au titre de la superficie cultivée, ou du nombre d'animaux ; ou encore des paiements destinés à offrir un complément de recettes ou de revenus aux agriculteurs. Les paiements peuvent être subordonnés au respect de certaines pratiques de production, telles qu'une réduction de l'utilisation des intrants de production susceptibles d'être préjudiciables pour l'environnement, comme les pesticides ou les engrais azotés. Ils peuvent aussi être directement liés à l'offre de biens publics environnementaux tels que les services écosystémiques.

Les travaux antérieurs et actuels de l'OCDE montrent que la manière dont le soutien est fourni a une incidence sur la manière dont il affecte la production, les revenus et les marchés agricoles, mais aussi les performances du secteur agricole sur le plan de l'environnement et sous d'autres aspects présentant un intérêt pour la société, tels que la nutrition. Le soutien des prix de marché, et les paiements au titre de la production et de l'utilisation sans contraintes d'intrants variables ont longtemps été considérés comme les plus susceptibles de fausser les décisions de production et les marchés. Des travaux plus récents ont montré que ces mesures ont par ailleurs une probabilité particulièrement élevée de porter préjudice à l'environnement en encourageant l'exploitation d'un surcroît de ressources, et notamment de ressources naturelles, dans le cadre du processus de production (Henderson et Lankoski, 2019[13]). À l'inverse, les mesures qui sont en grande partie découplées des décisions de production offrent un moyen de procéder à un transfert de revenus aux ménages agricoles bien plus efficient que celles qui stimulent la production et l'utilisation d'intrants, étant donné qu'une bonne partie des transferts assurés par ces dernières bénéficient en réalité aux propriétaires des facteurs de production achetés et aux producteurs de ces intrants (OCDE, 2002[14]).

La plupart des pays fournissent encore un soutien aux producteurs au moyen des mesures les plus génératrices de distorsions (graphique 2.11). Tous pays confondus, ces mesures représentent près de trois quarts de tous les transferts aux producteurs agricoles, et plus de 9 % des recettes agricoles brutes totales. En outre, le SPM négatif en Argentine, en Inde et au Viet Nam (ainsi que, dans une moindre mesure, dans quelques autres pays) crée également des distorsions sur les marchés dans le sens inverse. En moyenne, les transferts pouvant créer le plus de distorsions représentent un pourcentage légèrement plus faible des recettes agricoles brutes dans la zone OCDE que dans les 11 économies émergentes, leur part s'élevant respectivement à 8 % et 10 % pour ces groupes de pays.

Graphique 2.11. Transferts pouvant créer le plus de distorsions et autre soutien par pays, 2019-21

En pourcentage des recettes agricoles brutes

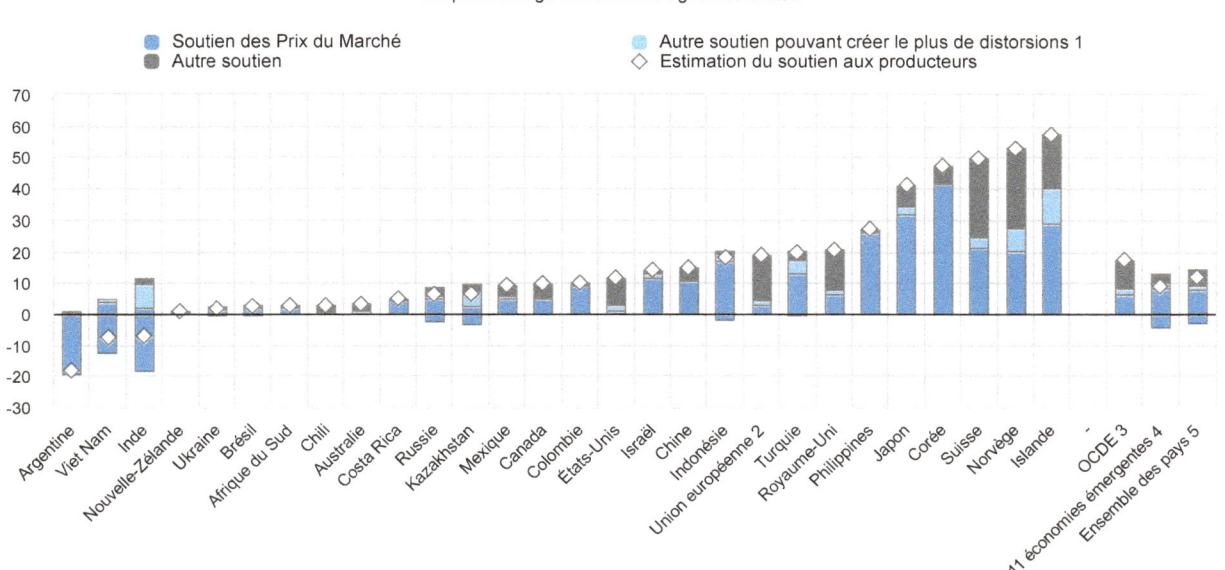

Note : Les pays sont classés en fonction des niveaux de l'ESP en pourcentage.
1. Soutien au titre de la production (incluant les paiements au titre de la production) et de l'utilisation d'intrants variables non assortis de contraintes. 2. UE28 pour 2019, UE27 et Royaume-Uni pour 2020 et UE27 pour 2021. 3. Le total pour l'OCDE ne comprend pas les pays de l'UE non membres de l'OCDE.
4. Les 11 économies émergentes incluent l'Argentine, le Brésil, la Chine, l'Inde, l'Indonésie, le Kazakhstan, les Philippines, la Fédération de Russie, l'Afrique du Sud, l'Ukraine et le Viet Nam. 5. Le total pour l'ensemble des pays inclut tous les pays de l'OCDE, les pays de l'UE non membres de l'OCDE et les économies émergentes.
Source : OCDE (2022), *Estimations du soutien aux producteurs et aux consommateurs*, *Statistiques agricoles de l'OCDE* (base de données), http://dx.doi.org/10.1787/agr-pcse-data-fr.

La moitié du soutien aux producteurs est liée à la production de produits spécifiques

Parallèlement au soutien des prix de marché, d'autres formes de soutien sont liées à des produits spécifiques – ou peuvent l'être, selon la manière dont la mesure considérée est mise en œuvre. Par définition, les paiements au titre de la production, qui sont versés par unité de production, sont liés à des produits spécifiques. Les paiements fondés sur l'utilisation d'intrants peuvent être liés à des produits spécifiques, par exemple si le soutien aux engrais n'est accordé que si ces engrais sont utilisés pour la production d'un produit donné. Les paiements à l'hectare sont également souvent liés à des produits spécifiques, mais ils peuvent également couvrir divers groupes de produits, voire l'ensemble des cultures. De même, les paiements par tête de bétail peuvent être liés à certains types de bétail, ou versés pour certaines catégories de bétail comme les bovins à viande ou les bovins laitiers.

Le soutien au titre d'un produit spécifique fausse les décisions de production, et il s'ensuit un déplacement des facteurs de production et des intrants au détriment des produits qui bénéficient le moins du soutien et au profit de ceux pour lesquels le soutien est plus élevé. Cette distorsion peut accroître ou réduire les pressions sur l'environnement, en fonction des produits auxquels est accordé le plus fort soutien, du fait de la diversité de leurs intensités d'émission de GES et des autres pressions qu'ils exercent. À titre d'exemple, ces pressions sont d'ordinaire plus élevées dans le cas des produits animaux que dans celui des produits végétaux (bien que les intensités d'émissions du riz tendent également à être élevées) et présentent une certaine variabilité à l'intérieur de chacun de ces groupes.

Dans l'ensemble des pays étudiés dans ce rapport, ces transferts au titre d'un seul produit (TSP) ont en moyenne constitué en 2019-21 la moitié du soutien direct aux producteurs, soit l'équivalent de 6 % de leurs recettes brutes. Ces deux valeurs sont plus basses qu'il y a une vingtaine d'années, époque où les pourcentages correspondants étaient de 65 % et 13 %, respectivement. Toutefois, si l'importance des transferts au titre d'un seul produit a diminué au sein de la zone OCDE (où ils ont en moyenne représenté 49 % du soutien aux producteurs et 9 % des recettes brutes par produit en 2019-21), ils ont au contraire constitué une plus grande part des recettes brutes dans un certain nombre d'économies émergentes (se montant en moyenne à 52 % du soutien aux producteurs et 5 % des recettes brutes par produit).

Les TSP sont particulièrement élevés pour un petit nombre de produits, dont le sucre et le maïs, représentant plus de 20 % des recettes brutes par produit correspondantes. Le riz bénéficie également d'un fort soutien, avec un SPM positif et d'autres mesures de soutien au titre d'un seul produit qui représentent conjointement 21 % des recettes brutes par produit, tandis que, dans certains pays, un SPM négatif génère des TSP négatifs à hauteur de 6 %. Le colza et la viande de volaille bénéficient également d'un soutien spécifique qui équivaut à 10 % de leurs recettes brutes par produit, et un modeste soutien négatif est par ailleurs observé dans quelques pays. Le soutien à la viande bovine, à la viande ovine, à la viande porcine et au sorgho est plus proche de la moyenne de 6.3 % qui correspond à l'ensemble des produits, bien qu'il demeure d'un niveau supérieur. Le lait est par contre soumis à une lourde taxation implicite qui représente plus de 4 % des recettes par produit, car le SPM négatif pour le lait, en Inde et en Argentine notamment, équivaut à -12 % du montant total des recettes brutes par produit correspondantes et fait plus que compenser le SPM positif enregistré dans les autres pays, ainsi que les autres formes de soutien dont bénéficie le lait (+8 % des recettes brutes par produit).

Graphique 2.12. Transferts au titre d'un seul produit (TSP), tous les pays, 2019-21

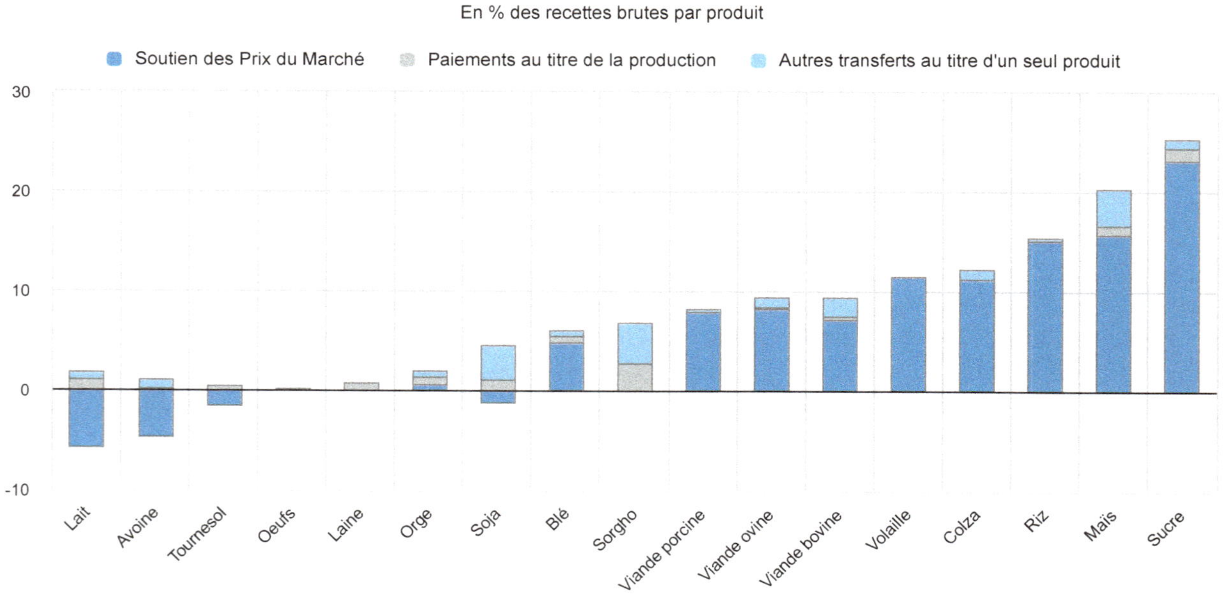

En % des recettes brutes par produit

■ Soutien des Prix du Marché   ▨ Paiements au titre de la production   ■ Autres transferts au titre d'un seul produit

Note : Les données correspondent au total pour l'ensemble des pays, à savoir tous les pays de l'OCDE, les pays de l'UE non membres de l'OCDE et les 11 économies émergentes.
Source : OCDE (2022), *Estimations du soutien aux producteurs et aux consommateurs, Statistiques agricoles de l'OCDE* (base de données), http://dx.doi.org/10.1787/agr-pcse-data-fr.

Des TSP négatifs ne sont appliqués que dans quelques économies émergentes, sous la forme de prix plus bas sur le marché intérieur (voir ci-dessus). Dans les pays de l'OCDE, par contre, les TSP sont positifs et atteignent jusqu'à 55 % des recettes par produit dans le cas du riz, le produit qui bénéficie du plus fort soutien au sein de la zone OCDE.

Le soutien au titre de l'utilisation d'intrants est important dans certains pays

Outre le soutien des prix de marché et les paiements liés aux volumes produits, ceux au titre de l'utilisation d'intrants variables non assortis de contraintes ont non seulement une forte probabilité de fausser les décisions de production et les échanges, mais aussi de contribuer aux pressions sur l'environnement, et notamment, quoique non exclusivement, à une augmentation des émissions de GES, en encourageant à utiliser ces intrants au-delà des niveaux optimaux. Ce soutien au titre des intrants variables – au nombre desquels figurent les combustibles et les engrais, mais aussi l'eau et l'électricité – compte pour une part importante des transferts aux producteurs au titre d'un seul produit dans un certain nombre de pays, notamment en Inde, où il a représenté près de 8 % des recettes agricoles brutes en 2019-21. Un important soutien au titre des intrants variables est également apporté au Kazakhstan, en Turquie, en Indonésie, au Royaume-Uni, en Norvège, dans l'Union européenne, au Viet Nam et en Australie, où il a représenté de 1 % à 5 % des RAB. Des contraintes sur l'utilisation des intrants, qui auraient pour effet de réduire leurs caractéristiques génératrices de distorsions et préjudiciables pour l'environnement, ne s'appliquent dans ces pays à aucun des paiements, ou seulement à une part insignifiante d'entre eux.

Graphique 2.13. Utilisation et composition du soutien au titre de l'utilisation d'intrants dans les pays sélectionnés, 2019-21

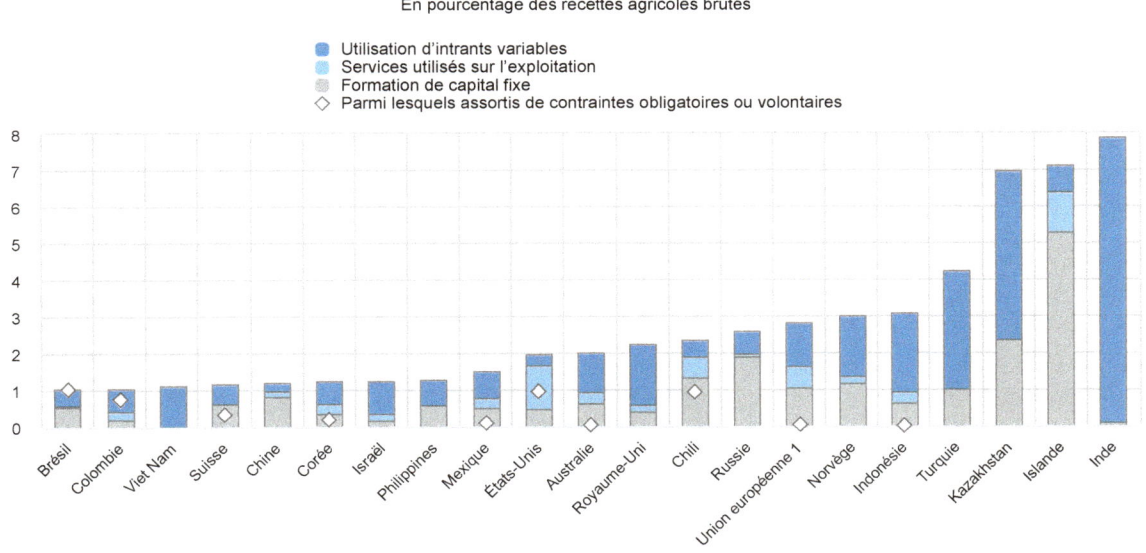

En pourcentage des recettes agricoles brutes

Note : Le graphique présente les pays dont la part des paiements au titre de l'utilisation d'intrants dépasse 1 % des recettes agricoles brutes pour 2019-21. Les pays sont classés en fonction de la part de l'ensemble des paiements.
1. UE28 en 2019, UE27 + Royaume-Uni en 2020, et UE27 en 2021.
Source : OCDE (2022), « Estimations du soutien aux producteurs et aux consommateurs », *Statistiques agricoles de l'OCDE* (base de données), http://dx.doi.org/10.1787/agr-pcse-data-fr.

En revanche, le soutien au titre des investissements en capital ou de l'utilisation de services sur l'exploitation n'entraîne généralement pas d'aussi fortes distorsions des décisions de production ou des échanges. Ces types de soutien représentent dans la plupart des pays une part plus réduite des transferts aux producteurs. Cependant, le soutien au titre de la formation de capital fixe constitue la principale forme de soutien à l'utilisation d'intrants en Islande (plus de 5 % des RAB en 2019-21), en Russie, au Chili, en Suisse et au Brésil, alors que les États-Unis privilégient le soutien au titre de l'utilisation de services sur l'exploitation. Le soutien à l'utilisation d'intrants représente en moyenne 2.2 % des RAB dans la zone OCDE et 2.5 % dans les 11 économies émergentes étudiées.

Le recours à des paiements partiellement ou totalement découplés s'est accru

D'autres types de soutien ont pris davantage d'importance dans divers pays, où les réformes passées ont abouti à une certaine réinstrumentalisation. Cela inclut des paiements liés à d'autres variables de production que les quantités produites ou l'utilisation d'intrants, tels que les paiements au titre de la superficie, du nombre d'animaux, des recettes ou des revenus. Ces paiements peuvent être fonction des niveaux courants de ces variables, ou liés à quelque donnée historique. S'ils sont fondés sur des droits historiques, ils peuvent être ou non subordonnés à la production de produits agricoles. Les paiements peuvent par ailleurs reposer sur des critères non liés à la production courante ou passée de produits de base, mais être fonction du retrait de ressources à long terme ou de l'offre de produits particuliers autres que des produits de base, tels que des services écosystémiques.

Au sein de la zone OCDE, ces paiements aux producteurs moins générateurs de distorsions ont compté pour 8 % des RAB en 2019-21, un niveau qui n'est que légèrement supérieur à ceux observés au début du siècle, mais bien au-dessus des 3.6 % mesurés pour 1986-88. Cela est le résultat des réformes conduites dans plusieurs pays de l'OCDE dans le cadre de l'Accord sur l'agriculture (AsA) de l'Organisation mondiale du commerce (OMC), qui ont entraîné une importante réduction des interventions sur le marché au profit de paiements à l'hectare ou par tête de bétail. Les réformes se sont toutefois poursuivies tout au long de la première décennie de ce siècle et ont donné lieu à une certaine progression du découplage des paiements. La part des paiements au titre de la superficie, du nombre d'animaux, des recettes ou des revenus courants, qui représentait plus de 5 % des RAB dans les pays de l'OCDE il y a une vingtaine d'années, est tombée à moins de 4 % ces dernières années. À l'inverse, les paiements au titre des droits historiques ont gagné en importance, leur part s'élevant à près de 4 % en 2019-21, contre moins de 2 % deux décennies auparavant. La plupart de ces paiements ne sont pas subordonnés à la production de produits agricoles, et ne génèrent donc aucune incitation directe à produire, ce qui réduit au minimum les distorsions.

Cette évolution est particulièrement visible dans l'Union européenne et en Corée, où ces paiements ont été quasiment inexistants en 2000-02 alors qu'ils ont respectivement représenté plus de 7 % et de 3.5 % des RAB au cours de la période la plus récente. En Suisse, où ils étaient déjà importants en 2000-02, certains de ces paiements découplés sont assortis d'une obligation de production. Dans le même temps, les paiements au titre de la production de certains produits tels que les services écosystémiques représentent désormais 6 % des recettes brutes des agriculteurs suisses. Des paiements relevant de cette dernière catégorie sont également mis en œuvre en Norvège, dans l'Union européenne et au Royaume-Uni ; mais, bien qu'ils soient d'une plus grande ampleur en termes absolus dans l'Union européenne que ce n'est le cas en Suisse, ils ne représentent que 0.2 % des RAB, voire moins, dans ces trois pays.

Graphique 2.14. Utilisation et composition des formes de soutien moins couplées à la production, dans les pays sélectionnés, 2000-02 et 2019-21

En pourcentage des recettes agricoles brutes

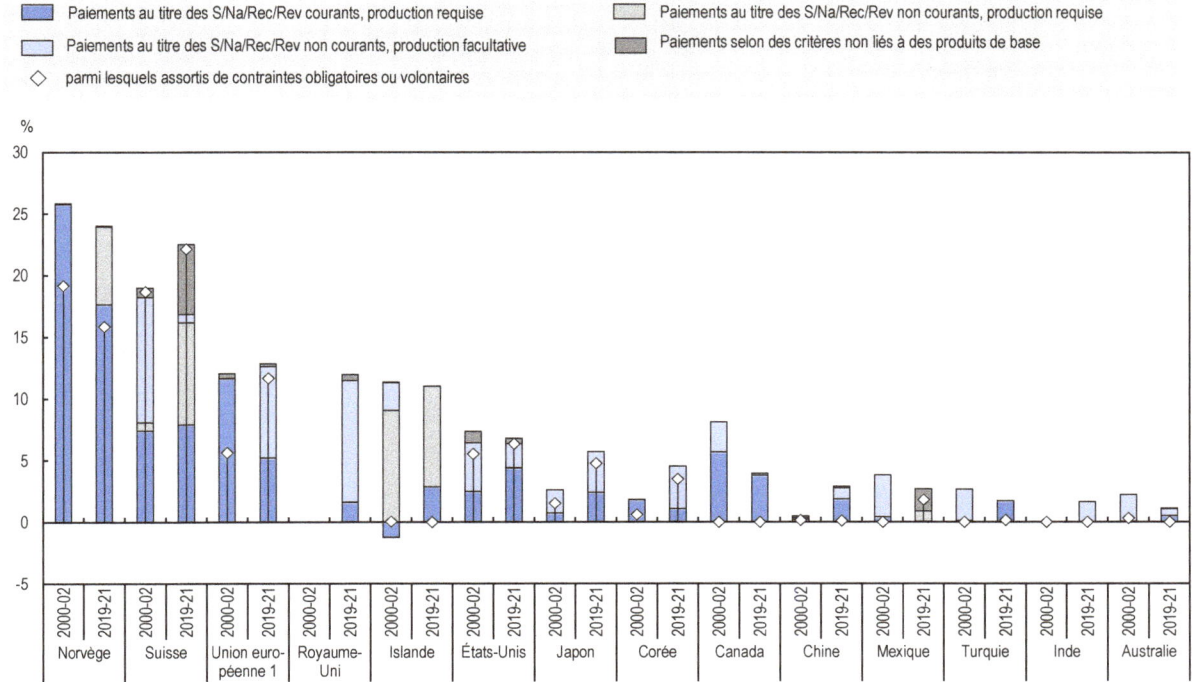

Note : Le graphique présente les pays dont la part des paiements au titre de la superficie, du nombre d'animaux, des recettes et du revenu, et selon des critères non liés à des produits de base, dépasse 1 % pour 2019-21. Les pays sont classés en fonction de la part de l'ensemble des paiements pour 2019-21.
1. UE15 pour 2000-02, UE28 pour 2019, UE27 et Royaume-Uni pour 2020 et UE27 pour 2021.
Source : OCDE (2022), « Estimations du soutien aux producteurs et aux consommateurs », *Statistiques agricoles de l'OCDE* (base de données), http://dx.doi.org/10.1787/agr-pcse-data-fr.

StatLink 🖳 https://stat.link/03ya5x

Le maintien du soutien des prix de marché est financé par les consommateurs

Les consommateurs subissent de deux manières les effets des politiques agricoles. Premièrement, ils paient des prix plus élevés lorsque le SPM est positif, ce qui impose de fait une taxe aux acheteurs des produits, parmi lesquels l'industrie agroalimentaire et les consommateurs finals. Lorsque le SPM est négatif, les consommateurs paient des prix plus bas que ce n'aurait autrement été le cas. En second lieu, les consommateurs peuvent bénéficier de dépenses budgétaires destinées à leur offrir un soutien, soit pour compenser l'effet d'un SPM positif, soit pour apporter une aide plus ciblée aux consommateurs pauvres, par exemple au moyen des programmes de grande ampleur mis en œuvre en Inde et aux États-Unis.

En moyenne, si l'on considère l'ensemble des 54 pays, les politiques agricoles aboutissent à un soutien aux consommateurs négatif, représentant environ -5 % de leurs dépenses brutes mesurées aux prix au départ de l'exploitation (ESC en pourcentage) en 2019-21. Dans la plupart des pays, le soutien aux consommateurs par rapport aux dépenses brutes aux prix au départ de l'exploitation (ESC en pourcentage) est fonction de la place occupée par le soutien des prix de marché dans l'ensemble des mesures de soutien aux producteurs agricoles (graphique 2.15). Les niveaux élevés du SPM en Islande, en Corée, au Japon, en Suisse, en Norvège, aux Philippines et en Indonésie aboutissent à une taxation tout aussi forte des consommateurs de ces pays qui représente au minimum 22 % des dépenses brutes. Parmi ces pays, la Norvège et l'Indonésie offrent à leurs consommateurs un certain soutien budgétaire qui compense une petite partie de cette taxation.

À l'autre extrémité de l'éventail, les mesures mises en œuvre en Argentine et en Inde fournissent un soutien à leurs consommateurs en maintenant à un bas niveau le prix des produits de base. Cependant, les importantes subventions alimentaires fournies en Inde aboutissent à une ESC en pourcentage particulièrement élevée qui représente près de 35 % des dépenses brutes. Les consommateurs de produits alimentaires qui ont le plus bénéficié des transferts budgétaires sont ceux des États-Unis, où malgré une taxation de fait liée à un SPM légèrement positif, l'ESC en pourcentage est supérieur à 15 % des dépenses brutes. Le Kazakhstan fournit également des subventions alimentaires, ce qui se traduit par un soutien aux consommateurs global équivalant à environ 6 % des dépenses brutes.

Graphique 2.15. Composition de l'estimation du soutien aux consommateurs par pays, 2019-21

En pourcentage des dépenses de consommation au niveau de l'exploitation

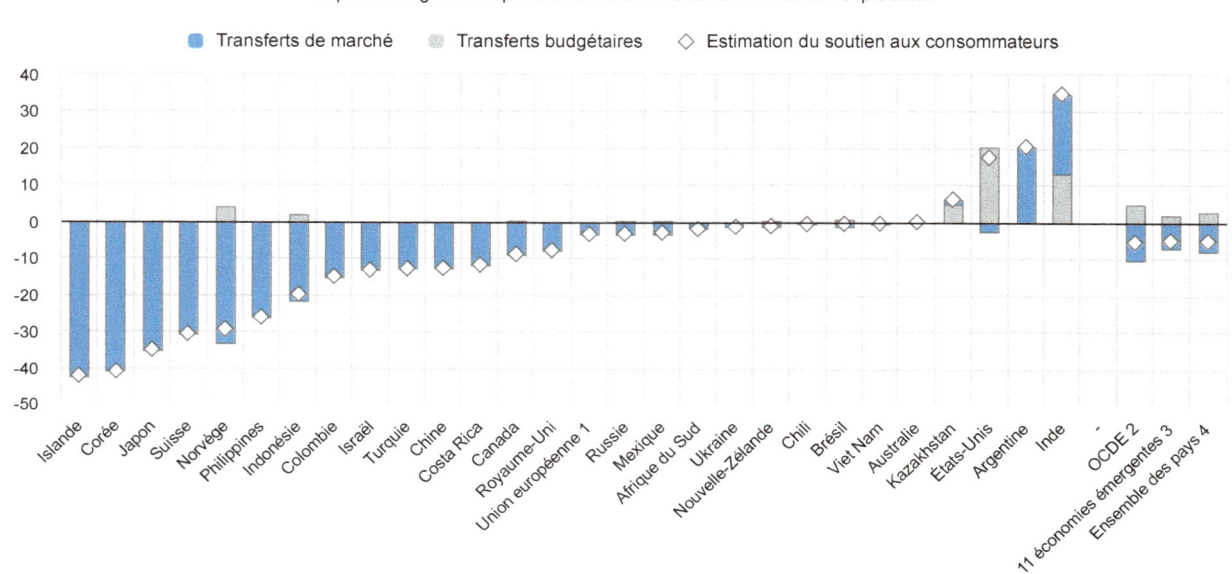

Note : Les pays sont classés en fonction des niveaux de l'ESC en pourcentage. Une ESC en pourcentage négative correspond à une taxe implicite à la consommation.
1. UE28 pour 2019, UE27 et Royaume-Uni pour 2020 et UE27 pour 2021.
2. Le total pour l'OCDE ne comprend pas les pays de l'UE non membres de l'OCDE.
3. Les 11 économies émergentes incluent l'Argentine, le Brésil, la Chine, l'Inde, l'Indonésie, le Kazakhstan, les Philippines, la Fédération de Russie, l'Afrique du Sud, l'Ukraine et le Viet Nam.
4. Le total pour l'ensemble des pays inclut tous les pays de l'OCDE, les pays de l'UE non membres de l'OCDE et les économies émergentes.
Source : OCDE (2022), « Estimations du soutien aux producteurs et aux consommateurs », *Statistiques agricoles de l'OCDE* (base de données), http://dx.doi.org/10.1787/agr-pcse-data-fr.

Le soutien aux services d'intérêt général suit une tendance à la baisse en termes relatifs

Les transferts aux services d'intérêt général au secteur agricole sont une forme de soutien aux producteurs agricoles considérés collectivement et non pas individuellement. Dans l'ensemble des pays étudiés dans ce rapport, les dépenses publiques consacrées aux services d'intérêt général (ESSG) ont augmenté en termes nominaux au cours des deux dernières décennies, mais leur croissance a été sensiblement plus lente que celle du secteur lui-même. Par rapport à la valeur de la production agricole, le soutien aux services d'intérêt général est tombé de 4.6 % au début des années 2000 à 2.7 % ces toutes dernières années. Cette baisse en termes relatifs est constatée aussi bien au sein de la zone OCDE que dans les économies émergentes ; en 2019-21, le soutien aux services d'intérêt général a représenté 3.5 % de la valeur de la production dans les pays de l'OCDE, et 2.3 % dans les marchés émergents. Par rapport à la taille du secteur, le soutien aux services d'intérêt général a été particulièrement élevé au Japon, en Suisse, en Corée et aux Philippines, où il a représenté de 5 % à 13 % de la valeur de la production agricole. Un soutien supérieur à la moyenne a également été estimé pour la période 2019-21 pour l'Inde, l'Islande, le Chili, le Canada, l'Union européenne, Israël, et le Royaume-Uni (graphique 2.16).

Les investissements dans les services d'intérêt général peuvent fournir l'environnement propice indispensable pour que les secteurs agricoles deviennent plus productifs, plus durables et plus résilients. Trois types d'investissements ont une probabilité particulièrement élevée d'y contribuer : les systèmes d'innovation agricole, les services d'inspection et de contrôle dans le domaine de la biosécurité, et l'infrastructure rurale. Les investissements dans les systèmes d'innovation agricole correspondent aux dépenses dans les domaines de la recherche-développement, de l'enseignement et de la formation agricoles, et des services de vulgarisation. Des systèmes de biosécurité adéquats et bénéficiant d'un financement suffisant assurent les services indispensables dans le domaine de l'inspection et de la sécurité des produits, la lutte contre les parasites et les maladies, et le contrôle et la certification des intrants utilisés. Les investissements dans l'infrastructure rurale comprennent ceux réalisés dans les réseaux d'irrigation et de drainage, les installations de stockage et de commercialisation, ou encore l'infrastructure institutionnelle, mais aussi des investissements visant à réformer les structures agricoles. Les gouvernements soutiennent également les activités de commercialisation et de promotion, de même que le stockage public[13].

Dans l'ensemble des pays étudiés dans ce rapport, les investissements dans l'innovation, la biosécurité et l'infrastructure ont représenté les trois quarts du volume total du soutien aux services d'intérêt général – un peu moins dans la zone OCDE, légèrement plus dans les économies émergentes. Les priorités sont toutefois différentes selon les pays : dans la moitié de tous les pays étudiés (y compris l'Union européenne considérée comme l'un d'eux), les systèmes d'innovation agricole ont bénéficié du soutien public le plus important, alors que dans neuf pays, les investissements dans l'infrastructure rurale ont eu une place prépondérante. Tel est en particulier le cas dans plusieurs pays d'Asie du Sud et du Sud-Est où les investissements dans l'infrastructure d'irrigation, souvent pour les besoins de la production de riz, sont importants. Les dépenses de biosécurité sont prédominantes en Islande, au Canada, au Kazakhstan et en Ukraine, alors que les dépenses de stockage public sont particulièrement importantes en Chine.

Graphique 2.16. Composition de l'estimation du soutien aux services d'intérêt général, 2019-21

En pourcentage de la valeur de la production agricole

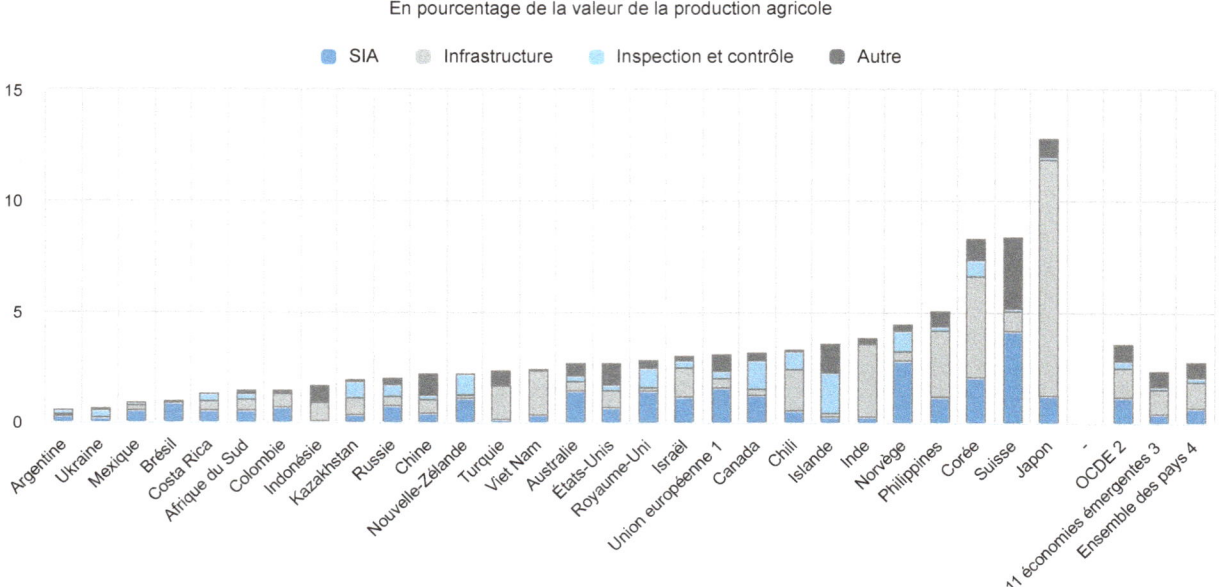

Note : « SIA » désigne le système de connaissances et d'innovation agricoles. « Autres » recouvre la commercialisation et la promotion, le coût du stockage public, ainsi que diverses catégories de l'ESSG. Les pays sont classés en fonction de la part de l'ESSG total dans la production agricole en valeur.
1. UE28 en 2019, UE27 + Royaume-Uni en 2020, et UE27 en 2021.
2. Le total pour l'OCDE ne comprend pas les pays de l'UE non membres de l'OCDE.
3. Les 11 économies émergentes incluent l'Argentine, le Brésil, la Chine, l'Inde, l'Indonésie, le Kazakhstan, les Philippines, la Fédération de Russie, l'Afrique du Sud, l'Ukraine et le Viet Nam.
4. Le total pour l'ensemble des pays inclut tous les pays de l'OCDE, les pays de l'UE non membres de l'OCDE et les économies émergentes.
Source : OCDE (2022), « Estimations du soutien aux producteurs et aux consommateurs », *Statistiques agricoles de l'OCDE* (base de données), http://dx.doi.org/10.1787/agr-pcse-data-fr.

La pandémie de COVID-19 a entraîné d'importantes dépenses publiques supplémentaires en faveur du secteur

La pandémie de COVID-19 constitue un élément important du contexte dans lequel se sont inscrites les évolutions du soutien au cours de la période 2019-21. On trouvera ci-après une première évaluation des répercussions de la pandémie de COVID-19 sur le soutien public au secteur agricole. Contrairement à celles qui l'ont précédé (OCDE, 2021[15]), cette évaluation examine les dépenses effectives plutôt que les crédits alloués. Elle porte essentiellement sur les mesures pour lesquelles une claire correspondance avec les catégories de soutien pertinentes de la base de données de l'OCDE a pu être établie. Cela a deux conséquences immédiates. Premièrement, les programmes de soutien et de relance axés sur plusieurs secteurs, voire sur l'ensemble de l'économie, ne sont pas pris en considération dans cette évaluation. Celle-ci n'examine donc pas toutes les mesures dont les producteurs agricoles ou les consommateurs peuvent constituer des bénéficiaires parmi d'autres. Deuxièmement, il n'a pas été possible d'identifier tous les programmes liés à la COVID-19 dans la base de données de l'OCDE sur le soutien à l'agriculture, même si l'on dispose d'informations qualitatives sur les mesures prises pour répondre à la pandémie (voir les chapitres par pays), et, pour un certain nombre de pays, aucune mesure liée à la COVID-19 n'a été répertoriée. Il convient donc de considérer que les estimations présentées n'indiquent que le niveau minimal des mesures de soutien à l'agriculture prises par les gouvernements pour faire face à la situation.

Dans l'ensemble, les dépenses supplémentaires visant à faire face à la pandémie et identifiées dans la base de données ont été considérables : elles se sont élevées à 55.5 milliards USD[14] en 2020 et à 70.4 milliards USD en 2021, et elles ont respectivement représenté 7.6 % et 9.4 % de l'estimation du soutien total pour l'ensemble des pays examinés dans ce rapport, et 10.4 % et 13.2 % du soutien budgétaire total au cours de ces années.

La distribution de ce soutien qui a pu être identifié dans la base de données est extrêmement concentrée : les États-Unis et l'Inde comptent pour 47 % et 41 % du total pour les deux années étudiées, tandis que la Turquie, l'Union européenne et l'Indonésie représentent la majeure partie du reste.

Graphique 2.17. Distribution du soutien estimé à l'agriculture lié à la COVID-19, par pays, 2020-21

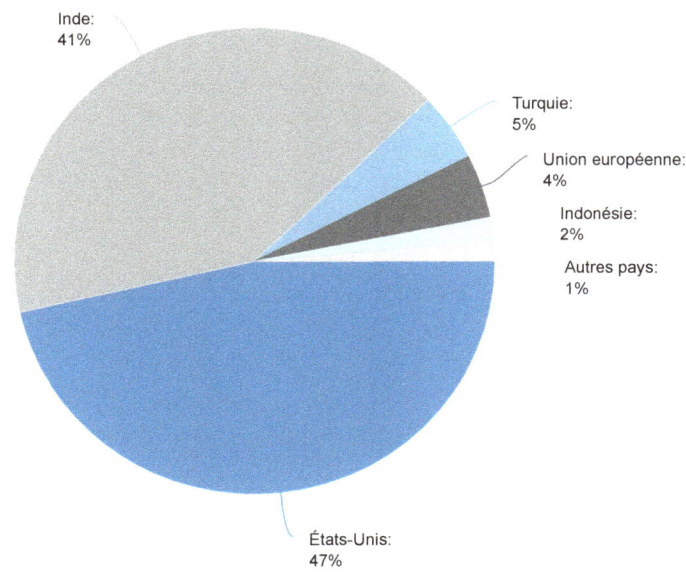

Note : Ce graphique ne prend en considération que les données sur le soutien issues de la base de données pour lesquelles le lien avec le COVID-19 a pu être établi. Il peut par conséquent ne pas tenir compte des autres mesures de soutien mises en œuvre pour faire face à la pandémie, mais qu'il n'a pas été possible de quantifier.
Source : OCDE (2022), « Estimations du soutien aux producteurs et aux consommateurs », *Statistiques agricoles de l'OCDE* (base de données), http://dx.doi.org/10.1787/agr-pcse-data-fr.

Un rôle essentiel de ces dépenses a consisté à aider les consommateurs à faire face aux perturbations des approvisionnements, aux pénuries régionales ou aux problèmes de revenus consécutifs d'une perte d'emploi. En Inde, la totalité du soutien mesuré visant à faire face à la pandémie a pris la forme de subventions en faveur des produits alimentaires nationaux, alors que, aux États-Unis, les deux cinquièmes environ du soutien additionnel ont été assurés à travers le programme d'assistance supplémentaire à l'alimentation (*Supplemental Nutrition Assistance Program*), ciblé sur les consommateurs à faible revenu. Le Canada, la Nouvelle-Zélande et le Royaume-Uni ont par ailleurs financé une assistance alimentaire intérieure afin de faire face à la pandémie. Dans l'Union européenne, les fonds supplémentaires alloués à la distillation de crise sont également inclus dans ce soutien aux consommateurs. Globalement, les aides aux consommateurs ont représenté plus des trois cinquièmes des dépenses supplémentaires constatées.

Les pays ont également apporté différentes formes d'aide en cas de catastrophe, telles que des compléments de revenu ou des paiements à l'hectare versés aux producteurs affectés. Cette aide est notamment apportée par une bonne partie des programmes d'aide alimentaire en temps de COVID-19 1 et 2 (*US Coronavirus Food Assistance Programs 1 and 2* – CFAP1 et CFAP2) mis en œuvre aux États-Unis ; par l'aide à l'assurance récolte et différents paiements en cas de catastrophe au titre des cultures et du bétail au Canada, dans l'Union européenne et au Japon ; par des paiements compensatoires versés aux producteurs d'herbes aromatiques en Israël ; et par des subventions pour les vaches et les jeunes bovins en Ukraine. En outre, une partie du soutien fourni par le CFAP1 et le CFAP2 aux États-Unis et celui apporté par le fonds de stabilisation des prix au Japon ont pris la forme de paiements au titre de la production. Globalement, les paiements au titre de la production et ceux au titre de la superficie, du nombre d'animaux, des recettes ou des revenus, ont respectivement représenté 18 % et 12 % des dépenses liées à la pandémie au cours de ces deux années.

Un soutien au titre de l'utilisation d'intrants variables a été fourni au Canada, au Costa Rica, en Indonésie et en Turquie, et il représente globalement 4 % du soutien supplémentaire enregistré. Les autres formes de soutien aux producteurs comptent pour 5 % du soutien supplémentaire.

Plusieurs pays ont fourni un soutien au titre des services d'intérêt général. En Australie, dans l'Union européenne et au Japon, il a aidé à maintenir ouvertes les chaînes d'approvisionnement et contribué à soutenir les activités de transformation et de commercialisation, tandis que le Japon a procédé à certains investissements dans l'infrastructure de stockage. La Nouvelle-Zélande a accru son budget de lutte contre les conifères envahissants et financé un programme visant à limiter la prolifération des wallabies, mais elle a également procédé à des investissements pour offrir une formation complémentaire dans le cadre de son programme *Jobs for Nature* (« des emplois au service de la nature »). Toutefois, les services d'intérêt général n'ont globalement compté que pour 1 % des dépenses supplémentaires recensées dans le contexte de la pandémie.

Graphique 2.18. Distribution du soutien estimé à l'agriculture lié à la COVID-19, par catégorie de soutien, 2020 et 2021

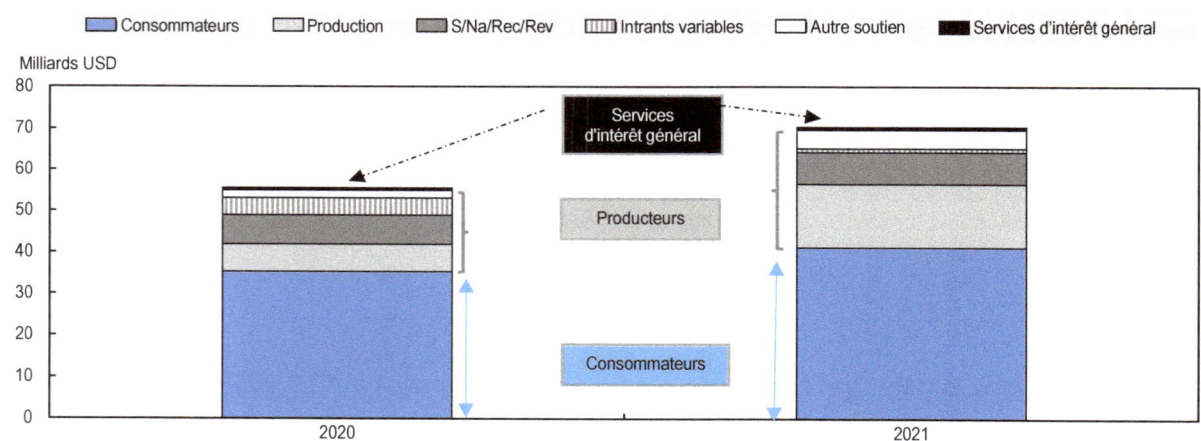

Note : S/Na/Rec/Rev : paiements au titre de la superficie, du nombre d'animaux, des recettes ou des revenus. Ce graphique ne prend en considération que les données sur le soutien issues de la base de données pour lesquelles le lien avec le COVID-19 a pu être établi. Il peut par conséquent ne pas tenir compte des autres mesures de soutien mises en œuvre pour faire face à la pandémie, mais qu'il n'a pas été possible de quantifier.
Source : OCDE (2022), « Estimations du soutien aux producteurs et aux consommateurs », *Statistiques agricoles de l'OCDE* (base de données), http://dx.doi.org/10.1787/agr-pcse-data-fr.

StatLink ⟨⟩ https://stat.link/cm6829

Dans l'ensemble, ces fonds additionnels consacrés au soutien aux producteurs et aux consommateurs ne constituent pas seulement une part importante de l'EST mesuré pour 2020 et 2021. Ils sont également à l'origine de la plus grande partie de la progression des dépenses observée après 2019. Les dépenses budgétaires dont ont bénéficié les producteurs agricoles, individuellement ou collectivement, et celles dont ont bénéficié les consommateurs en 2020 et 2021 ont été, d'après les estimations, de 98.5 milliards USD et de 101.3 milliards USD plus élevées que celles calculées pour 2019. La majeure partie de cette augmentation est liée aux mesures prises pour faire face à la pandémie de COVID-19.

Synthèse et conclusion : réformer le soutien à l'agriculture pour mieux promouvoir les objectifs publics

Les interventions publiques et le soutien en faveur du secteur agricole visent souvent à relever le triple défi auquel sont confrontés les systèmes alimentaires : assurer la sécurité alimentaire et nourrir une population mondiale en augmentation, offrir des moyens d'existence aux agriculteurs et aux autres acteurs tout au long de la chaîne alimentaire, et utiliser durablement les ressources naturelles tout en réduisant les émissions de gaz à effet de serre (GES). Des progrès majeurs ont été accomplis sous chacune de ces trois dimensions, mais des problèmes de taille subsistent : la malnutrition persiste, les agriculteurs sont contraints de s'adapter, et les pressions sur les ressources naturelles demeurent élevées[15].

La réforme des politiques agricoles et la réduction des niveaux de soutien ont marqué le pas

Dans les 54 pays étudiés dans ce rapport, les politiques agricoles ont donné lieu à des transferts à l'agriculture d'un montant de 817 milliards USD par an au cours de la période 2019-21, soit plus du double du volume des transferts enregistrés en 2000-02 mais environ un quart de moins en pourcentage de la valeur de la production agricole. Les trois quarts de ce total, soit 611 milliards USD, ont pris la forme de transferts versés aux producteurs individuellement, par le biais de prix plus élevés ou à travers des paiements. À l'inverse, certains pays taxent implicitement leurs producteurs à l'aide de mesures qui font baisser les prix sur leur marché intérieur.

Le soutien net au secteur (estimation du soutien total ou EST), qui représente 700 milliards USD par an, coûte à l'économie environ 0.9 % du PIB combiné de tous les pays étudiés dans ce rapport, ce qui représente une légère baisse par rapport au niveau de 1.0 % en 2000-02, du fait en partie de la diminution du poids économique du secteur.

Malgré une forte augmentation en termes nominaux, le soutien aux producteurs en pourcentage des recettes agricoles brutes (ESP en pourcentage) a diminué pendant une bonne partie des deux décennies précédentes, et il s'est élevé à 12 % en moyenne dans les 54 pays en 2019-21, en repli par rapport au niveau supérieur à 18 % observé au début du siècle. Au sein de la zone OCDE, le soutien aux producteurs a reculé, passant de 28 % des recettes agricoles brutes en 2000-02 à 17 % en 2019-21. La plus grande partie de cette baisse s'est produite dans les années 2000, tandis que les progrès accomplis dans la réduction du soutien ont été limités ces dernières années. Dans les 11 économies émergentes étudiées dans ce rapport, le soutien aux producteurs a plus que doublé, passant de 3.8 % à 8.8 % au cours de la même période, bien qu'il demeure inférieur à la moyenne de la zone OCDE.

Le soutien des prix de marché représente encore dans beaucoup de pays une grande partie du soutien aux producteurs agricoles. Au total, le soutien positif des prix de marché s'est élevé à 317 milliards USD par an au cours de la période 2019-2021, soit en moyenne 7.6 % des RAB combinées. Dans le même temps, plusieurs pays ont mis en œuvre des mesures qui compriment les prix de marché, et qui génèrent ce faisant une taxation implicite des producteurs d'un montant de 117 milliards USD par an, soit 2.8 % des RAB combinées.

Outre le soutien des prix de marché, les gouvernements versent par ailleurs aux agriculteurs des paiements qui se distinguent par leur mode de mise en œuvre et par les conditions pour en bénéficier. Des paiements d'un montant de 74 milliards USD par an ont été versés au titre des quantités produites ou de l'utilisation sans contraintes d'intrants variables. Avec le soutien des prix positif, c'est donc au total 391 milliards USD par an qui ont été transférés aux producteurs sous des formes pouvant créer le plus de distorsions.

D'autres paiements sont moins couplés aux décisions de production, et ils se sont élevés à 220 milliards USD par an au cours de la période 2019-21. Sur ce montant, 81 milliards USD étaient liés à des paramètres de production historiques et non à des paramètres de production courants, et ils n'avaient donc aucun lien direct avec les décisions de production courante. Cependant, 1.7 milliard USD de paiements aux producteurs étaient subordonnés à la fourniture de biens publics clairement définis, dont des services écosystémiques.

Outre le soutien fourni aux producteurs individuellement, un soutien est également apporté au secteur dans son ensemble. Ce « soutien aux services d'intérêt général » (ESSG) s'est élevé à 106 milliards USD par an en 2019-21, soit 21 % du soutien budgétaire fourni au secteur. Proportionnellement à la taille du secteur, cela représentait 2.7 % de la production agricole en valeur, soit une baisse sensible par rapport aux 4.6 % mesurés pour 2000-02. Ce montant total inclut en particulier des investissements dans des biens publics destinés au secteur, tels que le système de connaissances et d'innovation agricoles, l'infrastructure hors exploitation et les services de biosécurité, qui ont bénéficié d'un montant combiné de 80 milliards USD par an. Toutefois, il recouvre également des formes de soutien susceptibles de fausser les marchés, tels qu'une aide aux activités de commercialisation et de promotion et un soutien au stockage public (24 milliards USD).

Enfin, les subventions en faveur des consommateurs, y compris à travers les programmes d'aide alimentaire, se sont en moyenne élevées à 100 milliards USD par an en 2019-21 et ont donc représenté 20 % de l'ensemble du soutien budgétaire. En moyenne, les consommateurs ont cependant continué d'être implicitement taxés par les mesures de politique agricole, car ces subventions n'ont pas suffi à compenser l'alourdissement des dépenses alimentaires résultant du soutien constant des prix de marché dans de nombreux pays.

Au sein même des deux groupes de pays, les niveaux de soutien varient sensiblement d'un pays à l'autre. En moyenne, au cours de la période 2019-21, les niveaux de soutien aux producteurs se sont au maximum élevés à environ 3 % des RAB en Nouvelle-Zélande, en Ukraine, au Brésil, en Afrique du Sud, au Chili et en Australie, alors qu'ils se sont situés entre 40 % et près de 60 % au Japon, en Corée, en Suisse, en Norvège et en Islande. Le soutien net aux producteurs a été négatif en Argentine, au Viet Nam et en Inde.

La pandémie de COVID-19 a entraîné une sensible augmentation des dépenses en faveur du secteur

Face à la pandémie de COVID-19, les gouvernements ont mis en œuvre des mesures additionnelles pour faire en sorte que les chaînes d'approvisionnement alimentaire continuent de fonctionner, pour aider les producteurs à surmonter les perturbations, et pour accroître l'assistance alimentaire fournie aux consommateurs pauvres. Les données disponibles portent à croire que ce soutien additionnel a représenté une part notable du soutien total en faveur du secteur.

En 2020 et 2021, les gouvernements ont accru leurs dépenses de 55 milliards USD et 70 milliards USD, respectivement, soit respectivement 10 % et 13 % de l'ensemble du soutien budgétaire fourni au cours de ces années. Cette estimation correspond probablement au niveau minimal du montant effectif des dépenses supplémentaires, étant donné qu'elle ne tient compte que du soutien dont le lien avec la pandémie a pu être clairement établi.

La plus grande partie de ces fonds, en l'occurrence 61 %, étaient destinés aux consommateurs confrontés à des perturbations des approvisionnements ou à des problèmes de revenus après une perte d'emploi. Cette aide d'urgence figure parmi les mesures de secours temporaires qu'il conviendrait d'assortir de clauses de caducité (OCDE, 2021[15]). À plus long terme, des mesures structurelles destinées à aider les consommateurs à accroître leur pouvoir d'achat pourraient permettre de renforcer leur résilience face aux chocs sur les marchés.

Les pays ont également fourni aux producteurs agricoles une aide d'urgence qui est souvent directement ou indirectement liée aux pertes de recettes ou de revenus subies. De fait, 38 % des fonds additionnels ont bénéficié à des producteurs agricoles confrontés à des pertes de recettes, à des pénuries de travailleurs saisonniers, ou encore à des difficultés d'approvisionnement en intrants. Toutefois, dans certains cas, ce soutien additionnel a été fourni au titre de la production ou de l'utilisation d'intrants variables, venant ainsi grossir le groupe des mesures de soutien qui peuvent s'avérer les plus génératrices de distorsions et les plus préjudiciables pour l'environnement. Le 1 % restant a servi à favoriser le fonctionnement des chaînes d'approvisionnement.

Une grande partie du soutien fourni au secteur a des effets négatifs sur ses performances

Le soutien positif des prix de marché et la taxation implicite des producteurs pratiquée dans certains pays se sont tous deux accrus, pour atteindre respectivement 317 milliards USD et 117 milliards USD par an en moyenne en 2019-21. Ils ont l'un comme l'autre des répercussions négatives sur la sécurité alimentaire, vu qu'ils font obstacle à une bonne allocation des ressources et réduisent la contribution à l'équilibre des marchés qu'apportent les échanges en assurant l'indispensable circulation des produits des régions excédentaires vers celles qui sont déficitaires. La limitation des échanges contribue par ailleurs à aggraver la volatilité des prix sur les marchés alimentaires internationaux. Certains pays ont en outre imposé des restrictions supplémentaires des exportations pour répondre à la pandémie de COVID-19, souvent en vue d'assurer un meilleur approvisionnement national.

Le soutien des prix de marché et les paiements au titre de l'utilisation sans contraintes d'intrants variables sont considérés comme les formes de soutien pouvant créer le plus de distorsions, et leur montant s'élève désormais à 391 milliards USD par an. Ces mesures de soutien ne sont pas un bon moyen d'assurer un transfert de revenus aux producteurs. Elles donnent en effet lieu à une importante déperdition des transferts à travers une plus grande utilisation d'intrants ou une hausse du prix de ces derniers, ou encore par le biais de leur capitalisation dans la valeur des terres. Par ailleurs, dans la mesure où elles sont liées à la production, ces formes de soutien tendent à être inéquitables, car elles bénéficient essentiellement aux gros producteurs. De plus, elles incitent à accroître la production et à utiliser davantage d'intrants et peuvent contribuer à intensifier les pressions exercées sur les ressources.

Les autres formes de soutien aux producteurs, qui ont représenté 220 milliards USD par an en 2019-21, créent moins de distorsions à la marge et ont donc moins d'effets négatifs sur la sécurité alimentaire mondiale. Comme elles entraînent moins de distorsions des incitations aux producteurs, elles contribuent également moins aux pressions exercées sur les ressources naturelles. En outre, bien que la distribution du soutien qui en découle puisse être encore inéquitable, elles assurent avec bien plus d'efficience le transfert de revenus aux producteurs en raison d'une moindre déperdition au profit des fournisseurs d'intrants et des propriétaires fonciers. Cependant, rares sont les paiements versés aux agriculteurs qui s'appuient sur une évaluation des besoins des ménages agricoles, en tenant compte de l'ensemble de leurs revenus, quelles qu'en soient les sources.

Dans le cadre de ce soutien agricole plus découplé, les transferts directement liés à la fourniture de biens environnementaux se sont accrus pour atteindre 1.7 milliard USD par an. Ce montant reste toutefois modeste par rapport aux 293 milliards USD de soutien budgétaire fournis aux producteurs, et les transferts de ce type demeurent circonscrits à un petit nombre de pays.

Outre ces paiements versés aux producteurs, divers autres instruments peuvent avoir d'importants effets positifs sous les trois aspects du triple défi en apportant d'importantes contributions à la sécurité alimentaire, aux revenus agricoles et à la protection des ressources. Ces instruments relèvent de la catégorie des services d'intérêt général fournis au secteur agricole (ESSG), et incluent notamment les investissements dans les systèmes de connaissances et d'innovation agricoles, les services d'inspection et de contrôle dans le domaine de la biosécurité, et dans les infrastructures. Globalement, les dépenses au titre des services d'intérêt général ont augmenté pour atteindre 106 milliards USD par an. Cette progression doit certes être saluée, mais elle reste inférieure à celle des formes de soutien ayant une moindre probabilité d'avoir des effets positifs sur les performances des systèmes alimentaires. En 2019-21, les dépenses au titre des services d'intérêt général n'ont représenté que 15.2 % du soutien net total fourni au secteur (EST), chiffre en baisse par rapport au niveau d'environ 17 % observé en 2000-02. Au sein de la zone OCDE, cette part était encore plus faible, s'établissant à seulement 13 % ces dernières années. Plus important encore, l'augmentation du soutien aux services d'intérêt général a fortement diminué par rapport à la taille du secteur, tombant de 3.6 % de sa production en valeur en 2000-02 à 2.3 % en 2019-21 pour l'ensemble des pays étudiés dans ce rapport. Sur ce montant, les systèmes de connaissances et d'innovation agricoles n'ont bénéficié que de 26 milliards USD (0.7 % de la valeur de la production du secteur, contre 0.9 % du début des années 2000), bien que les données disponibles tendent à montrer que ces investissements sont très rentables. Les dépenses au titre des services de biosécurité et des infrastructures ont représenté 9 milliards USD et 45 milliards USD par an (0.2 % et 1.2 % de la production agricole en valeur), respectivement.

Les pays devraient donner un nouvel élan à leurs ambitions de réforme afin de mieux faire face aux défis qui attendent le secteur

Au sein de la zone OCDE, les politiques agricoles ont connu d'importantes évolutions qui ont non seulement réduit le soutien global aux producteurs mais aussi changé la manière dont ce soutien est fourni. De manière générale, les types de soutien les plus enclins à fausser les marchés et à être préjudiciables pour l'environnement ont cédé du terrain au profit des paiements qui assurent plus efficacement le transfert de revenus et contribuent moins à aggraver les pressions sur l'environnement, ou qui encouragent l'offre de services écosystémiques et d'autres biens publics. Une plus grande proportion du soutien aux producteurs a également été assortie de contraintes environnementales plus strictes, ce qui a eu pour effet de relever les niveaux de référence applicables aux pratiques agricoles et de limiter la surexploitation des ressources naturelles.

Le rythme de ces réformes s'est toutefois sensiblement ralenti, et rares ont été les progrès observés au sein de la zone OCDE au cours de la dernière décennie. Parallèlement à l'augmentation du soutien potentiellement préjudiciable dans un certain nombre d'économies émergentes, un regain d'efforts sera par conséquent nécessaire pour faire en sorte que les politiques et le soutien agricoles soient plus en accord avec les besoins du secteur, eu égard au triple défi consistant à assurer la sécurité alimentaire et nutritionnelle, des revenus et des moyens d'existence, et une utilisation durable des ressources naturelles. La promotion d'une croissance durable de la productivité et le renforcement de la résilience de l'agriculture demeurent des leviers essentiels pour relever ces trois défis, et ils devraient par conséquent occuper une place centrale dans les ambitions de réforme futures.

Ces réformes devraient viser à réduire les effets potentiellement négatifs du soutien existant, à accélérer les investissements dans les biens publics, et à intensifier et mieux cibler les efforts pour aider les ménages agricoles dans le besoin.

Les interventions sur les prix et les autres formes de soutien génératrices de distorsions sont reconnues pour leurs répercussions négatives sur la sécurité alimentaire et sur l'environnement, et pour être un moyen non seulement non ciblé mais aussi inefficace de fournir un soutien à ces ménages dans le besoin. Ces mesures devraient donc être éliminées dans des délais clairement établis. Des mesures transitoires d'aide et d'accompagnement et des filets de sécurité sociale pourraient être nécessaires pour atténuer la perte de revenus qu'impliquerait pour certains producteurs la suppression du soutien positif des prix et de la protection commerciale qui lui est associée, ainsi que pour les aider à s'adapter au changement de situation. À l'inverse, des transferts de revenus ciblés et des filets de sécurité renforcés pourraient être nécessaires pour aider les ménages à faible revenu et les consommateurs confrontés à une hausse des prix intérieurs du fait de la suppression des politiques de compression des prix dans certains pays.

Les dépenses publiques devraient être réorientées vers des investissements dans les biens et services publics susceptibles de renforcer aussi bien la durabilité que la résilience du secteur. L'innovation est essentielle pour accroître la durabilité de l'environnement tout en favorisant la croissance de la productivité. Les investissements publics devraient par conséquent privilégier le système d'innovation agricole, qui englobe la mise au point et l'adoption de nouvelles technologies, de nouvelles pratiques et de nouveaux systèmes. La recherche-développement publique ainsi que les partenariats public-privé sont nécessaires pour compléter les investissements privés tout en permettant un processus d'innovation axé sur la demande. Le marché et les politiques mises en œuvre devraient indiquer clairement quelles sont les priorités environnementales afin d'orienter le système d'innovation vers une croissance durable de la productivité. L'investissement dans les connaissances et les compétences, notamment numériques, peut accroître les synergies entre la transformation numérique et environnementale du secteur. Ces investissements ne représentent actuellement qu'une faible part du soutien budgétaire accordé au secteur, alors qu'ils devraient en constituer un élément central et être davantage axés sur les innovations qui allient une croissance de la productivité et une utilisation réduite des ressources naturelles. Les investissements dans les systèmes de biosécurité et l'infrastructure hors exploitation sont également essentiels pour les performances du secteur. Les investissements dans ces trois domaines pourraient être sensiblement accrus en réorientant vers eux les paiements générateurs de distorsions des marchés.

Des filets de sécurité bien conçus peuvent contribuer à assurer la résilience du secteur dans un monde où les risques systémiques sont multiples et ne se limitent pas aux catastrophes naturelles mais incluent également les conséquences de la pandémie de COVID-19 et de l'agression à grande échelle de la Russie contre l'Ukraine. Les investissements susceptibles de contribuer à un renforcement de la résilience peuvent également inclure la formation et le renforcement des compétences en matière de gestion des risques, l'évaluation des risques reposant sur des données et des éléments factuels, les infrastructures résilientes au changement climatique et aux catastrophes naturelles, ainsi qu'une plus grande diversification des sources de revenus des ménages agricoles. Pour conclure, l'agriculture demeure confrontée à de nombreux risques et à de nombreuses incertitudes. Les politiques agricoles ont un rôle important à jouer pour faire en sorte que les producteurs et les autres acteurs de marché disposent des données et des outils nécessaires pour faire face aux risques de faible ou moyenne ampleur. Il sera cependant toujours nécessaire d'offrir une protection contre les risques de grande ampleur qui ne peuvent être pris en charge par les agriculteurs eux-mêmes ou par les marchés des risques.

Les agriculteurs entretiennent et prennent soin d'une bonne partie du territoire national des différents pays, et ils peuvent de ce fait apporter une contribution non négligeable à l'offre de biens publics, et notamment de services écosystémiques et d'autres avantages environnementaux d'une grande valeur pour la société. Les pays devraient envisager de donner plus d'ampleur à des paiements aux producteurs ciblés et taillés sur mesure pour favoriser l'offre de ce type de biens publics tout en procurant aux ménages agricoles de nouvelles sources de revenus.

Une bonne partie du soutien existant vise à soutenir les ménages agricoles à faible revenu, mais bénéficie principalement à ceux qui disposent déjà de revenus et de ressources relativement élevés, du fait de la plus grande taille de leurs exploitations. Le soutien des revenus devrait être mieux ciblé sur ceux qui en ont le plus besoin, ce qui permettrait non seulement une utilisation plus efficace des fonds publics mais aussi une plus grande équité de leur distribution. Cependant, les données relatives aux ressources et aux revenus totaux des ménages agricoles, qui bénéficieraient déjà de paiements au titre de l'offre de biens publics, devront être collectées de manière plus systématique pour jeter les bases d'un tel soutien ciblé.

Références

Banque mondiale (2022), *Commodity Markets « Pink Sheet » Data*, [6]
  https://www.worldbank.org/en/research/commodity-markets.

Brink, L. (2018), « Two indicators, little in common, same name: Market Price Support », *CAP* [10]
  Reform, http://capreform.eu/two-indicators-little-in-common-same-name-market-price-
  support/ (consulté le 25 March 2019).

CNUCED (2021), *An Assessment of the Regional Comprehensive Economic Partnership* [7]
  (RCEP) Tariff Concessions, Conférence des Nations Unies sur le commerce et le
  développement (CNUCED), https://unctad.org/system/files/official-document/ser-rp-
  2021d16_en.pdf.

Effland, A. (2011), « Classifying and Measuring Agricultural Support: Identifying Differences [9]
  Between the WTO and OECD Systems », *Economic Information Bullentin 74*,
  http://www.ers.usda.gov/ (consulté le 19 April 2019).

FAO (2021), *Food Outlook – Biannual Report on Global Food Markets*, FAO, [3]
  https://www.fao.org/3/cb7491en/cb7491en.pdf.

FMI (2022), *Primary Commodity Prices*, https://www.imf.org/en/Research/commodity-prices. [2]

Henderson, B. et J. Lankoski (2019), « Evaluating the environmental impact of agricultural [13]
  policies », *OECD Food, Agriculture and Fisheries Papers*, n° 130, OECD Publishing, Paris,
  https://doi.org/10.1787/add0f27c-en.

OCDE (2022), *Statistiques agricoles de l'OCDE*, Éditions OCDE, Paris, [4]
  https://doi.org/10.1787/agr-data-fr.

OCDE (2021), *Perspectives économiques de l'OCDE, Volume 2021 Numéro 2*, Éditions OCDE, [1]
  Paris, https://doi.org/10.1787/09bf9e01-fr.

OCDE (2021), *Politiques agricoles : suivi et évaluation 2021 (version abrégée) : Répondre aux* [15]
  enjeux des systèmes alimentaires, Éditions OCDE, Paris, https://doi.org/10.1787/333e76a0-
  fr.

OCDE (2020), *Politiques agricoles : suivi et évaluation 2020 (version abrégée)*, Éditions OCDE, [12]
  Paris, https://doi.org/10.1787/10578a8d-fr.

OCDE (2016), *OECD'S Producer Support Estimate and Related Indicators of Agricultural* [8]
  Support - Concepts, Calculations, Interpretation and Use (The PSE Manual),
  https://www.oecd.org/agriculture/topics/agricultural-policy-monitoring-and-
  evaluation/documents/producer-support-estimates-manual.pdf.

OCDE (2002), *Agricultural Policies in China after WTO Accession*, China in the Global Economy, [11]
  Éditions OCDE, Paris, https://doi.org/10.1787/9789264158894-en.

OCDE (2002), *Politiques agricoles des pays de l'OCDE : un programme de réforme constructif*, [14]
  Éditions OCDE, Paris, https://doi.org/10.1787/9789264299689-fr.

PIIE (2022), *Russia's war on Ukraine: A sanctions timeline*, https://www.piie.com/blogs/realtime- [5]
  economic-issues-watch/russias-war-ukraine-sanctions-timeline.

Notes

[1] Ce rapport ne contient pas de chapitre par pays sur la Fédération de Russie, laquelle n'apparaît pas non plus dans les tableaux des indicateurs de soutien présentés dans l'annexe statistique. En revanche, les données agrégées relatives aux 11 économies émergentes et à l'ensemble des 54 pays pris en compte dans ce rapport comprennent celles de la Russie.

[2] Ces dispositifs permettent aux entreprises de réduire le temps de travail de leur personnel, voire de le ramener à zéro, le manque à gagner salarial étant en tout ou partie pris en charge par l'État.

[3] Campagne d'octobre à septembre.

[4] *AMIS Market Monitor*, avril 2022, http://www.amis-outlook.org/amis-monitoring/monthly-report/en/#.YlPZDMhBwuU.

[5] https://blogs.worldbank.org/opendata/fertilizer-prices-expected-remain-higher-longer.

[6] Les exemples de mesures donnés ici sont issus de AMIS Market Monitor, avril 2022, de différentes informations relayées par les médias, et de divers sites web gouvernementaux.

[7] L'agression à grande échelle de la Russie contre l'Ukraine, brièvement examinée dans la précédente section, a considérablement transformé le paysage de la politique agricole en Ukraine. Les données relatives à l'Ukraine présentées dans cette section reposent sur les informations recueillies avant l'agression de la Russie contre l'Ukraine, et elles ont dans une large mesure été rendues obsolètes par les récents événements. Les évolutions relatives à l'Ukraine décrites dans cette section devront par conséquent être interprétées en tenant compte de ce contexte.

[8] Qui correspond à la part positive de l'Estimation du soutien total (EST).

[9] Qui correspondent à la part positive de l'Estimation du soutien aux producteurs (ESP).

[10] Les recettes brutes par produit correspondent à la valeur de la production du produit considéré, estimée aux prix au départ de l'exploitation, à laquelle viennent s'ajouter les éventuels transferts au titre d'un seul produit autres que le SPM.

[11] Pour les pays mentionnés, ces produits sont le soja (Corée), la viande de volaille (Suisse et Islande), le sucre (Ukraine) et le raisin (Japon).

[12] Pour les pays mentionnés, ces produits sont le thé (Viet Nam), les bananes (Inde) et le soja (Argentine).

[13] Ils couvrent les coûts de stockage ou d'écoulement des produits agricoles, ainsi que leur dépréciation.

[14] Alors qu'un montant total de 157 milliards USD avait été initialement affecté aux mesures de soutien liées à la COVID-19 (OCDE, 2021[15]).

[15] L'édition 2021 des *Politiques agricoles : suivi et évaluation* (OCDE, 2021[15]) souligne que, globalement, la plupart des mesures de soutien existantes ne répondent pas aux besoins des systèmes alimentaires au sens large. Cette section complète l'évaluation présentée au chapitre 1 de ce rapport en se penchant sur le soutien fourni ces dernières années.

Annexe 2.A. Définitions des indicateurs du soutien à l'agriculture de l'OCDE

Indicateurs nominaux présentés dans ce rapport

Estimation du soutien aux producteurs (ESP) : valeur monétaire annuelle des transferts bruts des consommateurs et des contribuables au titre du soutien aux producteurs agricoles, au départ de l'exploitation, découlant des mesures de soutien à l'agriculture, quels que soient leur nature, leurs objectifs ou leurs incidences sur la production ou le revenu agricoles. Elle comprend le soutien des prix de marché, les paiements budgétaires et les recettes budgétaires perdues, c'est-à-dire les transferts bruts des contribuables aux producteurs agricoles résultant des mesures fondées sur : le niveau effectif de la production, l'utilisation d'intrants, la superficie cultivée/le nombre d'animaux/les recettes/le revenu (en fonction ou indépendamment de leur niveau effectif), et des critères relatifs aux produits autres que les produits de base. Les catégories entrant dans l'ESP sont définies dans l'encadré 2 A.1.

Soutien des prix du marché (SPM) : valeur monétaire annuelle des transferts bruts des consommateurs et des contribuables aux producteurs agricoles, qui découlent des mesures créant un écart entre les prix intérieurs et les prix à la frontière d'un produit agricole donné, mesurés au départ de l'exploitation. Le SPM est calculé par produit et les totaux des composantes négatives et positives sont présentés séparément s'il y a lieu en accompagnement du SPM total.

Transferts aux producteurs au titre d'un seul produit (TSP aux producteurs) : valeur monétaire annuelle des transferts bruts des consommateurs et des contribuables aux producteurs agricoles, mesurés au départ de l'exploitation, découlant des mesures liées à la production d'un produit particulier et subordonnant le versement du paiement au producteur à la production du produit désigné. Cette catégorie comprend des mesures à caractère plus général où les paiements sont définis par rapport à tel ou tel produit. Les TSP aux producteurs sont également calculés par produit.

Transferts au titre d'un groupe de produits (TGP) : valeur monétaire annuelle des transferts bruts découlant des mesures octroyant des paiements sous réserve de la production d'un ou de plusieurs des produits figurant sur une liste donnée. Autrement dit, un producteur peut choisir parmi un éventail de produits et percevoir un transfert qui ne variera pas en fonction de sa décision.

Transferts au titre de tous les produits (TTP) : valeur monétaire annuelle des transferts bruts découlant des mesures n'imposant aucune restriction sur le produit agricole produit, mais exigeant du bénéficiaire la production d'un produit de base de son choix.

Autres transferts aux producteurs (ATP) : valeur monétaire annuelle des transferts bruts effectués dans le cadre de mesures non assorties d'une quelconque obligation de production de produits de base.

Transferts aux consommateurs au titre d'un seul produit (TSP aux consommateurs) : valeur monétaire annuelle des transferts bruts des (aux) consommateurs de produits agricoles, mesurés au départ de l'exploitation, découlant des mesures liées à la production d'un produit particulier. Les TSP aux consommateurs sont également calculés par produit.

Estimation du soutien aux consommateurs (ESC) : valeur monétaire annuelle des transferts bruts, au départ de l'exploitation, des (aux) consommateurs de produits agricoles découlant des mesures de soutien à l'agriculture, indépendamment de leur nature, de leurs objectifs ou de leurs incidences sur la consommation de produits agricoles. Lorsque l'ESC est négative, elle mesure la charge pour les consommateurs (taxe implicite) imputable au soutien des prix de marché (majoration des prix), dont les effets compensent et au-delà ceux des subventions à la consommation, lesquelles font baisser les prix acquittés par les consommateurs.

Estimation du soutien aux services d'intérêt général (ESSG) : valeur monétaire annuelle des transferts bruts découlant des mesures qui créent des conditions propices au secteur agricole primaire, grâce au développement de services, institutions et infrastructures, privés ou publics, quels que soient leurs objectifs et leurs incidences sur la production et le revenu agricoles, ou sur la consommation de produits agricoles. L'ESSG inclut les mesures dont le secteur agricole primaire est le principal bénéficiaire, mais elle ne prend en compte aucun des paiements versés aux producteurs à titre individuel. Les transferts relevant de l'ESSG ne modifient pas directement les recettes perçues ou les coûts supportés par les producteurs, ni leurs dépenses de consommation. Les catégories entrant dans l'ESSG sont définies ci-dessous.

Estimation du soutien total (EST) : valeur monétaire annuelle de tous les transferts bruts des contribuables et des consommateurs découlant des mesures de soutien au secteur agricole, déduction faite des recettes budgétaires associées, quels que soient leurs objectifs et leurs incidences sur la production et le revenu agricoles, ou sur la consommation de produits agricoles.

Estimation du soutien budgétaire total (ESBT) : valeur monétaire annuelle de tous les transferts budgétaires bruts des contribuables découlant des mesures de soutien au secteur agricole, quels que soient leurs objectifs et leurs incidences sur la production et le revenu agricoles, ou sur la consommation de produits agricoles.

Recettes agricoles brutes (RAB) : Valeur monétaire annuelle de la production, augmentée des transferts budgétaires versés aux producteurs individuellement (autrement dit, VP + ESP – SPM).

Recettes brutes par produit : Valeur monétaire annuelle de la production d'un produit donné, augmentée des transferts budgétaires versés aux producteurs de ce produit (autrement dit, VP + TSP aux producteurs – SPM).

Indicateurs présentés sous la forme d'un ratio et d'un pourcentage

ESP en pourcentage (ESP en %) : transferts pris en compte dans l'ESP en proportion de la valeur des recettes agricoles brutes (le soutien étant inclus dans le dénominateur).

TSP en pourcentage (TSP en %) : transferts au titre d'un seul produit exprimés en proportion de la valeur des recettes agricoles brutes pour le produit considéré (le soutien étant inclus dans le dénominateur).

Part des TSP dans l'ESP totale (%) : part des transferts au titre d'un seul produit dans l'ESP totale. Cet indicateur est également calculé par produit.

Coefficient nominal de protection des producteurs (CNP des producteurs) : rapport entre le prix moyen perçu par les producteurs (au départ de l'exploitation), y compris les paiements par tonne effectivement produite, et le prix à la frontière (mesuré au départ de l'exploitation). Le CNP des producteurs est également calculé par produit.

Coefficient nominal de soutien aux producteurs (CNS aux producteurs) : rapport entre la valeur des recettes agricoles brutes, y compris le soutien et les recettes agricoles brutes (au départ de l'exploitation) évalués aux prix à la frontière (mesurés au départ de l'exploitation).

ESC en pourcentage (ESC en %) : transferts pris en compte dans l'ESC en proportion de la valeur des dépenses consacrées à la consommation de produits agricoles (aux prix au départ de l'exploitation), nets des transferts des contribuables aux consommateurs. L'ESC en % mesure la taxe implicite (ou subvention si l'ESC est positive) à laquelle les consommateurs sont soumis par les politiques des prix agricoles.

Coefficient nominal de protection des consommateurs (CNP des consommateurs) : rapport entre le prix moyen acquitté par les consommateurs (au départ de l'exploitation) et le prix à la frontière (mesuré au départ de l'exploitation). Le CNP des consommateurs est également calculé par produit.

Coefficient nominal de soutien aux consommateurs (CNS aux consommateurs) : rapport entre la valeur des dépenses consacrées à la consommation de produits agricoles (au départ de l'exploitation) et leur valeur aux prix à la frontière.

EST en pourcentage (EST en %) : transferts pris en compte dans l'EST, exprimés en pourcentage du PIB.

ESBT en pourcentage (ESBT en %) : transferts pris en compte dans l'ESBT, exprimés en pourcentage du PIB.

ESSG en pourcentage (ESSG en %) : part des dépenses affectées aux services d'intérêt général dans l'estimation du soutien total (EST).

Part des transferts pouvant créer le plus de distorsions dans l'ensemble des transferts bruts aux producteurs (%) : somme du SPM positif, de la valeur absolue du SPM négatif, des paiements au titre de la production et des paiements au titre de l'utilisation d'intrants sans contraintes sur ces derniers, rapportée à la somme du SPM positif, de la valeur absolue du SPM négatif et du total des paiements budgétaires aux producteurs.

Encadré d'annexe 2.A.1. Définitions des catégories entrant dans l'ESP

Définition des catégories :

Catégorie A1, Soutien des prix du marché (SPM) : transferts des consommateurs et des contribuables aux agriculteurs, qui découlent des mesures créant un écart entre les prix intérieurs et les prix à la frontière d'un produit agricole donné, mesuré au départ de l'exploitation.

Catégorie A2, Paiements au titre de la production : transferts des contribuables aux agriculteurs, qui découlent des mesures fondées sur le niveau effectif de la production d'un produit agricole donné.

Catégorie B, Paiements au titre de l'utilisation d'intrants : transferts des contribuables aux producteurs agricoles, qui découlent des mesures fondées sur l'utilisation d'intrants :

- *Utilisation d'intrants variables :* paiements réduisant le coût sur l'exploitation agricole d'un intrant variable donné ou d'un ensemble d'intrants variables.

- *Formation de capital fixe :* paiements réduisant pour l'exploitation, le coût d'investissement dans les bâtiments agricoles, les équipements, les plantations, l'irrigation, le drainage et l'amélioration des sols.

- *Services utilisés sur l'exploitation :* paiements réduisant le coût de l'aide et de la formation dispensée aux agriculteurs individuels sur des questions techniques, comptables, commerciales, sanitaires et phytosanitaires.

Catégorie C, Paiements au titre des S/Na/Rec/Rev courants, production requise : transferts des contribuables aux producteurs agricoles, qui découlent des mesures reposant sur le niveau effectif des superficies cultivées, nombres des animaux, recettes et revenus.

Catégorie D, Paiements au titre des S/Na/Rec/Rev non courants, production requise : transferts des contribuables aux producteurs agricoles, qui découlent des mesures reposant sur les superficies cultivées, nombre d'animaux, recettes et revenus ne correspondant pas à la période en cours (c'est-à-dire fondées sur un niveau antérieur ou fixe), avec obligation de produire sans spécification de produit.

Catégorie E, Paiements au titre des S/Na/Rec/Rev non courants, production facultative : transferts des contribuables aux producteurs agricoles, qui découlent des mesures reposant sur les superficies cultivées, nombre d'animaux, recettes et revenus ne correspondant pas à la période en cours (c'est-à-dire fondées sur un niveau antérieur ou fixe), la production effective d'un produit donné n'étant pas obligatoire, mais facultative.

Catégorie F, Paiements selon des critères non liés à des produits de base : transferts des contribuables aux producteurs agricoles, qui découlent des mesures ne reposant pas sur les paramètres relatifs aux produits de base (superficies cultivées, nombre d'animaux, recettes et revenus), l'utilisation des intrants, mais sur :

- *Le retrait de ressources à long terme :* transferts au titre du retrait à long terme de facteurs de production de produits de base. Les paiements répertoriés dans cette sous-catégorie se distinguent de ceux imposant un retrait de ressources à court terme, qui dépendent de critères relatifs à la production des produits de base.

- *La production des produits particuliers autres que les produits de base :* transferts alloués pour l'utilisation de ressources agricoles pour produire des biens et services spécifiques autres que des produits de base, qui sont produits au-delà des quantités requises par les réglementations en vigueur.

- *Autres critères non liés à des produits de base :* transferts accordés à tous les exploitants de manière égale, par exemple un taux forfaitaire ou un paiement fixe.

Catégorie G, Paiements divers : transferts des contribuables aux exploitants pour lesquels l'insuffisance des informations disponibles ne permet pas de les ventiler vers les catégories appropriées.

Note : S (Superficie cultivée), Na (Nombre d'animaux), Rec (Recettes), Rev (Revenu).

Définitions des étiquettes :

Avec ou sans limitation de la production effective des produits de base et/ou des paiements : définit s'il existe ou non des limitations spécifiques de la production effective des produits de base associées à une mesure prévoyant des transferts à l'agriculture et s'il existe ou non des limitations des paiements sous la forme de limitations de la superficie ou du nombre d'animaux ayant droit à ces paiements. S'applique aux catégories A–F.

Avec taux de paiement variables ou fixes : tout paiement est défini comme étant soumis à un taux variable lorsque la formule déterminant le niveau du paiement réagit à une variation du prix, du rendement, des recettes ou du revenu nets, ou du coût de production. S'applique aux catégories A–E.

Avec ou sans contraintes sur les intrants : définit s'il y a ou non des obligations spécifiques concernant les pratiques agricoles liées au programme en matière de réduction, de remplacement ou d'abandon de l'utilisation des intrants ou des restrictions portant sur les pratiques agricoles autorisées. S'applique aux catégories A – F. Les paiements avec contraintes sur les intrants sont eux-mêmes subdivisés en :

- Paiements dépendant du respect de conditions de base qui sont obligatoires (avec obligatoire) ;
- Paiements exigeant des pratiques spécifiques allant au-delà des conditions de base et facultatives (avec facultatives).
    - Pratiques spécifiques liées aux problèmes environnementaux ;
    - Pratiques spécifiques liées au bien-être des animaux ;
    - Autres pratiques spécifiques.

> ***Avec ou sans exceptions concernant les produits de base :*** définit s'il y a ou non des interdictions de production de certains produits de base comme critères d'éligibilité aux paiements versés au titre des S/Na/Rec/Rev non courants. S'applique à la catégorie E.
>
> ***Reposant sur la superficie cultivée, le nombre d'animaux, les recettes ou le revenu :*** définit l'attribut particulier (par exemple : superficie cultivée, nombre d'animaux, recettes ou revenu) sur lequel le paiement repose. S'applique aux catégories C–E.
>
> ***Reposant sur un produit individuel, un groupe de produits ou tous les produits :*** définit si le paiement est accordé pour un produit individuel, un groupe de produits ou tous les produits. S'applique aux catégories A–D.

Facteurs de variation de l'ESP

Décomposition de l'ESP

Variation de l'ESP en pourcentage : variation en pourcentage de la valeur nominale de l'ESP exprimée en monnaie nationale. La variation en pourcentage est calculée sur les deux dernières années de la série.

Contribution du SPM aux variations de l'ESP : variation en pourcentage de l'ESP nominale, toutes les autres variables étant par ailleurs maintenues constantes.

Contribution de l'écart de prix aux variations de l'ESP : variation en pourcentage de l'ESP nominale, les variables, autres que l'écart entre prix intérieurs et prix à la frontière, étant par ailleurs maintenues constantes.

Contribution de la quantité produite aux variations en pourcentage de l'ESP : variation en pourcentage de l'ESP nominale, toutes les variables, autres que la quantité produite, étant par ailleurs maintenues constantes.

Contribution des paiements budgétaires (PB) aux variations en pourcentage de l'ESP : variation en pourcentage de l'ESP nominale, toutes les variables, autres que les PB, étant maintenues constantes.

Contribution des éléments constitutifs des PB aux variations en pourcentage de l'ESP : variation en pourcentage de l'ESP nominale, toutes les variables autres qu'un élément donné des PB, étant maintenues par ailleurs constantes. Les éléments des PB comprennent les paiements au titre de la production, les paiements au titre de l'utilisation d'intrants, les paiements au titre des S/Na/Rec/Rev courants, production requise, les paiements au titre des S/Na/Rec/Rev non courants, production requise, les paiements au titre des S/Na/Rec/Rev non courants, production facultative, les paiements selon des critères non liés à des produits de base et les paiements divers.

Variation du prix à la production

Variation en pourcentage du prix à la production : variation en pourcentage du prix à la production, mesuré au départ de l'exploitation, exprimé en monnaie nationale. La variation en pourcentage est calculée sur les deux dernières années de la série.

Décomposition de la variation du prix à la frontière

Variation en pourcentage du prix à la frontière : variation en pourcentage du prix à la frontière, mesuré au départ de l'exploitation, exprimé en monnaie nationale. La variation en pourcentage est calculée sur les deux dernières années de la série.

Contribution du taux de change à la variation en pourcentage du prix à la frontière : variation en pourcentage du prix à la frontière (mesuré à la sortie de l'exploitation), exprimé en monnaie nationale, toutes les variables, autres que le taux de change entre la monnaie nationale et l'USD, étant par ailleurs maintenues constantes.

Contribution du prix à la frontière exprimé en USD aux variations en pourcentage du prix à la frontière : variation en pourcentage du prix à la frontière, mesuré à la sortie de l'exploitation, exprimé en monnaie nationale, toutes les variables, autres que le prix à la frontière, mesuré à la sortie de l'exploitation et exprimé en USD, étant par ailleurs maintenues constantes.

Note : La variation du prix à la production et la variation du prix à la frontière ne sont pas calculées lorsque l'écart de prix négatif se produit au niveau des produits de base pour l'année en cours ou précédente.

Définition des catégories entrant dans l'ESSG

Système de connaissances et d'innovation agricoles

- ***Création de connaissances agricoles :*** dépenses budgétaires au titre des activités de recherche et développement (R-D) liées à l'agriculture, et de la diffusion des données correspondantes, indépendamment du cadre institutionnel (organisme privé ou public, ministère, université, centre de recherche ou groupe de producteurs) dans lequel elles se déroulent, et quelle que soit la nature de la recherche (scientifique, institutionnelle, etc.) ou sa finalité.
- ***Transfert de connaissances agricoles :*** dépenses budgétaires au titre des établissements agricoles professionnels et des programmes agronomiques dans l'enseignement supérieur, des activités générales de formation et de conseil à l'intention des exploitants (règles de comptabilité, application de pesticides, etc.), excluant les cas individuels, et des réseaux constitués pour rassembler des données et diffuser des informations concernant la production et la commercialisation agricoles.

Services d'inspection et de contrôle

- ***Sécurité et inspection des produits agricoles :*** dépenses budgétaires au titre d'activités qui se rapportent à la sécurité et à l'inspection des produits agricoles. Seules sont visées les dépenses concernant l'inspection des produits obtenus dans le pays au premier niveau de transformation et l'inspection à la frontière des produits exportés.
- ***Lutte contre les parasites et les maladies :*** dépenses budgétaires au titre de la lutte contre les parasites et les maladies concernant les intrants et les produits agricoles (contrôle au niveau du secteur agricole primaire), et financement public des services vétérinaires et phytosanitaires (concernant les exploitations).
- ***Contrôle des intrants :*** dépenses budgétaires au titre des organismes qui exercent des activités de contrôle et de certification concernant les intrants industriels utilisés en agriculture (machines, engrais industriels, pesticides, etc.), ainsi que les intrants biologiques (certification et contrôle des semences, par exemple).

Développement et entretien des infrastructures

- ***Infrastructures hydrauliques :*** dépenses budgétaires au titre des investissements publics dans les infrastructures hydrauliques (réseaux d'irrigation et de drainage).
- ***Stockage, commercialisation et autres infrastructures physiques :*** dépenses budgétaires au titre des investissements liés au stockage hors exploitation et de divers équipements et infrastructures de marché liés à la manutention et à la commercialisation des produits agricoles

primaires (silos, installations portuaires telles que les quais et entrepôts ; marchés de gros, marchés à terme), et autres infrastructures physiques touchant à l'agriculture, dont ce secteur est le principal bénéficiaire.

- *Infrastructure institutionnelle :* dépenses budgétaires au titre des investissements liés à la mise en place et à la gestion de l'infrastructure institutionnelle touchant au secteur agricole (cadastres ; groupes d'utilisateurs de machines, registres de semences et d'espèces ; constitution de réseaux de financement rural ; soutien aux organisations agricoles, etc.).
- *Restructuration des exploitations agricoles :* paiements budgétaires touchant à la réforme des structures agricoles, au titre des stratégies d'entrée, de sortie ou de diversification (en dehors de l'agriculture).

Commercialisation et promotion

- *Programmes collectifs de transformation et commercialisation :* dépenses budgétaires au titre des investissements consacrés à des dispositifs et équipements collectifs de transformation, principalement au premier niveau, et de commercialisation, en vue d'améliorer les conditions de développement des marchés pour l'agriculture.
- *Promotion des produits agricoles :* dépenses budgétaires concernant l'assistance à la promotion collective des produits agroalimentaires (campagnes de promotion et participation à des foires internationales, entre autres exemples).
- *Stockage public :* dépenses budgétaires couvrant les coûts d'entreposage, de dépréciation et d'écoulement des stocks publics de produits agricoles.
- *Divers :* dépenses budgétaires au titre d'autres services d'intérêt général qu'il n'est pas possible de ventiler et d'affecter à l'une des catégories ci-dessus, souvent parce que les informations font défaut.

Des informations plus détaillées sur la conception, le calcul, l'interprétation et l'utilisation des indicateurs se rapportant à l'estimation du soutien aux producteurs sont données dans le manuel de l'ESP consultable sur le site web public de l'OCDE (http://www.oecd.org/agriculture/topics/agricultural-policy-monitoring-and-evaluation/documents/producer-support-estimates-manual.pdf).

Aperçus par pays

3 Tendances générales du soutien à l'agriculture

Pays de l'OCDE

Le soutien total à l'agriculture (EST) dans les pays de l'OCDE[1] s'est élevé à 345 milliards USD (301 milliards EUR) par an en moyenne sur la période 2019-21, dont 73 %, soit 247 milliards USD (216 milliards EUR), ont été versés aux producteurs individuellement (ESP). Le soutien aux producteurs représentait 17.3 % des recettes agricoles brutes au cours de la période 2019-21 dans l'ensemble de la zone de l'OCDE, contre 28 % environ sur la période 2000-02 et plus de 35 % sur la période 1986-88 (ESP en %, tableau 3.1).

Outre ses variations en volume, le soutien aux producteurs a aussi changé dans ses modalités. En particulier, la situation dans la zone OCDE se caractérise par un long déclin du soutien lié à la production de produits de base (comprenant le soutien des prix du marché et les paiements au titre de la production). D'après les travaux de l'OCDE, cette forme de soutien, ainsi que les paiements au titre de l'utilisation d'intrants variables non assortie de contraintes, lesquelles sont en légère augmentation dans les pays membres par rapport au début du millénaire, sont les plus susceptibles de fausser la production et les échanges agricoles. Il apparaît également que ces mesures de soutien présentent un risque particulièrement élevé d'effets négatifs sur l'environnement. Parmi les produits de base qui bénéficient d'un soutien dans la zone OCDE, le riz arrive largement en tête, suivi du sucre, des graines de tournesol et de la viande bovine (graphique 3.2). Ce soutien prend principalement la forme d'un soutien des prix de marché, au moyen de diverses mesures internes ou commerciales. Pour certains produits, en particulier le maïs, le sorgho, le soja et la viande ovine, le soutien passe aussi par d'autres types de transferts, notamment des paiements moins directement couplés à la production.

À l'autre extrémité du spectre dans la classification de l'ESP, des formes de soutien nettement moins génératrices de distorsions sont aussi utilisées dans un certain nombre de pays, comme les paiements fondés sur des paramètres qui ne dépendent pas de la production courante ou sur des critères qui ne sont pas liés à des produits de base, tels que le gel des terres ou les transferts visant des résultats spécifiques en matière d'environnement ou de bien-être des animaux (chapitre 2, graphique 2.14). Surtout, les paiements au titre de droits antérieurs (généralement la superficie cultivée ou le nombre d'animaux d'une année de référence dans le passé) ont augmenté au cours des deux décennies écoulées, atteignant quelque 4 % des recettes agricoles brutes et environ 22 % de l'ESP pendant la période 2019-21. Le pourcentage des paiements au titre de la superficie cultivée, du nombre d'animaux, des recettes ou du revenu courants a chuté par rapport à la période 2000-02, pour s'établir aujourd'hui autour de 22 % du soutien total aux producteurs (tableau 3.1).

Les dépenses destinées à financer les services d'intérêt général (mesurées par l'ESSG) dans le secteur agricole ont augmenté (en termes nominaux) dans la zone de l'OCDE, passant de 37 milliards USD par an pendant la période 2000-02 à 45 milliards USD pendant la période 2019-21 (exprimées en euros, elles ont légèrement fléchi, passant de 40 milliards EUR à 39 milliards EUR). Néanmoins, par rapport à la taille du secteur, l'ESSG a reculé, passant de 5.4 % de la production agricole en valeur à 3.5 %, ce qui tend à montrer que ces dépenses ont progressé moins vite que la croissance du secteur. Sur la période 2019-21, la plupart d'entre elles ont servi à financer les infrastructures (17 milliards USD), ce poste enregistrant une légère hausse par rapport à 2000-02, et les systèmes de connaissances et d'innovation agricoles (14 milliards USD), ces dernières dépenses ayant augmenté de 79 % en valeur nominale, pratiquement au même rythme que la croissance du secteur. Les dépenses destinées aux services d'inspection et de contrôle ont plus que doublé, tandis que les fonds octroyés aux activités de commercialisation et de promotion sont restés globalement stables et que les dépenses de stockage public ont notablement diminué durant la même période. Néanmoins, tous ces derniers postes représentaient une part beaucoup plus réduite de l'ESSG (tableau 3.1). Enfin, le soutien total à l'agriculture en pourcentage du PIB a fortement décliné au fil des ans.

Graphique 3.1. OCDE : Évolution du soutien à l'agriculture

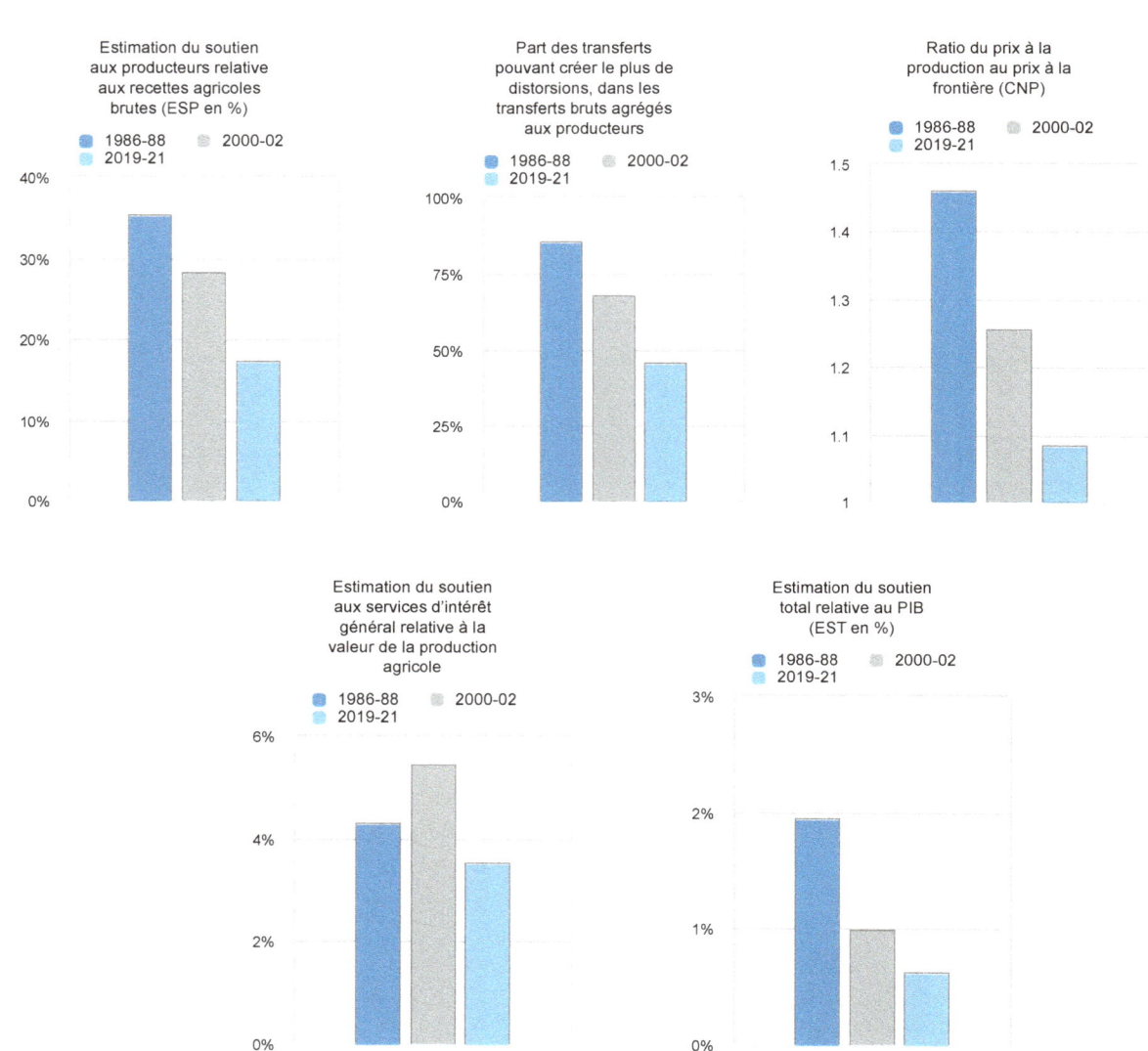

Source : OCDE (2022), « Estimations du soutien aux producteurs et aux consommateurs », Statistiques agricoles de l'OCDE (base de données), http://dx.doi.org/10.1787/agr-pcse-data-fr.

Graphique 3.2. OCDE : Transferts au titre d'un produit, en pourcentage des recettes agricoles brutes par produit, 2019-21

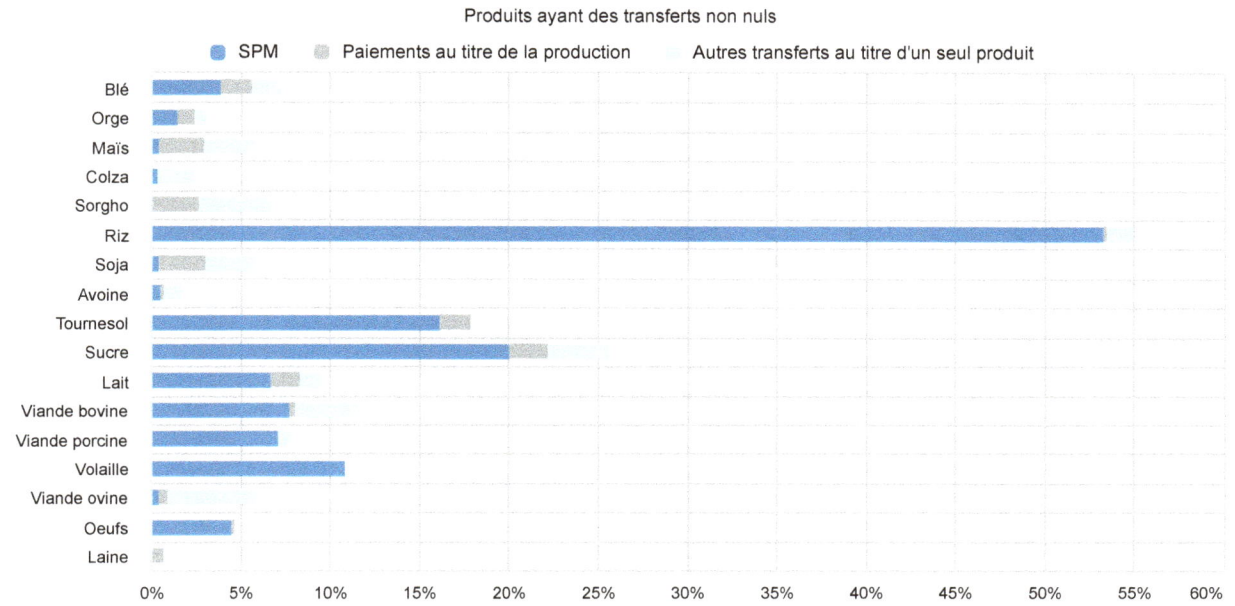

Source : OCDE (2022), « Estimations du soutien aux producteurs et aux consommateurs », Statistiques agricoles de l'OCDE (base de données), http://dx.doi.org/10.1787/agr-pcse-data-fr.

Tableau 3.1. OCDE : Estimations du soutien à l'agriculture

Millions USD

	1986-88	2000-02	2019-21	2019	2020	2021p
Valeur totale de la production (en sortie de l'exploitation)	594 108	673 335	1 268 316	1 199 097	1 222 456	1 383 396
dont : part des produits SPM (%)	71.27	70.23	72.42	71.63	72.30	73.32
Valeur totale de la consommation (en sortie d'exploitation)	557 842	662 640	1 132 595	1 101 876	1 115 429	1 180 478
Estimation du soutien aux producteurs (ESP)	230 224	216 984	247 240	243 906	252 441	245 375
Soutien au titre de la production des produits de base	187 284	139 248	101 838	101 935	100 711	102 867
Soutien des prix du marché[1]	174 689	124 295	90 416	97 749	89 890	83 608
Soutien positif des prix du marché	178 990	124 886	90 892	98 188	90 123	84 365
Soutien négatif des prix du marché	-4 302	-592	-476	-439	-233	-757
Paiements au titre de la production	12 596	14 953	11 422	4 186	10 821	19 259
Paiements au titre de l'utilisation d'intrants	19 571	19 523	30 901	28 958	35 615	28 129
Utilisation d'intrants variables	9 146	8 012	11 627	9 987	15 501	9 393
avec contraintes sur les intrants	1 146	342	826	882	880	716
Formation de capital fixe	6 882	5 079	10 042	10 687	11 210	8 228
avec contraintes sur les intrants	1 638	629	2 250	2 324	2 346	2 082
Services utilisés sur l'exploitation	3 543	6 431	9 233	8 284	8 904	10 509
avec contraintes sur les intrants	439	967	1 707	1 533	1 721	1 866
Paiements au titre des S/Na/Rec/Rev courants, production requise	19 377	41 382	53 834	56 565	51 182	53 755
Au titre des Recettes / du Revenu	2 052	3 173	4 778	4 345	4 773	5 215
Au titre de la Superficie cultivée / du Nombre d'animaux	17 325	38 209	49 056	52 220	46 408	48 541
avec contraintes sur les intrants	4 093	16 898	41 230	44 757	39 206	39 726
Paiements au titre des S/Na/Rec/Rev non courants, production requise	533	71	2 159	2 373	1 982	2 123
Paiements au titre des S/Na/Rec/Rev non courants, production facultative	2 080	13 721	52 687	48 957	57 053	52 051
Avec taux de paiement variables	181	4 318	8 754	6 366	13 334	6 563
avec exceptions sur les produits	0	4 079	8 582	6 229	13 152	6 364
Avec taux de paiement fixes	1 899	9 403	43 932	42 591	43 719	45 488
avec exceptions sur les produits	1 561	6 081	2 729	2 515	2 588	3 084
Paiements sur critères non liés à des produits de base	1 078	3 206	5 058	4 387	5 031	5 756
Retrait de ressources à long terme	1 076	2 900	3 378	2 873	3 375	3 886
Production de produits particuliers autres que produits de base	2	237	1 570	1 450	1 522	1 738
Autres critères non liés à des produits de base	0	69	111	65	135	132
Paiements divers	300	-166	763	731	867	693
ESP en pourcentage (%)	35.44	28.33	17.35	18.13	18.23	15.88
CNP des producteurs (coeff.)	1.46	1.26	1.09	1.09	1.09	1.08
CNS aux producteurs (coeff.)	1.55	1.40	1.21	1.22	1.22	1.19
Estimation du soutien aux services d'intérêt général (ESSG)	25 568	36 575	44 756	44 425	46 066	43 776
Système de connaissances et d'innovation agricoles	4 846	8 019	14 326	14 099	13 904	14 975
Services d'inspection et de contrôle	1 076	1 931	4 115	4 195	4 272	3 878
Développement et entretien des infrastructures	10 223	16 399	17 076	18 350	17 899	14 981
Commercialisation et promotion	2 156	5 572	6 689	5 179	7 506	7 381
Coût du stockage public	5 872	2 282	628	702	565	616
Divers	1 395	2 371	1 922	1 900	1 920	1 945
ESSG en pourcentage (% de l'EST)	9.27	13.20	12.96	13.29	13.21	12.38
Estimation du soutien aux consommateurs (ESC)	-155 058	-117 160	-58 156	-74 274	-60 383	-39 810
Transferts des consommateurs aux producteurs	-163 991	-121 794	-86 720	-94 103	-85 352	-80 707
Autres transferts des consommateurs	-22 443	-19 546	-26 194	-27 281	-26 024	-25 276
Transferts des contribuables aux consommateurs	19 956	23 580	53 438	45 825	50 121	64 367
Surcoût de l'alimentation animale	11 420	599	1 321	1 284	871	1 807
ESC en pourcentage (%)	-28.83	-18.33	-5.39	-7.03	-5.67	-3.57
CNP des consommateurs (coeff.)	1.50	1.27	1.11	1.12	1.11	1.10
CNS aux consommateurs (coeff.)	1.41	1.22	1.06	1.08	1.06	1.04
Estimation du soutien total (EST)	275 748	277 139	345 434	334 155	348 628	353 518
Transferts des consommateurs	186 434	141 339	112 914	121 384	111 376	105 983
Transferts des contribuables	111 757	155 345	258 713	240 053	263 277	272 810
Recettes budgétaires	-22 443	-19 546	-26 194	-27 281	-26 024	-25 276
EST en pourcentage (% du PIB)	1.94	1.00	0.63	0.62	0.67	0.61
Estimation du soutien budgétaire total (ESBT)	101 060	152 844	255 018	236 406	258 738	269 909
ESBT en pourcentage (% du PIB)	0.71	0.55	0.47	0.44	0.49	0.47

Note : p : provisoire. CNP : Coefficient nominal de protection. CNS : Coefficient nominal de soutien.

S/Na/Rec/Rev : Superficie cultivée/Nombre d'animaux/Recettes/Revenu.

Le total OCDE pour 1986-88 inclut les 38 pays membres de l'OCDE à l'exception du Chili, de la Colombie, du Costa Rica, d'Israël, de la Lettonie, de la Lituanie et de la Slovénie pour lesquels les données ne sont pas disponibles. Le total OCDE pour 2000-02 inclut les 38 pays membres de l'OCDE à l'exception de la Lettonie et de la Lituanie. L'EST en pourcentage du PIB de l'OCDE pour 1986-88 est une estimation basée sur les données existantes.

1. Le soutien des prix du marché (SPM) s'entend net de prélèvements aux producteurs et de surcoût de l'alimentation animale. Produits SPM : se reporter aux notes des tableaux des différents pays.

Source : OCDE (2022), « Estimations du soutien aux producteurs et aux consommateurs », *Statistiques agricoles de l'OCDE* (base de données).
http://dx.doi.org/10.1787/agr-pcse-data-fr

Économies émergentes

Dans les 11 économies émergentes[2] couvertes par ce rapport, la politique agricole a généré des transferts positifs au secteur d'un montant moyen de 464 milliards USD (403 milliards EUR) par an pendant la période 2019-21, dont 357 milliards USD (310 milliards EUR) ont été versés aux producteurs à titre individuel. Dans le même temps toutefois, quelques pays, dont l'Argentine, l'Inde et le Viet Nam, ont minoré les prix intérieurs pour certains produits, créant une taxe implicite sous la forme de soutien aux prix de marché (SPM) négatif d'un montant moyen de 117 milliards USD (101 milliards EUR) par an sur la même période.

De ce fait, le soutien total net (mesuré par l'EST) a atteint 347 milliards USD (302 milliards EUR) par an, tandis que l'ESP nette s'est élevée en moyenne à 240 milliards USD (209 milliards EUR) par an sur la période 2019-21. Le soutien agrégé aux exploitations dans l'ensemble des économies émergentes représentait en moyenne 8.8 % des recettes agricoles brutes en 2019-21, soit des transferts positifs aux producteurs équivalant à 13.1 % de ces recettes, moins une taxe implicite équivalant à 4.3 % des recettes agricoles brutes. Cette EST en % est en nette hausse par rapport aux 3.8 % de la période 2000-02 (tableau 3.2).

La part des transferts au titre de la production (comprenant à la fois du SPM positif et du SPM négatif et des paiements au titre de la production) et de l'utilisation d'intrants variables non assortie de contraintes s'établissait encore en moyenne à 83 % du soutien brut aux exploitations en 2019-21, une baisse minime par rapport aux 89 % observés au début du siècle. Dans les économies émergentes, le maïs, le sucre et le colza bénéficiaient du niveau de soutien le plus élevé (avec des transferts compris entre 23 % et 30 % des recettes agricoles brutes par produit), tandis que l'avoine et le lait étaient les plus taxés en 2019-21. La quasi-totalité de ces transferts au titre de produits spécifiques passent par un soutien des prix de marché et résultent de mesures internes ou commerciales, par exemple des prix minimums de soutien ou des droits d'importation (dans le cas de transferts positifs), ou des taxes à l'exportation et d'autres restrictions (dans le cas de transferts négatifs).

Parmi les autres formes de soutien aux producteurs, les plus importantes sont les paiements au titre de l'utilisation d'autres intrants (principalement au titre de la formation de capital fixe), et les paiements au titre des superficies cultivées et du nombre d'animaux. Dans les économies émergentes, les paiements au titre des superficies cultivées et du nombre d'animaux étaient presque inexistants pendant la période 2000-02, mais ils dépassaient 13 % du soutien agrégé net aux exploitations en 2019-21. Pour sa part, l'importance relative du soutien aux investissements, souvent liés à l'irrigation, a diminué au fil du temps et s'établit actuellement à moins de 8 % de l'ESP. Toutes les autres formes de soutien aux exploitations restent marginales (tableau 3.2).

Dans les économies émergentes, les dépenses finançant les services d'intérêt général (mesurées par l'ESSG) s'élevaient à 60 milliards USD (52 milliards EUR) en moyenne par an sur la période 2019-21. La plupart sont allées à des projets d'infrastructures (28 milliards USD), souvent liés à l'irrigation, et au stockage public (16 milliards USD). Les autres dépenses ont servi principalement à financer les systèmes de connaissances et d'innovation agricoles (11 milliards USD) (tableau 3.2). Rapportées à la production agricole en valeur, l'ESSG moyenne a quelque peu reculé et reste inférieure à la moyenne de l'OCDE. Agrégé, le soutien total à l'agriculture a légèrement progressé en proportion du PIB pour atteindre 1.4 % sur la période 2019-21, et il résulte principalement du soutien aux exploitations, qui en a représenté près de 70 %.

Graphique 3.3. Économies émergentes : Évolution du soutien à l'agriculture

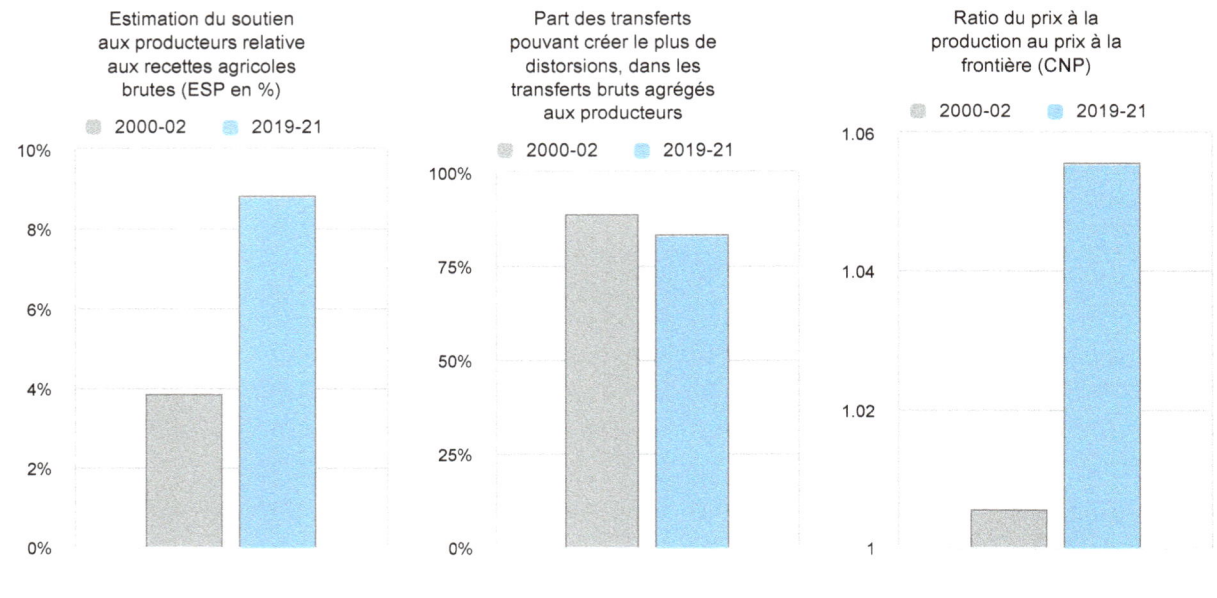

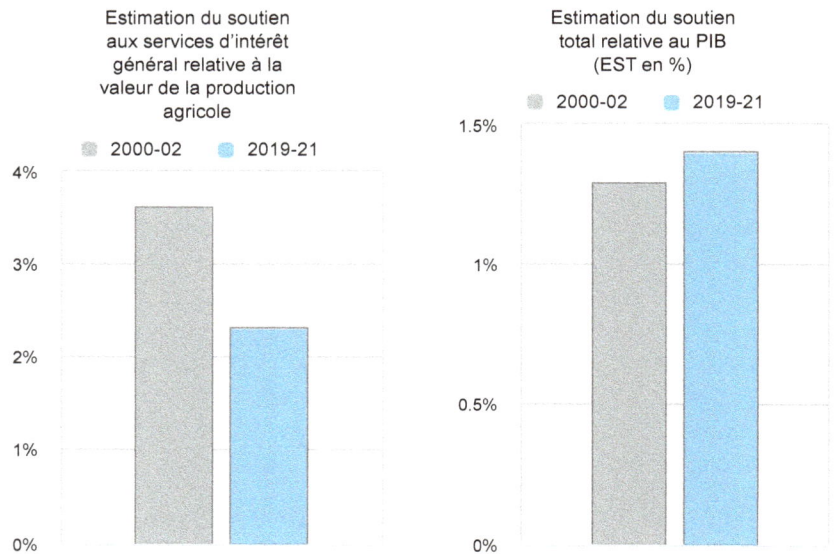

Source : OCDE (2022), « Estimations du soutien aux producteurs et aux consommateurs », Statistiques agricoles de l'OCDE (base de données), http://dx.doi.org/10.1787/agr-pcse-data-fr.

Graphique 3.4. Économies émergentes : Transferts au titre d'un produit, en pourcentage des recettes agricoles brutes par produit, 2019-21

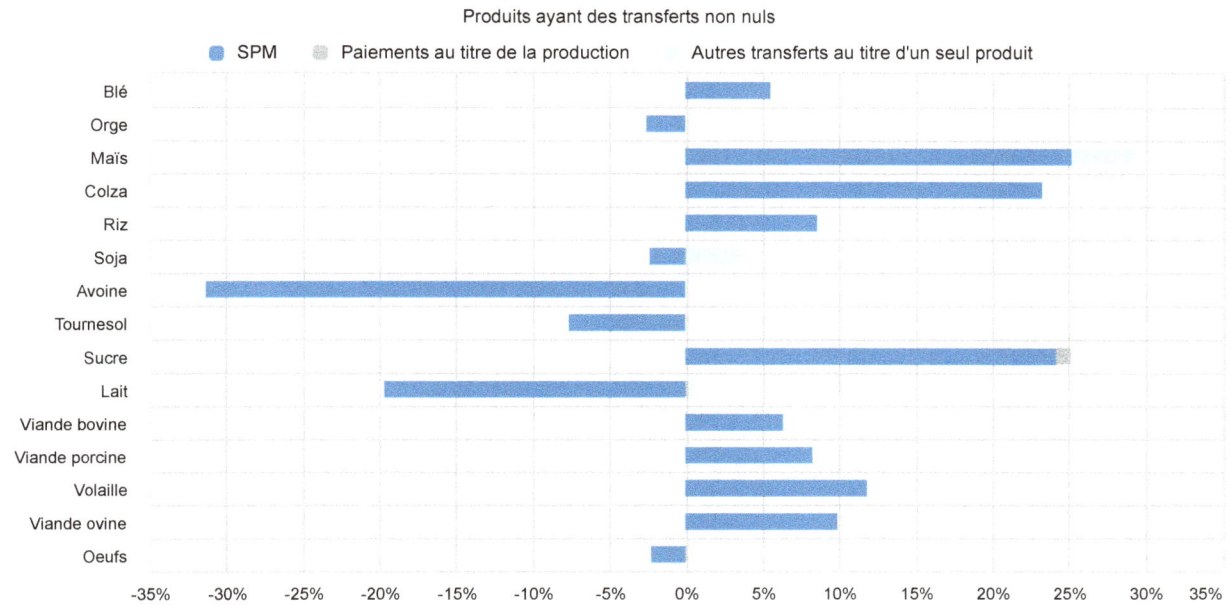

Source : OCDE (2022), « Estimations du soutien aux producteurs et aux consommateurs », Statistiques agricoles de l'OCDE (base de données), http://dx.doi.org/10.1787/agr-pcse-data-fr.

Tableau 3.2. Économies émergentes : Estimations du soutien à l'agriculture

Millions USD

	2000-02	2019-21	2019	2020	2021p
Valeur totale de la production (en sortie de l'exploitation)	522 758	2 597 222	2 407 902	2 585 029	2 798 733
dont : part des produits SPM (%)	75.13	78.39	77.40	76.87	80.91
Valeur totale de la consommation (en sortie d'exploitation)	521 308	2 526 229	2 289 535	2 539 867	2 749 285
Estimation du soutien aux producteurs (ESP)	20 809	240 265	204 817	238 650	277 328
Soutien au titre de la production des produits de base	1 545	113 634	91 466	113 343	136 094
Soutien des prix du marché[1]	1 130	109 630	88 405	108 712	131 772
Soutien positif des prix du marché	24 714	226 131	189 074	226 115	263 205
Soutien négatif des prix du marché	-23 584	-116 502	-100 669	-117 402	-131 434
Paiements au titre de la production	416	4 005	3 061	4 631	4 322
Paiements au titre de l'utilisation d'intrants	17 321	68 415	62 620	65 565	77 060
Utilisation d'intrants variables	11 479	47 706	42 326	46 463	54 329
avec contraintes sur les intrants	0	805	995	730	689
Formation de capital fixe	4 466	17 901	17 455	16 866	19 382
avec contraintes sur les intrants	1	944	1 084	661	1 087
Services utilisés sur l'exploitation	1 377	2 809	2 839	2 236	3 350
avec contraintes sur les intrants	0	0	0	0	0
Paiements au titre des S/Na/Rec/Rev courants, production requise	813	31 872	28 117	32 614	34 885
Au titre des Recettes / du Revenu	813	2 166	2 455	1 960	2 083
Au titre de la Superficie cultivée / du Nombre d'animaux	0	29 706	25 662	30 654	32 802
avec contraintes sur les intrants	0	0	0	0	0
Paiements au titre des S/Na/Rec/Rev non courants, production requise	0	0	0	0	0
Paiements au titre des S/Na/Rec/Rev non courants, production facultative	370	23 392	19 981	24 078	26 116
Avec taux de paiement variables	0	0	0	0	0
avec exceptions sur les produits	0	0	0	0	0
Avec taux de paiement fixes	370	23 392	19 981	24 078	26 116
avec exceptions sur les produits	0	0	0	0	0
Paiements sur critères non liés à des produits de base	458	1 629	1 681	1 550	1 658
Retrait de ressources à long terme	458	1 629	1 681	1 550	1 658
Production de produits particuliers autres que produits de base	0	0	0	0	0
Autres critères non liés à des produits de base	0	0	0	0	0
Paiements divers	302	1 322	951	1 500	1 515
ESP en pourcentage (%)	3.84	8.81	8.11	8.79	9.42
CNP des producteurs (coeff.)	1.01	1.06	1.04	1.06	1.07
CNS aux producteurs (coeff.)	1.04	1.10	1.09	1.10	1.10
Estimation du soutien aux services d'intérêt général (ESSG)	18 949	60 211	54 990	60 734	64 909
Système de connaissances et d'innovation agricoles	2 978	10 906	11 745	10 273	10 701
Services d'inspection et de contrôle	784	4 404	4 291	4 392	4 528
Développement et entretien des infrastructures	6 955	27 884	21 710	29 665	32 276
Commercialisation et promotion	28	716	649	700	798
Coût du stockage public	8 102	16 153	16 436	15 594	16 430
Divers	103	148	158	109	176
ESSG en pourcentage (% de l'EST)	42.59	17.34	19.65	16.14	16.84
Estimation du soutien aux consommateurs (ESC)	-1 171	-124 589	-104 995	-110 368	-158 403
Transferts des consommateurs aux producteurs	-4 122	-143 619	-105 908	-144 244	-180 705
Autres transferts des consommateurs	-2 853	-47 748	-28 065	-62 306	-52 873
Transferts des contribuables aux consommateurs	4 735	46 783	20 033	77 019	43 297
Surcoût de l'alimentation animale	1 069	19 996	8 944	19 164	31 878
ESC en pourcentage (%)	-0.23	-5.02	-4.63	-4.48	-5.85
CNP des consommateurs (coeff.)	1.01	1.08	1.06	1.09	1.09
CNS aux consommateurs (coeff.)	1.00	1.05	1.05	1.05	1.06
Estimation du soutien total (EST)	44 494	347 259	279 840	376 402	385 534
Transferts des consommateurs	6 975	191 367	133 972	206 551	233 578
Transferts des contribuables	40 372	203 640	173 932	232 157	204 829
Recettes budgétaires	-2 853	-47 748	-28 065	-62 306	-52 873
EST en pourcentage (% du PIB)	1.29	1.41	1.18	1.64	1.41
Estimation du soutien budgétaire total (ESBT)	43 364	237 629	191 435	267 690	253 762
ESBT en pourcentage (% du PIB)	1.26	0.96	0.81	1.16	0.93

Note : p : provisoire. CNP : Coefficient nominal de protection. CNS : Coefficient nominal de soutien.

S/Na/Rec/Rev : Superficie cultivée/Nombre d'animaux/Recettes/Revenu.

Les économies émergentes incluent l'Argentine, le Brésil, la Chine, l'Inde, l'Indonésie, le Kazakhstan, les Philippines, la Fédération de Russie, l'Afrique du Sud, l'Ukraine et le Viet Nam.

1. Le soutien des prix du marché (SPM) s'entend net de prélèvements aux producteurs et de surcoût de l'alimentation animale. Produits SPM : se reporter aux notes des tableaux des différents pays.

Source : OCDE (2022), « Estimations du soutien aux producteurs et aux consommateurs », *Statistiques agricoles de l'OCDE* (base de données).
http://dx.doi.org/10.1787/agr-pcse-data-fr

Ensemble des pays

Le soutien total à l'agriculture dans l'ensemble des pays examinés s'établissait à 700 milliards USD (540 milliards EUR) par an en moyenne sur la période 2019-21, dont environ 71 %, soit 494 milliards USD (383 milliards EUR), ont été versés directement aux producteurs. Les transferts bruts au secteur sont nettement plus élevés compte tenu du soutien négatif des prix de marché estimé pour certaines économies émergentes : au total, ce sont 817 milliards USD (631 milliards EUR) qui ont été transférés au secteur dans les 54 pays étudiés, mais le SPM négatif dans certains pays s'élevait à 117 milliards USD (91 milliards EUR). Exprimé en pourcentage des recettes agricoles brutes, le soutien agrégé aux producteurs dans l'ensemble des pays étudiés atteignait en moyenne 11.8 % sur la période 2019-21, contre 18.2 % au cours de la période 2000-02 (tableau 3.3).

La structure du soutien pour l'ensemble des pays étudiés a relativement peu évolué entre 2000-02 et 2019-21. La part des formes de transferts pouvant provoquer le plus de distorsions (paiements au titre de la production ou de l'utilisation d'intrants variables non assortie de contraintes) a légèrement diminué, mais elles représentent encore environ 70 % des transferts bruts aux producteurs (positifs ou négatifs, c'est-à-dire exprimés en valeur absolue) dans l'ensemble des pays. Les transferts fondés sur la production ont cédé du terrain mais ceux liés à l'utilisation d'intrants sans contraintes ont progressé. Globalement, dans l'ensemble des pays examinés, le produit qui bénéficie du niveau de soutien le plus élevé est le sucre, suivi du maïs et du riz. Plusieurs produits animaux, en particulier les viandes bovine, porcine et ovine ainsi que la volaille, bénéficient également de transferts notables.

Parmi les autres formes de soutien aux producteurs, les plus importantes sont les paiements au titre des superficies cultivées et du nombre d'animaux (18 % de la totalité du soutien aux exploitations), et ceux fondés sur des valeurs de référence antérieures sans obligation de production. La part de ces derniers paiements, qui sont découplés de la production courante et faussent donc beaucoup moins la production et les échanges tout en ayant moins d'impact sur l'environnement, a sensiblement augmenté et atteint aujourd'hui 16 % de la totalité du soutien aux producteurs (tableau 3.3).

Dans l'ensemble des pays étudiés, les dépenses destinées à financer les **services d'intérêt général** dans le secteur agricole (mesurées par l'ESSG) atteignaient 106 milliards USD (90 milliards EUR) par an en moyenne en 2019-21, près de deux fois le montant dépensé au début du siècle. Elles se répartissent pour l'essentiel entre les projets d'infrastructures (45 milliards USD), les systèmes de connaissances et d'innovation agricoles (26 milliards USD) et le stockage public (17 milliards USD) (tableau 3.3). En dépit de cette progression, la part de l'ESSG a reculé car la valeur de la production agricole a plus que triplé en termes nominaux depuis 2000-02. Le **soutien total à l'agriculture** en pourcentage du PIB a légèrement baissé au fil du temps, principalement du fait de la place moins importante du secteur dans les économies.

Graphique 3.5. Ensemble des pays : Évolution du soutien à l'agriculture

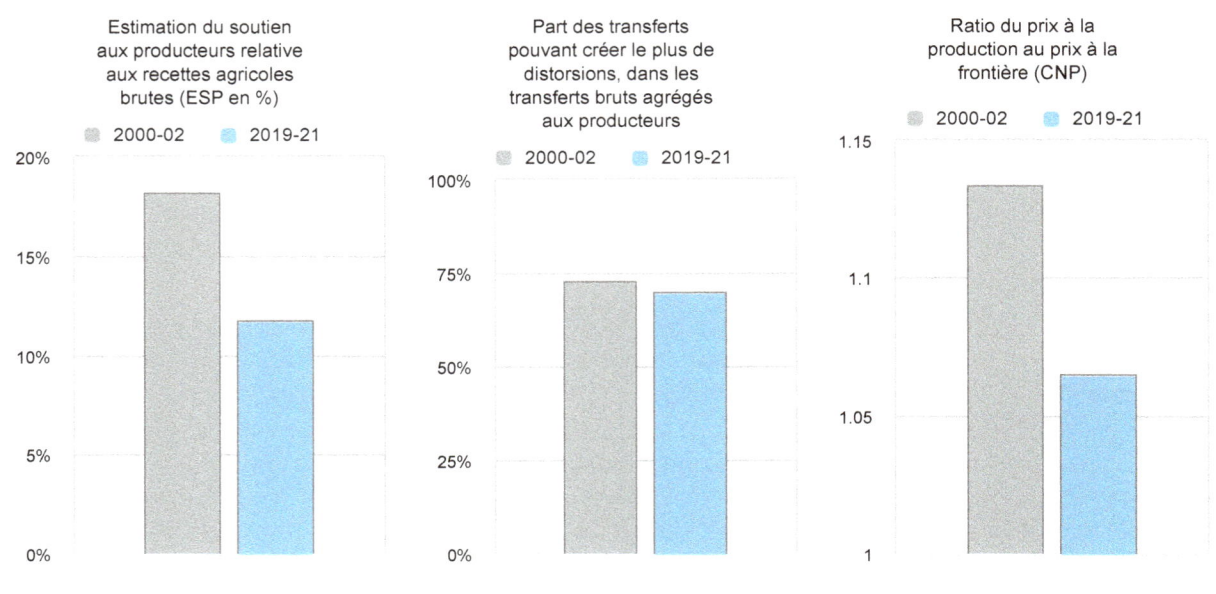

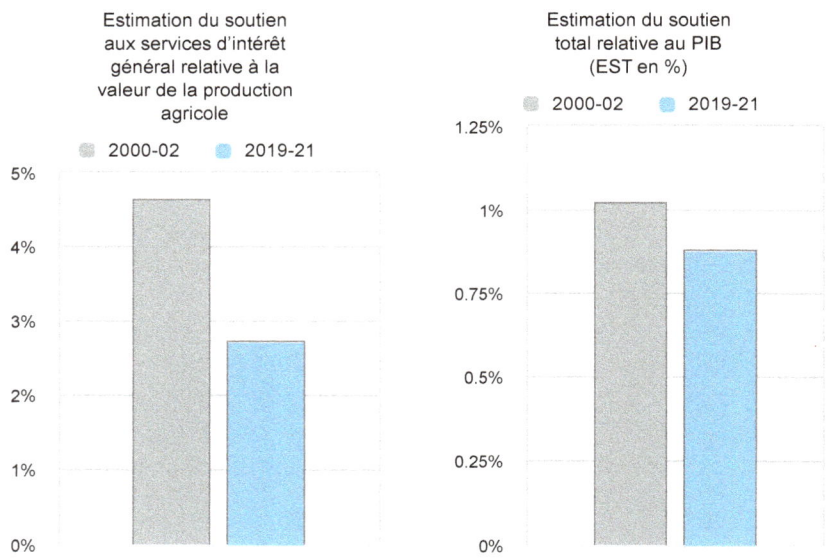

Source : OCDE (2022), « Estimations du soutien aux producteurs et aux consommateurs », Statistiques agricoles de l'OCDE (base de données), http://dx.doi.org/10.1787/agr-pcse-data-fr.

Graphique 3.6. Ensemble des pays : Transferts au titre d'un seul produit, en pourcentage des recettes agricoles brutes par produit, 2019-21

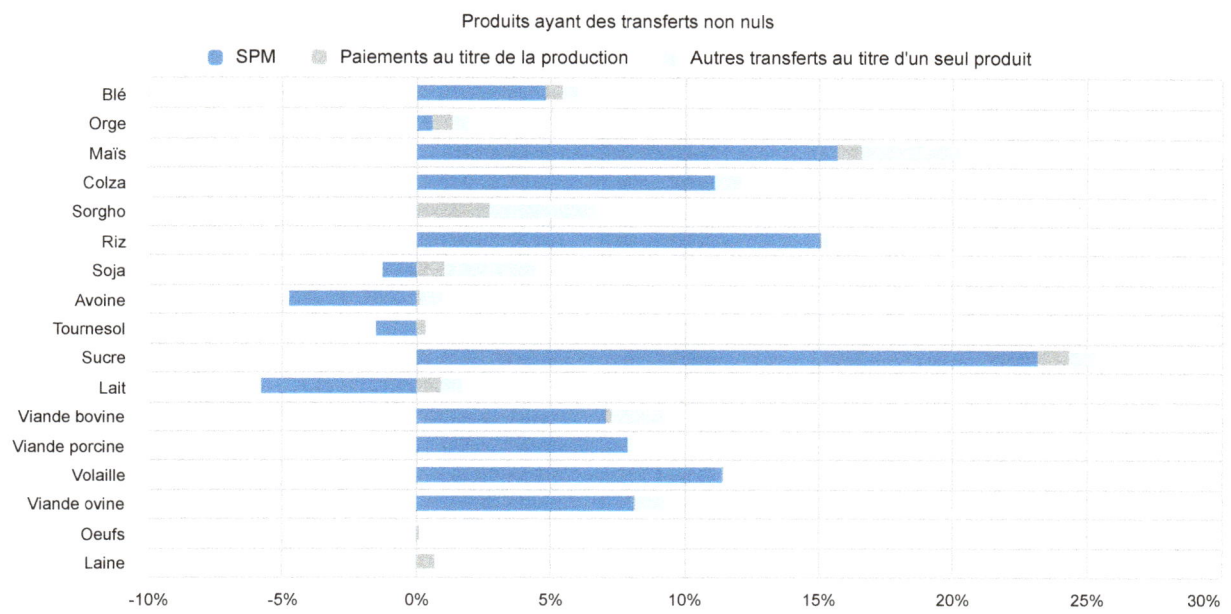

Source : OCDE (2022), « Estimations du soutien aux producteurs et aux consommateurs », Statistiques agricoles de l'OCDE (base de données), http://dx.doi.org/10.1787/agr-pcse-data-fr.

Tableau 3.3. Ensemble des pays : Estimations du soutien à l'agriculture

Millions USD

	2000-02	2019-21	2019	2020	2021p
Valeur totale de la production (en sortie de l'exploitation)	1 196 093	3 893 048	3 633 791	3 831 389	4 213 965
dont : part des produits SPM (%)	72.37	76.37	75.45	75.35	78.31
Valeur totale de la consommation (en sortie d'exploitation)	1 183 948	3 714 773	3 445 221	3 704 956	3 994 142
Estimation du soutien aux producteurs (ESP)	237 793	493 717	454 046	495 938	531 167
Soutien au titre de la production des produits de base	140 793	215 879	194 046	214 661	238 930
Soutien des prix du marché¹	125 424	200 393	186 745	199 154	215 281
Soutien positif des prix du marché	149 600	317 476	287 941	316 789	347 697
Soutien négatif des prix du marché	-24 176	-117 083	-101 197	-117 636	-132 416
Paiements au titre de la production	15 369	15 486	7 301	15 507	23 649
Paiements au titre de l'utilisation d'intrants	36 843	100 236	91 947	101 124	107 638
Utilisation d'intrants variables	19 491	59 858	52 492	62 159	64 922
avec contraintes sur les intrants	342	1 653	1 878	1 608	1 472
Formation de capital fixe	9 545	28 230	28 399	27 885	28 405
avec contraintes sur les intrants	630	3 195	3 365	2 960	3 259
Services utilisés sur l'exploitation	7 808	12 149	11 056	11 079	14 312
avec contraintes sur les intrants	967	1 711	1 533	1 721	1 880
Paiements au titre des S/Na/Rec/Rev courants, production requise	42 194	88 121	86 482	85 988	91 892
Au titre des Recettes / du Revenu	3 986	7 160	6 918	6 973	7 590
Au titre de la Superficie cultivée / du Nombre d'animaux	38 209	80 960	79 564	79 015	84 302
avec contraintes sur les intrants	16 898	42 708	45 844	40 487	41 794
Paiements au titre des S/Na/Rec/Rev non courants, production requise	71	2 159	2 373	1 982	2 123
Paiements au titre des S/Na/Rec/Rev non courants, production facultative	14 091	78 544	71 438	83 338	80 856
Avec taux de paiement variables	4 318	8 754	6 366	13 334	6 563
avec exceptions sur les produits	4 079	8 582	6 229	13 152	6 364
Avec taux de paiement fixes	9 773	69 789	65 071	70 004	74 293
avec exceptions sur les produits	6 081	2 729	2 515	2 588	3 084
Paiements sur critères non liés à des produits de base	3 664	6 850	6 297	6 759	7 495
Retrait de ressources à long terme	3 358	5 025	4 567	4 935	5 573
Production de produits particuliers autres que produits de base	237	1 713	1 665	1 686	1 787
Autres critères non liés à des produits de base	69	113	65	137	136
Paiements divers	136	1 927	1 463	2 086	2 232
ESP en pourcentage (%)	18.17	11.79	11.64	12.01	11.73
CNP des producteurs (coeff.)	1.13	1.07	1.06	1.07	1.07
CNS aux producteurs (coeff.)	1.22	1.13	1.13	1.14	1.13
Estimation du soutien aux services d'intérêt général (ESSG)	55 525	106 337	100 245	107 840	110 925
Système de connaissances et d'innovation agricoles	10 996	25 767	26 204	24 475	26 622
Services d'inspection et de contrôle	2 715	8 815	8 565	8 818	9 063
Développement et entretien des infrastructures	23 354	45 429	40 405	48 036	47 846
Commercialisation et promotion	5 600	7 466	5 875	8 317	8 207
Coût du stockage public	10 384	16 789	17 138	16 165	17 065
Divers	2 475	2 069	2 058	2 029	2 121
ESSG en pourcentage (% de l'EST)	17.26	15.18	16.17	14.75	14.79
Estimation du soutien aux consommateurs (ESC)	-118 330	-183 172	-180 066	-171 253	-198 197
Transferts des consommateurs aux producteurs	-125 915	-230 875	-200 757	-230 103	-261 764
Autres transferts des consommateurs	-22 399	-73 975	-55 356	-88 335	-78 235
Transferts des contribuables aux consommateurs	28 315	100 243	65 756	127 150	107 825
Surcoût de l'alimentation animale	1 669	21 434	10 292	20 035	33 977
ESC en pourcentage (%)	-10.24	-5.07	-5.33	-4.79	-5.10
CNP des consommateurs (coeff.)	1.14	1.09	1.08	1.09	1.09
CNS aux consommateurs (coeff.)	1.11	1.05	1.06	1.05	1.05
Estimation du soutien total (EST)	321 633	700 297	620 047	730 928	749 916
Transferts des consommateurs	148 314	304 850	256 113	318 437	339 999
Transferts des contribuables	195 717	469 423	419 289	500 825	488 153
Recettes budgétaires	-22 399	-73 975	-55 355	-88 335	-78 235
EST en pourcentage (% du PIB)	1.02	0.88	0.79	0.96	0.88
Estimation du soutien budgétaire total (ESBT)	196 209	499 904	433 302	531 774	534 635
ESBT en pourcentage (% du PIB)	0.63	0.63	0.56	0.70	0.62

Note : p : provisoire. CNP : Coefficient nominal de protection. CNS : Coefficient nominal de soutien.
S/Na/Rec/Rev : Superficie cultivée/Nombre d'animaux/Recettes/Revenu.
Le total de l'ensemble des pays inclut tous les pays OCDE, les pays membres de l'UE non-OECD, et les économies émergentes: l'Argentine, le Brésil, la Chine, l'Inde, l'Indonésie, le Kazakhstan, les Philippines, la Fédération de Russie, l'Afrique de Sud, l'Ukraine et le Viet Nam. Le total de l'ensemble des pays inclut les données de tous les pays pour 2000-02, sauf la Lettonie et la Lituanie, pour lesquels les données ne sont pas disponibles.
1. Le soutien des prix du marché (SPM) s'entend net de prélèvements aux producteurs et de surcoût de l'alimentation animale. Produits SPM : se reporter aux notes des tableaux des différents pays.
Source : OCDE (2022), « Estimations du soutien aux producteurs et aux consommateurs », *Statistiques agricoles de l'OCDE* (base de données).
http://dx.doi.org/10.1787/agr-pcse-data-fr

Notes

[1] Le total pour l'OCDE ne comprend pas les pays de l'UE non-membres de l'OCDE.

[2] Les économies émergentes étudiées dans le présent rapport sont les suivantes : Afrique du Sud, Argentine, Brésil, Fédération de Russie, Inde, Indonésie, Kazakhstan, Philippines, République populaire de Chine (ci-après la « Chine »), Ukraine et Viet Nam.

4 Argentine

Soutien à l'agriculture

En Argentine, le soutien aux producteurs est négatif depuis le début des années 2000, conséquence des taxes à l'exportation qui font baisser les prix intérieurs perçus par les producteurs. Les paiements limités reçus par les producteurs sont axés sur le soutien à l'utilisation d'intrants, principalement sous forme de crédits à des taux préférentiels.

Les fluctuations du soutien s'expliquent par la variation des taxes à l'exportation et par l'instabilité de la conjoncture macroéconomique, par exemple par la forte dépréciation du peso argentin depuis 2018. La valeur négative la plus basse du niveau de soutien a été de -51.1 % des recettes agricoles brutes en 2008. Elle a ensuite diminué pour s'établir à -10.3 % en 2017 et à -18.3 % en 2019-21. Le soutien négatif des prix du marché est la principale composante de l'estimation du soutien aux producteurs (ESP). Par conséquent, 99 % des transferts découlant de l'action publique ont créé des distorsions importantes en 2019-21. Le ratio du prix à la production au prix à la frontière (CNP) a atteint 0.84 en 2019-21, ce qui signifie que les prix à la production ont été en moyenne de 16 % inférieurs aux prix du marché mondial.

Le soja, principal produit d'exportation, est soumis au plus fort taux de taxes à l'exportation et enregistre le soutien au titre d'un seul produit (TSP) le plus négatif, équivalent à 45 % des recettes agricoles brutes par produit. Plusieurs céréales et produits animaux présentent de même des TSP négatifs, alors que le soutien des prix et les TSP sont positifs pour la viande porcine et pour les œufs.

Les acheteurs de produits agricoles en amont de la chaîne bénéficient de prix à la sortie de l'exploitation inférieurs aux prix mondiaux. Compte tenu de l'ESP négative, les consommateurs profitent d'une estimation du soutien aux consommateurs positive s'élevant à 20.5 % des dépenses aux prix au départ de l'exploitation.

En proportion de la valeur de la production agricole, le soutien aux services d'intérêt général (ESSG) a légèrement diminué, passant de 0.6 % en 2000-02 à 0.5 % en 2019-21, une part inférieure à la moyenne de l'OCDE. Les dépenses consacrées aux systèmes d'innovation agricole sont la principale composante de l'ESSG. Ces vingt dernières années, la production et les exportations agricoles ont enregistré une croissance dynamique grâce à un secteur privé innovant, ainsi qu'au soutien fourni par les services publics, notamment dans le domaine des connaissances, de la recherche, de la vulgarisation et des contrôles sanitaires.

En Argentine, la majeure partie du soutien budgétaire à l'agriculture cible l'ESSG plutôt que les producteurs à titre individuel. Le soutien budgétaire total (ESBT) aux agriculteurs et au secteur dans son ensemble a représenté 0.1 % du PIB, bien en deçà de la valeur absolue du soutien négatif des prix du marché, ce qui rend l'estimation du soutien total à l'agriculture (EST) également négative tout au long de la période couverte : -1.1 % du PIB en 2000-02 et -1.9 % en 2019-21.

Évolutions récentes de l'action publique

En décembre 2021, le pays a supprimé les taxes à l'exportation de plusieurs produits, dont les arachides, le maïs pour pop-corn, les semences, les fruits et légumes préparés, la farine d'avoine, le seigle, les pois chiches, les lentilles, les haricots, l'avoine perlée ou aplatie, les flocons de pomme de terre, l'amidon de pomme de terre et de manioc, et les produits biologiques. Cependant, ces taxes sont maintenues pour des produits clés tels que le soja et la viande bovine. Jusqu'en 2022, le gouvernement a adapté le taux des taxes à l'exportation par la voie de décrets discrétionnaires en utilisant une autorisation spéciale du Congrès justifiée par la situation d'« urgence économique ». Ces pouvoirs exécutifs spéciaux ont expiré le 1er janvier 2022 car la loi sur le budget 2022 n'a pas été approuvée au Congrès.

En août 2021, le Congrès a adopté une nouvelle loi sur les biocarburants qui ramène le taux d'incorporation obligatoire de biocarburant de 10 % à 5 % et autorise le Secrétariat de l'énergie à réduire le taux à un minimum de 3 % et à diminuer le taux d'incorporation de maïs dans le bioéthanol. Ces réductions pourraient influer sur les investissements dans les biocarburants jusqu'à la date d'expiration prévue de la nouvelle loi en décembre 2030.

Le SENASA, organisme responsable de la santé des plantes et des animaux et de la sécurité des aliments, a pris plusieurs décisions concernant le secteur de la viande porcine. Il a établi les Commissions nationales pour la santé et le bien-être pour le porc et pour d'autres espèces animales, qui servent d'organes de partage et d'échange d'informations et de collecte des demandes, des avis et des propositions des parties prenantes et d'autres organismes publics dans le cadre du processus décisionnel en matière de santé animale. Une nouvelle réglementation sur la reconnaissance officielle du statut « indemne de maladie » des élevages porcins définit des procédures conformes aux normes de l'Organisation mondiale de la santé animale (OIE) sur les statuts zoosanitaires. À la suite de l'apparition de foyers de peste porcine africaine (PPA) en République dominicaine et à Haïti, le SENASA a lancé une alerte sanitaire en novembre 2021 couvrant l'ensemble du territoire argentin et adoptant et renforçant les mesures de prévention visant à réduire les risques d'entrée de la maladie.

Évaluation et recommandations

- Compte tenu de la part élevée (30 %) d'émissions de gaz à effet de serre (GES) provenant de l'agriculture, pour tenir son engagement de réduire les émissions nationales de 19 % en 2030 par rapport aux niveaux de 2007, l'Argentine gagnerait à fixer des objectifs d'atténuation propres au secteur agricole et définir des mesures pour atteindre ces objectifs.

- Les mesures proposées dans les contributions déterminées au niveau national (CDN) pour le secteur de l'agriculture et de l'élevage, comme la promotion des pratiques durables et résilientes, la prévention et le transfert des risques climatiques, ainsi que la recherche et le renforcement des capacités, sont bienvenues. Les plans de mise en œuvre des CDN, en cours d'élaboration, notamment pour la déforestation, devraient être concrets et contrôlés.

- L'inventaire récent des émissions de GES du secteur agricole est utile pour appuyer la conception, la mise en œuvre et la surveillance des politiques d'atténuation. Les initiatives visant à mieux estimer l'empreinte carbone, comme celle menée récemment pour le vin, peuvent renforcer la sensibilisation des agriculteurs et la capacité à mettre en œuvre et à surveiller les pratiques d'atténuation des émissions au niveau des exploitations et tout au long de la chaîne de valeur. Les projets de recherche tels que ceux menés par l'Institut national de technologie agricole (Instituto Nacional de Tecnología Agropecuaria – INTA) peuvent favoriser l'adoption de pratiques d'atténuation des émissions.

- Les taxes et autres restrictions visant les exportations agricoles devraient être progressivement supprimées pour un système fiscal adapté à l'ensemble de l'économie, ce qui renforcerait aussi la stabilité budgétaire en s'appuyant sur d'autres sources de recettes fiscales. Les restrictions imprévisibles des exportations découragent les investissements à long terme et réduisent la sécurité alimentaire mondiale. La politique agricole pourrait s'inscrire davantage dans un cadre stratégique général à long terme, et évoluer vers des mesures plus neutres, stables, prévisibles et ciblées.

- Le programme « L'Argentine contre la faim » (Argentina contra el Hambre) offre une aide financière mensuelle aux consommateurs par l'intermédiaire d'une carte électronique. Ce type de soutien aux consommateurs au moyen de mesures sociales est plus efficace que des mesures commerciales destinées à faire baisser les prix intérieurs des produits de base, qui ne représentent qu'une faible part des dépenses alimentaires. Ce programme s'est avéré utile pour fournir une aide alimentaire aux populations vulnérables dans le contexte de la pandémie de COVID-19. Toutefois, les programmes de ce type devraient cibler les personnes qui en ont le plus besoin et leur mise en œuvre doit être contrôlée.

- Afin de pouvoir fournir les prestations de recherche et de vulgarisation et les autres biens publics nécessaires à l'innovation agricole, et donc accélérer la croissance de la productivité (qui n'a été que de 0.3 % en moyenne ces dix dernières), l'Argentine doit mettre en place un suivi systématique des activités et des résultats dans les secteurs de la R-D et de l'innovation, mais aussi définir et mettre en œuvre des priorités stratégiques. La politique d'innovation devrait être axée sur les biens publics dans les domaines où le secteur privé a des difficultés à contribuer, tels que ceux liés à la durabilité et aux chaînes de valeur moins développées, ou pour les économies régionales hors de la région de la Pampa. Pour améliorer les performances environnementales du secteur agricole, il faudra également disposer de meilleurs systèmes de suivi et d'information, de manière à mieux concevoir les mesures mises en œuvre.

- Le fonds spécial du tabac (Fondo especial del tabaco – FET), qui dispose d'un budget proche de celui de l'INTA, devrait être réformé. Les paiements au titre de la production réservés aux producteurs de tabac ne contribuent pas à l'atteinte des objectifs sociaux et devraient être supprimés. Les ressources pourraient être utilisées pour aider les régions pauvres productrices de tabac à diversifier leurs cultures en investissant dans le capital humain et physique ou pour mettre en place des mesures sociales ciblées. Cette réforme devrait inclure un suivi et une évaluation de l'ensemble des initiatives mises en œuvre par les provinces.

Graphique 4.1. Argentine : Évolution du soutien à l'agriculture

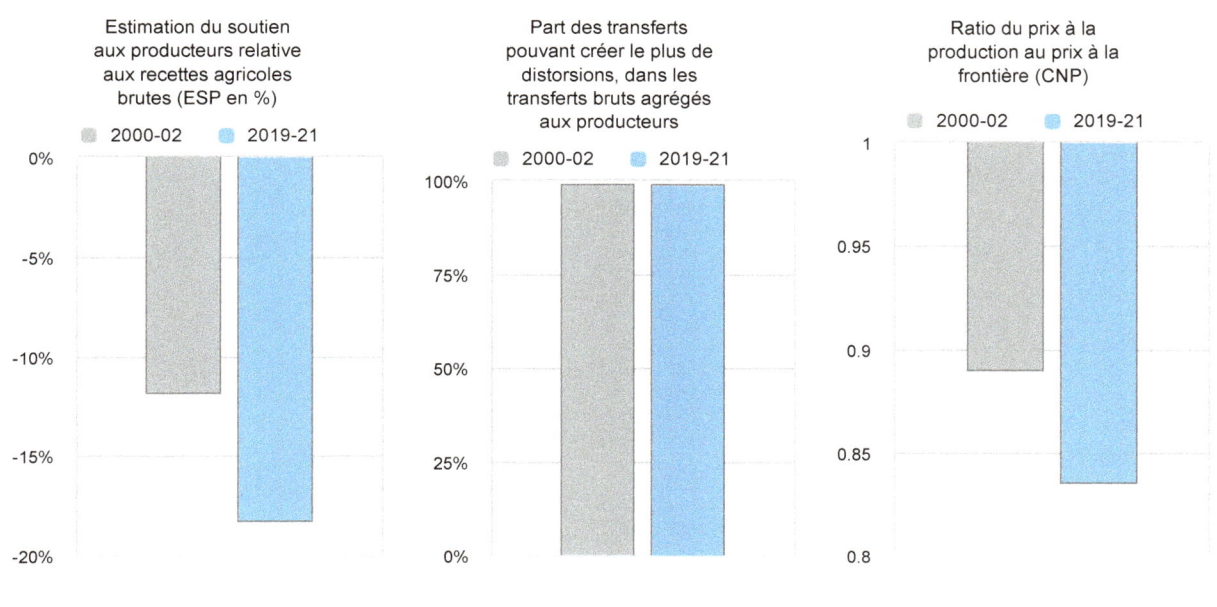

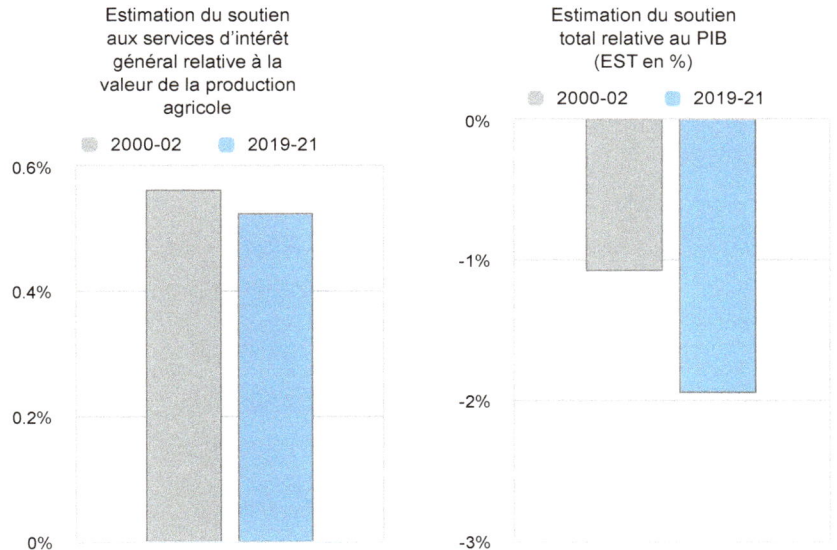

Source : OCDE (2022), « Estimations du soutien aux producteurs et aux consommateurs », Statistiques agricoles de l'OCDE (base de données), http://dx.doi.org/10.1787/agr-pcse-data-fr.

Graphique 4.2. Argentine : Moteurs du changement de l'ESP, 2020 à 2021

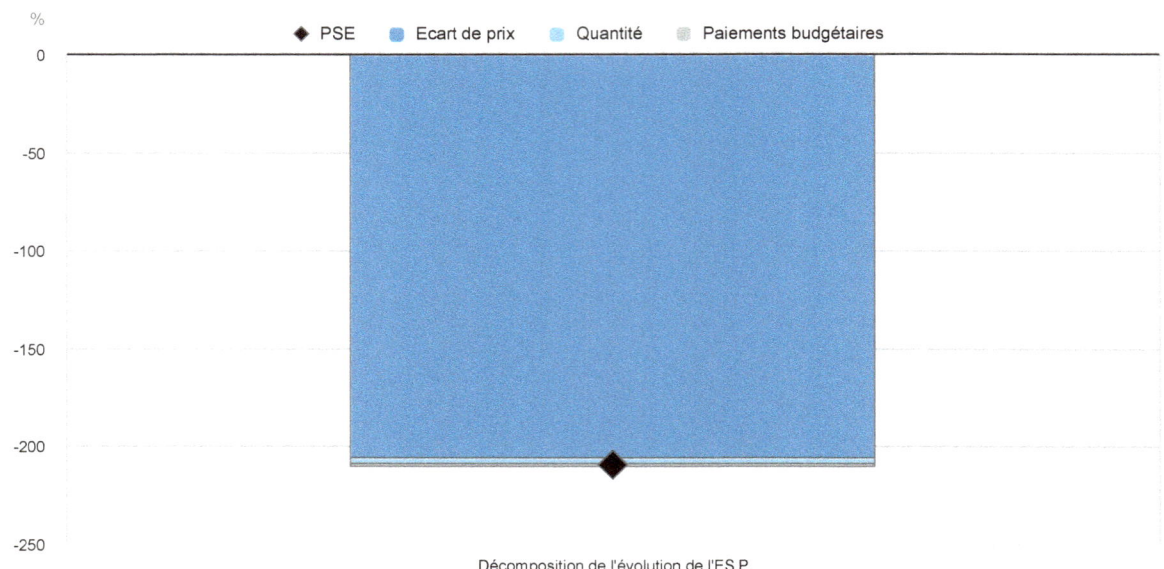

Note : La variation du prix à la production et la variation du prix à la frontière ne sont pas calculées lorsque l'écart de prix négatif se produit au niveau des produits de base pour l'année en cours ou précédente.
Source : OCDE (2022), « Estimations du soutien aux producteurs et aux consommateurs », Statistiques agricoles de l'OCDE (base de données), http://dx.doi.org/10.1787/agr-pcse-data-fr.

Graphique 4.3. Argentine : Transferts au titre d'un produit, en pourcentage des recettes agricoles brutes par produit, 2019-21

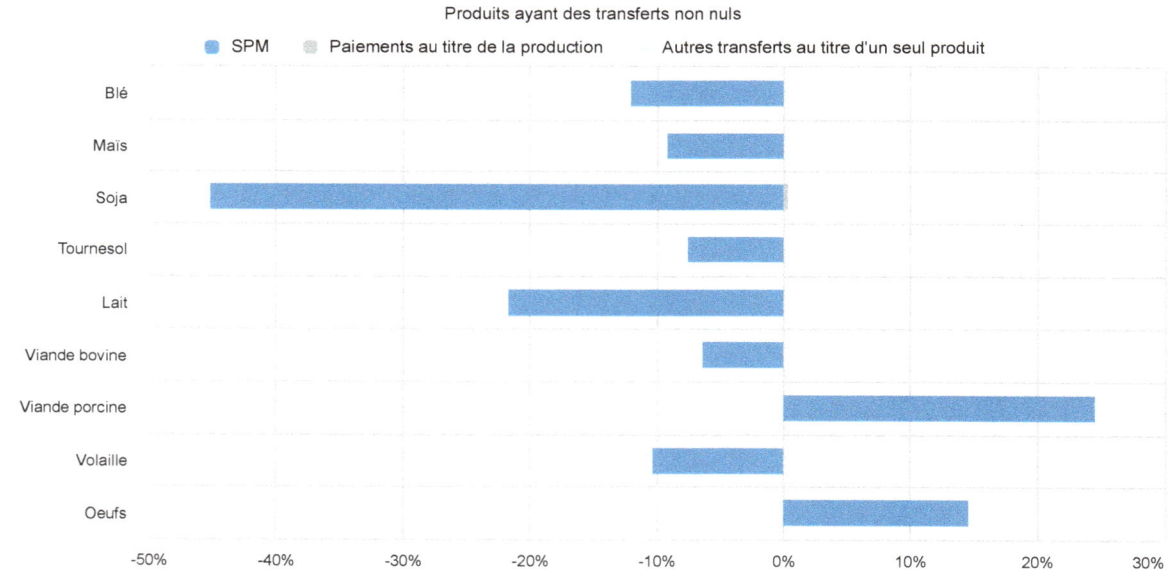

Source : OCDE (2022), « Estimations du soutien aux producteurs et aux consommateurs », Statistiques agricoles de l'OCDE (base de données), http://dx.doi.org/10.1787/agr-pcse-data-fr.

Tableau 4.1. Argentine : Évolution du soutien à l'agriculture

Millions USD

	2000-02	2019-21	2019	2020	2021p
Valeur totale de la production (en sortie de l'exploitation)	17 022	46 894	41 266	43 830	55 587
dont : part des produits SPM (%)	85.72	84.70	83.60	85.30	85.19
Valeur totale de la consommation (en sortie d'exploitation)	7 998	32 058	26 863	31 967	37 344
Estimation du soutien aux producteurs (ESP)	-1 035	-8 996	-11 760	-4 614	-10 614
Soutien au titre de la production des produits de base	-1 069	-9 103	-11 873	-4 702	-10 736
Soutien des prix du marché¹	-1 131	-9 192	-11 952	-4 864	-10 760
Soutien positif des prix du marché	150	294	257	205	419
Soutien négatif des prix du marché	-1 280	-9 486	-12 209	-5 069	-11 179
Paiements au titre de la production	62	89	79	163	24
Paiements au titre de l'utilisation d'intrants	34	104	110	85	118
Utilisation d'intrants variables	2	6	2	6	11
avec contraintes sur les intrants	0	0	0	0	0
Formation de capital fixe	23	76	84	59	85
avec contraintes sur les intrants	0	0	0	0	0
Services utilisés sur l'exploitation	8	22	24	20	23
avec contraintes sur les intrants	0	0	0	0	0
Paiements au titre des S/Na/Rec/Rev courants, production requise	0	3	3	2	3
Au titre des Recettes / du Revenu	0	0	0	0	0
Au titre de la Superficie cultivée / du Nombre d'animaux	0	3	3	2	3
avec contraintes sur les intrants	0	0	0	0	0
Paiements au titre des S/Na/Rec/Rev non courants, production requise	0	0	0	0	0
Paiements au titre des S/Na/Rec/Rev non courants, production facultative	0	0	0	0	0
Avec taux de paiement variables	0	0	0	0	0
avec exceptions sur les produits	0	0	0	0	0
Avec taux de paiement fixes	0	0	0	0	0
avec exceptions sur les produits	0	0	0	0	0
Paiements sur critères non liés à des produits de base	0	0	0	0	0
Retrait de ressources à long terme	0	0	0	0	0
Production de produits particuliers autres que produits de base	0	0	0	0	0
Autres critères non liés à des produits de base	0	0	0	0	0
Paiements divers	0	0	0	0	0
ESP en pourcentage (%)	-11.86	-18.27	-28.37	-10.47	-19.05
CNP des producteurs (coeff.)	0.89	0.84	0.77	0.90	0.83
CNS aux producteurs (coeff.)	0.89	0.85	0.78	0.91	0.84
Estimation du soutien aux services d'intérêt général (ESSG)	116	262	292	264	230
Système de connaissances et d'innovation agricoles	66	146	168	150	120
Services d'inspection et de contrôle	33	83	93	80	75
Développement et entretien des infrastructures	17	31	30	31	33
Commercialisation et promotion	0	2	1	3	1
Coût du stockage public	0	0	0	0	0
Divers	0	0	0	0	0
ESSG en pourcentage (% de l'EST)	..	..	..	..	..
Estimation du soutien aux consommateurs (ESC)	456	6 838	8 377	4 138	8 000
Transferts des consommateurs aux producteurs	483	7 218	8 935	4 025	8 694
Autres transferts des consommateurs	-6	106	-2	313	7
Transferts des contribuables aux consommateurs	0	0	0	0	0
Surcoût de l'alimentation animale	-21	-486	-556	-201	-701
ESC en pourcentage (%)	12.59	20.51	31.18	12.94	21.42
CNP des consommateurs (coeff.)	0.88	0.82	0.75	0.88	0.81
CNS aux consommateurs (coeff.)	0.89	0.83	0.76	0.89	0.82
Estimation du soutien total (EST)	-919	-8 734	-11 468	-4 351	-10 385
Transferts des consommateurs	-477	-7 324	-8 933	-4 339	-8 701
Transferts des contribuables	-436	-1 516	-2 532	-325	-1 691
Recettes budgétaires	-6	106	-2	313	7
EST en pourcentage (% du PIB)	-1.07	-1.95	-2.58	-1.14	-2.12
Estimation du soutien budgétaire total (ESBT)	212	458	484	513	375
ESBT en pourcentage (% du PIB)	0.10	0.10	0.11	0.13	0.08
Déflateur du PIB (2000-02=100)	100	6 863	4 483	6 272	9 833
Taux de change (monnaie nationale par USD)	1.70	71.32	48.23	70.64	95.08

.. Non disponible

Note : p : provisoire. CNP : Coefficient nominal de protection. CNS : Coefficient nominal de soutien.

S/Na/Rec/Rev : Superficie cultivée/Nombre d'animaux/Recettes/Revenu.

1. Le soutien des prix du marché (SPM) s'entend net de prélèvements aux producteurs et de surcoût de l'alimentation animale. Les produits SPM pour l'Argentine sont : le blé, le maïs, le soja, le tournesol, les fruits et légumes, le lait, la viande bovine et porcine, la volaille et les oeufs.

Source : OCDE (2022), « Estimations du soutien aux producteurs et aux consommateurs », *Statistiques agricoles de l'OCDE* (base de données). http://dx.doi.org/10.1787/agr-pcse-data-fr.

5 Australie

Soutien à l'agriculture

Le soutien de l'Australie aux producteurs agricoles (ESP) se classe parmi les plus bas des pays de l'OCDE ; il est estimé à 3.1 % des recettes agricoles brutes pour la période 2019-21, le soutien total à l'agriculture (EST) représentant 0.2 % du PIB.

Le soutien des prix de marché (SPM) pour les producteurs a pris fin en 2000, et les prix intérieurs des principaux produits agricoles de l'Australie sont à parité avec les prix mondiaux depuis lors. En 2019-21, les subventions aux intrants représentaient plus de la moitié du soutien aux producteurs. Une grande part de ces fonds a servi à financer des investissements sur les lieux d'exploitation, y compris à la suite d'événements préjudiciables. Le reste du soutien aux producteurs (30 % environ de l'ESP) a pris la forme d'indemnités versées au titre des calamités naturelles, de paiements de soutien des revenus et de programmes de lissage des revenus visant à remédier aux fluctuations de trésorerie, comme les dépôts de gestion agricole (*Farm Management Deposits*) et le dispositif d'étalement de l'impôt sur le revenu.

En 2019-21, la part de l'estimation du soutien aux services d'intérêt général (ESSG) s'est établie, en moyenne, à 2.6 % de la valeur de la production agricole, ce qui est bien plus élevé qu'à la fin des années 80 (0.7 %) et au début des années 2000 (1.9 %), mais inférieur à la moyenne de l'OCDE. L'Australie dispose d'un vaste système de connaissances et d'innovation agricoles, et consacre un quart environ du total de ses dépenses publiques destinées à l'agriculture au soutien de la recherche-développement (R-D), à l'innovation et aux services de vulgarisation (contre 6 % seulement dans la zone de l'OCDE). Pour l'essentiel, les dépenses restantes comprises dans l'ESSG correspondent au budget public alloué aux services d'inspection et de contrôle dans le domaine de la biosécurité ainsi qu'au développement et à la modernisation des infrastructures, principalement les infrastructures de l'eau.

Évolutions récentes de l'action publique

En mai 2021, l'Australie a lancé la stratégie de mise en œuvre du Programme Ag2030, qui vise à ce que la production sortie des exploitations atteigne 100 milliards AUD (75.1 milliards USD) en valeur à l'horizon 2030. Cette stratégie s'articule autour de sept thématiques : les échanges et les exportations ; la biosécurité ; la bonne gestion des terres et de l'eau ; des chaînes d'approvisionnement solides et résilientes ; l'eau et les infrastructures ; l'innovation et la recherche ; et le capital humain. En octobre 2021, les pouvoirs publics ont publié la Déclaration de politique nationale sur l'innovation agricole (*National Agricultural Innovation Policy Statement*), qui définit quatre nouvelles priorités en matière d'innovation agricole, à savoir les exportations, la résilience face au changement climatique, la biosécurité et l'agriculture numérique.

Les programmes de préparation aux sécheresses ont très largement retenu l'attention des pouvoirs publics en 2021. Des fonds supplémentaires ont été consacrés aux services d'information climatique dans le cadre du fonds créé en prévision des sécheresses à venir, à l'élaboration d'indicateurs de sécheresse pour un nouveau système d'alerte précoce, ainsi qu'à l'achat d'équipements liés à l'eau et à leur installation dans les exploitations pour assurer une meilleure préparation aux épisodes de sécheresse.

En mars 2021, le gouvernement a présenté une feuille de route pour attirer, conserver, perfectionner et moderniser la main d'œuvre agricole (*Australian Government Roadmap to Attract, Retain, Upskill and Modernise the Agriculture Workforce*), qui a été suivie d'initiatives visant à créer des emplois dans le secteur de l'agriculture. En août 2021, les pouvoirs publics ont annoncé la mise en place du Programme australien de visas agricoles (*Australian Agriculture Visa*) pour pallier les pénuries de main-d'œuvre dans le secteur.

L'augmentation des fonds alloués au Dispositif pour une bonne gestion de la biodiversité en agriculture (*Agriculture Biodiversity Stewardship Package*) permettra d'accorder des paiements aux agriculteurs en vue de protéger, de gérer et d'améliorer la végétation endémique ; de mettre en œuvre un Dispositif australien de certification de la biodiversité agricole (*Australian Farm Biodiversity Certification Scheme*) ; et de créer une Plateforme nationale d'échange de certificats de bonne gestion (*National Stewardship Trading Platform*), qui mettra en relation des agriculteurs et des acheteurs dans le cadre de transactions touchant à la biodiversité. En vertu du projet pilote « Carbone + Biodiversité » (*Carbon + Biodiversity pilot*), fondé sur un mécanisme de marché, les agriculteurs perçoivent, en contrepartie d'une amélioration de la biodiversité, une rémunération cumulable avec les revenus pouvant être accordés au titre de projets de séquestration du carbone relevant du Fonds de réduction des émissions (*Emissions Reduction Fund*). La Stratégie nationale des sols (*National Soil Strategy*), lancée en mai 2021, définit de quelle manière l'Australie va valoriser, gérer et améliorer la qualité de ses sols au cours des 20 prochaines années. Cette stratégie vient compléter le Programme national des sols (*National Soil Package*), qui finance la recherche scientifique, la collecte de données et les services de vulgarisation relatifs aux sols pour la période 2021-25.

De nouvelles mesures en faveur de la biosécurité prévoient d'investir dans des dispositifs de pointe pour empêcher l'accès d'espèces nuisibles et des maladies (notamment la peste porcine africaine) au territoire australien, moderniser les systèmes informatiques et les outils d'analyse des données et renforcer les capacités de détection et de gestion des menaces internationales. Les financements accordés via le Programme d'assurance des exportations de produits laitiers (*Dairy Export Assurance Programme*) et les mesures prises dans le contexte de la pandémie de COVID-19 facilitent également l'accès aux marchés d'exportation. Ces dernières incluent le programme de lutte contre l'engorgement à destination des exportateurs de produits agricoles (*Busting Congestion for Agricultural Exporters Package*), qui vise à simplifier la réglementation des exportations et accélérer le déploiement des services numériques auprès des exportateurs, ainsi que l'Initiative pour le développement du secteur agro-industriel (*Agri-Business Expansion Initiative*), qui aide les agriculteurs à conserver, diversifier et élargir leurs marchés d'exportation. Des fonds supplémentaires ont été consacrés à la réforme des systèmes d'échange australiens, qui a reposé sur une simplification de la réglementation et la création d'un guichet unique dédié aux formalités commerciales. Le mécanisme d'assistance au transport aérien de marchandises (*International Freight Assistance Mechanism*) a été prolongé jusqu'en juin 2022 et assorti de mesures supplémentaires pour maintenir les filières d'approvisionnement internationales, qui sont perturbées par la pandémie de COVID-19.

L'accord de partenariat économique régional global (RCEP) conclu entre l'Association des nations de l'Asie du Sud-Est (ASEAN), l'Australie, la République populaire de Chine (ci-après « la Chine »), le Japon, la Corée et la Nouvelle-Zélande est entré en vigueur en janvier 2022. Un nouvel accord commercial a également été signé avec le Royaume-Uni en décembre 2021 et devrait entrer en vigueur en 2022.

Évaluation et recommandations

- L'agriculture australienne pâtit de plus en plus du changement climatique, qui se traduit par une plus grande variabilité des précipitations et des températures ainsi qu'un accroissement de la fréquence des événements météorologique extrêmes. Le secteur de l'agriculture, qui produit 13 % des émissions de gaz à effet de serre (GES) de l'Australie, pourrait participer à la réalisation de l'objectif de zéro émissions nettes dans l'ensemble des secteurs de l'économie à l'horizon 2050. Il est certes visé par les objectifs de réduction des émissions fixés par l'Australie pour l'économie dans son ensemble, mais la définition d'objectifs propres à l'agriculture peut être utile pour cibler les efforts d'atténuation et mesurer les progrès. Les pouvoirs publics devront aussi agir plus énergiquement pour faire baisser les émissions de méthane, qui représentent 78 % des émissions agricoles totales de l'Australie. En rejoignant l'Engagement mondial sur le méthane, initiative volontaire à laquelle ont souscrit plus de 100 pays (dont 29 membres de l'OCDE) lors de la COP26, l'Australie signalerait qu'elle est consciente de la nécessité de réduire ses émissions de méthane d'ici à 2030 et agirait dans la logique des mesures qu'elle applique pour limiter les émissions imputables au secteur de l'élevage.

- Les fonds investis dans le développement et la commercialisation de technologies de réduction des émissions ciblent, à raison, la baisse des émissions de méthane liées à l'élevage. Cependant, on ignore encore dans quelle mesure ces technologies pourront être déployées à grande échelle dans le cas des exploitations de bovins et ovins élevés à l'herbe. Pour aider le secteur de la viande à atteindre la neutralité carbone d'ici à 2030, il conviendra de mettre en place toute une panoplie de mesures (subventions, taxes sur les émissions, normes et règlements) afin d'inciter les agriculteurs à se doter de nouvelles technologies à faibles émissions.

- Le Fonds de réduction des émissions (*Emissions Reduction Fund* – ERF) soutient des projets qui visent à réduire ou éviter les émissions de GES (y compris d'origine agricole) ou à stocker le carbone. En l'absence de dispositif national de tarification du carbone, un déploiement plus large de l'ERF, qui a eu jusqu'à présent des effets limités, pourraient contribuer à réduire davantage les émissions du secteur de l'agriculture.

- Quand bien même le système de crédits carbone australiens (*Australian Carbon Credit Units* – ACCU) a bonne réputation tant au niveau national qu'international, des questions se posent quant à l'additionnalité de certains crédits, notamment ceux liés à des projets de régénération naturelle ou à l'abandon de projets de déforestation. Des mesures visant à renforcer la confiance à l'égard de la transparence et de l'intégrité des ACCU devront être prises pour alimenter la confiance dans l'ERF et sa capacité à aider l'Australie à atteindre ses objectifs de réduction des émissions.

- L'Australie a un faible niveau de soutien à son secteur agricole. Les cadres d'action en vigueur mettent l'accent sur l'ouverture du marché, le renforcement de la résilience et les investissements dans des projets d'intérêt public, notamment la R-D dans les infrastructures hydrauliques et la biosécurité.

- Les pouvoirs publics ont pour défi majeur de veiller à maintenir la viabilité économique de l'agriculture australienne dans un contexte de pénurie de plus en plus importante en ressources naturelles. Lancé en 2019, le Plan d'intervention, de résilience et de préparation en cas de sécheresse (*Drought Response, Resilience and Preparedness Plan*) s'inscrit dans une démarche globale visant à renforcer la résilience et la préparation aux sécheresses sur le long terme tout en offrant un filet de sécurité aux agriculteurs et aux communautés confrontés à des difficultés financières.

- Des aides sont également prévues pour la modernisation des infrastructures hydrauliques et une gestion plus efficace des ressources en eau tant au niveau des exploitations qu'à plus grande échelle, au niveau des bassins hydrographiques. Dans le bassin Murray-Darling, la récupération de l'eau, rendue possible par la modernisation des infrastructures, devrait relever le niveau des résultats environnementaux obtenus tout en permettant de suivre précisément les effets d'une irrigation plus performante en termes d'augmentation de la consommation d'eau et de diminution des volumes restitués.

- La R-D est une composante essentielle des services d'intérêt général fournis au secteur, tandis que les services de vulgarisation et l'enseignement agricole reçoivent moins de financements. Le fonds créé en prévision des sécheresses à venir (*Future Drought Fund*) et le Programme national d'innovation agricole (*National Agricultural Innovation Agenda*) englobent tous deux la production et l'adoption d'innovations. Les services de transfert de connaissances devraient faire l'objet d'une attention continue, car ils facilitent l'adoption des innovations par les agriculteurs, ce qui accroît la productivité et la durabilité, et peut renforcer la capacité de gestion des risques sur les exploitations.

Graphique 5.1. Australie : Évolution du soutien à l'agriculture

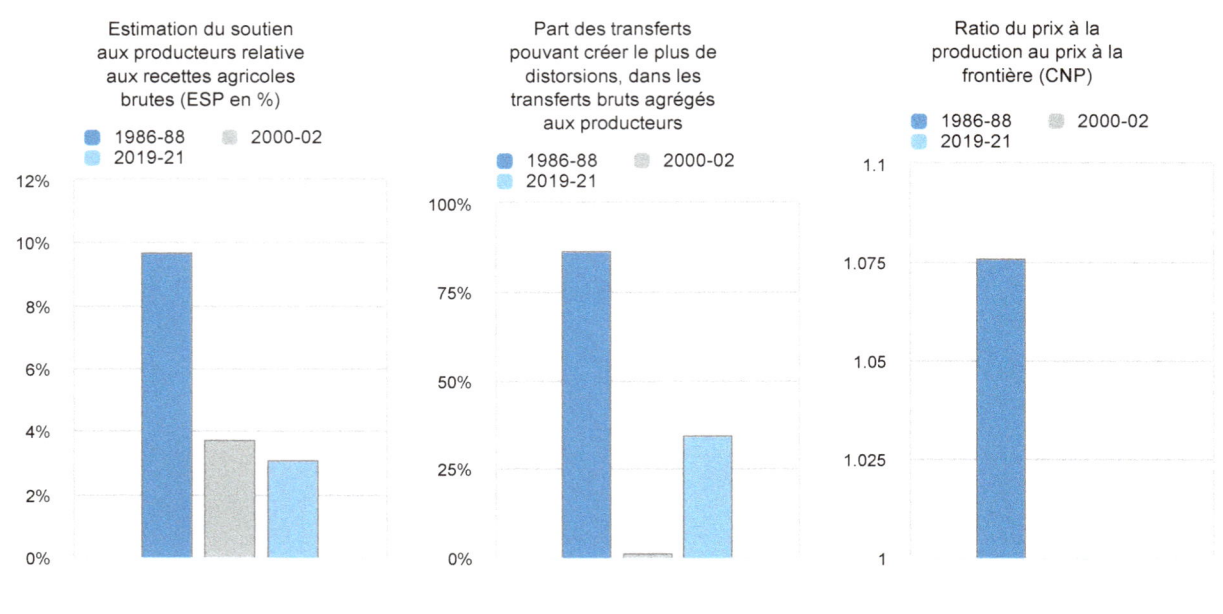

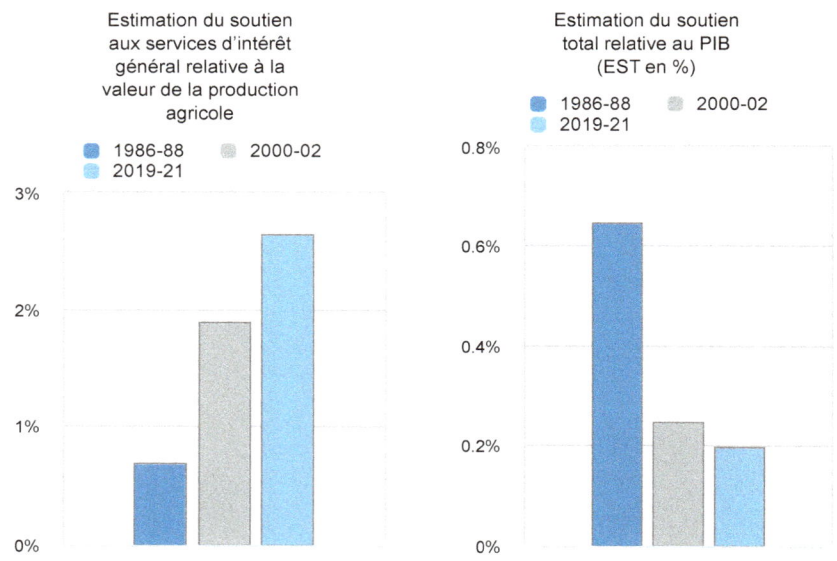

Source : OCDE (2022), « Estimations du soutien aux producteurs et aux consommateurs », *Statistiques agricoles de l'OCDE* (base de données), http://dx.doi.org/10.1787/agr-pcse-data-fr.

Graphique 5.2. Australie : Transferts au titre d'un produit, en pourcentage des recettes agricoles brutes par produit, 2019-21

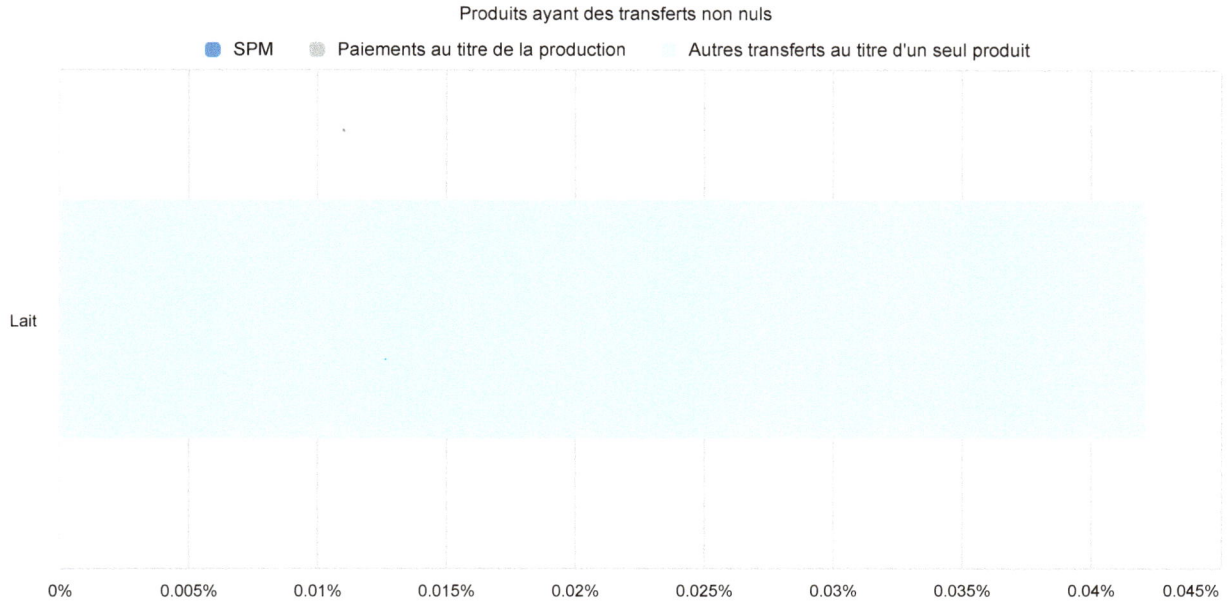

Source : OCDE (2022), « Estimations du soutien aux producteurs et aux consommateurs », *Statistiques agricoles de l'OCDE* (base de données), http://dx.doi.org/10.1787/agr-pcse-data-fr.

Tableau 5.1. Australie : Estimations du soutien à l'agriculture

Millions USD

	1986-88	2000-02	2019-21	2019	2020	2021p
Valeur totale de la production (en sortie de l'exploitation)	14 358	19 605	49 789	42 690	47 035	59 642
dont : part des produits SPM (%)	82.36	74.30	75.19	71.69	75.31	78.57
Valeur totale de la consommation (en sortie de l'exploitation)	5 072	7 514	19 826	22 906	17 090	19 483
Estimation du soutien aux producteurs (ESP)	1 411	761	1 587	1 414	1 600	1 747
Soutien au titre de la production des produits de base	1 000	0	0	0	0	0
Soutien des prix du marché[1]	1 000	0	0	0	0	0
Soutien positif des prix du marché	1 002	0	0	0	0	0
Soutien négatif des prix du marché	-2	0	0	0	0	0
Paiements au titre de la production	0	0	0	0	0	0
Paiements au titre de l'utilisation d'intrants	230	309	1 022	789	1 088	1 187
En fonction de l'utilisation d'intrants variables	217	14	558	299	657	717
avec contraintes sur les intrants	0	4	10	10	9	10
En fonction de la formation de capital fixe	4	145	324	331	307	335
avec contraintes sur les intrants	0	0	5	6	4	4
En fonction des services utilisés sur l'exploitation	9	149	140	160	124	135
avec contraintes sur les intrants	0	0	0	0	0	0
Paiements au titre des S/Na/Rec/Rev courants, production requise	0	11	271	332	230	251
Au titre des recettes/du revenu	0	11	271	332	230	251
Au titre de la superficie cultivée/du nombre d'animaux	0	0	0	0	0	0
avec contraintes sur les intrants	0	0	0	0	0	0
Paiements au titre des S/Na/Rec/Rev non courants, production requise	0	0	0	0	0	0
Paiements au titre des S/Na/Rec/Rev non courants, production facultative	181	442	273	285	255	278
Avec taux de paiement variables	181	343	269	282	251	274
avec exceptions sur les produits	0	110	103	149	76	83
Avec taux de paiement fixes	0	99	4	3	4	4
avec exceptions sur les produits	0	0	0	0	0	0
Paiements selon des critères non liés à des produits de base	0	0	21	7	27	30
En fonction du retrait de ressources à long terme	0	0	0	0	0	0
En fonction de la production de produits particuliers autres que des produits de base	0	0	0	1.	0	0
En fonction d'autres critères non liés à des produits de base	0	0	21	7	27	30
Paiements divers	0	0	0	0	0	0
ESP en pourcentage (%)	9.65	3.74	3.10	3.21	3.29	2.85
CNP des producteurs (coeff.)	1.08	1.00	1.00	1.00	1.00	1.00
CNS aux producteurs (coeff.)	1.11	1.04	1.03	1.03	1.03	1.03
Estimation du soutien aux services d'intérêt général (ESSG)	98	370	1 312	1 011	1 398	1 527
Système de connaissances et d'innovation agricoles	95	252	707	695	682	745
Services d'inspection et de contrôle	3	39	115	96	119	129
Développement et entretien des infrastructures	0	75	222	139	252	275
Commercialisation et promotion	0	4	257	68	337	368
Coût du stockage public	0	0	0	0	0	0
Divers	0	0	10	12	9	10
ESSG en pourcentage (% de l'EST)	6.48	36.45	45.22	41.68	46.64	46.64
Estimation du soutien aux consommateurs (ESC)	-513	-116	0	0	0	0
Transferts des consommateurs aux producteurs	-513	0	0	0	0	0
Autres transferts des consommateurs	0	0	0	0	0	0
Transferts des contribuables aux consommateurs	0	-116	0	0	0	0
Surcoût de l'alimentation animale	0	0	0	0	0	0
ESC en pourcentage (%)	-10.12	-1.52	0.00	0.00	0.00	0.00
CNP des consommateurs (coeff.)	1.11	1.00	1.00	1.00	1.00	1.00
CNS aux consommateurs (coeff.)	1.11	1.02	1.00	1.00	1.00	1.00
Estimation du soutien total (EST)	1 509	1 015	2 899	2 424	2 999	3 273
Transferts des consommateurs	513	0	0	0	0	0
Transferts des contribuables	996	1 015	2 899	2 424	2 999	3 273
Recettes budgétaires	0	0	0	0	0	0
EST en pourcentage (% du PIB)	0.65	0.25	0.20	0.18	0.21	0.20
Estimation du soutien budgétaire total (ESBT)	509	1 015	2 899	2 424	2 999	3 273
ESBT en pourcentage (% du PIB)	0.22	0.25	0.20	0.18	0.21	0.20
Déflateur du PIB (1986-88 = 100)	100	149	253	247	250	263
Taux de change (monnaie nationale/USD)	1.40	1.83	1.41	1.44	1.45	1.33

Note : p : provisoire. CNP : coefficient nominal de protection. CNS : coefficient nominal de soutien.

S/Na/Rec/Rev : superficies cultivées/nombre d'animaux/recettes/revenus.

1. Le soutien des prix du marché (SPM) s'entend net des prélèvements aux producteurs et du surcoût de l'alimentation animale. Pour l'Australie, les produits SPM sont les suivants : blé, orge, avoine, sorgho, riz, soja, colza, tournesol, sucre, coton, lait, viande bovine, viande ovine, laine, viande porcine, viande de volaille et œufs.

Source : OCDE (2022), « Estimations du soutien aux producteurs et aux consommateurs », Statistiques agricoles de l'OCDE (base de données), http://dx.doi.org/10.1787/agr-pcse-data-fr.

6 Brésil

Soutien à l'agriculture

Le Brésil est un exportateur de produits agricoles compétitif, comme on peut le voir à ses chiffres d'exportations relativement élevés et à son niveau relativement faible de soutien et de protection du secteur. Le soutien aux producteurs en pourcentage des recettes agricoles brutes (ESP) a chuté entre 2000-02 et 2019-21 pour passer de 7.6 % à 2.3 %. Sur les cinq dernières années, il a reculé aussi bien en valeur nominale qu'en pourcentage des recettes agricoles brutes, mais cette tendance s'est inversée en 2021 où l'ESP a augmenté en raison d'une hausse du soutien des prix de marché (SPM). Malgré tout, les prix intérieurs sont pratiquement alignés sur les cours mondiaux avec un ratio du prix à la production au prix à la frontière (CNP) à peine supérieur à un. Le soutien aux producteurs passe également par des paiements au titre des intrants, en particulier des crédits à taux préférentiels, et des assurances récolte. Les exploitants peuvent bénéficier de crédits bonifiés pour commercialiser leurs produits et améliorer leur trésorerie, mais aussi pour réaliser des investissements en capital fixe.

Les produits arrivant en tête pour le niveau des transferts au titre d'un seul produit (TSP) sont le maïs, le blé, le riz et le coton. Le soutien à ces produits a augmenté entre 2020 et 2021 à la suite de hausses des prix intérieurs à la production par un dispositif de SPM en faveur de ces cultures, en particulier du maïs. Depuis 2008, tous les paiements au titre de l'utilisation d'intrants (pour les crédits et les assurances, essentiellement) sont subordonnés au respect de critères environnementaux et à l'emploi de certaines pratiques agricoles.

Environ 90 % du soutien aux services d'intérêt général (indiqué par l'ESSG) va à la recherche-développement (R-D) agricole, aux transferts de technologies et aux services de vulgarisation. Cependant, les dépenses consacrées aux services d'intérêt général ont reculé, passant de 3.4 % de la production agricole en valeur en 2000-02 à 1 % en 2019-21, ce qui indique que les dépenses n'ont pas suivi le rythme de croissance du secteur. En pourcentage du PIB, l'EST a fléchi également, passant de 0.7 % en 2000-02 à 0.4 % en 2019-21.

Évolutions récentes de l'action publique

Le ministère de l'Agriculture (MAPA) publie chaque année son plan de gestion de l'agriculture et de l'élevage. Ce plan définit les ressources maximum allouées et établit des directives pour les instruments d'action : 1) le crédit rural, 2) l'assurance agricole, 3) le soutien à la commercialisation, 4) le programme de zonage, et 5) les prix minimums et de référence pour chaque année de production. Pour la récolte 2021-22, l'enveloppe allouée au crédit s'est élevée à 251.2 milliards BRL (46.6 milliards USD), soit 6.3 % de plus qu'en 2020-21.

Les ressources affectées au programme ABC, qui fait partie du Plan national pour une agriculture bas carbone (Plan ABC), ont doublé entre 2020 et 2021, passant de 2.5 milliards BRL à 5 milliards BRL (927 millions USD). En 2021, le programme ABC a créé une ligne de crédit pour les bio-intrants et les engrais biologiques, les systèmes à énergie renouvelable et la production d'électricité à partir de biogaz et de biométhane. En 2021, le PRONAF, principal programme en faveur des petits agriculteurs, a introduit une nouvelle ligne de crédit intitulée Bio-Economia, réservée aux systèmes agroforestiers, à la production de bio-intrants et au tourisme rural. En même temps, les taux d'intérêt préférentiels applicables à tous les crédits agricoles ont progressé de 2 à 4 points de pourcentage. Les subventions à l'assurance rurale (programme PSR), qui couvrent quelque 150 millions d'hectares, ont augmenté de 34 % entre 2020-21 et 2021-22, passant de 881 millions BRL à 1.18 milliard BRL (219 millions USD).

En 2021, le programme ZARC de zonage agricole s'est poursuivi avec le lancement du ZARC 4.0, qui intègre diverses données techniques afférentes aux risques : caractéristiques agroclimatiques, gestion, sols et indications des pertes de productivité. Trente cultures et systèmes de production ont été examinés par le ZARC en 2021. Une plateforme numérique (AGROMET) a été lancée par le MAPA en 2021 afin de rassembler des informations météorologiques et de faciliter l'accès en ligne à des services climatiques intéressant l'agriculture.

Évaluation et recommandations

- Dans sa contribution déterminée au niveau national (CDN), le Brésil s'engage à réduire ses émissions de gaz à effet de serre (GES) de 50 % par rapport aux niveaux de 2005 d'ici à 2030 et, à plus long terme, à atteindre la neutralité climatique à l'horizon 2050. Ces objectifs d'atténuation sont fixés pour l'ensemble de l'économie et non par secteur. À partir de 2010, le pays a commencé à appliquer des politiques agricoles, forestières et foncières qui contribuent aux efforts d'atténuation du changement climatique et d'adaptation à ses effets. Des objectifs sectoriels pourraient aider à accélérer la transition bas carbone du secteur AFAT (agriculture, foresterie et autres affectations des terres) et à mesurer les progrès accomplis en matière d'atténuation. Ce point est essentiel compte tenu de la contribution importante de ce secteur (43 %) aux émissions nationales de GES.

- Les crédits agricoles à taux préférentiels constituent une part importante du soutien à l'agriculture au Brésil. Le système national de crédit rural (SNCR) est fondé sur des quotas obligatoires de dépôts bancaires réservés aux crédits ruraux. Une réforme du régime de prêts bonifiés pourrait prévoir de réduire les crédits de trésorerie à taux préférentiel accordés aux exploitations commerciales. La simplification de la réglementation et des procédures relatives aux crédits commerciaux pourrait faciliter l'accès des emprunteurs ruraux à ces crédits.

- Certains programmes de crédit tournés vers l'innovation et la modernisation technologique des activités agricoles, comme Inovagro, Moderinfra et Moderagro, contribuent à faire progresser la productivité et peuvent aider à réduire les émissions. D'autres lignes de crédit sont disponibles pour financer des systèmes de production écologiquement viables dans le cadre de PRONAF, dont PRONAF-Agroecologia, PRONAF-Bioeconomia, FNE Verde, FNO Verde et FCO Verde. Ces programmes de crédit vont dans le bon sens et peuvent être améliorés et élargis. Le programme ABC, qui finance des projets technologiques axés spécifiquement sur la réduction des émissions, va également dans la bonne direction, mais il représente seulement une petite partie des crédits ruraux subventionnés en faveur de systèmes de production écologiquement viables et pourrait être déployé à plus grande échelle.

- Les mesures de soutien dans le domaine de l'assurance et du crédit sont subordonnées à des critères environnementaux et à des règles de zonage bénéfiques à l'environnement, comme la préservation des forêts et de la végétation indigène. L'impact des prescriptions environnementales fixées par le cadastre environnemental rural (CAR), le programme de zonage en fonction des risques agricoles (ZARC) et le code forestier doit continuer d'être évalué sous l'angle des résultats obtenus par rapport aux objectifs relatifs à la déforestation et aux émissions de GES, par exemple. Cette évaluation devrait continuer de servir de fondement à l'amélioration des prescriptions environnementales et de programmes spécifiques comme le programme ABC et les initiatives de lutte contre la déforestation. Les programmes de subventions aux assurances doivent en outre faire l'objet d'activités de suivi et d'évaluation. Il est essentiel d'accumuler des informations sur ces programmes tout en veillant à la bonne utilisation des deniers publics, en surveillant leurs effets et en s'assurant qu'ils ne se substituent pas aux solutions de marché.

- Le budget consacré aux services d'intérêt général (ESSG) est principalement investi dans la R-D, les transferts de technologies et les services de vulgarisation. Mais ces dépenses publiques ne représentent que 1 % de la valeur de la production agricole. Il importe de renforcer les importantes capacités de recherche et de vulgarisation du Brésil, notamment celles de l'Institut brésilien de recherche en agronomie (EMBRAPA), et de diffuser davantage les innovations auprès des petites et moyennes exploitations agricoles.

Graphique 6.1. Brésil : Évolution du soutien à l'agriculture

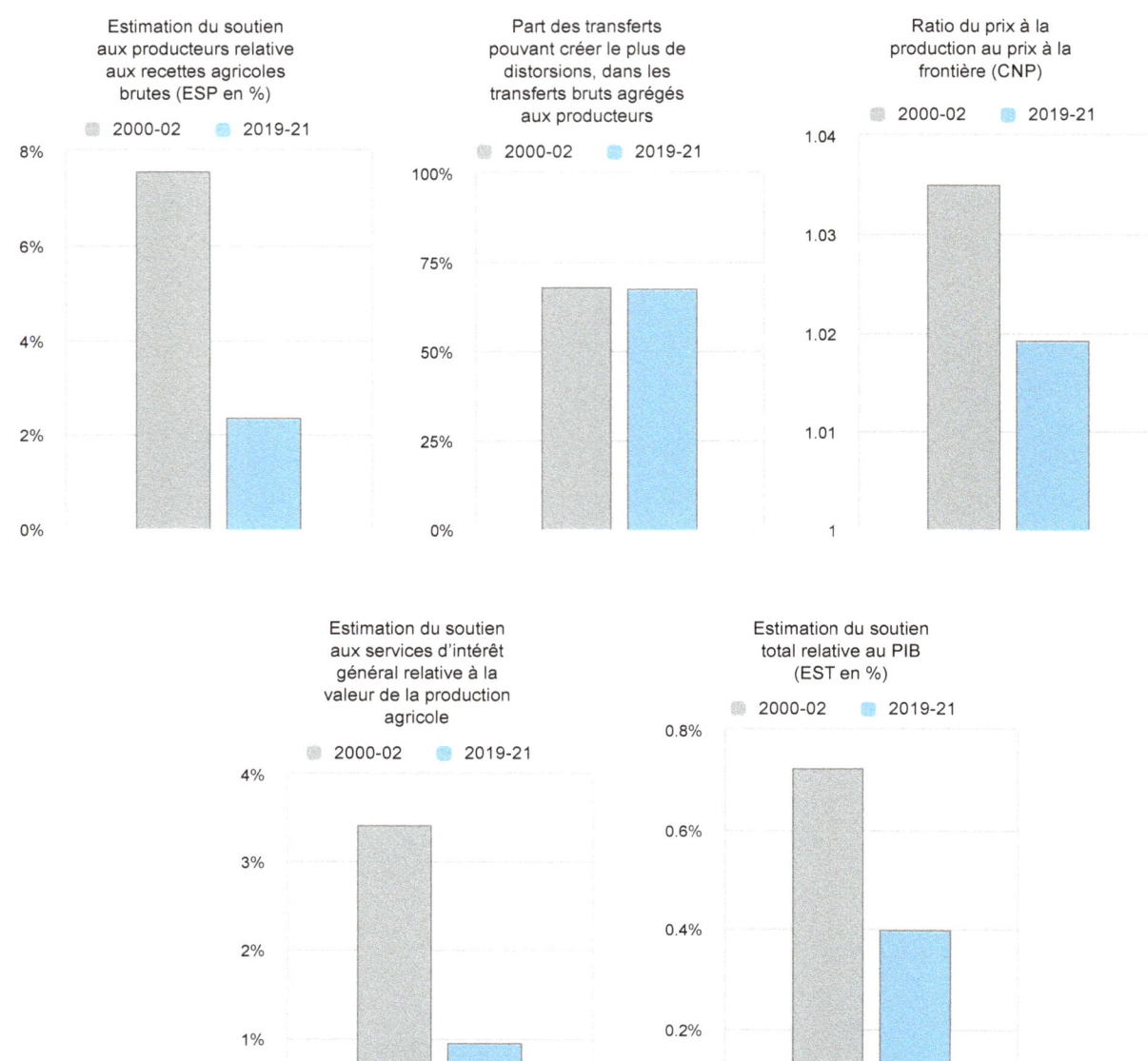

Source : OCDE (2022), « Estimations du soutien aux producteurs et aux consommateurs », Statistiques agricoles de l'OCDE (base de données), http://dx.doi.org/10.1787/agr-pcse-data-fr.

Graphique 6.2. Brésil : Moteurs du changement de l'ESP, 2020 à 2021

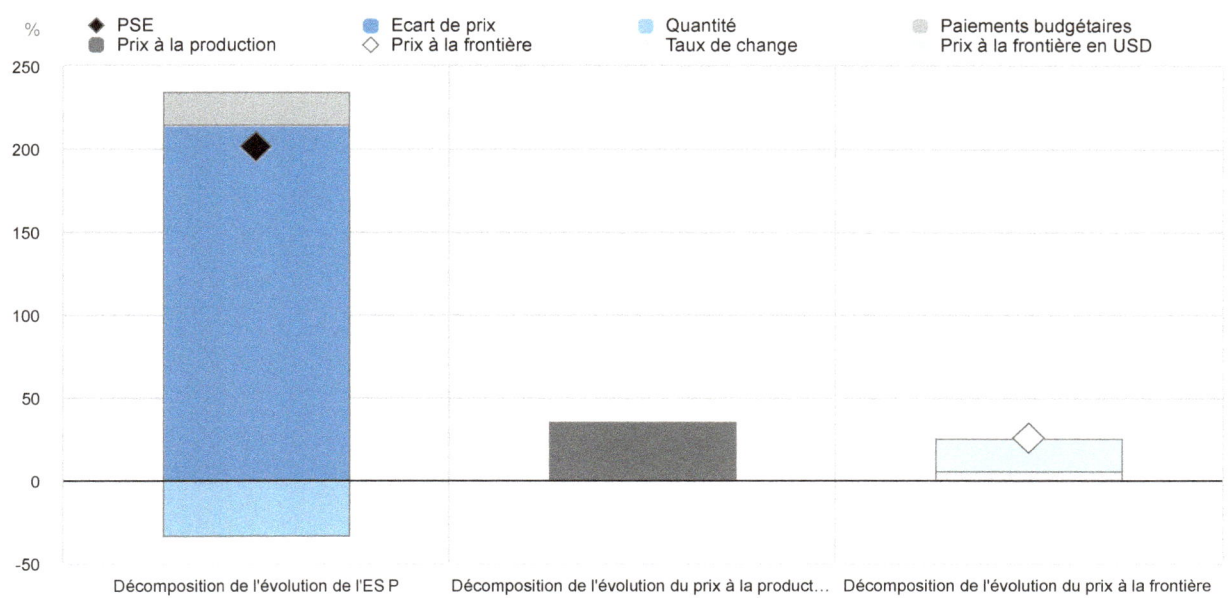

Source : OCDE (2022), « Estimations du soutien aux producteurs et aux consommateurs », Statistiques agricoles de l'OCDE (base de données), http://dx.doi.org/10.1787/agr-pcse-data-fr.

Graphique 6.3. Brésil : Transferts au titre d'un produit, en pourcentage des recettes agricoles brutes par produit, 2019-21

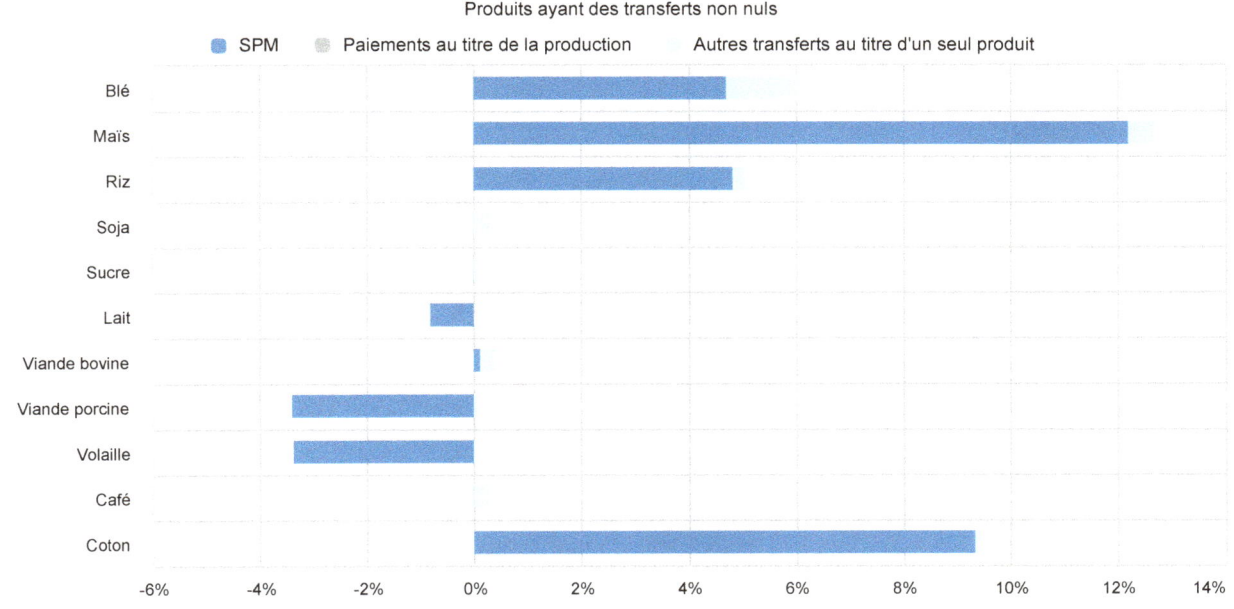

Source : OCDE (2022), « Estimations du soutien aux producteurs et aux consommateurs », Statistiques agricoles de l'OCDE (base de données), http://dx.doi.org/10.1787/agr-pcse-data-fr.

Tableau 6.1. Brésil : Estimations du soutien à l'agriculture

Millions USD

	2000-02	2019-21	2019	2020	2021p
Valeur totale de la production (en sortie de l'exploitation)	35 538	166 052	147 878	149 777	200 503
dont : part des produits SPM (%)	77.53	88.39	86.05	88.53	90.60
Valeur totale de la consommation (en sortie d'exploitation)	34 563	99 977	89 093	88 955	121 882
Estimation du soutien aux producteurs (ESP)	2 869	3 814	2 282	2 362	6 798
Soutien au titre de la production des produits de base	1 013	1 947	63	862	4 917
Soutien des prix du marché[1]	973	1 944	56	860	4 915
Soutien positif des prix du marché	1 179	2 685	56	1 021	6 979
Soutien négatif des prix du marché	-206	-741	0	-161	-2 064
Paiements au titre de la production	40	3	7	2	1
Paiements au titre de l'utilisation d'intrants	1 856	1 768	2 100	1 410	1 794
Utilisation d'intrants variables	825	805	995	730	689
avec contraintes sur les intrants	0	805	995	730	689
Formation de capital fixe	955	944	1 083	661	1 087
avec contraintes sur les intrants	0	944	1 083	661	1 087
Services utilisés sur l'exploitation	76	19	21	19	18
avec contraintes sur les intrants	0	0	0	0	0
Paiements au titre des S/Na/Rec/Rev courants, production requise	0	99	119	91	87
Au titre des Recettes / du Revenu	0	99	119	91	87
Au titre de la Superficie cultivée / du Nombre d'animaux	0	0	0	0	0
avec contraintes sur les intrants	0	0	0	0	0
Paiements au titre des S/Na/Rec/Rev non courants, production requise	0	0	0	0	0
Paiements au titre des S/Na/Rec/Rev non courants, production facultative	0	0	0	0	0
Avec taux de paiement variables	0	0	0	0	0
avec exceptions sur les produits	0	0	0	0	0
Avec taux de paiement fixes	0	0	0	0	0
avec exceptions sur les produits	0	0	0	0	0
Paiements sur critères non liés à des produits de base	0	0	0	0	0
Retrait de ressources à long terme	0	0	0	0	0
Production de produits particuliers autres que produits de base	0	0	0	0	0
Autres critères non liés à des produits de base	0	0	0	0	0
Paiements divers	0	0	0	0	0
ESP en pourcentage (%)	7.56	2.35	1.52	1.56	3.36
CNP des producteurs (coeff.)	1.04	1.02	1.00	1.01	1.04
CNS aux producteurs (coeff.)	1.08	1.02	1.02	1.02	1.03
Estimation du soutien aux services d'intérêt général (ESSG)	1 242	1 634	1 969	1 487	1 447
Système de connaissances et d'innovation agricoles	663	1 533	1 808	1 414	1 377
Services d'inspection et de contrôle	51	17	17	18	17
Développement et entretien des infrastructures	471	57	77	48	46
Commercialisation et promotion	5	2	4	1	1
Coût du stockage public	53	25	63	6	5
Divers	0	0	0	0	0
ESSG en pourcentage (% de l'EST)	29.78	24.80	37.47	31.73	15.99
Estimation du soutien aux consommateurs (ESC)	-1 176	-385	872	-4	-2 023
Transferts des consommateurs aux producteurs	-1 175	-2 140	-56	-880	-5 484
Autres transferts des consommateurs	-277	-94	-75	-140	-66
Transferts des contribuables aux consommateurs	31	880	1 004	838	800
Surcoût de l'alimentation animale	245	969	0	179	2 727
ESC en pourcentage (%)	-3.34	-0.52	0.99	0.00	-1.67
CNP des consommateurs (coeff.)	1.04	1.03	1.00	1.01	1.05
CNS aux consommateurs (coeff.)	1.03	1.01	0.99	1.00	1.02
Estimation du soutien total (EST)	4 143	6 329	5 254	4 687	9 045
Transferts des consommateurs	1 453	2 234	131	1 021	5 551
Transferts des contribuables	2 967	4 188	5 198	3 807	3 561
Recettes budgétaires	-277	-94	-75	-140	-66
EST en pourcentage (% du PIB)	0.72	0.40	0.28	0.32	0.56
Estimation du soutien budgétaire total (ESBT)	3 169	4 385	5 198	3 827	4 129
ESBT en pourcentage (% du PIB)	0.55	0.27	0.28	0.26	0.26
Déflateur du PIB (2000-02=100)	100	396	368	388	432
Taux de change (monnaie nationale par USD)	2.37	4.83	3.94	5.15	5.39

Note : p : provisoire. CNP : Coefficient nominal de protection. CNS : Coefficient nominal de soutien.
S/Na/Rec/Rev : Superficie cultivée/Nombre d'animaux/Recettes/Revenu.
1. Le soutien des prix du marché (SPM) s'entend net de prélèvements aux producteurs et de surcoût de l'alimentation animale. Les produits SPM pour le Brésil sont : le blé, le maïs, le riz, le soja, le sucre, le lait, la viande bovine et porcine, la volaille, le coton, le café.
Source : OCDE (2022), « Estimations du soutien aux producteurs et aux consommateurs », *Statistiques agricoles de l'OCDE* (base de données).
http://dx.doi.org/10.1787/agr-pcse-data-fr

7 Canada

Soutien à l'agriculture

Depuis la fin des années 80, le Canada a considérablement réduit le soutien à l'agriculture. Exprimé en pourcentage des recettes agricoles brutes, le soutien aux producteurs a baissé de moitié entre 1986-88 et 2000-02, ce qu'il doit notamment à l'arrêt du soutien aux prix de marché (SPM) accordé à l'industrie céréalière en 1995. Il a une nouvelle fois été divisé par deux au début des années 2010 et représentait en moyenne quelque 10 % des recettes agricoles brutes en 2019-21, tout juste au-dessus de la moyenne de l'OCDE.

Malgré les réductions passées, le SPM constitue toujours l'essentiel du soutien aux producteurs (même si seuls sont concernés les secteurs du lait, de la volaille et des œufs, où l'offre reste régulée) et a pour effet de hisser les prix intérieurs au-dessus des cours mondiaux par le jeu des droits de douane, des quotas de production et des mécanismes de fixation des prix. Dans la filière laitière, les transferts au titre d'un seul produit sont élevés et représentent 37 % des recettes agricoles brutes. En moyenne, les prix perçus par les agriculteurs en 2019-21 excédaient de 5 % ceux du marché mondial, tandis que les prix des produits de base dont l'offre n'était pas régulée coïncidaient avec les niveaux mondiaux. Les paiements fondés sur l'utilisation sans contraintes d'intrants variables, notamment l'énergie, font aussi partie de ceux qui peuvent créer les distorsions les plus marquées. Avec le soutien des prix du marché, ils représentaient 55 % du total des transferts bruts aux producteurs en 2019-21, soit 5 % des recettes agricoles brutes. Pour le reste, le soutien budgétaire apporté aux producteurs à titre individuel a essentiellement porté sur la gestion des risques. Des conditions météorologiques particulièrement défavorables ont accru le rôle des instruments de gestion des risques en 2021, comme en témoigne l'augmentation de près de 2.9 milliards CAD (2.3 milliards USD) des versements effectués au titre de l'assurance récolte par rapport à l'année précédente.

Rapporté à la taille du secteur, le soutien aux services d'intérêt général (ESSG) a diminué, signe que la croissance des dépenses n'a pas suivi celle du secteur. Les débours ont représenté 3 % de la valeur de la production agricole en 2019-21, contre 6 % au début des années 2000 ; ils atteignent ainsi une proportion légèrement inférieure à la moyenne de l'OCDE. En termes de composition, les deux priorités majeures du Canada sont invariablement le volet des connaissances et de l'innovation agricoles et celui des systèmes d'inspection et de contrôle, chacun représentant, ces dernières années, environ 40 % des dépenses comptabilisées dans l'ESSG. Cependant, alors que la part des connaissances et de l'innovation agricoles dans l'ESSG est restée relativement stable depuis la fin des années 80, celle des systèmes d'inspection et de contrôle a augmenté de 17 points de pourcentage au cours de la même période.

Dans l'ensemble, le coût du soutien total au secteur agricole a diminué. L'estimation du soutien total représentait 0.4 % du PIB du Canada en 2019-21, contre 1.6 % en 1986-88 et 0.7 % en 2000-02, soit bien moins que la moyenne de l'OCDE. Au cours des trois dernières années, les trois quarts en ont été versés aux agriculteurs individuellement et le reliquat a été consacré aux services d'intérêt général.

Évolutions récentes de l'action publique

Les ministres de l'Agriculture des gouvernements fédéral, provinciaux et territoriaux ont publié conjointement l'Énoncé de Guelph le 10 novembre 2021. Ils y définissent les orientations pour l'avenir du secteur et le prochain cadre stratégique pour l'agriculture du Canada, qui doit être présenté en avril 2023. Le renforcement de l'agriculture durable est au cœur de l'Énoncé, qui fixe plusieurs priorités comme la lutte contre le changement climatique et la protection de l'environnement ; l'investissement dans la science, la recherche et l'innovation ; la création de conditions permettant aux entreprises canadiennes de relever des défis en constante évolution ; le renforcement des capacités et la croissance du secteur, ainsi que l'amélioration de la résilience dans le but de prévoir et d'atténuer les risques et d'y répondre.

Les mesures prises récemment au Canada visent à alléger les pressions financières sur les éleveurs, qui ont dû faire face à des surcoûts exceptionnels en raison de la sécheresse et des incendies. Les températures record et le déficit de précipitations qui ont marqué l'année 2021 ont frappé la production agricole dans les provinces de l'Ouest. Le gouvernement fédéral a débloqué 100 millions CAD (80 millions USD) par l'entremise du cadre Agri-relance pour répondre aux besoins immédiats. Un éventail de mesures ont été prises à l'échelon provincial dans le même but.

Évaluation et recommandations

- La part de l'agriculture dans les émissions de gaz à effet de serre (GES) du Canada (8 %) reste inférieure à la moyenne de l'OCDE, et les niveaux d'émission du secteur en volume absolu sont restés largement stables au cours des 15 dernières années. Les objectifs ambitieux de réduction des émissions de GES à l'échelle de l'économie ne ciblent pas précisément le secteur agricole, qui pourrait dès lors rester à la traîne. L'objectif national de réduction des émissions dues aux engrais est un pas en avant dans la lutte contre les émissions de protoxyde d'azote (N_2O), lesquelles ont augmenté au cours des 15 dernières années, contrairement aux émissions de méthane (CH_4).

- Le Canada affiche l'un des systèmes de tarification du carbone les plus stricts au monde. Le secteur agricole en reste toutefois largement exclu. En effet, les émissions agricoles non liées à l'énergie n'y sont pas prises en compte et l'essence et le gazole à usage agricole bénéficient de dérogations et de réductions. Le système de tarification du carbone n'incite donc que timidement à réduire une faible proportion des émissions agricoles. Il est recommandé de fixer des objectifs spécifiques aux émissions imputables à l'agriculture et à l'affectation des terres en fonction de leurs coûts marginaux, afin de soutenir les efforts déployés dans les autres secteurs de l'économie pour lutter contre les émissions de GES. Étendre le déploiement de mécanismes de crédits carbone propres à l'agriculture pourrait en outre encourager une évolution des pratiques vers une moindre émission de GES et le stockage du carbone dans les sols.

- Le plan *Un environnement sain et une économie saine* engage le Canada vers une réduction des externalités environnementales négatives associées à l'agriculture et une meilleure durabilité du secteur grâce au développement et à l'adaptation de technologies et de processus propres. Il est toutefois essentiel de fixer des objectifs clairs et concrets ainsi que de suivre la mise en œuvre du plan et d'évaluer ses effets pour que ses ambitions aboutissent.

- L'accord-cadre Partenariat canadien pour l'agriculture (2018-23) continue de mettre l'accent sur le soutien aux services d'intérêt général utiles au secteur à travers des programmes visant la recherche-développement pilotée par le secteur privé, l'adoption des innovations et les systèmes d'inspection et de contrôle. Le prochain cadre stratégique devrait accentuer cette tendance afin d'améliorer la compétitivité et la durabilité à long terme du secteur.

- Le cadre stratégique pour l'agriculture 2018-23 met à la disposition des agriculteurs un ensemble d'outils de gestion des risques. L'approche canadienne en la matière a évolué au fil du temps pour réduire la dépendance aux interventions ponctuelles des pouvoirs publics et s'orienter vers un cadre d'action plus axé sur la prévention. En menant une évaluation globale des leviers d'action en faveur de la gestion des risques et en déployant de nouveaux programmes d'amélioration de la résilience, il serait toutefois possible de favoriser l'adoption à plus grande échelle des dispositifs les plus efficaces, de stimuler l'élaboration d'instruments fondés sur le marché et d'encourager les agriculteurs à chercher de meilleurs moyens de gérer les risques au niveau de leur exploitation. Par ailleurs, les liens et les arbitrages qui se jouent entre les programmes de gestion des risques commerciaux et les résultats environnementaux pourraient être propices à une amélioration de la résilience à long terme du secteur (OCDE, 2020[1]).

- Bien que le soutien aux producteurs, en proportion des recettes agricoles brutes, ait été inférieur à la moyenne de l'OCDE ces dernières années, les transferts susceptibles d'entraîner les plus fortes distorsions en demeurent la principale composante, en particulier ceux qui découlent du soutien des prix du marché dans le secteur laitier. Les prix intérieurs de la plupart des produits de base correspondent aux cours mondiaux, mais les filières lait, volaille et œufs restent protégées de la concurrence internationale par le jeu d'un soutien des prix de marché, ce qui fausse la production et les échanges. Pour abandonner progressivement la gestion de l'offre de ces produits, il conviendrait d'accroître les quotas et de réduire le soutien des prix dans les filières en question. Cela encouragerait une plus grande réactivité aux conditions du marché, favoriserait l'innovation (afin de gagner en efficience et de diversifier la production avec des produits à plus forte valeur ajoutée), et diminuerait la rente des quotas.

Graphique 7.1. Canada : Évolution du soutien à l'agriculture

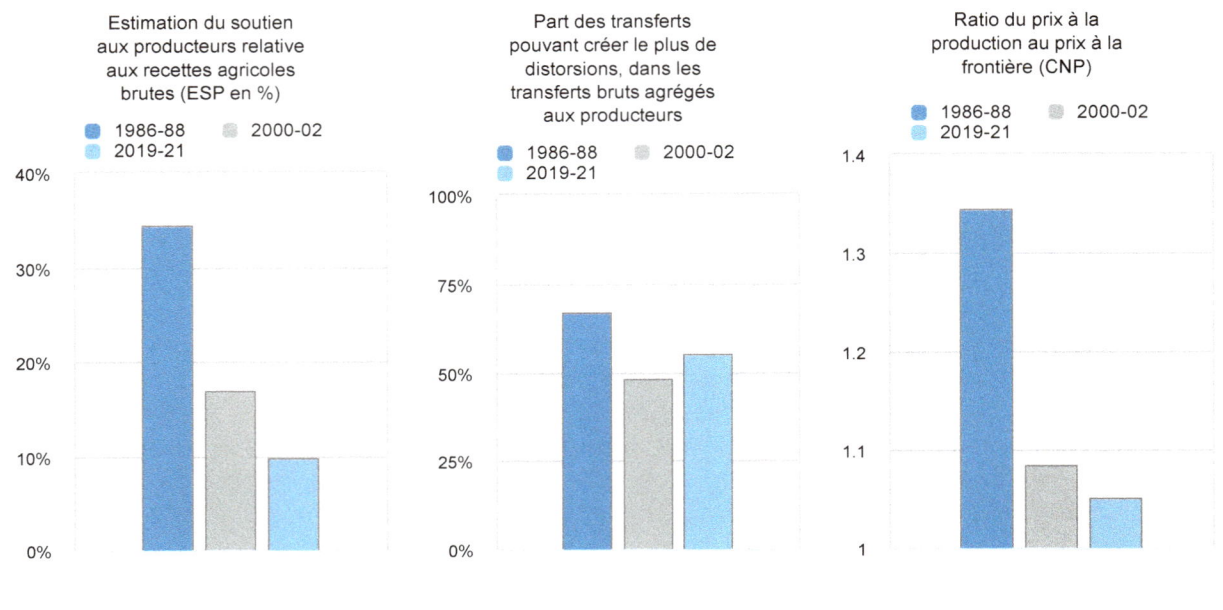

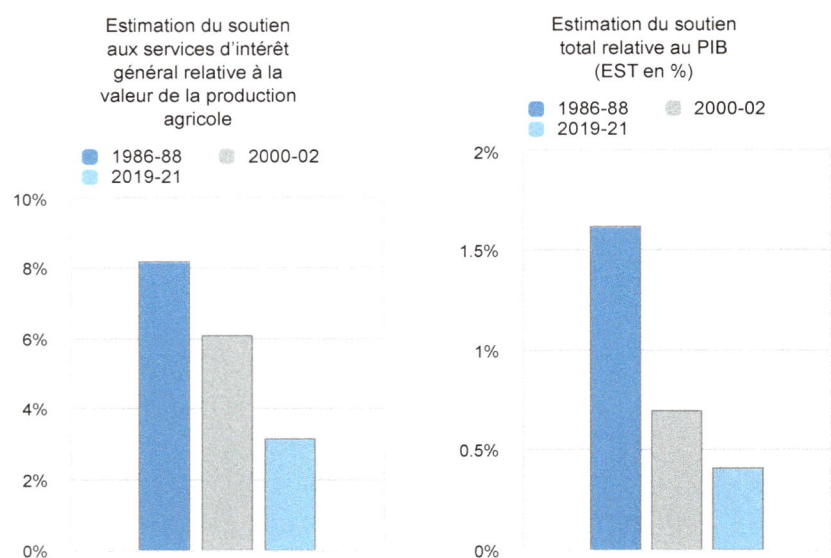

Source : OCDE (2022), « Estimations du soutien aux producteurs et aux consommateurs », Statistiques agricoles de l'OCDE (base de données), http://dx.doi.org/10.1787/agr-pcse-data-fr.

Graphique 7.2. Canada : Moteurs du changement de l'ESP, 2020 à 2021

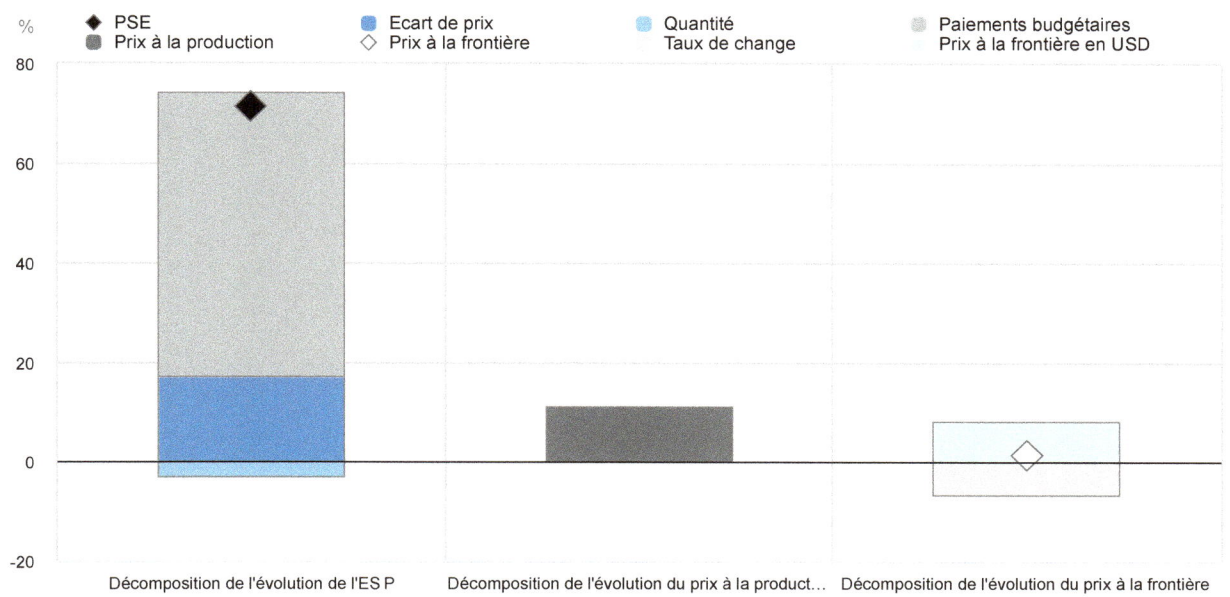

Source : OCDE (2022), « Estimations du soutien aux producteurs et aux consommateurs », Statistiques agricoles de l'OCDE (base de données), http://dx.doi.org/10.1787/agr-pcse-data-fr.

Graphique 7.3. Canada : Transferts au titre d'un produit, en pourcentage des recettes agricoles brutes par produit, 2019-21

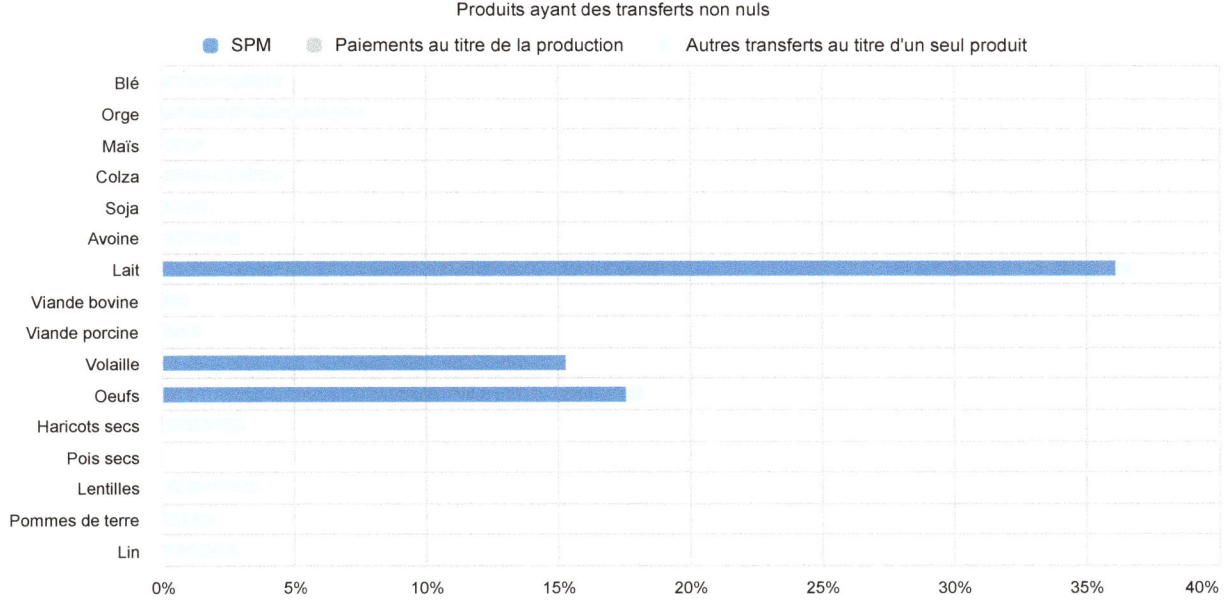

Source : OCDE (2022), « Estimations du soutien aux producteurs et aux consommateurs », Statistiques agricoles de l'OCDE (base de données), http://dx.doi.org/10.1787/agr-pcse-data-fr.

Tableau 7.1. Canada : Estimations du soutien à l'agriculture

Millions USD

	1986-88	2000-02	2019-21	2019	2020	2021p
Valeur totale de la production (en sortie de l'exploitation)	14 083	20 696	54 099	47 646	51 142	63 510
dont : part des produits SPM (%)	85.57	81.97	81.80	80.62	81.13	83.66
Valeur totale de la consommation (en sortie d'exploitation)	11 833	15 015	33 893	30 932	32 098	38 650
Estimation du soutien aux producteurs (ESP)	5 855	3 891	5 542	4 351	4 331	7 942
Soutien au titre de la production des produits de base	3 214	1 622	2 646	2 105	2 500	3 335
Soutien des prix du marché¹	2 851	1 602	2 646	2 105	2 500	3 335
Soutien positif des prix du marché	2 997	1 602	2 646	2 105	2 500	3 335
Soutien négatif des prix du marché	-146	0	0	0	0	0
Paiements au titre de la production	364	20	0	0	0	0
Paiements au titre de l'utilisation d'intrants	1 091	368	562	496	581	609
Utilisation d'intrants variables	622	242	380	340	425	374
avec contraintes sur les intrants	0	0	0	0	0	0
Formation de capital fixe	448	108	174	147	142	232
avec contraintes sur les intrants	0	0	0	0	0	0
Services utilisés sur l'exploitation	20	18	9	9	14	3
avec contraintes sur les intrants	0	0	0	0	0	0
Paiements au titre des S/Na/Rec/Rev courants, production requise	1 336	1 307	2 203	1 449	1 205	3 954
Au titre des Recettes / du Revenu	467	586	525	544	409	620
Au titre de la Superficie cultivée / du Nombre d'animaux	869	721	1 678	905	796	3 334
avec contraintes sur les intrants	0	0	0	0	0	0
Paiements au titre des S/Na/Rec/Rev non courants, production requise	0	0	1	0	4	0
Paiements au titre des S/Na/Rec/Rev non courants, production facultative	0	553	85	255	0	0
Avec taux de paiement variables	0	0	0	0	0	0
avec exceptions sur les produits	0	0	0	0	0	0
Avec taux de paiement fixes	0	553	85	255	0	0
avec exceptions sur les produits	0	0	0	0	0	0
Paiements sur critères non liés à des produits de base	8	0	0	0	0	0
Retrait de ressources à long terme	8	0	0	0	0	0
Production de produits particuliers autres que produits de base	0	0	0	0	0	0
Autres critères non liés à des produits de base	0	0	0	0	0	0
Paiements divers	206	41	44	47	41	45
ESP en pourcentage (%)	34.44	16.93	9.67	8.72	8.18	11.66
CNP des producteurs (coeff.)	1.34	1.08	1.05	1.05	1.05	1.06
CNS aux producteurs (coeff.)	1.53	1.20	1.11	1.10	1.09	1.13
Estimation du soutien aux services d'intérêt général (ESSG)	1 153	1 260	1 688	1 633	1 720	1 712
Système de connaissances et d'innovation agricoles	483	536	645	602	648	683
Services d'inspection et de contrôle	283	348	700	724	745	632
Développement et entretien des infrastructures	268	182	167	135	168	199
Commercialisation et promotion	85	179	131	128	119	146
Coût du stockage public	0	0	0	0	0	0
Divers	34	15	45	45	41	51
ESSG en pourcentage (% de l'EST)	16.30	24.47	23.19	27.21	27.73	17.51
Estimation du soutien aux consommateurs (ESC)	-2 533	-1 712	-2 995	-2 480	-2 751	-3 753
Transferts des consommateurs aux producteurs	-2 766	-1 596	-2 645	-2 101	-2 500	-3 335
Autres transferts des consommateurs	-31	-117	-447	-398	-401	-540
Transferts des contribuables aux consommateurs	31	0	97	19	150	122
Surcoût de l'alimentation animale	234	0	0	0	0	0
ESC en pourcentage (%)	-21.54	-11.39	-8.84	-8.02	-8.61	-9.74
CNP des consommateurs (coeff.)	1.31	1.13	1.10	1.09	1.10	1.11
CNS aux consommateurs (coeff.)	1.27	1.13	1.10	1.09	1.09	1.11
Estimation du soutien total (EST)	7 039	5 151	7 327	6 004	6 201	9 776
Transferts des consommateurs	2 798	1 713	3 092	2 500	2 901	3 875
Transferts des contribuables	4 273	3 555	4 682	3 903	3 700	6 442
Recettes budgétaires	-31	-117	-447	-398	-401	-540
EST en pourcentage (% du PIB)	1.62	0.69	0.41	0.34	0.38	0.49
Estimation du soutien budgétaire total (ESBT)	4 188	3 549	4 681	3 899	3 700	6 442
ESBT en pourcentage (% du PIB)	0.96	0.47	0.26	0.22	0.22	0.33
Déflateur du PIB (1986-88=100)	100	138	201	195	197	211
Taux de change (monnaie nationale par USD)	1.32	1.53	1.31	1.33	1.34	1.25

Note : p : provisoire. CNP : Coefficient nominal de protection. CNS : Coefficient nominal de soutien.
S/Na/Rec/Rev : Superficie cultivée/Nombre d'animaux/Recettes/Revenu.
1. Le soutien des prix du marché (SPM) s'entend net de prélèvements aux producteurs et de surcoût de l'alimentation animale. Les produits SPM pour le Canada sont : le blé, le maïs, l'orge, l'avoine, le soja, le colza, le lin, les pommes de terre, les lentilles, les haricots secs, les pois secs, le lait, la viande bovine et porcine, la volaille et les œufs.
Source : OCDE (2022), « Estimations du soutien aux producteurs et aux consommateurs », *Statistiques agricoles de l'OCDE* (base de données).
http://dx.doi.org/10.1787/agr-pcse-data-fr

Référence

OCDE (2020), « Resilience to natural disasters in Canada », dans *Strengthening Agricultural Resilience in the Face of Multiple Risks*, Éditions OCDE, Paris, https://doi.org/10.1787/d1b84788-en.   [1]

8 Chili

Soutien à l'agriculture

Le Chili fait partie des pays de l'OCDE qui soutiennent le moins leur agriculture, les aides s'établissant à 2.7 % des recettes agricoles brutes en 2019-21, contre 7.3 % en 2000-02. Depuis que le pays a réduit sa protection aux frontières au cours de la première décennie du siècle, le soutien à l'agriculture n'engendre que de très faibles distorsions des marchés agricoles, le soutien des prix de marché (SPM) étant quasi nul puisque les prix à la production intérieure sont presque complètement alignés sur les prix mondiaux. Les transferts au titre d'un seul produit (TSP) sont donc faibles et se limitent au sucre et à la viande bovine, dont ils représentent 3 % et 2 % des recettes brutes respectives.

Le soutien budgétaire au titre de l'utilisation d'intrants vise essentiellement les petits producteurs, en particulier pour soutenir la formation de capital fixe. Plus de la moitié des dépenses publiques consacrées au secteur agricole financent des services d'intérêt général, intéressant en particulier les infrastructures d'irrigation extérieures aux exploitations, l'inspection et le contrôle, l'accès aux terres et la restructuration foncière, et les systèmes de connaissances et d'innovation agricoles. Les dépenses consacrées aux services d'intérêt général représentaient, en moyenne, 3.3 % de la valeur de la production agricole en 2019-21, soit un niveau légèrement inférieur à la moyenne OCDE. Le soutien total à l'agriculture représentait 0.3 % du PIB en 2019-21, soit la moitié du niveau relevé en 2000-02.

Évolutions récentes de l'action publique

En 2021, des mesures ont été mises en œuvre conformément aux quatre axes stratégiques définis pour 2018-22 : (1) durabilité et eau ; (2) modernisation institutionnelle ; (3) promotion des associations de producteurs ; et (4) développement rural. L'Institut national de développement agricole (INDAP) a continué de travailler sur l'accès au marché, l'esprit de partenariat et l'accès à l'eau pour les petits exploitants.

La mise en œuvre de l'Initiative de politique rurale a commencé en 2021. Divers instruments de mesure du développement rural ont été créés pour évaluer les améliorations de la qualité de vie dans les zones rurales. Le huitième Recensement agricole et forestier a été mené à bien en 2021. Ses résultats devraient être connus au second semestre 2022. La Stratégie de développement durable du secteur agroalimentaire chilien a été lancée en août 2021. Elle vise à déterminer quelles sont les meilleures pratiques dans le domaine de la production durable de produits agricoles. En 2021, l'Office des études et des politiques agricoles (ODEPA) a élaboré un système d'indicateurs de surveillance et de suivi de cette stratégie, qui devrait entrer en vigueur en 2022.

En 2021, le Service chilien d'inspection de l'agriculture et de l'élevage (SAG) a mis en œuvre plusieurs initiatives, dont un comité réglementaire créé pour suivre et accompagner l'application de bonnes pratiques réglementaires au sein du SAG. Le système de déclaration numérique sous serment du SAG a été étendu au contrôle des frontières terrestres et aériennes en complément des procédures en vigueur à l'aéroport de Santiago. Le SAG a également mis à jour ses règles phytosanitaires en retirant un grand nombre de produits, tels que le bois hautement transformé, de la liste soumise aux inspections du SAG.

En matière de santé animale, le Chili et la Russie ont mis en place un système de certification électronique, et des programmes de travail en ce sens ont été signés en 2021 avec la Corée et les États-Unis, pour une entrée en vigueur prévue en 2022. Des progrès ont été réalisés avec l'Alliance du Pacifique pour mettre en œuvre le système d'échange de certificats dématérialisés via un guichet unique à l'horizon 2022. La certification phytosanitaire électronique fonctionne désormais avec la République dominicaine, et des essais ont été réalisés avec le Panama, l'Équateur et le Paraguay. Des essais portant sur la certification sur papier de produits importés ont été réalisés avec l'Espagne et la France. La dématérialisation des échanges avec ces pays devrait commencer au cours du premier semestre 2022.

Évaluation et recommandations

- Le Chili s'est engagé à atteindre la neutralité carbone d'ici à 2050 et a, à ce titre, pris des mesures importantes visant tous les secteurs de l'économie, comme la Stratégie chilienne à long terme en faveur du climat. Cette stratégie se compose de neuf objectifs et 63 cibles liés aux secteurs agricole et forestier. Ceux-ci se limitent cependant à des mesures et des pratiques générales d'atténuation des émissions, et aucun objectif chiffré ne vise le secteur agricole en particulier.

- Le Chili met l'accent sur la prestation de services publics au secteur agricole. C'est ainsi que les services d'intérêt général (ESSG) absorbent 50 % du soutien total au secteur, en grande partie alloué aux infrastructures d'irrigation, à l'inspection et au contrôle, ainsi qu'aux systèmes de connaissances et d'innovation agricoles. Néanmoins, les dépenses sont faibles par rapport à la valeur de la production agricole et pourraient donc être revues à la hausse.

- Les paiements aux agriculteurs ciblent les petits producteurs et les producteurs autochtones, qui sont potentiellement ceux qui en ont le plus besoin. Si ces paiements visent à améliorer la productivité, la compétitivité, la régénération des sols dégradés et les systèmes d'irrigation au niveau des exploitations, il convient de s'interroger sur leur efficacité. Les évaluations d'impact devraient être systématiques, ces paiements représentant la moitié des dépenses publiques destinées au secteur.

- Compte tenu du nombre croissant de programmes de soutien ciblant les populations rurales qui ne sont pas directement mis en œuvre par le ministère de l'Agriculture, il est essentiel de garantir une utilisation efficace des ressources via une meilleure coordination entre les ministères et les agences qui fournissent un soutien au secteur agricole, ainsi que de solides systèmes d'évaluation.

- En outre, étant donné le nombre croissant de programmes de soutien des administrations régionales et ciblant les populations rurales, il est nécessaire d'améliorer la coordination, la communication et la reddition de comptes entre administrations régionales et nationales pour éviter toute redondance de l'action et des soutiens.

Graphique 8.1. Chili : Évolution du soutien à l'agriculture

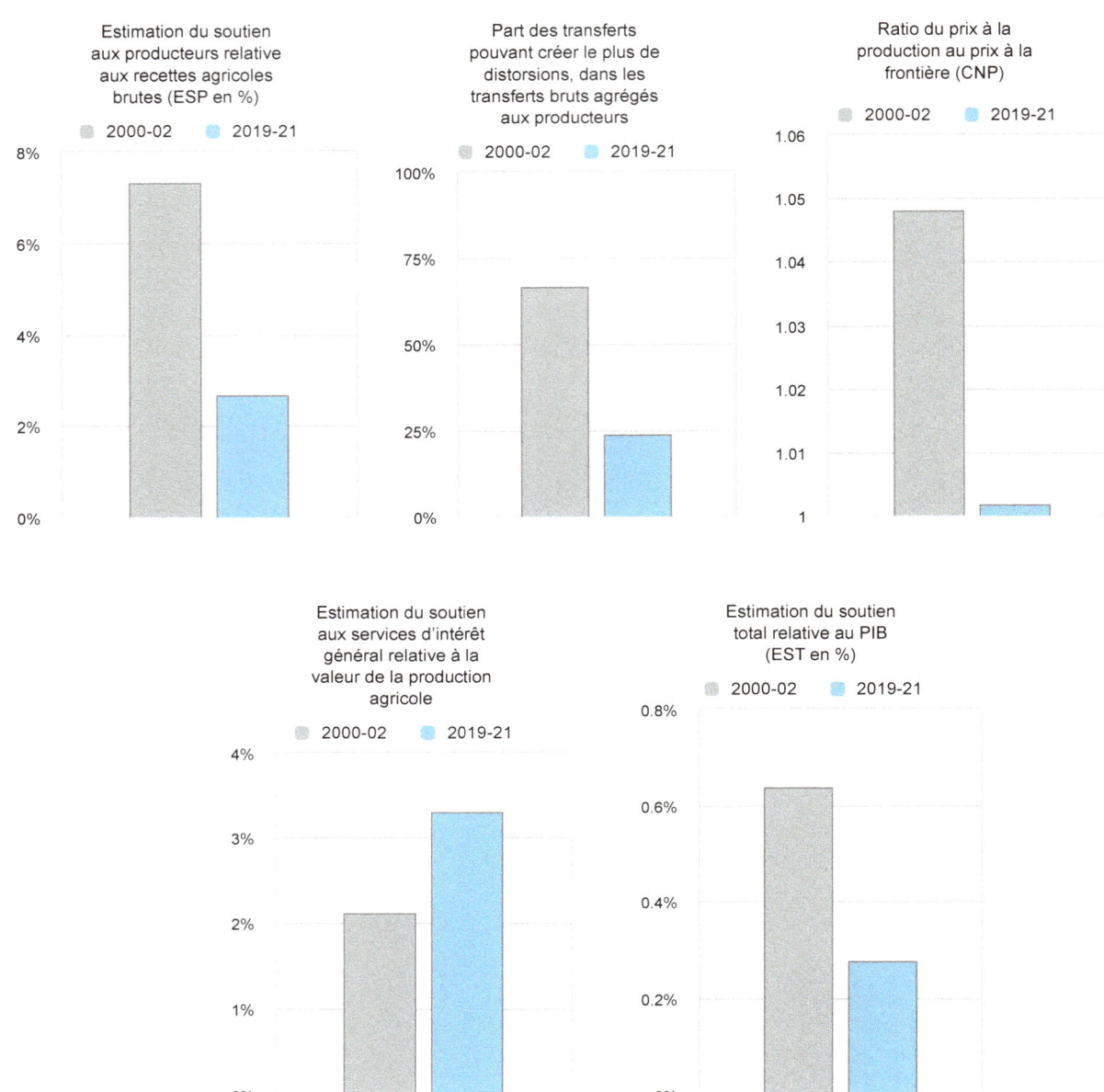

Source : OCDE (2022), « Estimations du soutien aux producteurs et aux consommateurs », Statistiques agricoles de l'OCDE (base de données), http://dx.doi.org/10.1787/agr-pcse-data-fr.

Graphique 8.2. Chili : Moteurs du changement de l'ESP, 2020 à 2021

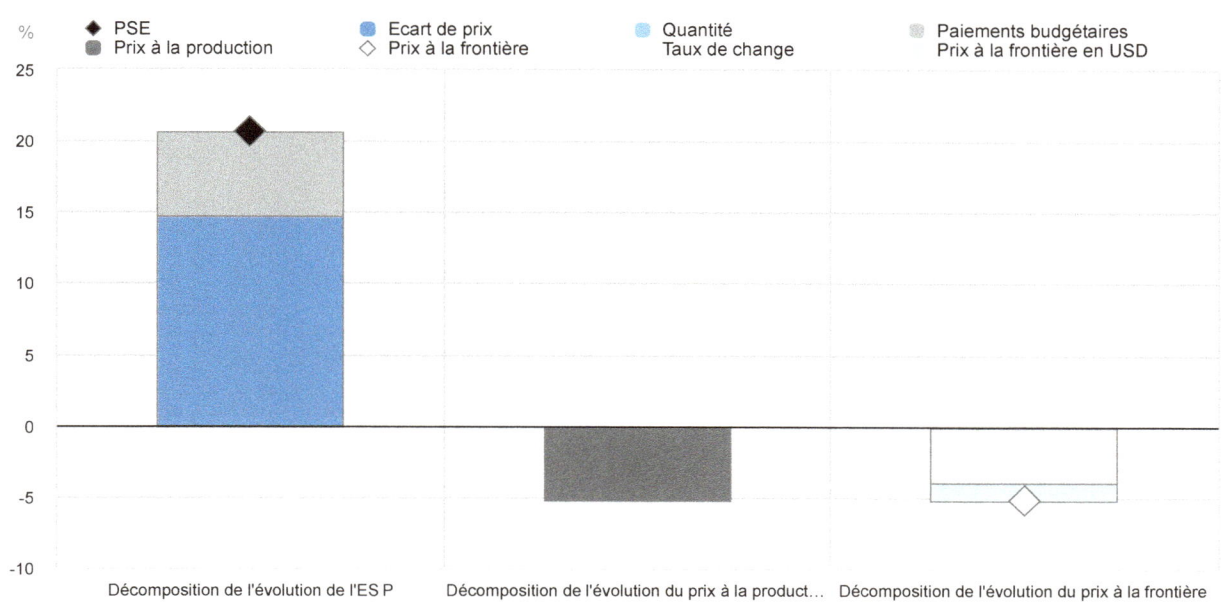

Source : OCDE (2022), « Estimations du soutien aux producteurs et aux consommateurs », Statistiques agricoles de l'OCDE (base de données), http://dx.doi.org/10.1787/agr-pcse-data-fr.

Graphique 8.3. Chili : Transferts au titre d'un produit, en pourcentage des recettes agricoles par produit, 2019-21

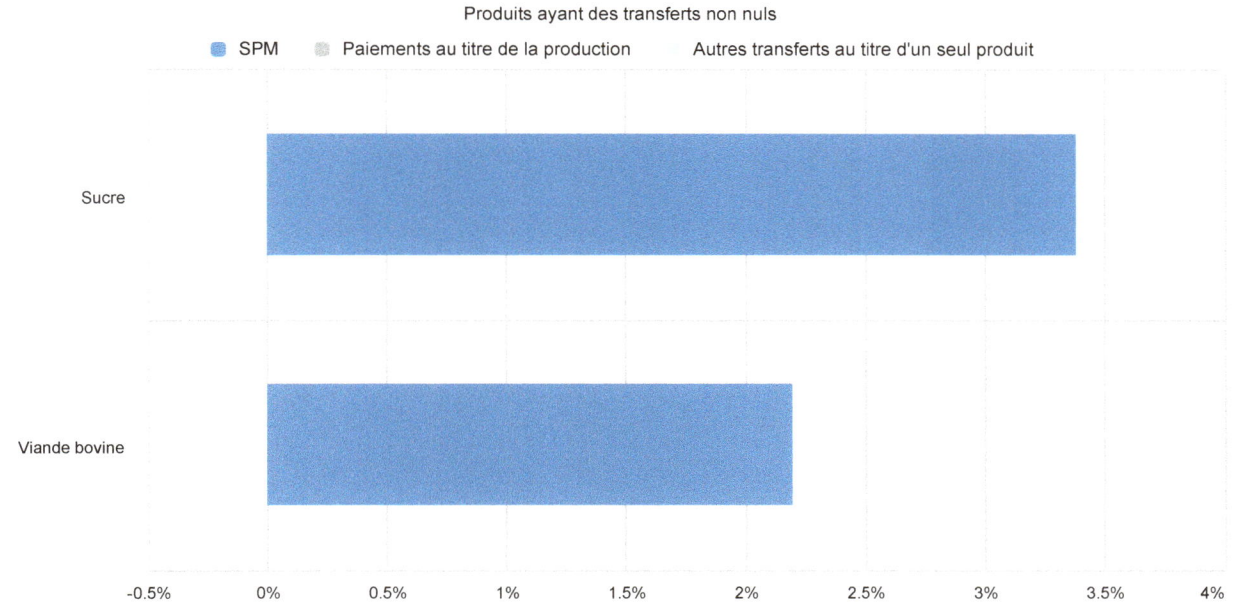

Source : OCDE (2022), « Estimations du soutien aux producteurs et aux consommateurs », Statistiques agricoles de l'OCDE (base de données), http://dx.doi.org/10.1787/agr-pcse-data-fr.

Tableau 8.1. Chili : Estimations du soutien à l'agriculture

Millions USD

	2000-02	2019-21	2019	2020	2021p
Valeur totale de la production (en sortie de l'exploitation)	4 806	13 040	13 281	12 470	13 368
dont : part des produits SPM (%)	72.86	73.17	71.39	73.12	74.99
Valeur totale de la consommation (en sortie d'exploitation)	4 118	10 588	9 649	9 897	12 218
Estimation du soutien aux producteurs (ESP)	369	357	369	310	390
Soutien au titre de la production des produits de base	227	24	10	7	55
Soutien des prix du marché[1]	227	24	10	7	55
Soutien positif des prix du marché	228	24	10	7	55
Soutien négatif des prix du marché	-1	0	0	0	0
Paiements au titre de la production	0	0	0	0	0
Paiements au titre de l'utilisation d'intrants	140	316	339	293	316
Utilisation d'intrants variables	21	61	67	57	60
avec contraintes sur les intrants	0	0	0	0	0
Formation de capital fixe	85	174	184	161	179
avec contraintes sur les intrants	66	86	89	77	91
Services utilisés sur l'exploitation	35	80	88	75	77
avec contraintes sur les intrants	7	38	40	36	37
Paiements au titre des S/Na/Rec/Rev courants, production requise	1	17	21	11	20
Au titre des Recettes / du Revenu	0	0	0	0	0
Au titre de la Superficie cultivée / du Nombre d'animaux	1	17	21	11	20
avec contraintes sur les intrants	1	17	21	11	20
Paiements au titre des S/Na/Rec/Rev non courants, production requise	0	0	0	0	0
Paiements au titre des S/Na/Rec/Rev non courants, production facultative	0	0	0	0	0
Avec taux de paiement variables	0	0	0	0	0
avec exceptions sur les produits	0	0	0	0	0
Avec taux de paiement fixes	0	0	0	0	0
avec exceptions sur les produits	0	0	0	0	0
Paiements sur critères non liés à des produits de base	0	0	0	0	0
Retrait de ressources à long terme	0	0	0	0	0
Production de produits particuliers autres que produits de base	0	0	0	0	0
Autres critères non liés à des produits de base	0	0	0	0	0
Paiements divers	0	0	0	0	0
ESP en pourcentage (%)	7.31	2.66	2.71	2.43	2.85
CNP des producteurs (coeff.)	1.05	1.00	1.00	1.00	1.00
CNS aux producteurs (coeff.)	1.08	1.03	1.03	1.02	1.03
Estimation du soutien aux services d'intérêt général (ESSG)	103	430	454	390	447
Système de connaissances et d'innovation agricoles	22	69	75	61	70
Services d'inspection et de contrôle	3	113	120	109	109
Développement et entretien des infrastructures	67	239	247	212	259
Commercialisation et promotion	10	10	13	7	9
Coût du stockage public	0	0	0	0	0
Divers	1	0	0	0	0
ESSG en pourcentage (% de l'EST)	22.00	54.69	55.15	55.70	53.40
Estimation du soutien aux consommateurs (ESC)	-317	-60	-26	-23	-133
Transferts des consommateurs aux producteurs	-226	-24	-10	-7	-55
Autres transferts des consommateurs	-92	-37	-16	-16	-78
Transferts des contribuables aux consommateurs	0	0	0	0	0
Surcoût de l'alimentation animale	1	0	0	0	0
ESC en pourcentage (%)	-7.51	-0.57	-0.27	-0.23	-1.09
CNP des consommateurs (coeff.)	1.08	1.01	1.00	1.00	1.01
CNS aux consommateurs (coeff.)	1.08	1.01	1.00	1.00	1.01
Estimation du soutien total (EST)	472	787	823	700	837
Transferts des consommateurs	318	60	26	23	133
Transferts des contribuables	245	763	814	694	783
Recettes budgétaires	-92	-37	-16	-16	-78
EST en pourcentage (% du PIB)	0.64	0.28	0.29	0.28	0.26
Estimation du soutien budgétaire total (ESBT)	244	763	814	694	783
ESBT en pourcentage (% du PIB)	0.34	0.27	0.29	0.27	0.25
Déflateur du PIB (2000-02=100)	100	248	228	247	268
Taux de change (monnaie nationale par USD)	621.08	751.61	703.31	791.72	759.82

Note : p : provisoire. CNP : Coefficient nominal de protection. CNS : Coefficient nominal de soutien.

S/Na/Rec/Rev : Superficie cultivée/Nombre d'animaux/Recettes/Revenu.

1. Le soutien des prix du marché (SPM) s'entend net de prélèvements aux producteurs et de surcoût de l'alimentation animale. Les produits SPM pour le Chili sont : le blé, le maïs, les pommes, le raisin, le sucre, les tomates, le lait, la viande bovine et porcine, la volaille, les oeufs, les myrtilles, les cerises et les pêches.

Source : OCDE (2022), « Estimations du soutien aux producteurs et aux consommateurs », *Statistiques agricoles de l'OCDE* (base de données). http://dx.doi.org/10.1787/agr-pcse-data-fr

9 Chine

Soutien à l'agriculture

En République populaire de Chine (ci-après la « Chine »), la part du soutien accordé aux producteurs agricoles dans les recettes agricoles brutes s'est établie à 14.8 % en moyenne en 2019-21. Ce niveau est trois fois supérieur à ce qui était relevé en 2000-02 mais reste stable par rapport au soutien moyen dont ont bénéficié les agriculteurs en 2016-18 (14.5 %) sous l'effet des réformes visant les interventions sur les marchés du soja, du colza, du coton et du maïs, ainsi que les prix d'achat minimum du blé et du riz. Ces réformes ont permis de stabiliser les niveaux de soutien après deux décennies de croissance continue.

Sur la période 2019-21, la hausse du soutien aux producteurs s'explique en grande partie par l'accroissement du soutien des prix de marché (SPM) des céréales et des oléagineux, dans un contexte où les prix intérieurs progressent plus rapidement que les prix à la frontière. Les prix minimums d'achat du blé et du riz ont augmenté en 2020-21, tandis que les difficultés d'approvisionnement en maïs et en soja destinés à l'alimentation animale ainsi qu'en arachide ont provoqué une envolée des prix intérieurs et des importations. Par ailleurs, les prix intérieurs de produits d'élevage tels que la viande bovine ou de volaille progressent sous l'effet d'un accroissement de la demande, qui s'explique par une offre de viande porcine plus limitée. En outre, les paiements à la surface versés pour la culture de maïs et de soja ont été relevés pour soutenir la production dans ces secteurs. Les paiements à la surface accordés dans le cadre du Programme de développement de la production agricole ont été revus à la hausse pour compenser l'augmentation des coûts de production, ce qui a contribué à la hausse générale du soutien en 2020-21.

Les paiements au titre de la superficie cultivée augmentent régulièrement depuis 2014, un mouvement poursuivi suite aux réformes récentes, mais le SPM, qui découle à la fois de mesures internes de soutien des prix et de mesures aux frontières visant les importations, continue de représenter la majeure partie du soutien total. Dans l'ensemble, plus des deux tiers du soutien aux producteurs passent par les catégories de transferts les plus susceptibles de générer des distorsions, une part constante depuis 2000-02.

Le niveau du SPM varie d'un produit importé à l'autre, tandis que les prix des produits exportés ne font l'objet d'aucun soutien. À l'exception des œufs, des pommes et des autres fruits et légumes exportés, les producteurs ont bénéficié de transferts qui ont représenté entre 8 % et 58 % des recettes par produit en 2019-21. Au cours de la même période, les prix perçus par les agriculteurs étaient en moyenne 14 % supérieurs aux prix des marchés mondiaux. La hausse moyenne des prix à la production sur le marché intérieur traduit une taxation implicite des consommateurs, l'estimation du soutien aux consommateurs étant de -12.7 % en 2019-21.

Dans l'estimation du soutien aux services d'intérêt général (ESSG), qui atteint 12.2 % du soutien total à l'agriculture en 2019-21, trois catégories rassemblent le soutien financier le plus large : le stockage public ; le développement et l'entretien de l'infrastructure ; et le système de connaissances et d'innovation agricoles. Toutefois, l'ESSG ne représente que 2.2 % de la production agricole en valeur, ce qui est inférieur à la moyenne de l'OCDE. Depuis la période 2000-02, le soutien total à l'agriculture en pourcentage du PIB (EST en %) est resté relativement stable. Établi à 1.8 % en 2019-2021, l'EST en % a toutefois été l'un des plus élevés parmi les pays couverts, et a représenté plus du triple de la moyenne de l'OCDE.

Évolutions récentes de l'action publique

Le 14e plan quinquennal 2021-25 pour le développement économique et social national, publié en mars 2021, définit le maintien des subventions accordées aux producteurs céréaliers et l'augmentation appropriée des prix d'achats minimums du blé et du riz comme étant prioritaires. Le plan quinquennal 2021-2025 pour promouvoir la modernisation agricole et rurale, adopté en novembre 2021, et le document central n° 1 de février 2022 visent à ce que, à moyen terme, la production annuelle de céréales atteigne 650 millions de tonnes au minimum. Dans ce contexte, la Commission d'État pour le développement et la réforme (CEDR) a relevé de 1 % les prix d'achat minimums du riz Indica et du blé en février 2021. En octobre 2021, la CEDR a par ailleurs rehaussé de 1.8 % le prix minimum d'achat du blé pour l'année 2022. En février 2022, les prix d'achat minimums du riz Indica précoce ont été augmentés de 1.8 % tandis que ceux du riz Indica tardif et du riz Japonica ont bénéficié d'une hausse de 0.8%.

En juin 2021, le ministère de l'Agriculture et des Affaires rurales a octroyé 20 milliards CNY (3.2 milliards USD) supplémentaires aux producteurs de céréales sous forme de subventions, pour les aider à faire face à l'augmentation du coût des intrants. Cette mesure, intégrée dans le Programme de développement de la production agricole, a été prolongée d'une année en mars 2022.

En décembre 2021, le ministère de l'Agriculture et des Affaires rurales a présenté le 14e plan quinquennal pour le développement de l'élevage, qui confirme les taux d'autosuffisance définis en 2020 par le Conseil des affaires d'État pour le secteur de l'élevage, à savoir 95 % pour la viande porcine ; 85 % pour les viandes bovine et ovine ; 70 % pour le lait ; et 100 % pour la volaille et les œufs. À compter de janvier 2022, les droits de douane applicables à la viande porcine et aux produits à base de viande porcine sont également passés de 8 % à 12 %.

En octobre 2021, l'Administration générale des douanes de la Chine a par ailleurs pris de nouvelles dispositions soumettant les exportations d'engrais à des inspections supplémentaires. Ces nouvelles exigences concernent 29 catégories d'engrais.

La nouvelle réglementation relative à l'enregistrement et à la gestion des producteurs étrangers de denrées alimentaires importées en Chine (décret n° 248 de l'Administration générale des douanes de la Chine) est entrée en vigueur le 1er janvier 2022. En vertu de ces règles, toutes les entreprises étrangères spécialisées dans la fabrication, la transformation et le stockage de produits alimentaires doivent s'enregistrer auprès des autorités chinoises pour pouvoir exporter leurs produits agroalimentaires vers la Chine.

Évaluation et recommandations

- Dans le cadre de sa contribution déterminée au niveau national (CDN), la Chine reconnaît l'importance de l'agriculture par rapport à l'objectif de réduction des émissions qu'elle a fixé pour l'ensemble de son économie (dans un contexte de pic des émissions de CO_2 atteint d'ici à 2030) et à l'objectif de parvenir à la neutralité carbone à l'horizon 2060, sans toutefois lui assigner de cibles particulières. Néanmoins, les pouvoirs publics ont pris plusieurs mesures afin d'atténuer les émissions de gaz à effet de serre (GES), qui mettent l'accent sur l'efficience des engrais, la diminution des émissions issues de la riziculture, la production de biogaz agricole, l'amélioration de l'alimentation animale et des pratiques agricoles, la conversion en forêts des terres cultivées présentant un risque d'érosion et la réduction des déchets alimentaires. Ces efforts doivent être amplifiés et l'évaluation de leurs effets sur les émissions de GES améliorée à l'aide d'objectifs clairement définis. Dans cette optique, la mise en œuvre du Programme national 2021-25 de développement écologique de l'agriculture – initiative commune à divers ministères et institutions – peut fournir les outils nécessaires au suivi des pratiques d'atténuation des GES au niveau des exploitations et tout au long de la chaîne de valeur.

- Les institutions, dont le ministère de l'Agriculture et des Affaires rurales et le ministère de l'Écologie et de l'Environnement, ont proposé plusieurs plans pour renforcer les mesures de soutien à l'adaptation du secteur au changement climatique. Dans ce contexte, la mise en œuvre du Programme national 2021-25 de développement écologique de l'agriculture pourrait également contribuer à intégrer et à coordonner les objectifs des mesures d'adaptation des programmes actuels et à venir, et permettre un meilleur ciblage des services de vulgarisation fournis aux agriculteurs.

- En ce qui concerne les grandes cultures, les réformes mises en place jusqu'en 2016 pour remplacer les prix d'intervention par des paiements directs fondés sur la superficie cultivée vont dans le sens du rééquilibrage de la panoplie des mesures. Cela traduit le fait que la Chine s'oriente de plus en plus vers une plus grande productivité à long terme, et vers la durabilité. La réforme du système d'achat et de stockage du maïs en faveur de paiements directs a allégé le coût du stockage public, qui représente toujours la plus grande partie des dépenses au titre du soutien aux services d'intérêt général. Ces réformes pourraient être progressivement étendues au blé et au riz. Si les paiements directs aux agriculteurs sont maintenus à long terme, il conviendra de les dissocier des décisions de production, par exemple, en les calculant sur la base des superficies passées, et les rendre plus écologiques en subordonnant leur versement à des pratiques culturales respectueuses de l'environnement.

- Pour inscrire l'action agroenvironnementale dans un cadre solide, la Chine doit fixer des objectifs environnementaux adaptés aux conditions écologiques locales et renforcer les mécanismes de suivi nécessaires pour faire respecter la réglementation environnementale. Pour cela, la plateforme d'information environnementale et le système de suivi des sols, qui prévoit un examen régulier des sols – prévus par la loi de prévention et de contrôle de la pollution des sols de 2019 – doivent être mis en œuvre et ouvrir ainsi la voie à des dispositifs semblables concernant l'utilisation de l'eau en agriculture. Plus précisément, la mise en œuvre de la loi de 2021 sur la conservation et la protection des nappes phréatiques pourrait s'accompagner d'un examen détaillé de la gouvernance de l'eau, qui permettrait de mieux définir les responsabilités, de désamorcer les conflits et d'assurer une mise en œuvre effective de l'action publique.

- Les dépenses publiques consacrées aux dépenses d'intérêt général ont augmenté, mais plus lentement que celles allouées au soutien des producteurs individuels, et ne parviennent pas à suivre la croissance du secteur. Davantage d'efforts sont nécessaires pour restructurer le soutien à l'agriculture et l'orienter vers l'investissement public dans la recherche-développement (R-D) et les infrastructures. De nouveaux investissements dans les services d'inspection et de contrôle sanitaires seront essentiels pour mettre en œuvre les dispositions révisées de la loi sur la sécurité des aliments et le projet de système national de surveillance des maladies et ravageurs ainsi que pour consolider le redressement du secteur de la viande porcine, touché par la peste porcine africaine.

- Des investissements supplémentaires dans l'innovation pourraient renforcer les efforts actuellement déployés en matière de R-D pour l'atténuation des émissions de GES dans le secteur de l'élevage, qui représente la principale source d'émissions agricoles. Cette restructuration des dépenses publiques peut passer par une réduction des subventions aux intrants, telles que celle destinée à l'achat de machines agricoles, et en s'assurant que les paiements directs n'aident que de manière transitoire les exploitants à s'adapter à un nouvel environnement de marché.

- Au cours de la décennie passée, les réformes des règles de transferts de terres ont contribué à créer de grandes exploitations familiales, des coopératives et des exploitations gérées par des entreprises agro-industrielles. Pour continuer à produire les résultats escomptés, ces réformes doivent s'accompagner d'une hausse des investissements dans l'éducation et la formation ainsi que d'un meilleur accès aux services financiers.

Graphique 9.1. Chine : Évolution du soutien à l'agriculture

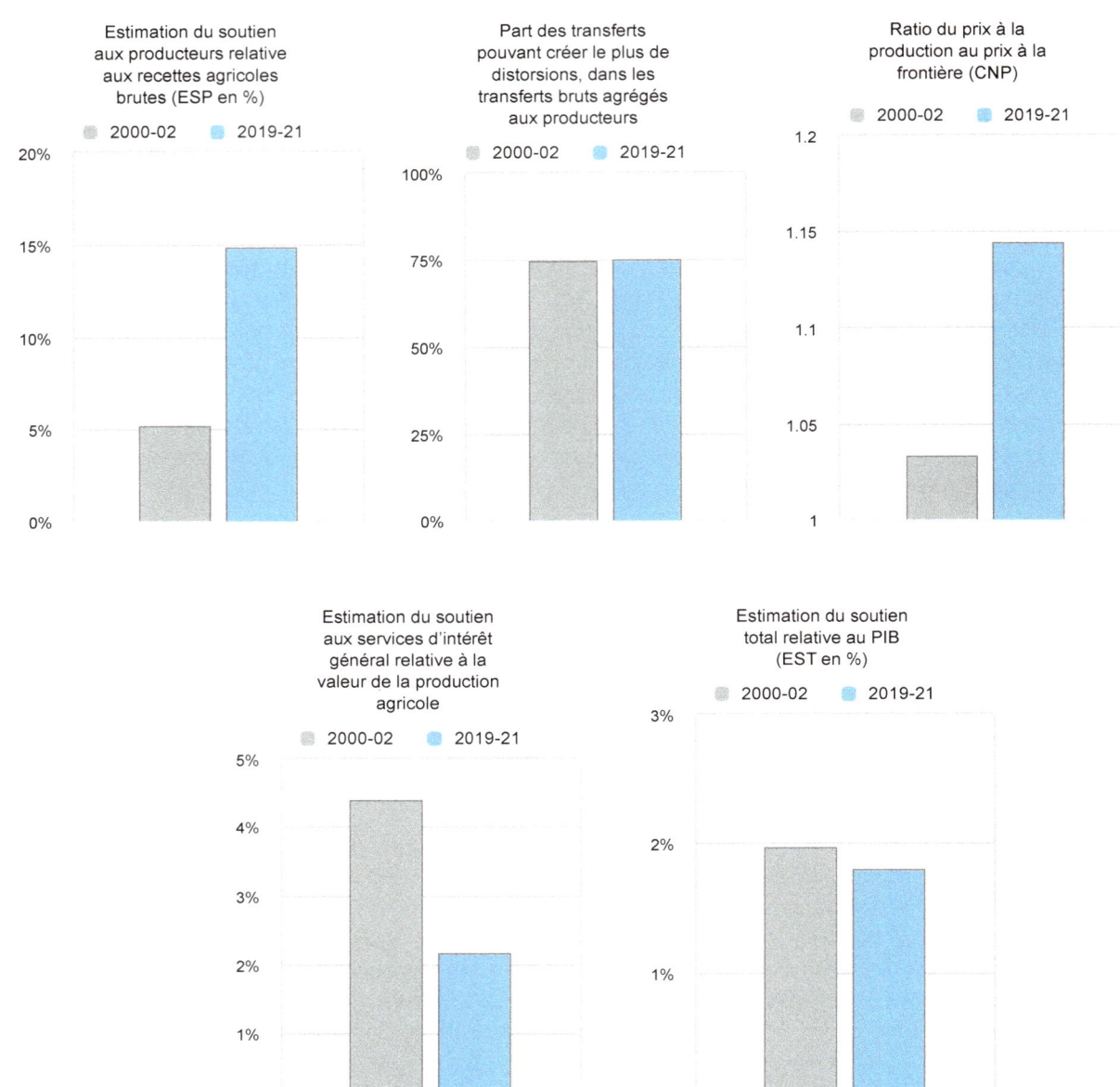

Source : OCDE (2022), « Estimations du soutien aux producteurs et aux consommateurs », Statistiques agricoles de l'OCDE (base de données), http://dx.doi.org/10.1787/agr-pcse-data-fr.

Graphique 9.2. Chine : Moteurs du changement de l'ESP, 2020 à 2021

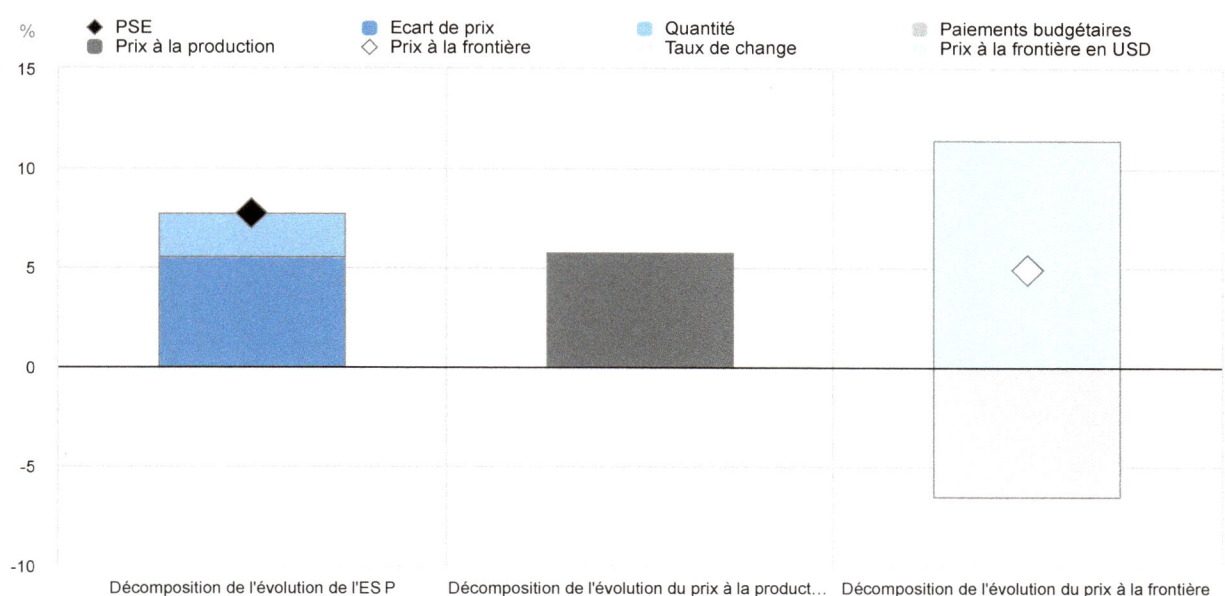

Source : OCDE (2022), « Estimations du soutien aux producteurs et aux consommateurs », Statistiques agricoles de l'OCDE (base de données), http://dx.doi.org/10.1787/agr-pcse-data-fr.

Graphique 9.3. Chine : Transferts au titre d'un produit, en pourcentage des recettes agricoles brutes par produit, 2019-21

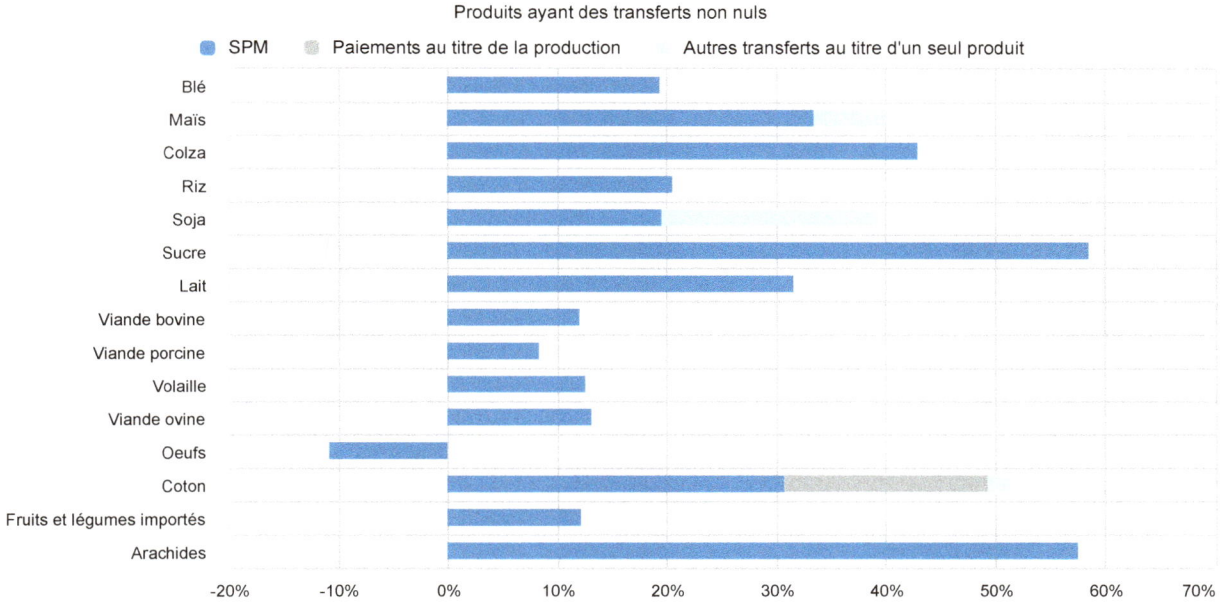

Source : OCDE (2022), « Estimations du soutien aux producteurs et aux consommateurs », Statistiques agricoles de l'OCDE (base de données), http://dx.doi.org/10.1787/agr-pcse-data-fr.

Tableau 9.1. Chine : Estimations du soutien à l'agriculture

Millions USD

	2000-02	2019-21	2019	2020	2021p
Valeur totale de la production (en sortie de l'exploitation)	270 118	1 586 855	1 434 460	1 622 587	1 703 518
dont : part des produits SPM (%)	75.76	79.75	80.68	76.96	81.61
Valeur totale de la consommation (en sortie d'exploitation)	281 331	1 725 143	1 524 752	1 778 446	1 872 230
Estimation du soutien aux producteurs (ESP)	14 354	246 375	199 382	250 737	289 007
Soutien au titre de la production des produits de base	7 329	178 594	138 418	181 956	215 407
Soutien des prix du marché[1]	7 329	175 352	136 013	178 420	211 623
Soutien positif des prix du marché	11 162	179 602	137 676	182 979	218 151
Soutien négatif des prix du marché	-3 833	-4 250	-1 664	-4 559	-6 528
Paiements au titre de la production	0	3 242	2 406	3 536	3 784
Paiements au titre de l'utilisation d'intrants	5 684	19 585	19 244	19 087	20 424
Utilisation d'intrants variables	1 414	3 956	3 671	3 960	4 238
avec contraintes sur les intrants	0	0	0	0	0
Formation de capital fixe	3 026	13 346	12 920	13 100	14 018
avec contraintes sur les intrants	0	0	0	0	0
Services utilisés sur l'exploitation	1 244	2 283	2 653	2 027	2 169
avec contraintes sur les intrants	0	0	0	0	0
Paiements au titre des S/Na/Rec/Rev courants, production requise	533	31 234	26 946	32 249	34 508
Au titre des Recettes / du Revenu	533	1 854	2 084	1 681	1 799
Au titre de la Superficie cultivée / du Nombre d'animaux	0	29 380	24 863	30 568	32 710
avec contraintes sur les intrants	0	0	0	0	0
Paiements au titre des S/Na/Rec/Rev non courants, production requise	0	0	0	0	0
Paiements au titre des S/Na/Rec/Rev non courants, production facultative	370	15 332	13 092	15 896	17 009
Avec taux de paiement variables	0	0	0	0	0
avec exceptions sur les produits	0	0	0	0	0
Avec taux de paiement fixes	370	15 332	13 092	15 896	17 009
avec exceptions sur les produits	0	0	0	0	0
Paiements sur critères non liés à des produits de base	438	1 629	1 681	1 550	1 658
Retrait de ressources à long terme	438	1 629	1 681	1 550	1 658
Production de produits particuliers autres que produits de base	0	0	0	0	0
Autres critères non liés à des produits de base	0	0	0	0	0
Paiements divers	0	0	0	0	0
ESP en pourcentage (%)	5.18	14.83	13.31	14.79	16.23
CNP des producteurs (coeff.)	1.03	1.14	1.11	1.15	1.17
CNS aux producteurs (coeff.)	1.05	1.15	1.15	1.17	1.19
Estimation du soutien aux services d'intérêt général (ESSG)	11 861	34 242	29 530	35 360	37 837
Système de connaissances et d'innovation agricoles	1 347	6 564	7 062	6 102	6 530
Services d'inspection et de contrôle	349	2 987	2 812	2 970	3 178
Développement et entretien des infrastructures	3 424	10 025	5 169	12 032	12 875
Commercialisation et promotion	0	517	417	548	586
Coût du stockage public	6 741	14 149	14 070	13 708	14 669
Divers	0	0	0	0	0
ESSG en pourcentage (% de l'EST)	45.03	12.22	12.90	12.36	11.58
Estimation du soutien aux consommateurs (ESC)	-8 512	-221 196	-158 714	-241 348	-263 527
Transferts des consommateurs aux producteurs	-8 688	-197 256	-143 693	-203 054	-245 021
Autres transferts des consommateurs	-1 119	-42 344	-22 079	-56 755	-48 199
Transferts des contribuables aux consommateurs	128	0	0	0	0
Surcoût de l'alimentation animale	1 167	18 404	7 058	18 461	29 693
ESC en pourcentage (%)	-3.03	-12.79	-10.41	-13.57	-14.08
CNP des consommateurs (coeff.)	1.04	1.16	1.12	1.17	1.19
CNS aux consommateurs (coeff.)	1.03	1.15	1.12	1.16	1.16
Estimation du soutien total (EST)	26 343	280 617	228 911	286 097	326 844
Transferts des consommateurs	9 807	239 600	165 772	259 809	293 220
Transferts des contribuables	17 655	83 361	85 218	83 042	81 823
Recettes budgétaires	-1 119	-42 344	-22 079	-56 755	-48 199
EST en pourcentage (% du PIB)	1.97	1.80	1.60	1.94	1.85
Estimation du soutien budgétaire total (ESBT)	19 014	105 265	92 899	107 676	115 221
ESBT en pourcentage (% du PIB)	1.42	0.68	0.65	0.73	0.65
Déflateur du PIB (2000-02=100)	100	191	188	189	196
Taux de change (monnaie nationale par USD)	8.28	6.76	6.91	6.90	6.45

Note : p : provisoire. CNP : Coefficient nominal de protection. CNS : Coefficient nominal de soutien.
S/Na/Rec/Rev : Superficie cultivée/Nombre d'animaux/Recettes/Revenu.
1. Le soutien des prix du marché (SPM) s'entend net de prélèvements aux producteurs et de surcoût de l'alimentation animale. Les produits SPM pour la Chine sont : le blé, le maïs, le riz, le colza, le soja, le sucre, le lait, la viande bovine, ovine et porcine, la volaille, les oeufs, le coton, les pommes, les arachides, les fruits et légumes exportés, et les fruits et légumes importés.
Source : OCDE (2022), « Estimations du soutien aux producteurs et aux consommateurs », *Statistiques agricoles de l'OCDE* (base de données).
http://dx.doi.org/10.1787/agr-pcse-data-fr.

10 Colombie

Soutien à l'agriculture

En Colombie, le soutien accordé aux agriculteurs atteignait, en moyenne, 10 % des recettes agricoles brutes en 2019-21, contre 24 % au début des années 2000. Le soutien des prix de marché (SPM) continue de dominer l'estimation du soutien aux producteurs (ESP), qui représentait presque 90 % de ces transferts. Pour un éventail de produits agricoles, le SPM est déterminé par les mesures aux frontières, comme les droits de douane. Par conséquent, les transferts au titre d'un seul produit (TSP) sont particulièrement élevés pour le riz, le maïs, le lait, la viande porcine et la volaille. En 2019-21, les prix perçus par les agriculteurs étaient supérieurs de 10 % en moyenne aux prix observés sur les marchés mondiaux.

Toujours sur la période 2019-21, les transferts budgétaires aux producteurs représentaient les 10 % restants de l'ESP, et étaient en grande partie basés sur l'utilisation d'intrants variables tels que le soutien au crédit via des taux d'intérêt préférentiels, et sur les subventions à l'achat de machines et d'équipements, ainsi que d'engrais et de semences.

Les allocations budgétaires accordées aux services d'intérêt général du secteur (ESSG) ont été modestes, s'établissant à 1.4 % de la valeur de la production agricole, en moyenne. Le soutien aux services d'intérêt général se concentre sur la recherche agricole et le transfert de connaissances ; les infrastructures, en particulier l'irrigation ; et la restructuration des exploitations (régularisation des titres fonciers et accès aux terres). Dans l'ensemble, le soutien total au secteur (EST) représentait 1.1 % du PIB du pays.

Évolutions récentes de l'action publique

En 2021, le total des dépenses publiques allouées au secteur agricole a considérablement augmenté (de 66 % par rapport à 2020). Les programmes ayant bénéficié d'une hausse des financements ciblaient la gestion de la production, l'amélioration du statut sanitaire, le climat, les capacités institutionnelles ainsi que l'innovation et le développement. Au cours de la période 2018-22, quelque 50 000 titres de propriété foncière portant sur 1 319 000 hectares ont été délivrés à 58 987 familles. Parallèlement, 3 567 propriétés, d'une superficie totale de 62 089 hectares, ont été restituées à leurs propriétaires légitimes.

Afin d'atténuer la hausse des prix intérieurs imputable à la pandémie de COVID-19, la loi relative aux intrants agricoles, approuvée en décembre 2021, a supprimé les droits de douane applicables aux intrants. De plus, la Colombie a suspendu l'application du Système andin de fourchettes de prix (SAFP) pour certains produits, et défini des droits de douane fixes pour le riz (80 %), le lait en poudre (98 %), le maïs blanc (40 %), le lactosérum (94 %) et le blé (0 %) jusqu'en juin 2022. En vertu du décret n° 307, la Colombie a décidé, en mars 2022, de ramener à 0 % pendant 6 mois les droits à l'importation de 163 produits constituant le panier de base des ménages, auxquels s'ajoutent le malt et le malt torréfié, suspendant de fait l'application du SAFP pour ces mêmes produits durant cette période. De plus, en avril 2022, le nouveau décret n° 504 a abaissé à 0 % pendant douze mois les droits à l'importation de 39 intrants agricoles supplémentaires, et de 36 autres produits pendant six mois.

Évaluation et recommandations

- Dans le cadre de sa contribution prévue déterminée au niveau national (CPDN), la Colombie s'est engagée à réduire, d'ici 2030, ses émissions de gaz à effet de serre de 51 % par rapport au scénario de référence et ses émissions de carbone suie de 40 % par rapport aux niveaux de 2014, tout en se fixant pour objectif à long terme de parvenir à la neutralité carbone à l'horizon 2050. La Colombie prend également part à l'Engagement mondial concernant le méthane. Étant donné l'importance de la contribution de l'agriculture aux émissions nationales de GES, cet engagement risque d'avoir une incidence non négligeable sur le secteur même si des objectifs spécifiques de réduction d'émissions ne lui ont pas encore été assignés. En outre, la performance de développement durable du secteur, notamment en matière de biodiversité, d'utilisation de l'eau et de déforestation, est une préoccupation majeure que les pouvoirs publics doivent aborder de manière plus systématique.

- Le secteur agricole colombien continue de faire face à des difficultés structurelles, et le soutien aux services d'intérêt général qui contribuerait à remédier à ces difficultés est limité. Les réponses à courte vue apportées aux problèmes auxquels sont confrontés les agriculteurs, principalement sous forme de subventions à l'utilisation d'intrants, mobilisent des ressources rares, au détriment de la mise en place d'un environnement favorisant la croissance durable du secteur.

- L'accent devrait être mis sur des investissements stratégiques, notamment sur les investissements dans l'amélioration des infrastructures hydrauliques destinées à l'irrigation ; dans les infrastructures de transport ; dans les capacités de recherche-développement et d'innovation du secteur ; dans les services de protection et de contrôle phytosanitaires et zoosanitaires ; dans la promotion d'une utilisation durable des ressources naturelles ; et dans un système national et fonctionnel de vulgarisation, de formation et d'assistance technique qui favorise l'adoption de technologies. Dans ces domaines, l'investissement public devrait contribuer à améliorer la productivité et la compétitivité, et à assurer le développement durable du secteur. Le pays a mené certains efforts de fourniture de biens et services publics ruraux dans le cadre de l'accord de paix, avec notamment un plan d'irrigation et de drainage et un plan d'assistance technique. Il pourrait toutefois favoriser une croissance agricole plus durable et plus inclusive par une nouvelle réorientation du soutien au détriment des subventions aux intrants et au profit des services d'intérêt général.

- La Colombie connaît une concentration élevée de la propriété foncière et une sous-exploitation des terres arables, tandis que 52.7 % des terres ne font toujours pas l'objet de titres de propriété officiels. Un cadre d'action inclusif pour l'accès aux terres favoriserait le développement rural et sectoriel. Le pays devrait poursuivre et accélérer la mise en œuvre de sa politique de déploiement d'un cadastre polyvalent. L'actualisation du système cadastral et l'accélération de l'enregistrement et de l'attribution des droits fonciers sont essentielles pour le secteur. Ces droits participent à la croissance à long terme du secteur agricole, car ils stimulent l'investissement privé et contribuent à promouvoir le développement des zones rurales.

- Les pouvoirs publics devraient évaluer les répercussions des instruments d'action et des programmes de soutien à l'agriculture. Actuellement, les programmes couvrent des domaines larges et variés, mis en œuvre grâce à un ensemble d'instruments d'action dont les effets combinés ne sont pas clairs. Une révision de ces instruments permettrait de les redéfinir et de les réorganiser en fonction des éléments relatifs aux coûts et aux bénéfices des mesures individuelles, d'une part, et des programmes combinant ces mesures, de l'autre. Cette révision serait également l'occasion d'évaluer les résultats en matière d'équité et d'environnement, ainsi qu'en matière sociale.

Graphique 10.1. Colombie : Évolution du soutien à l'agriculture

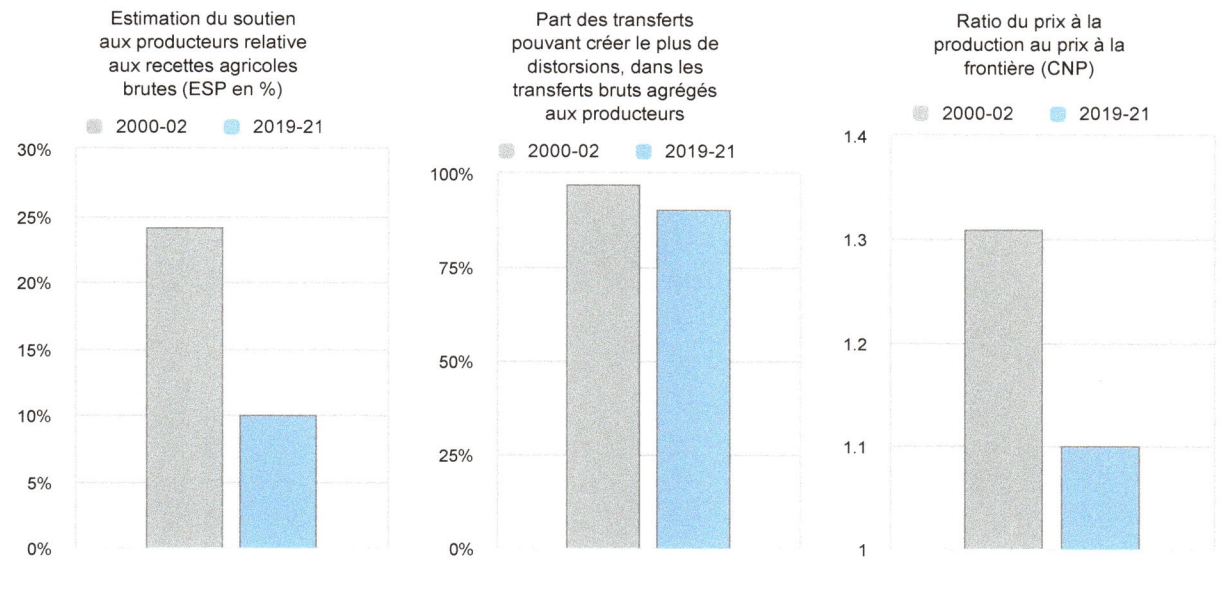

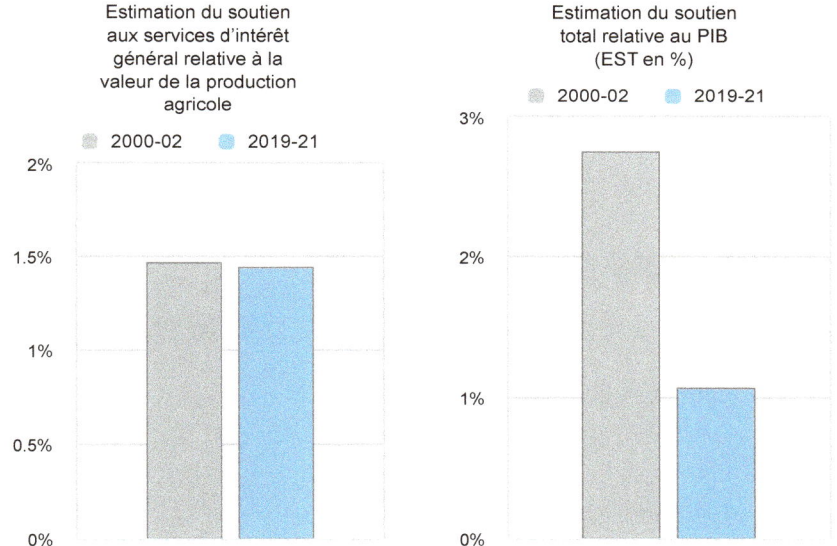

Source : OCDE (2022), « Estimations du soutien aux producteurs et aux consommateurs », Statistiques agricoles de l'OCDE (base de données), http://dx.doi.org/10.1787/agr-pcse-data-fr.

Graphique 10.2. Colombie : Moteurs du changement de l'ESP, 2020 à 2021

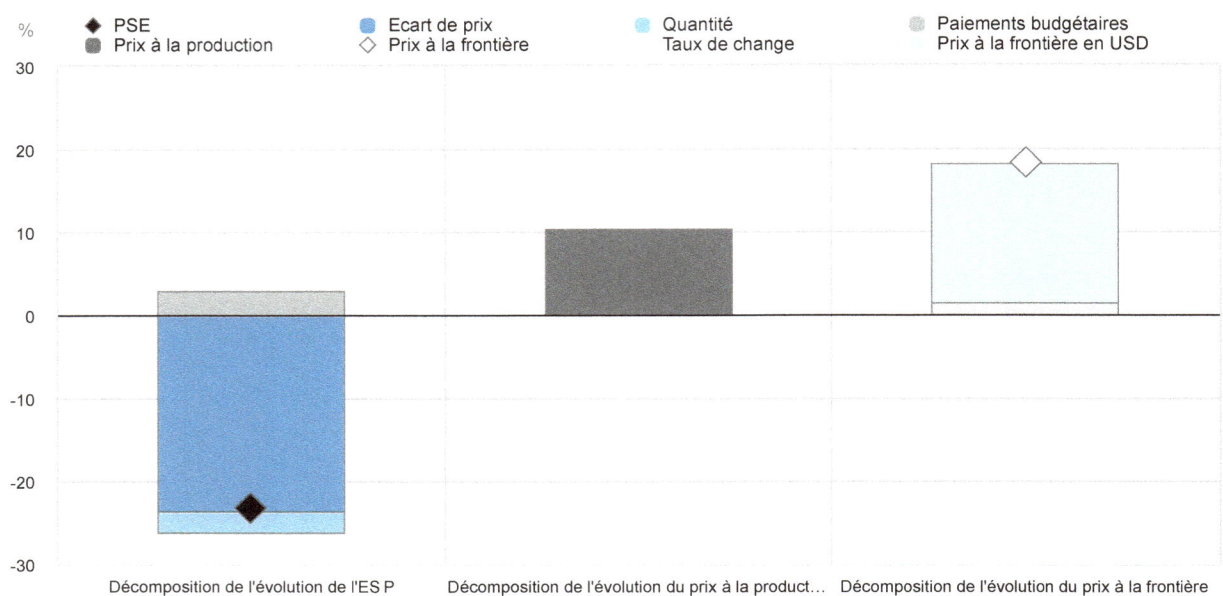

Source : OCDE (2022), « Estimations du soutien aux producteurs et aux consommateurs », Statistiques agricoles de l'OCDE (base de données), http://dx.doi.org/10.1787/agr-pcse-data-fr.

Graphique 10.3. Colombie : Transferts au titre d'un produit, en pourcentage des recettes agricoles brutes par produit, 2019-21

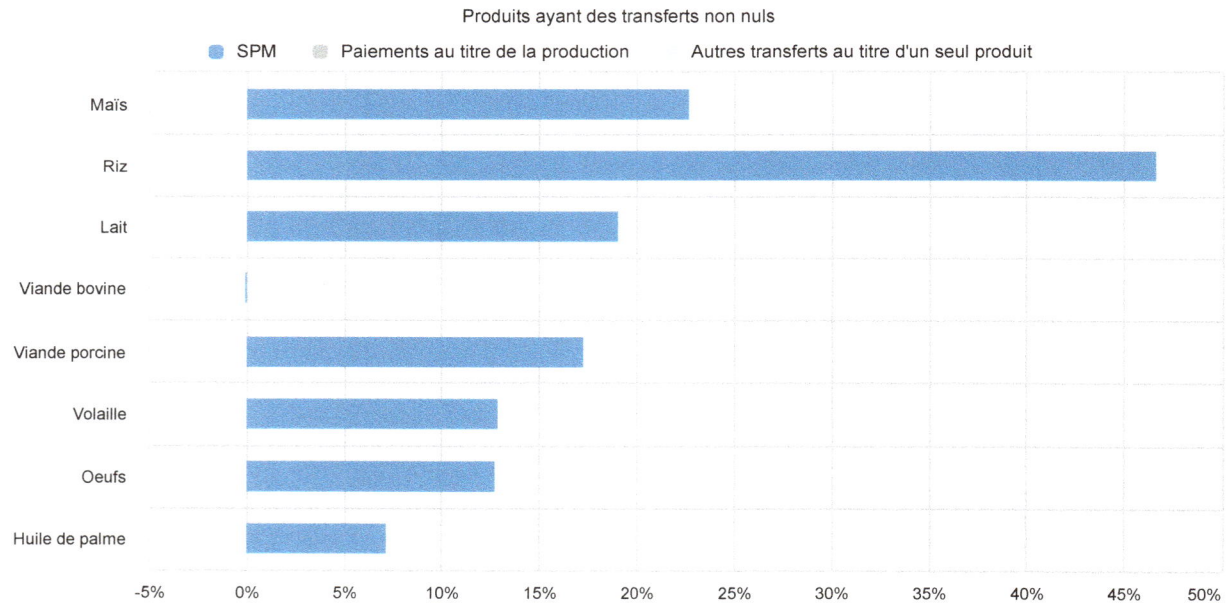

Source : OCDE (2022), « Estimations du soutien aux producteurs et aux consommateurs », Statistiques agricoles de l'OCDE (base de données), http://dx.doi.org/10.1787/agr-pcse-data-fr.

Tableau 10.1. Colombie : Estimations du soutien à l'agriculture

Millions USD

	2000-02	2019-21	2019	2020	2021p
Valeur totale de la production (en sortie de l'exploitation)	10 565	27 874	29 061	27 422	27 139
dont : part des produits SPM (%)	80.75	68.69	64.28	65.06	76.73
Valeur totale de la consommation (en sortie d'exploitation)	7 938	22 284	22 894	22 755	21 204
Estimation du soutien aux producteurs (ESP)	2 546	2 842	3 584	2 812	2 130
Soutien au titre de la production des produits de base	2 460	2 545	3 264	2 565	1 805
Soutien des prix du marché[1]	2 460	2 545	3 264	2 565	1 805
Soutien positif des prix du marché	2 466	2 547	3 267	2 567	1 806
Soutien négatif des prix du marché	-6	-2	-3	-2	-1
Paiements au titre de la production	0	0	0	0	0
Paiements au titre de l'utilisation d'intrants	86	297	320	246	324
Utilisation d'intrants variables	53	179	187	151	199
avec contraintes sur les intrants	36	149	153	132	163
Formation de capital fixe	16	58	67	46	62
avec contraintes sur les intrants	3	26	31	24	24
Services utilisés sur l'exploitation	17	60	66	50	63
avec contraintes sur les intrants	5	32	29	31	34
Paiements au titre des S/Na/Rec/Rev courants, production requise	0	0	0	0	0
Au titre des Recettes / du Revenu	0	0	0	0	0
Au titre de la Superficie cultivée / du Nombre d'animaux	0	0	0	0	0
avec contraintes sur les intrants	0	0	0	0	0
Paiements au titre des S/Na/Rec/Rev non courants, production requise	0	0	0	0	0
Paiements au titre des S/Na/Rec/Rev non courants, production facultative	0	0	0	0	0
Avec taux de paiement variables	0	0	0	0	0
avec exceptions sur les produits	0	0	0	0	0
Avec taux de paiement fixes	0	0	0	0	0
avec exceptions sur les produits	0	0	0	0	0
Paiements sur critères non liés à des produits de base	0	0	0	0	0
Retrait de ressources à long terme	0	0	0	0	0
Production de produits particuliers autres que produits de base	0	0	0	0	0
Autres critères non liés à des produits de base	0	0	0	0	0
Paiements divers	0	0	0	0	0
ESP en pourcentage (%)	24.06	9.99	12.20	10.16	7.75
CNP des producteurs (coeff.)	1.31	1.10	1.13	1.10	1.07
CNS aux producteurs (coeff.)	1.32	1.11	1.14	1.11	1.08
Estimation du soutien aux services d'intérêt général (ESSG)	154	402	431	307	469
Système de connaissances et d'innovation agricoles	49	185	183	105	265
Services d'inspection et de contrôle	9	30	36	33	21
Développement et entretien des infrastructures	95	170	189	151	171
Commercialisation et promotion	0	17	23	18	11
Coût du stockage public	0	0	0	0	0
Divers	1	0	0	0	0
ESSG en pourcentage (% de l'EST)	5.71	12.51	10.73	9.85	18.06
Estimation du soutien aux consommateurs (ESC)	-2 234	-3 395	-4 375	-3 609	-2 201
Transferts des consommateurs aux producteurs	-2 003	-2 514	-3 146	-2 581	-1 814
Autres transferts des consommateurs	-248	-899	-1 257	-1 043	-396
Transferts des contribuables aux consommateurs	0	0	0	0	0
Surcoût de l'alimentation animale	16	17	28	15	9
ESC en pourcentage (%)	-28.28	-15.06	-19.11	-15.86	-10.38
CNP des consommateurs (coeff.)	1.40	1.18	1.24	1.19	1.12
CNS aux consommateurs (coeff.)	1.39	1.18	1.24	1.19	1.12
Estimation du soutien total (EST)	2 700	3 244	4 015	3 119	2 599
Transferts des consommateurs	2 251	3 412	4 403	3 624	2 210
Transferts des contribuables	697	731	869	538	785
Recettes budgétaires	-248	-899	-1 257	-1 043	-396
EST en pourcentage (% du PIB)	2.76	1.06	1.24	1.15	0.83
Estimation du soutien budgétaire total (ESBT)	240	699	751	553	794
ESBT en pourcentage (% du PIB)	0.25	0.23	0.23	0.20	0.25
Déflateur du PIB (2000-02=100)	100	256	248	251	270
Taux de change (monnaie nationale par USD)	2 297.17	3 573.67	3 281.07	3 695.61	3 744.32

Note : p : provisoire. CNP : Coefficient nominal de protection. CNS : Coefficient nominal de soutien.
S/Na/Rec/Rev : Superficie cultivée/Nombre d'animaux/Recettes/Revenu.
1. Le soutien des prix du marché (SPM) s'entend net de prélèvements aux producteurs et de surcoût de l'alimentation animale. Les produits SPM pour la Colombie sont : le maïs, le riz, le sucre, le lait, la viande bovine et porcine, la volaille, les oeufs, les bananes, les plantains, le café, l'huile de palme et les fleurs.
Source : OCDE (2022), « Estimations du soutien aux producteurs et aux consommateurs », *Statistiques agricoles de l'OCDE* (base de données).
http://dx.doi.org/10.1787/agr-pcse-data-fr

11 Costa Rica

Soutien à l'agriculture

Au Costa Rica, le soutien aux producteurs agricoles (ESP) s'est élevé à 4.9 % des recettes agricoles brutes en 2019-21, chiffre bien inférieur à la moyenne OCDE et en baisse par rapport aux 8.2 % de 2000-02. Le soutien à l'agriculture est presque entièrement (89 %) assuré par le soutien des prix du marché (SPM), l'une des formes de soutien susceptibles de générer le plus de distorsions de la production et des échanges, et correspond à des mesures aux frontières (droits de douane) et des mesures internes (prix intérieurs minimums). Les produits les plus soutenus comprennent le riz, la volaille, la viande porcine et le sucre. Du fait de la protection aux frontières et de l'intervention sur les marchés, les prix à la production ont été, en moyenne, de 5 % supérieurs aux cours mondiaux en 2019-21. Le reste du soutien aux producteurs (10.9 %) prend la forme de paiements pour services environnementaux et de subventions au capital pour les machines et le matériel agricoles.

Les dépenses consacrées aux services d'intérêt général (ESSG) ont représenté 1.3 % de la valeur de la production agricole en 2019-21. Ces dépenses ont enregistré une augmentation de 0.3 % depuis 2000-02 mais demeurent bien inférieures à la moyenne OCDE. En 2019-21, elles ont été réparties entre trois domaines : (1) le système de connaissances et d'innovation agricoles, et en particulier les services de vulgarisation agricole ; (2) le développement et l'entretien des infrastructures d'irrigation et des routes de campagne ; et (3) l'inspection et le contrôle. Le soutien total fourni au secteur (EST) s'est élevé à 0.5 % du PIB en 2019-21, une baisse sensible par rapport à 2000-02.

Évolutions récentes de l'action publique

L'initiative *Puente Agro* a été mise en œuvre en 2021 dans le cadre de la Stratégie nationale de lutte contre la pauvreté (*Estrategia Nacional de Lucha contra la Pobreza*) qui apporte un soutien dans les domaines des services de santé, de l'éducation, du logement, du travail et de la protection sociale aux zones rurales qui vivent dans une extrême pauvreté. Cette initiative vise à soutenir les agriculteurs en améliorant leurs processus productifs par la fourniture de matériel, d'intrants et d'une assistance technique.

En vertu d'une loi adoptée en 2021 qui vise à renforcer le contrôle budgétaire de l'administration centrale sur les organismes décentralisés, le ministère de l'Agriculture (*Ministerio de Agricultura y Ganadería* – MAG) exerce un plus grand contrôle et une plus grande supervision sur l'élaboration et l'exécution des budgets d'organismes tels que le Service national de la santé animale (*Servicio Nacional de Salud Animal* – SENASA), le Service phytosanitaire de l'État (*Servicio Fitosanitario de Estado* – SFE), l'Institut national d'innovation et de transfert de technologie agricole (*Instituto Nacional de Tecnología Agropecuaria* – INTA) et le Conseil national des clubs 4S (*Consejo Nacional de Clubes 4-S* – CONAC).

Évaluation et recommandations

- Le Plan national de décarbonation (*Plan Nacional de Descarbonización*) du Costa Rica pour 2018-2050 vise à parvenir à des émissions nettes égales à zéro d'ici 2050 et à maintenir leur volume à un niveau maximal de 9.11 Mt éq. CO_2 d'ici 2030. Le Plan inclut des stratégies de décarbonation de tous les secteurs, y compris l'agriculture. Cependant, les stratégies dans le domaine de l'agriculture sont axées sur l'amélioration des pratiques qui ont des répercussions sur les émissions, mais ne comportent aucun objectif d'atténuation spécifique pour le secteur.

- Le soutien aux producteurs est principalement assuré au moyen de la protection aux frontières de certains produits – à savoir le riz, la volaille, la viande porcine et le sucre – ainsi que de prix minimums de référence pour le riz. Ce soutien fausse le marché intérieur et les échanges, et limite la concurrence, la productivité et la compétitivité. Le gouvernement devrait envisager de l'éliminer progressivement et de le remplacer par des paiements ciblés sur les producteurs qui en ont temporairement besoin.

- La médiocre qualité et la faible couverture de l'infrastructure agricole constituent un frein important qui empêche le secteur de devenir plus efficient et plus réactif aux signaux du marché. Des investissements sont nécessaires pour accroître la productivité (irrigation et drainage, par exemple) et pour faciliter l'accès aux marchés (transports, distribution, installations frigorifiques, etc.).

- Des capacités restreintes et une mauvaise allocation des ressources limitent l'efficacité des services de vulgarisation du Costa Rica, qui comptent pour 20 % de l'ensemble des dépenses publiques consacrées au secteur. Eu égard à l'importance de ces services pour le secteur agricole, des efforts devraient être déployés pour garantir une utilisation plus efficiente des financements, notamment en dispensant aux agents des services de vulgarisation une formation aux nouveaux systèmes de production et de gestion, en rationalisant et en réduisant la charge administrative imposée au personnel technique, et en assurant une meilleure coordination entre les organismes de recherche, les services de vulgarisation et les besoins des agriculteurs.

- Les petits producteurs souffrent d'une faible productivité et d'un manque d'accès au crédit et aux outils financiers. En outre, des exigences strictes empêchent les petits agriculteurs de bénéficier des sources de crédit disponibles auprès des banques commerciales. Les programmes de crédit proposés par la banque nationale de développement et les organisations ou les coopératives agricoles pourraient être élargis, tout en évitant de créer un aléa moral, afin d'améliorer l'infrastructure financière et l'accès au crédit des petits exploitants.

- Le Costa Rica a l'expérience de la mise en œuvre de politiques en faveur de la protection de l'environnement et du développement durable, telles que l'amélioration des méthodes de culture et d'élevage à travers les mesures d'atténuation appropriées au niveau national (MAAN). Malgré cela, il reste encore une marge de progression. Le pays devrait mettre en cohérence ses efforts d'adaptation et d'atténuation du changement climatique avec ses objectifs de développement de l'agriculture. Une coordination entre la R-D et les services d'assistance technique permettrait d'accroître la sensibilisation des agriculteurs.

Graphique 11.1. Costa Rica : Évolution du soutien à l'agriculture

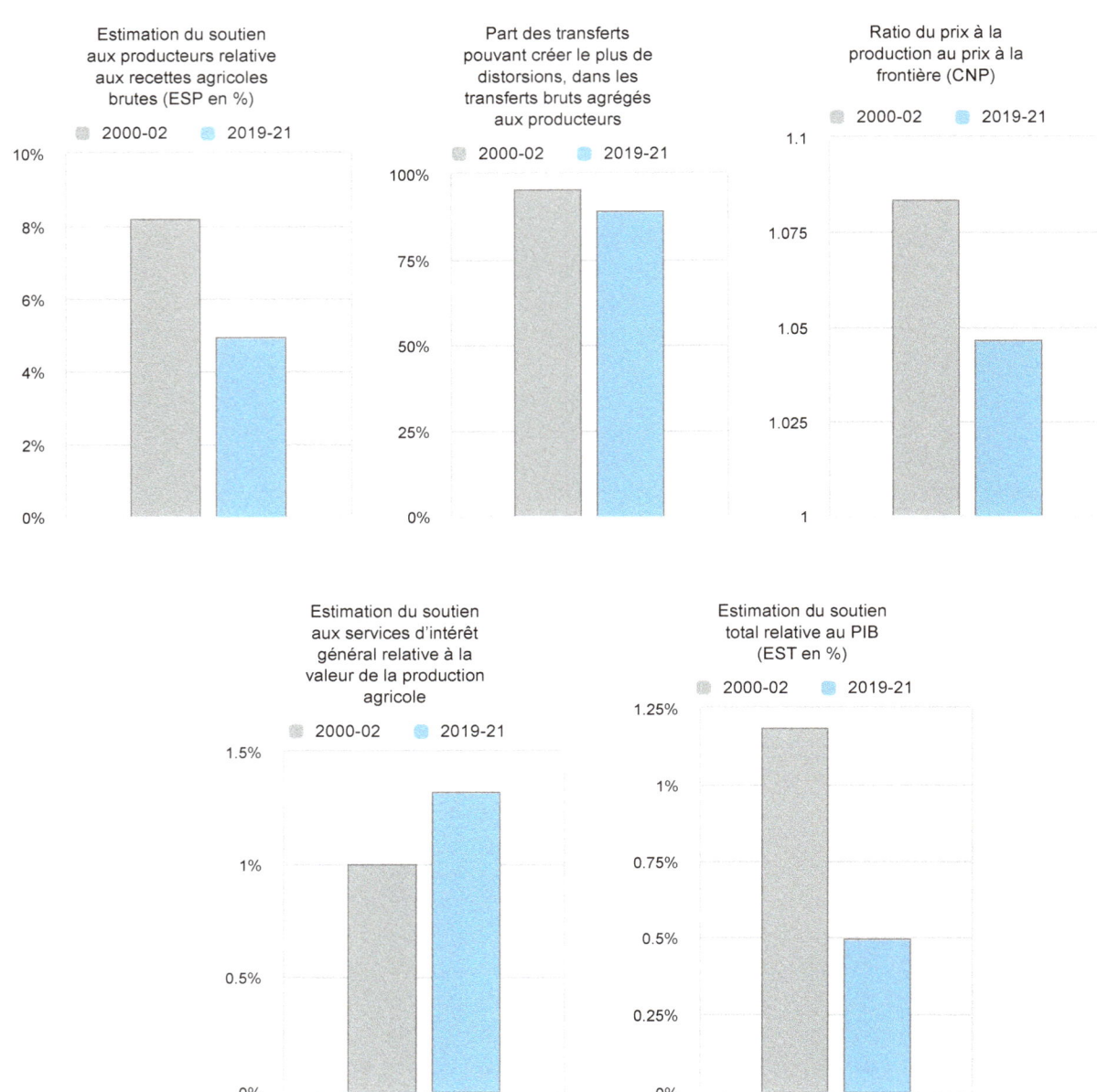

Source : OCDE (2022), « Estimations du soutien aux producteurs et aux consommateurs », Statistiques agricoles de l'OCDE (base de données), http://dx.doi.org/10.1787/agr-pcse-data-fr.

Graphique 11.2. Costa Rica : Moteurs du changement de l'ESP, 2020 à 2021

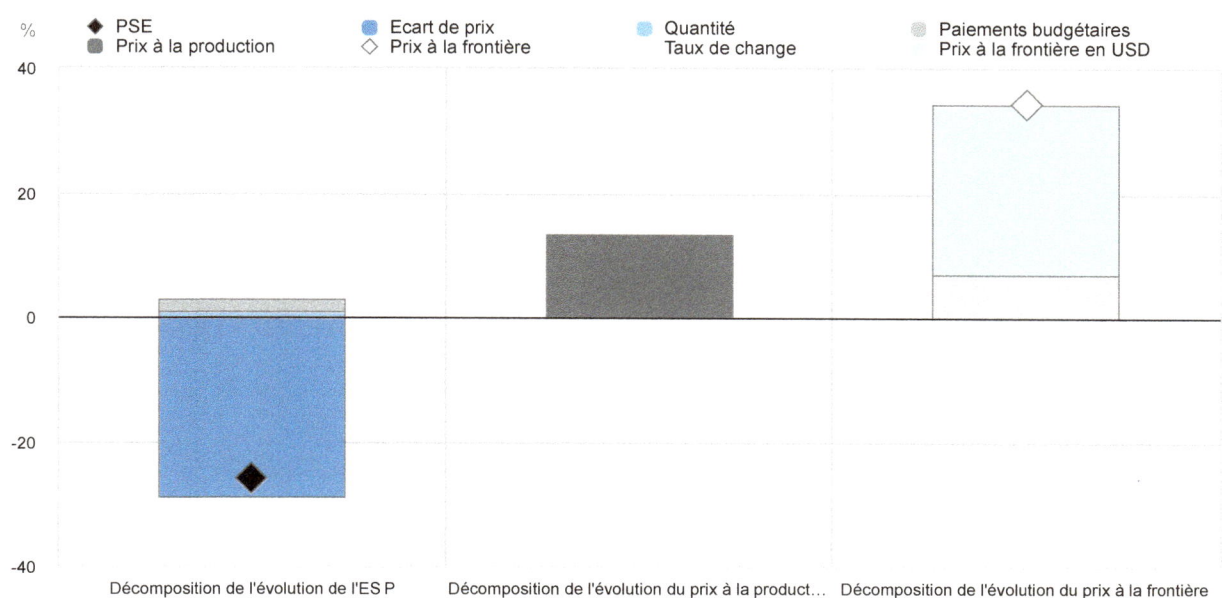

Source : OCDE (2022), « Estimations du soutien aux producteurs et aux consommateurs », Statistiques agricoles de l'OCDE (base de données), http://dx.doi.org/10.1787/agr-pcse-data-fr.

Graphique 11.3. Costa Rica : Transferts au titre d'un produit, en pourcentage des recettes agricoles brutes par produit, 2019-21

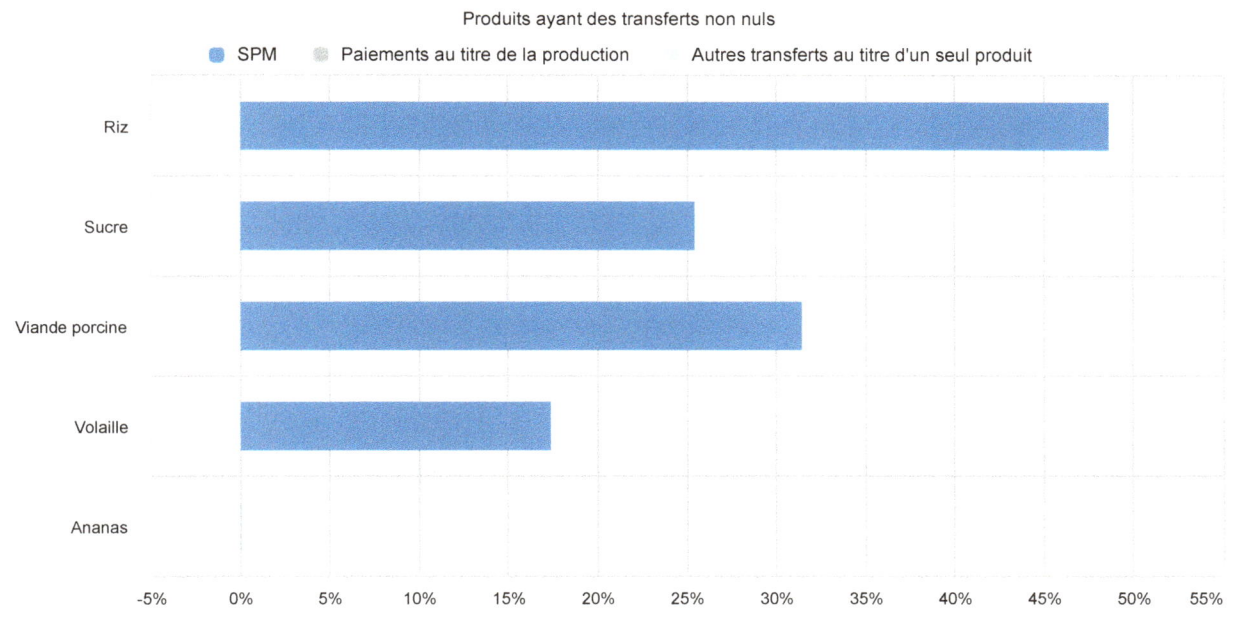

Source : OCDE (2022), « Estimations du soutien aux producteurs et aux consommateurs », Statistiques agricoles de l'OCDE (base de données), http://dx.doi.org/10.1787/agr-pcse-data-fr.

Tableau 11.1. Costa Rica : Estimations du soutien à l'agriculture

Millions USD

	2000-02	2019-21	2019	2020	2021p
Valeur totale de la production (en sortie de l'exploitation)	2 039	4 959	4 884	4 899	5 094
dont : part des produits SPM (%)	85.80	83.31	82.77	82.44	84.71
Valeur totale de la consommation (en sortie d'exploitation)	1 051	2 264	2 287	2 308	2 197
Estimation du soutien aux producteurs (ESP)	167	248	265	281	196
Soutien au titre de la production des produits de base	156	220	239	256	167
Soutien des prix du marché¹	156	220	239	256	167
Soutien positif des prix du marché	156	220	239	256	167
Soutien négatif des prix du marché	0	0	0	0	0
Paiements au titre de la production	0	0	0	0	0
Paiements au titre de l'utilisation d'intrants	10	26	25	24	28
Utilisation d'intrants variables	4	12	14	11	10
avec contraintes sur les intrants	1	11	14	11	10
Formation de capital fixe	1	7	5	8	9
avec contraintes sur les intrants	0	1	1	1	1
Services utilisés sur l'exploitation	5	7	6	6	10
avec contraintes sur les intrants	3	0	0	0	0
Paiements au titre des S/Na/Rec/Rev courants, production requise	0	0	0	0	0
Au titre des Recettes / du Revenu	0	0	0	0	0
Au titre de la Superficie cultivée / du Nombre d'animaux	0	0	0	0	0
avec contraintes sur les intrants	0	0	0	0	0
Paiements au titre des S/Na/Rec/Rev non courants, production requise	0	0	0	0	0
Paiements au titre des S/Na/Rec/Rev non courants, production facultative	0	0	0	0	0
Avec taux de paiement variables	0	0	0	0	0
avec exceptions sur les produits	0	0	0	0	0
Avec taux de paiement fixes	0	0	0	0	0
avec exceptions sur les produits	0	0	0	0	0
Paiements sur critères non liés à des produits de base	1	1	1	1	1
Retrait de ressources à long terme	0	1	1	1	1
Production de produits particuliers autres que produits de base	0	0	0	0	0
Autres critères non liés à des produits de base	1	0	0	0	0
Paiements divers	0	0	0	0	0
ESP en pourcentage (%)	8.20	4.94	5.40	5.71	3.83
CNP des producteurs (coeff.)	1.08	1.05	1.05	1.06	1.03
CNS aux producteurs (coeff.)	1.09	1.05	1.06	1.06	1.04
Estimation du soutien aux services d'intérêt général (ESSG)	20	65	62	63	72
Système de connaissances et d'innovation agricoles	10	28	28	30	25
Services d'inspection et de contrôle	3	16	12	12	23
Développement et entretien des infrastructures	7	21	21	20	22
Commercialisation et promotion	0	1	1	1	1
Coût du stockage public	0	0	0	0	0
Divers	0	0	0	0	0
ESSG en pourcentage (% de l'EST)	10.80	20.97	18.88	18.22	26.72
Estimation du soutien aux consommateurs (ESC)	-179	-270	-287	-316	-208
Transferts des consommateurs aux producteurs	-149	-191	-200	-229	-142
Autres transferts des consommateurs	-30	-80	-86	-87	-65
Transferts des contribuables aux consommateurs	0	0	0	0	0
Surcoût de l'alimentation animale	0	0	0	0	0
ESC en pourcentage (%)	-16.96	-11.89	-12.54	-13.71	-9.45
CNP des consommateurs (coeff.)	1.20	1.13	1.14	1.16	1.10
CNS aux consommateurs (coeff.)	1.20	1.13	1.14	1.16	1.10
Estimation du soutien total (EST)	188	313	327	344	268
Transferts des consommateurs	179	270	287	316	208
Transferts des contribuables	39	122	127	115	125
Recettes budgétaires	-30	-80	-86	-87	-65
EST en pourcentage (% du PIB)	1.18	0.50	0.51	0.56	0.43
Estimation du soutien budgétaire total (ESBT)	31	92	88	88	101
ESBT en pourcentage (% du PIB)	0.20	0.15	0.14	0.14	0.16
Déflateur du PIB (2000-02=100)	100	353	350	350	357
Taux de change (monnaie nationale par USD)	331.77	597.68	587.02	584.68	621.35

Note : p : provisoire. CNP : Coefficient nominal de protection. CNS : Coefficient nominal de soutien.

S/Na/Rec/Rev : Superficie cultivée/Nombre d'animaux/Recettes/Revenu.

1. Le soutien des prix du marché (SPM) s'entend net de prélèvements aux producteurs et de surcoût de l'alimentation animale. Les produits SPM pour le Costa Rica sont : le riz, le sucre, le lait, la viande bovine et porcine, la volaille, les bananes, le café, l'huile de palme et les ananas.

Source : OCDE (2022), « Estimations du soutien aux producteurs et aux consommateurs », *Statistiques agricoles de l'OCDE* (base de données).
http://dx.doi.org/10.1787/agr-pcse-data-fr

12 Union européenne

Soutien à l'agriculture

Le soutien aux producteurs dans l'Union européenne (UE), mesuré par l'estimation du soutien aux producteurs (ESP), est proche de la moyenne de l'OCDE. Après avoir diminué tout au long des années 90 jusqu'au début des années 2000, le soutien aux producteurs dans l'Union européenne en pourcentage des recettes agricoles brutes s'est stabilisé depuis 2010 et s'établissait à 19 % sur la période 2019-21.

Même si plusieurs secteurs continuent de bénéficier de mesures de protection commerciale (notamment licences d'importation et d'exportation, contingents tarifaires, et clauses de sauvegarde spéciale), les formes de soutien faussant les prix ont nettement reculé au cours des vingt dernières années. En 2019-21, le soutien des prix de marché (SPM) représentait 18 % du soutien aux producteurs, loin des 46 % de 2000-02.

La majeure partie du soutien aux producteurs est de nature budgétaire, principalement sous la forme de paiements directs découplés. Les réformes engagées ces trente dernières années ont fortement réduit le niveau du soutien au secteur et en ont modifié la composition dans le sens d'une diminution des distorsions générées sur la production et les échanges. En 2021, près de la moitié du soutien budgétaire est fondé sur les droits antérieurs, un tiers sur la production courante et 17 % sur l'utilisation d'intrants. De plus, 54 % des paiements aux producteurs sont subordonnés au respect d'obligations environnementales, et 14 autres % sont versés au titre de dispositifs agroenvironnementaux volontaires allant au-delà des exigences réglementaires.

Les dépenses consacrées aux services d'intérêt général à destination du secteur (ESSG) représentaient 12 % du soutien total en moyenne en 2019-21, ou 3 % de la valeur de la production agricole – en baisse par rapport à 2000-02 et en dessous de la moyenne de l'OCDE. Si l'importance relative de l'ESSG a légèrement reculé au cours des vingt dernières années, la composition de ces dépenses a évolué. Les dépenses consacrées aux systèmes de connaissances et d'innovation agricoles ont progressé de neuf points de pourcentage pour s'établir à 51 % du total des dépenses en 2019-21. Les dépenses de commercialisation et promotion ont également augmenté (elles représentent aujourd'hui 25 % de l'ESSG), tandis que le financement du développement et de l'entretien des infrastructures et le coût du stockage public sont restés stables en valeur absolue depuis 2000-02.

Le soutien total au secteur a diminué en pourcentage sur les deux dernières décennies. En 2019-21, il est estimé à 0.7 % du PIB, contre 1.0 % en 2000-02.

Évolutions récentes de l'action publique

En 2021, la pandémie de COVID-19 a été au centre de nombreuses actions publiques dans le secteur agricole, mais les interventions d'urgence ont laissé la place à des mesures de rétablissement financier. Le 28 janvier 2021, l'UE a décidé de prolonger jusqu'au 31 décembre 2021 l'encadrement temporaire des aides d'État adopté le 19 mars 2020 afin de soutenir l'économie face à la flambée de coronavirus. Les États membres ont utilisé cette possibilité pour définir des trains de mesures ciblés sur leurs secteurs les plus touchés. La Commission européenne (CE) a adopté des mesures exceptionnelles d'aide au secteur vitivinicole et à celui des fruits et légumes, notamment en augmentant le soutien aux outils de gestion des risques comme les assurances récolte et les fonds mutuels, et en prolongeant les mesures d'assouplissement jusqu'au 15 octobre 2022.

La préparation de la prochaine période de programmation (2023-27) de la Politique agricole commune (PAC) s'est poursuivie en 2021. En janvier, la CE a publié une liste de pratiques agricoles que les programmes écologiques pourraient encourager dans la prochaine PAC et, en mai, la Commission a communiqué ses recommandations aux États membres. La réforme qui ouvre la voie à « une PAC plus équitable, plus verte, plus respectueuse des animaux et plus souple » a obtenu l'aval du Parlement européen et été adoptée par le Conseil en décembre 2021.

En juillet 2021, la Commission européenne a adopté un train de propositions qui vise à ajuster les politiques en matière de climat, d'énergie, d'utilisation des terres, de transport et de fiscalité au service d'un nouvel objectif : réduire d'au moins 55 % les émissions de gaz à effet de serre (GES) d'ici à 2030 par rapport aux niveaux de 1990. Avec cette feuille de route, l'UE a sensiblement relevé son degré d'ambition par rapport à l'objectif qui figurait dans sa première contribution déterminée au niveau national (CDN), à savoir au moins 40 % de réduction des émissions de GES, et entend renforcer en particulier les efforts d'atténuation dans le domaine de l'utilisation des terres. Plusieurs États membres, dont la Belgique, le Danemark, l'Allemagne, le Portugal et l'Irlande, ont annoncé des plans nationaux d'action climatique en 2021, qui fixent des objectifs sectoriels ambitieux sur les émissions de GES, allant de 11 % à 55 % de réductions d'émissions en valeur absolue[1] à l'horizon 2030 pour leurs secteurs agricoles. Les États membres comptent utiliser la PAC réformée comme le principal instrument de leurs ambitions dans ce domaine.

L'accord de commerce et de coopération entre l'UE et le Royaume-Uni est entré en vigueur le 1er mai 2021 après avoir été avalisé par le Parlement européen et adopté par le Conseil. D'autres accords de libre-échange sont encore en cours de négociation avec l'Australie, la République populaire de Chine (ci-après la « Chine »), l'Indonésie, la Nouvelle-Zélande et les Philippines.

Évaluation et recommandations

- La PAC actuelle, dont une bonne partie du budget était pourtant affectée à l'action climatique, n'a pas permis de réduire sensiblement les émissions agricoles de l'UE durant la dernière décennie. Pour que l'agriculture contribue à la feuille de route « Ajustement à l'objectif 55 » de l'UE, il conviendrait de lier les dépenses climatiques de la future PAC européenne aux objectifs de réduction des émissions agricoles au niveau des pays et de l'UE. La nouvelle initiative sur le carbone en agriculture et la plus grande priorité donnée aux zones particulièrement à risque sur le plan des émissions (comme les tourbières) sont des évolutions positives à cet égard.

- Les réformes engagées ces trente dernières années ont fortement réduit le niveau du soutien au secteur et en ont modifié la composition dans le sens d'une diminution des distorsions générées sur la production et les échanges. Malgré les progrès notables des réformes du soutien au secteur, certains produits – en particulier la viande bovine, la viande de volaille et le riz – continuent de bénéficier d'importants soutiens. Les formes susceptibles d'entraîner le plus de distorsions constituent encore près d'un quart du soutien aux producteurs. Il serait souhaitable que les financements affectés à ces soutiens soient réorientés sur les objectifs du Pacte vert pour l'Europe.

- La croissance de la productivité agricole demeure faible dans l'Union européenne. Si cela peut s'expliquer en partie par des obligations environnementales européennes et nationales sévères, la réglementation limite également l'utilisation de certaines innovations en agriculture. L'accent mis sur l'innovation est à saluer, et la diffusion de technologies qui favorisent la productivité dans la durabilité, ainsi que la hausse continue des dépenses d'ESSG consacrées à l'innovation, pourraient faire progresser la productivité de l'UE tout en contribuant aux objectifs environnementaux.

- Deux évolutions positives en matière de résilience sont à noter en 2021. La CE a publié fin 2021 un plan d'urgence visant à garantir l'approvisionnement et la sécurité alimentaires en période de crise. Le mécanisme européen de préparation et de réaction aux crises de sécurité alimentaire (EFSCM) s'est révélé utile vu les difficultés engendrées par les suites de la pandémie de COVID-19 et par l'agression de la Russie contre l'Ukraine. L'UE a également actualisé sa stratégie d'adaptation au changement climatique, dont l'agriculture constitue un élément clé. Néanmoins, les nombreuses aides exceptionnelles annoncées au titre de l'encadrement temporaire des aides d'État indiquent soit que la panoplie actuelle d'outils de gestion des risques n'est pas adaptée face à des événements catastrophiques, soit que les mécanismes incitatifs supposés encourager l'utilisation des outils existants sont mal conçus. Les nouveaux plans stratégiques nationaux relevant de la PAC donnent aux responsables publics la possibilité de remédier à ces faiblesses.

Graphique 12.1. Union européenne : Évolution du soutien à l'agriculture

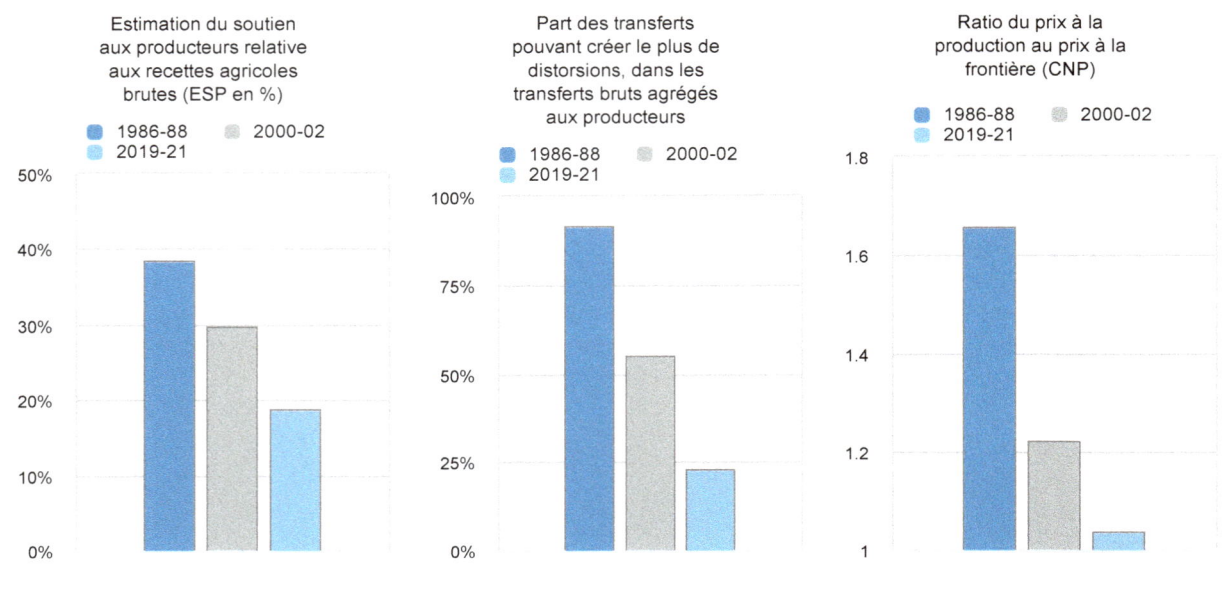

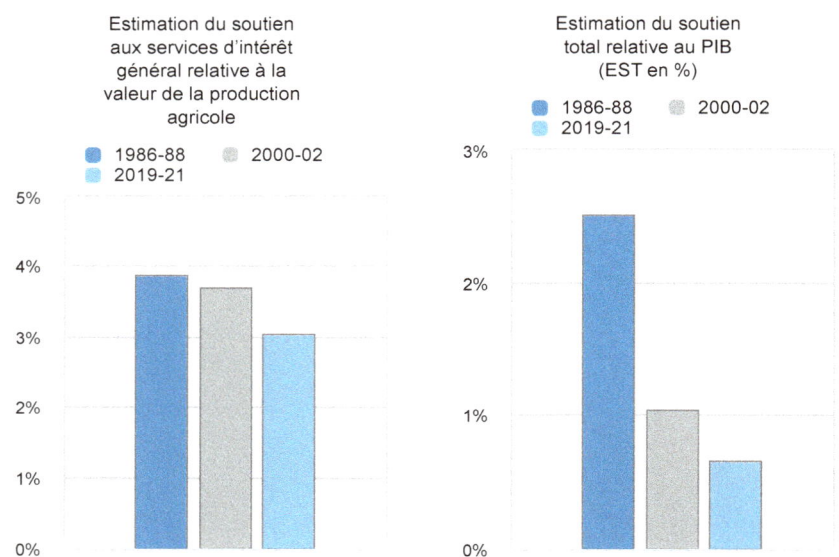

Note : UE12 pour 1986-88, UE15 pour 2000-02, UE28 pour 2018-19, UE27 et Royaume-Uni pour 2020 et UE27 pour 2021.
Source : OCDE (2022), « Estimations du soutien aux producteurs et aux consommateurs », Statistiques agricoles de l'OCDE (base de données), http://dx.doi.org/10.1787/agr-pcse-data-fr.

Graphique 12.2. Union européenne : Moteurs du changement de l'ESP, 2020 à 2021

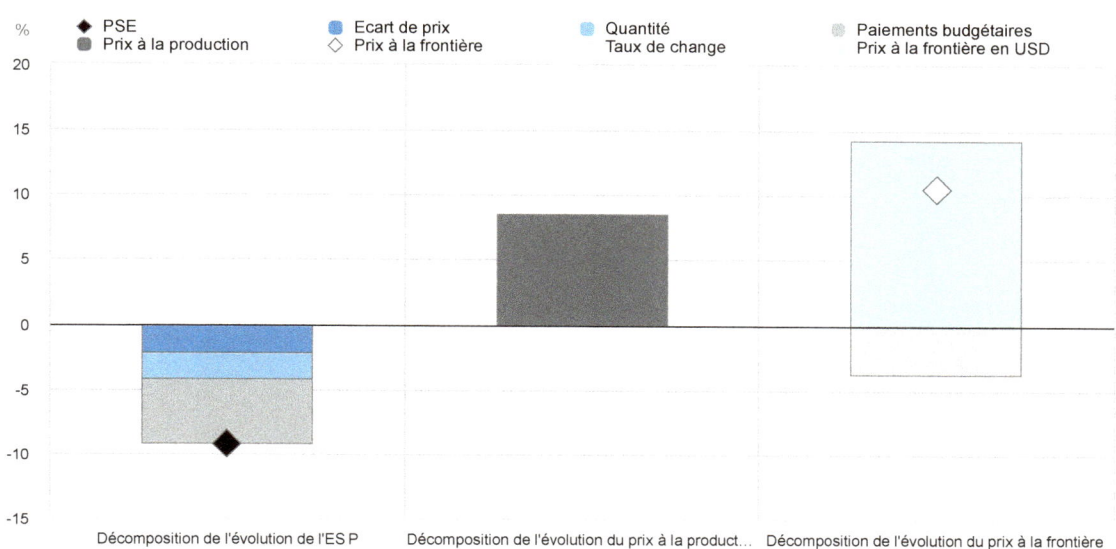

Note : UE27 et Royaume-Uni pour 2020 et UE27 pour 2021.
Source : OCDE (2022), « Estimations du soutien aux producteurs et aux consommateurs », Statistiques agricoles de l'OCDE (base de données), http://dx.doi.org/10.1787/agr-pcse-data-fr.

Graphique 12.3. Union européenne : Transferts au titre d'un produit, en pourcentage des recettes agricoles par produit, 2019-21

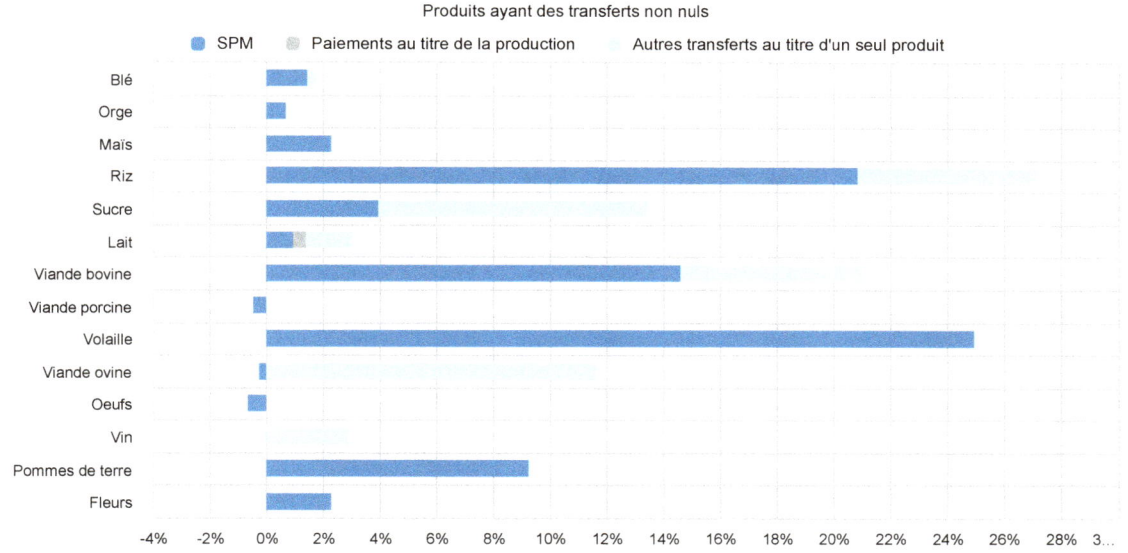

Note : UE28 pour 2019, UE27 et Royaume-Uni pour 2020 et UE27 pour 2021.
Source : OCDE (2022), « Estimations du soutien aux producteurs et aux consommateurs », Statistiques agricoles de l'OCDE (base de données), http://dx.doi.org/10.1787/agr-pcse-data-fr.

Tableau 12.1. Union européenne : Estimations du soutien à l'agriculture

Millions USD

	1986-88	2000-02	2019-21	2019	2020	2021p
Valeur totale de la production (en sortie de l'exploitation)	233 558	225 093	459 321	452 697	452 748	472 519
dont : part des produits SPM (%)	74.95	73.34	73.25	73.62	72.98	73.14
Valeur totale de la consommation (en sortie de l'exploitation)	212 900	226 789	447 815	435 556	445 464	462 425
Estimation du soutien aux producteurs (ESP)	95 385	79 781	102 362	105 117	103 988	97 980
Soutien au titre de la production de produits de base	86 308	40 997	16 703	20 160	16 901	13 047
Soutien des prix du marché[1]	80 672	37 067	16 398	19 864	16 601	12 772
Soutien positif des prix du marché	81 784	37 067	16 746	20 268	16 601	13 369
Soutien négatif des prix du marché	-1 112	0	-348	-403	0	-642
Paiements au titre de la production	5 637	3 930	305	296	300	320
Paiements au titre de l'utilisation d'intrants	5 056	6 833	15 323	14 606	15 180	16 182
En fonction de l'utilisation d'intrants variables	960	3 047	6 433	6 315	6 675	6 310
avec contraintes sur les intrants	0	0	49	42	38	66
En fonction de la formation de capital fixe	2 986	2 259	5 697	6 078	5 756	5 259
avec contraintes sur les intrants	0	94	76	66	68	95
En fonction des services utilisés sur l'exploitation	1 109	1 527	3 192	2 213	2 749	4 614
avec contraintes sur les intrants	90	274	11	10	10	14
Paiements au titre des S/Na/Rec/Rev courants, production requise	3 587	31 196	28 398	27 699	29 387	28 106
Au titre des recettes/du revenu	147	99	1 131	763	1 401	1 230
Au titre de la superficie cultivée/du nombre d'animaux	3 440	31 097	27 267	26 936	27 987	26 877
avec contraintes sur les intrants	940	13 953	22 251	21 738	22 753	22 262
Paiements au titre des S/Na/Rec/Rev non courants, production requise	0	0	7	3	7	12
Paiements au titre des S/Na/Rec/Rev non courants, production facultative	0	10	40 371	41 224	41 006	38 884
Avec taux de paiement variables	0	0	0	0	0	0
avec exceptions sur les produits	0	0	0	0	0	0
Avec taux de paiement fixes	0	10	40 371	41 224	41 006	38 884
avec exceptions sur les produits	0	0	0	0	0	0
Paiements selon des critères non liés à des produits de base	478	1 078	1 266	1 163	1 178	1 457
En fonction du retrait de ressources à long terme	476	846	252	161	153	440
En fonction de la production de produits particuliers autres que des produits de base	2	176	934	952	921	928
En fonction d'autres critères non liés à des produits de base	0	57	81	50	103	89
Paiements divers	-43	-334	294	261	329	291
ESP en pourcentage (%)	38.43	29.77	18.79	19.54	19.25	17.57
CNP des producteurs (coeff.)	1.66	1.22	1.04	1.05	1.04	1.03
CNS aux producteurs (coeff.)	1.62	1.42	1.23	1.24	1.24	1.21
Estimation du soutien aux services d'intérêt général (ESSG)	9 118	8 355	13 990	12 783	14 676	14 511
Système de connaissances et d'innovation agricoles	1 788	3 492	7 166	6 941	6 831	7 725
Services d'inspection et de contrôle	194	281	1 265	1 249	1 334	1 211
Développement et entretien des infrastructures	1 331	2 222	2 072	1 864	2 083	2 270
Commercialisation et promotion	1 210	996	3 444	2 695	4 374	3 263
Coût du stockage public	4 571	1 294	26	20	37	19
Divers	24	69	18	15	16	22
ESSG en pourcentage (% de l'EST)	8.29	9.12	11.97	10.82	12.32	12.85
Estimation du soutien aux consommateurs (ESC)	-69 408	-33 000	-15 100	-18 524	-14 677	-12 100
Transferts des consommateurs aux producteurs	-80 268	-36 084	-15 767	-19 172	-15 036	-13 092
Autres transferts des consommateurs	-1 699	-717	-276	-265	-128	-436
Transferts des contribuables aux consommateurs	4 992	3 537	401	286	488	428
Surcoût de l'alimentation animale	7 567	264	542	626	0	1 000
ESC en pourcentage (%)	-33.38	-14.75	-3.39	-4.26	-3.30	-2.62
CNP des consommateurs (coeff.)	1.63	1.19	1.04	1.05	1.04	1.03
CNS aux consommateurs (coeff.)	1.50	1.17	1.04	1.04	1.03	1.03
Estimation du soutien total (EST)	109 495	91 672	116 752	118 186	119 152	112 919
Transferts des consommateurs	81 967	36 801	16 043	19 436	15 164	13 528
Transferts des contribuables	29 228	55 589	100 985	99 014	104 115	99 827
Recettes budgétaires	-1 699	-717	-276	-265	-128	-436
EST en pourcentage (% du PIB)	2.51	1.04	0.65	0.64	0.66	0.67
Estimation du soutien budgétaire total (ESBT)	28 824	54 606	100 355	98 322	102 551	100 192
ESBT en pourcentage (% du PIB)	0.66	0.62	0.56	0.53	0.57	0.59
Déflateur du PIB (1986-88 = 100)	100	152	197	193	201	..
Taux de change (monnaie nationale/USD)	0.91	1.09	0.87	0.89	0.88	0.85

.. Non disponible

Note : p : provisoire. CNP : Coefficient nominal de protection. CNS : Coefficient nominal de soutien.
S/Na/Rec/Rev : Superficie cultivée/Nombre d'animaux/Recettes/Revenu.
UE12 pour 1986-88; UE15 pour 2000-02; UE28 pour 2019; et UE27 plus Royaume-Uni pour 2020; et UE27 pour 2021
1. Le soutien des prix du marché (SPM) s'entend net de prélèvements aux producteurs et de surcoût de l'alimentation animale. Les produits SPM pour l'UE sont : le blé, le maïs, l'avoine, l'orge, le riz, le colza, le soja, le tournesol, le sucre, le lait, la viande bovine, ovine et porcine, la volaille, les oeufs, les pommes de terre, les tomates, les plantes et fleurs, et le vin.
Source : OCDE (2022), « Estimations du soutien aux producteurs et aux consommateurs », *Statistiques agricoles de l'OCDE* (base de données).
http://dx.doi.org/10.1787/agr-pcse-data-fr

Note

[1] La Belgique s'est fixé un objectif de réduction de 25 % d'ici à 2030, par rapport à 2005. Le Danemark s'est fixé un objectif de réduction de 55 % d'ici à 2030, par rapport à 1990. L'Allemagne s'est fixé un objectif de réduction de 31 à 34 % d'ici à 2030, par rapport à 1990. Le Portugal s'est fixé un objectif de réduction de 11 % d'ici à 2030, par rapport à 2005. L'Irlande s'est fixé un objectif de réduction de 22 à 30 % d'ici à 2030, par rapport à 2018.

13 Islande

Soutien à l'agriculture

En Islande, la réforme de la politique agricole a été limitée et le soutien demeure l'un des plus élevés des pays de l'OCDE. À 57 % des recettes agricoles brutes, l'estimation du soutien aux producteurs (ESP) a été plus de trois fois supérieure à la moyenne de la zone OCDE sur la période 2019-21. Les mesures de soutien des prix du marché composent 50 % de l'appui à l'agriculture, et prennent principalement la forme de droits de douane, qui maintiennent les prix intérieurs à un niveau relativement élevé par rapport aux cours mondiaux et impliquent un transfert de grande ampleur des consommateurs vers les producteurs agricoles. S'y ajoutent des droits à paiements directement ou indirectement liés aux facteurs de production. Les paiements au titre de la production de lait et les paiements – en grande partie découplés – aux producteurs de viande ovine constituent l'essentiel des autres formes de soutien aux producteurs. Environ 70 % du soutien à l'agriculture sont potentiellement à l'origine de fortes distorsions de la production et des échanges.

En moyenne, les prix perçus par les agriculteurs ont baissé au fil du temps, mais ils demeurent près de deux fois supérieurs à ceux des marchés mondiaux. Les produits avicoles et ceux à base d'œufs ont présenté le plus fort écart entre les prix intérieurs et les prix mondiaux en 2019-21. Le soutien des prix du marché représente plus de 71 % des transferts au titre d'un seul produit (TSP) dont bénéficient ces produits. Les TSP comptent pour 97 % de l'ESP totale.

En pourcentage de la valeur de la production agricole, les dépenses au titre des services d'intérêt général fournis au secteur (ESSG) ont baissé, passant de 8 % en 1986-88 à 3 % en 2019-21, la valeur de la production ayant plus que triplé, alors que les dépenses se sont accrues d'environ 70 %. Plus de la moitié de ces dépenses servent à financer les services d'inspection et de contrôle, le solde étant pour une large part affecté au stockage public. Enfin, le soutien total à l'agriculture (EST) en pourcentage du PIB a fortement baissé, tombant de 5 % en 1986-88 à 1 % en 2019-21.

Évolutions récentes de l'action publique

L'accord-cadre sur l'agriculture est entré en vigueur le 1er janvier 2021, et il porte sur l'environnement opérationnel d'ensemble du secteur agricole. L'objectif d'assurer la neutralité carbone du secteur agricole islandais avant 2040 constitue l'un des principaux éléments de cet accord révisé.

Plusieurs réformes sont entrées en vigueur en 2021 à la suite de la révision de l'accord sur l'horticulture intervenue en 2020. L'accord révisé prévoit une augmentation de 25 % de la production intérieure de légumes d'ici 2024 et l'extension à l'horticulture de l'objectif de neutralité carbone établi pour l'agriculture. Le soutien total annuel en faveur des horticulteurs a été accru de 25 % en vue de parvenir à ces fins. Les principaux objectifs sont d'accroître la diversité de la production horticole, développer la production biologique et renforcer l'innovation.

Évaluation et recommandations

- L'agriculture joue un rôle central dans la politique climatique de l'Islande et dans ses efforts pour parvenir à la neutralité carbone. L'agriculture représente une part significative des émissions de GES du pays, en raison principalement de la taille du secteur de l'élevage. Les mesures de réduction des émissions de GES imputables à l'agriculture se trouvent au cœur de l'ambition de l'Islande d'instaurer une économie sobre en carbone, et elles contribueront à la réalisation de l'objectif exigeant qu'elle s'est fixée : parvenir à la neutralité carbone de l'agriculture avant 2040. Cependant, les mesures existantes de soutien à l'agriculture, notamment le soutien des prix de marché et les paiements au titre de la production de produits de ruminants, tels que le lait ou la laine, contrecarrent les mesures d'atténuation des émissions de GES de l'agriculture et en amoindrissent l'efficacité.

- Le soutien aux producteurs devrait être découplé de la production agricole et prendre des formes moins génératrices de distorsions de la production et des échanges et moins préjudiciables à l'environnement. Une redéfinition des instruments de soutien aux producteurs pour réduire la part relative des mesures de soutien couplées à la production et accroître celle des paiements découplés assortis de conditions environnementales et celle de certaines mesures agroenvironnementales, y compris les mesures d'atténuation des GES, contribuerait à atteindre l'objectif de neutralité carbone de l'agriculture d'ici 2040.

- En outre, une réorientation des dépenses budgétaires consacrées au soutien aux producteurs au profit des systèmes d'innovation agricole islandais et des autres services d'intérêt général pourrait donner une impulsion aux innovations propices à un renforcement de la productivité et de la durabilité du secteur agricole.

- Compte tenu du maintien des accords pluriannuels entre le gouvernement et l'Association des agriculteurs, la politique agricole a dans l'ensemble relativement peu évolué et le soutien aux agriculteurs reste bien supérieur, en Islande, à celui constaté dans la plupart des pays de l'OCDE. Par ailleurs, la plus grande partie du soutien aux producteurs agricoles est constituée de mesures d'aide couplées à la production, à savoir principalement le soutien des prix de marché et les paiements au titre de la production, qui constituent les mesures de soutien pouvant créer le plus de distorsions de la production et des échanges, et les plus préjudiciables à l'environnement.

- Malgré des progrès dans la réduction de la protection aux frontières pour ce qui est de certains produits agricoles, les droits à l'importation demeurent élevés pour plusieurs groupes de produits, ce qui impose un poids économique aux consommateurs et fausse les marchés correspondants.

Graphique 13.1. Islande : Évolution du soutien à l'agriculture

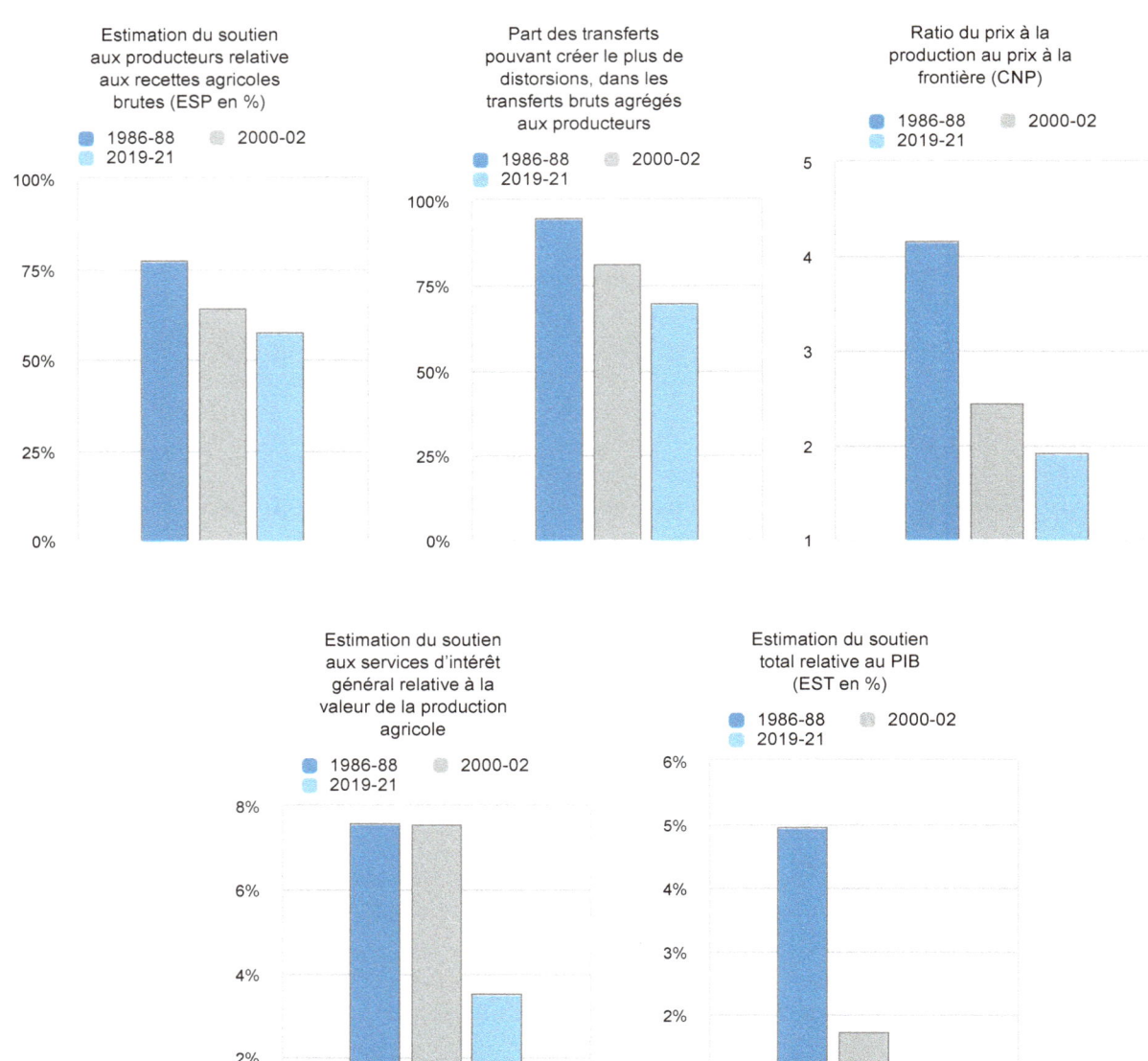

Source : OCDE (2022), « Estimations du soutien aux producteurs et aux consommateurs », Statistiques agricoles de l'OCDE (base de données), http://dx.doi.org/10.1787/agr-pcse-data-fr.

Graphique 13.2. Islande : Moteurs du changement de l'ESP, 2020 à 2021

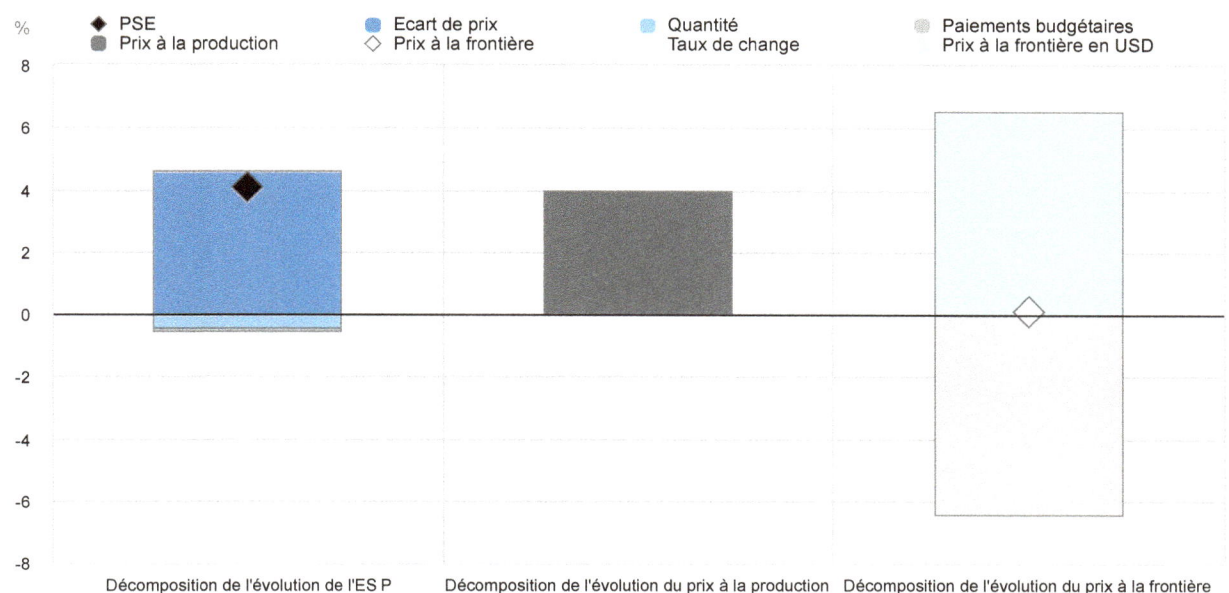

Source : OCDE (2022), « Estimations du soutien aux producteurs et aux consommateurs », Statistiques agricoles de l'OCDE (base de données), http://dx.doi.org/10.1787/agr-pcse-data-fr.

Graphique 13.3. Transferts au titre d'un produit, en pourcentage des recettes agricoles brutes par produit

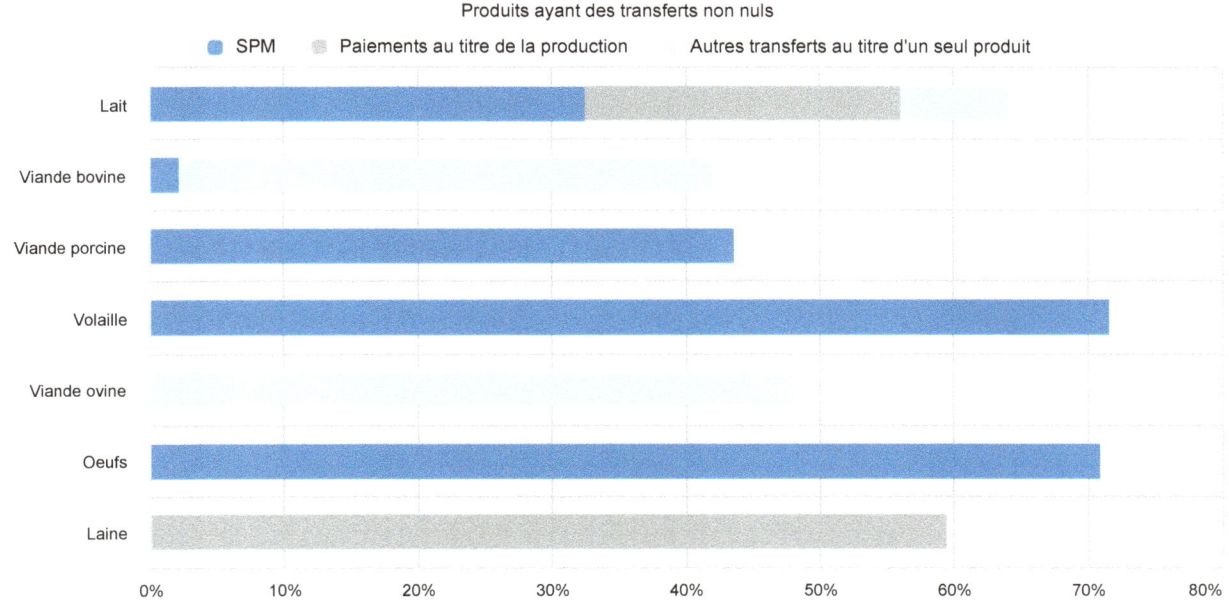

Source : OCDE (2022), « Estimations du soutien aux producteurs et aux consommateurs », Statistiques agricoles de l'OCDE (base de données), http://dx.doi.org/10.1787/agr-pcse-data-fr.

Tableau 13.1. Islande : Estimations du soutien à l'agriculture

Millions USD

	1986-88	2000-02	2019-21	2019	2020	2021p
Valeur totale de la production (en sortie de l'exploitation)	236	150	273	280	256	283
dont : part des produits SPM (%)	80.32	82.11	84.27	83.99	84.12	84.70
Valeur totale de la consommation (en sortie d'exploitation)	205	136	244	259	224	248
Estimation du soutien aux producteurs (ESP)	193	139	218	222	205	228
Soutien au titre de la production des produits de base	180	113	149	150	140	158
Soutien des prix du marché[1]	179	72	110	109	102	118
Soutien positif des prix du marché	179	72	110	109	102	118
Soutien négatif des prix du marché	0	0	0	0	0	0
Paiements au titre de la production	2	40	39	41	37	40
Paiements au titre de l'utilisation d'intrants	13	4	27	28	26	27
Utilisation d'intrants variables	3	0	3	2	3	3
avec contraintes sur les intrants	0	0	0	0	0	0
Formation de capital fixe	6	2	20	21	19	20
avec contraintes sur les intrants	0	0	0	0	0	0
Services utilisés sur l'exploitation	4	2	4	5	4	4
avec contraintes sur les intrants	0	0	0	0	0	0
Paiements au titre des S/Na/Rec/Rev courants, production requise	-1	-3	11	12	10	11
Au titre des Recettes / du Revenu	-1	-3	0	0	0	0
Au titre de la Superficie cultivée / du Nombre d'animaux	0	0	11	12	10	11
avec contraintes sur les intrants	0	0	0	0	0	0
Paiements au titre des S/Na/Rec/Rev non courants, production requise	0	20	31	32	29	31
Paiements au titre des S/Na/Rec/Rev non courants, production facultative	1	5	0	0	0	0
Avec taux de paiement variables	0	0	0	0	0	0
avec exceptions sur les produits	0	0	0	0	0	0
Avec taux de paiement fixes	1	5	0	0	0	0
avec exceptions sur les produits	1	5	0	0	0	0
Paiements sur critères non liés à des produits de base	0	0	0	0	0	0
Retrait de ressources à long terme	0	0	0	0	0	0
Production de produits particuliers autres que produits de base	0	0	0	0	0	0
Autres critères non liés à des produits de base	0	0	0	0	0	0
Paiements divers	0	0	0	0	0	0
ESP en pourcentage (%)	77.19	63.98	57.25	56.50	57.22	57.99
CNP des producteurs (coeff.)	4.16	2.44	1.91	1.88	1.91	1.96
CNS aux producteurs (coeff.)	4.38	2.78	2.34	2.30	2.34	2.38
Estimation du soutien aux services d'intérêt général (ESSG)	18	11	10	10	9	9
Système de connaissances et d'innovation agricoles	5	5	1	1	1	1
Services d'inspection et de contrôle	1	2	5	5	5	5
Développement et entretien des infrastructures	2	1	0	1	0	0
Commercialisation et promotion	1	1	0	0	0	0
Coût du stockage public	9	2	3	3	3	3
Divers	0	0	0	0	0	0
ESSG en pourcentage (% de l'EST)	6.94	7.39	4.22	4.43	4.38	3.87
Estimation du soutien aux consommateurs (ESC)	-112	-65	-103	-106	-94	-109
Transferts des consommateurs aux producteurs	-157	-66	-103	-106	-94	-109
Autres transferts des consommateurs	-1	-2	0	-1	0	0
Transferts des contribuables aux consommateurs	46	3	0	0	0	0
Surcoût de l'alimentation animale	0	0	0	0	0	0
ESC en pourcentage (%)	-70.44	-48.30	-42.33	-40.86	-42.10	-44.02
CNP des consommateurs (coeff.)	4.38	1.98	1.74	1.69	1.73	1.79
CNS aux consommateurs (coeff.)	3.38	1.93	1.73	1.69	1.73	1.79
Estimation du soutien total (EST)	257	153	228	233	215	237
Transferts des consommateurs	158	68	103	106	94	109
Transferts des contribuables	100	87	125	127	121	128
Recettes budgétaires	-1	-2	0	-1	0	0
EST en pourcentage (% du PIB)	4.94	1.72	0.95	0.94	0.99	0.94
Estimation du soutien budgétaire total (ESBT)	78	81	118	124	113	119
ESBT en pourcentage (% du PIB)	1.52	0.91	0.49	0.50	0.52	0.47
Déflateur du PIB (1986-88=100)	100	264	618	597	616	642
Taux de change (monnaie nationale par USD)	40.94	89.37	128.32	122.64	135.38	126.95

Note : p : provisoire. CNP : Coefficient nominal de protection. CNS : Coefficient nominal de soutien.

S/Na/Rec/Rev : Superficie cultivée/Nombre d'animaux/Recettes/Revenu.

1. Le soutien des prix du marché (SPM) s'entend net de prélèvements aux producteurs et de surcoût de l'alimentation animale. Les produits SPM pour l'Islande sont : le lait, la viande bovine, porcine et ovine, la laine, la volaille et les oeufs.

Source : OCDE (2022), « Estimations du soutien aux producteurs et aux consommateurs », *Statistiques agricoles de l'OCDE* (base de données). http://dx.doi.org/10.1787/agr-pcse-data-fr.

14 Inde

Soutien à l'agriculture

En Inde, le soutien aux producteurs se compose de dépenses budgétaires à hauteur de 9.6 % des recettes agricoles brutes, d'un soutien positif des prix de marché (SPM) de +1.7 % des recettes agricoles brutes pour les produits aidés et d'un SPM négatif de -18.5 % des recettes agricoles brutes enregistrées sur les produits taxés. Au total, cela donne un soutien net négatif de -7.2 % des recettes agricoles brutes pour la période 2019-21, dans un contexte de hausse des prix à la frontière pour les produits concernés.

Le soutien aux producteurs est resté négatif durant les deux dernières décennies, mais avec des fluctuations importantes. La valeur négative de l'estimation du soutien aux producteurs signifie qu'en moyenne, les producteurs nationaux sont implicitement taxés, car les paiements budgétaires dont ils bénéficient ne compensent pas l'effet d'abaissement des prix généré par l'ensemble complexe de règles relatives au marché intérieur et au commerce international. Presque tous les transferts bruts aux producteurs (qu'ils soient positifs ou négatifs) sont mis en œuvre sous les formes susceptibles de générer le plus de distorsions de la production et des échanges, et ce de façon constante depuis 2000-02.

Les transferts aux producteurs au titre d'un seul produit (TSP) suivent le même schéma global que les SPM, mais varient selon les produits. En 2019-21, la plupart des produits de base ont été implicitement taxés à un taux compris entre 5 % et 91 % des recettes par produit. Les produits présentant un TSP positif, allant de 6 % à 23 % des recettes par produit sur cette même période, sont notamment le sucre, les pois chiches, divers autres légumes secs et la viande de volaille.

Les subventions à l'utilisation d'intrants variables tels que les engrais, l'électricité et l'eau d'irrigation occupent une place prédominante dans les transferts budgétaires aux producteurs. Toutefois, les dotations budgétaires au programme de transferts directs de revenu, PM-KISAN, augmentent depuis la mise en œuvre de celui-ci en 2018.

Les dépenses publiques consacrées à des services d'intérêt général pour le secteur (mesurées par l'ESSG), qui concernent essentiellement des investissements liés aux infrastructures, équivalent à environ la moitié des subventions à l'utilisation d'intrants variables. Avec une part de 4 % sur la période 2019-21, les dépenses mesurées par l'ESSG en pourcentage de la valeur de production agricole ont augmenté par rapport au chiffre de 2000-02.

En minorant les prix perçus par les producteurs agricoles tout au long de la période considérée, l'action publique soutient implicitement les consommateurs. Les mesures agissant sur les prix agricoles, de même que l'augmentation sensible des subventions alimentaires accordées dans le cadre du Système de distribution publique ciblée (*Targeted Public Distribution System*) durant la pandémie de COVID-19, ont abaissé le coût pour le consommateur, l'estimation de ce soutien aux consommateurs s'établissant, pour l'ensemble des produits, à 36 % des dépenses en moyenne sur la période 2019-21. Le soutien budgétaire total est estimé à 2.6 % du PIB en 2019-21, ce qui contribue à une estimation du soutien total (EST) globalement positive de 0.9 % du PIB.

Évolutions récentes de l'action publique

Le 29 novembre 2021, le parlement a approuvé une loi abrogeant les trois textes réformant les marchés agricoles, dont l'adoption remontait à septembre 2020. Ces lois avaient pour but d'autoriser les agriculteurs à vendre leurs produits en dehors des marchés réglementés par l'État, en supprimant les limites sur le stockage, les échanges ou les achats de produits agricoles par le secteur privé, de manière à favoriser les échanges sans obstacles à l'intérieur des États et entre eux.

Mi-2021, les pouvoirs publics ont relevé les prix minimum de soutien (PMS) des cultures semées en été (*kharif*). Cela s'est traduit notamment par une hausse des PMS de 2 % pour le soja et le tournesol, de 3.9 % pour le riz et de 1.1 % pour le maïs. En septembre 2021, le gouvernement central a également augmenté le PMS des cultures semées en hiver (*rabi*). Ainsi, les PMS ont progressé de 7.8 % pour les lentilles, de 2.5 % pour les pois chiches, de 2 % pour le blé, de 2.2 % pour l'orge et de 8.6 % pour le colza. En octobre 2021, les pouvoirs publics ont alloué 286 milliards INR (3.8 milliards USD) supplémentaires aux subventions aux engrais afin de compenser une hausse internationale des prix.

Face à la deuxième vague de la pandémie de COVID-19, ils ont par ailleurs prolongé le programme de distribution alimentaire *Pradhan Mantri Garib Kalyan Anna Yojana* (PMGKAY) jusqu'en novembre 2021.

Dans le cadre des efforts entrepris pour renforcer l'autosuffisance alimentaire et réduire la facture des importations d'huile végétale, l'Inde a annoncé, en juillet 2021, une mission nationale sur les oléagineux et le palmier à huile (*National Mission on Oilseeds and Oil Palm*) assortie d'une enveloppe budgétaire de 110 milliards INR (1.48 milliard USD) pour renforcer la production et la productivité des exploitations indiennes spécialisées dans la culture des oléagineux, des palmiers à huile et des légumineuses. Des aides seront accordées pour l'achat de semences de qualité supérieure, d'outils et de machines ; de produits phytopharmaceutiques, de produits chimiques et d'engrais ; ainsi que pour les investissements dans certaines infrastructures, le transfert de technologies, les services de vulgarisation et la formation.

Plusieurs mesures ont été prises pour réduire les obstacles aux échanges. En mai 2021, le ministère du Commerce et de l'Industrie a retiré certaines légumineuses de la liste des produits soumis à des contingents d'importation ; cette disposition s'est appliquée jusqu'en novembre 2021. En juillet 2021, le ministère des Finances a temporairement exonéré les lentilles de droits de douane. En octobre 2021, l'État indien a suspendu les droits applicables aux huiles brutes de palme, de soja, et de tournesol jusqu'au 31 mars 2022. En mai 2021, le ministère de la Consommation a réduit de 33 % les subventions à l'exportation du sucre, qui se sont établies à 4 000 INR (55 USD) par tonne. Les nouvelles subventions concernent les contrats signés entre les sucreries et les exportateurs à compter du 20 mai 2021. La baisse progressive des subventions à l'exportation vise à faire accélérer la réorientation de la production de sucre vers celle d'éthanol, de manière à porter le taux d'incorporation à 20 % d'ici à 2025.

Le budget de l'Union pour 2021-22 inclut de nouveaux programmes de services d'intérêt général ciblant l'inspection et la lutte contre les parasites et les maladies ainsi que le stockage, les services de commercialisation et les infrastructures. Présenté en février 2022, le budget de l'Union 2022-23 met en avant de nouvelles mesures améliorant les services financiers à destination des agriculteurs. Ainsi, un nouveau fonds sera mis en place pour 2022-23 via la Banque nationale pour le développement agricole et rural, en vue de financer les start-ups ainsi que d'autres entreprises du secteur agricole. De nouveaux programmes se concentreront par ailleurs sur le développement du numérique dans l'agriculture ainsi que les services de commercialisation et de vulgarisation agricole. Le budget de l'Union pour 2022-23 prévoit également d'accorder des paiements directs aux producteurs de blé et de riz à hauteur de 2 400 milliards INR (31.2 milliards USD) de la valeur des PMS entre avril 2022 et mars 2023.

Évaluation et recommandations

- La contribution déterminée au niveau national (CDN) de l'Inde comprend un objectif global de réduction de l'intensité d'émission, à l'échelle de l'économie, mais aucun objectif sectoriel. Plusieurs programmes visent néanmoins à atténuer les émissions de gaz à effet de serre (GES) en mettant en avant les économies d'énergie, les sources d'énergie renouvelables, la conservation des ressources en eau, le boisement, la gestion des terres et des déchets, le renforcement de l'efficience d'utilisation des engrais, la diversification des cultures, la réduction des émissions de méthane dans la riziculture et la lutte contre le brûlage des résidus de récolte.

- Le soutien à l'agriculture pourrait aussi s'aligner davantage sur les mesures prises pour atténuer les émissions de GES. La réduction des subventions aux intrants variables (engrais, eau d'irrigation et électricité), en particulier, peut faire directement baisser les émissions de GES. Les économies ainsi rendues possibles pourraient être utilisées pour former les agriculteurs à une utilisation plus efficiente et durable de ces intrants, à condition de veiller à ce que les systèmes de vulgarisation soient davantage axés sur le changement climatique, la durabilité, les compétences numériques et la résilience de manière plus générale.

- Pour encourager les investissements dans la recherche-innovation (R-D) et l'innovation agricoles, il conviendrait de mettre davantage l'accent sur les services intérêt général. Une hausse des investissements dans le système de connaissances agricoles et le transfert de ces connaissances, via les organisations de producteurs, peut notamment assurer une croissance soutenue et soutenable de la productivité. La mise en avant de nouvelles technologies et pratiques de production est par ailleurs essentielle pour faire reculer les émissions de GES du secteur de l'élevage, qui n'est autre que le premier émetteur de GES en Inde.

- En raison des restrictions imposées par une combinaison de mesures relatives à la commercialisation intérieure et aux échanges internationaux, qui s'appliquaient à de nombreux produits sur la majeure partie de la période étudiée, les prix perçus par les agriculteurs indiens ont été inférieurs à ceux des marchés internationaux. Malgré l'abrogation de lois en faveur d'une réforme nationale de la réglementation relative à la commercialisation des produits agricoles, le développement du Marché agricole national électronique (eNAM) doit rester une priorité. De plus, la mise en œuvre de la loi-type (de promotion et de facilitation) de 2017 sur la commercialisation des produits agricoles et des animaux d'élevage (*2017 Model Agricultural Produce and Livestock Marketing (Promotion and Facilitation) Act*) doit se poursuivre de façon plus harmonisée et cohérente entre les États. Ces initiatives, qui peuvent favoriser l'efficience des marchés et la compétitivité des chaînes d'approvisionnement agroalimentaire dans l'ensemble des États, doivent être synchronisées avec les réformes du système de prix minimum de soutien au moyen de plans cohérents. Elles doivent être complétées par des investissements dans les infrastructures, la commercialisation, la formation et d'autres services généraux à l'agriculture pour que les exploitants de ce secteur puissent en récolter les fruits sous forme de gains de productivité et de revenu. Les crédits alloués aux infrastructures rurales dans les budgets de l'Union pour 2021 et 2022 constituent un progrès notable dans cette direction.

- La part importante du secteur agricole dans l'emploi comparée à sa contribution au PIB témoigne d'un écart de productivité de la main d'œuvre persistant avec les autres secteurs et se traduit par des revenus agricoles faibles. À court ou moyen terme, des transferts monétaires directs (via le PM-KISAN, par exemple) au titre du soutien des revenus des agriculteurs les plus pauvres peuvent renforcer les moyens de subsistance de ceux-ci et accompagner leur adaptation à l'évolution des conditions de marché. À long terme, des mesures devront être prises pour favoriser d'importants ajustements structurels, comme le report d'une partie de la main-d'œuvre agricole sur d'autres activités et une consolidation des exploitations permettant à celles-ci d'atteindre une taille suffisante pour tirer profit d'économies d'échelle. Les réformes continues de la réglementation foncière produiront davantage de résultats à condition d'être complétées par des investissements plus conséquents dans les services publics essentiels au secteur, comme l'éducation, la formation et les infrastructures, et de s'inscrire plus généralement dans un environnement porteur, services financiers compris.

- L'Inde est un exportateur important sur différents marchés agroalimentaires. Le cadre d'action en matière d'exportations agricoles (*Agricultural Export Policy framework* – AEP) adopté en 2018 a été essentiel pour réduire l'incertitude et les coûts de transaction tout le long des filières, en permettant d'éviter l'application de restrictions à l'exportation aux produits issus de l'agriculture biologique et aux produits agricoles transformés. Cela étant, les restrictions à l'exportation récemment décidées pour des produits tels que les oignons ont une incidence directe sur la fiabilité de l'Inde en tant que fournisseur et aggravent la problématique persistante des faibles revenus agricoles. Une extension de l'AEP à tous les produits agroalimentaires devrait être envisagée, de façon à créer un environnement de marché stable et prévisible.

- La baisse récente des droits de douane et l'assouplissement des restrictions quantitatives, bien que temporaires, sur certaines légumineuses, sont d'autres étapes positives pour l'amélioration de la sécurité alimentaire et la diversification des apports alimentaires. Parallèlement aux réformes de la commercialisation menées dans le pays, l'assouplissement des restrictions à l'exportation et à l'importation pourrait offrir davantage de visibilité sur le marché et inciter les producteurs et les négociants à investir dans les chaînes d'approvisionnement.

- L'Inde a accompli des progrès notables ces dernières années dans l'efficience du système de distribution des aliments, et il faudrait que les efforts en ce sens continuent. Le remplacement expérimental des distributions physiques de céréales par des transferts monétaires directs, devrait être poursuivi moyennant quelques ajustements à la lumière de l'expérience acquise.

Graphique 14.1. Inde : Évolution du soutien à l'agriculture

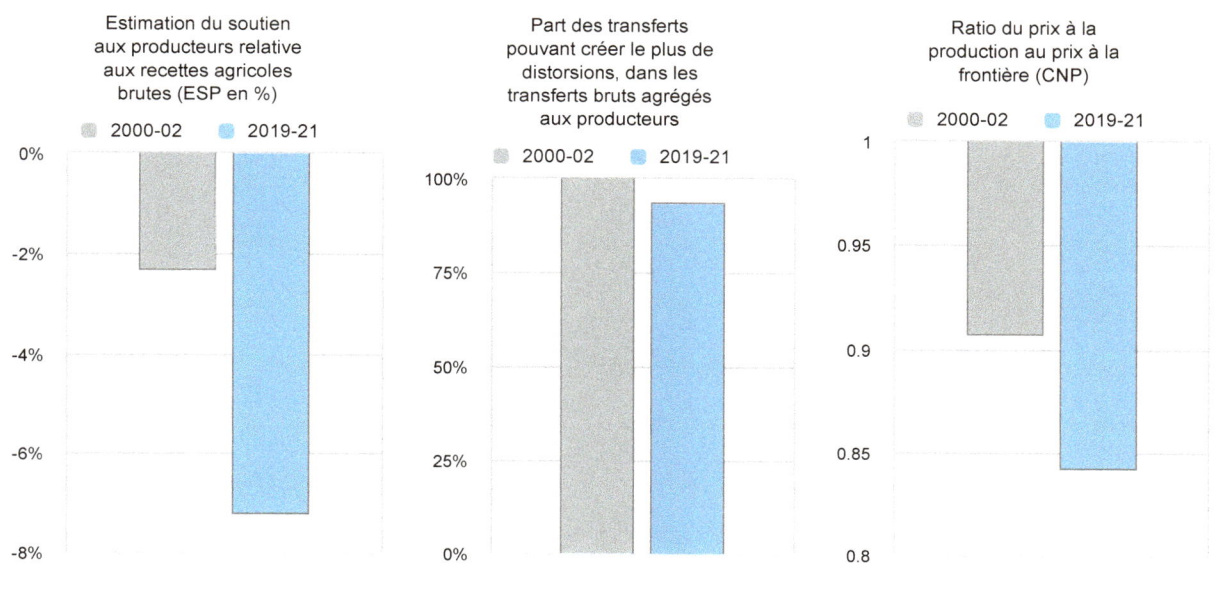

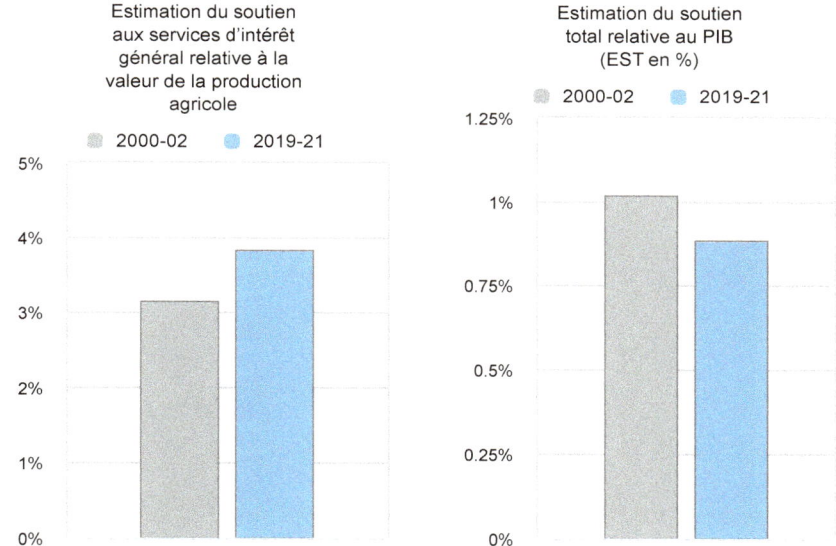

Source : OCDE (2022), « Estimations du soutien aux producteurs et aux consommateurs », Statistiques agricoles de l'OCDE (base de données), http://dx.doi.org/10.1787/agr-pcse-data-fr.

Graphique 14.2. Inde : Moteurs du changement de l'ESP, 2020 à 2021

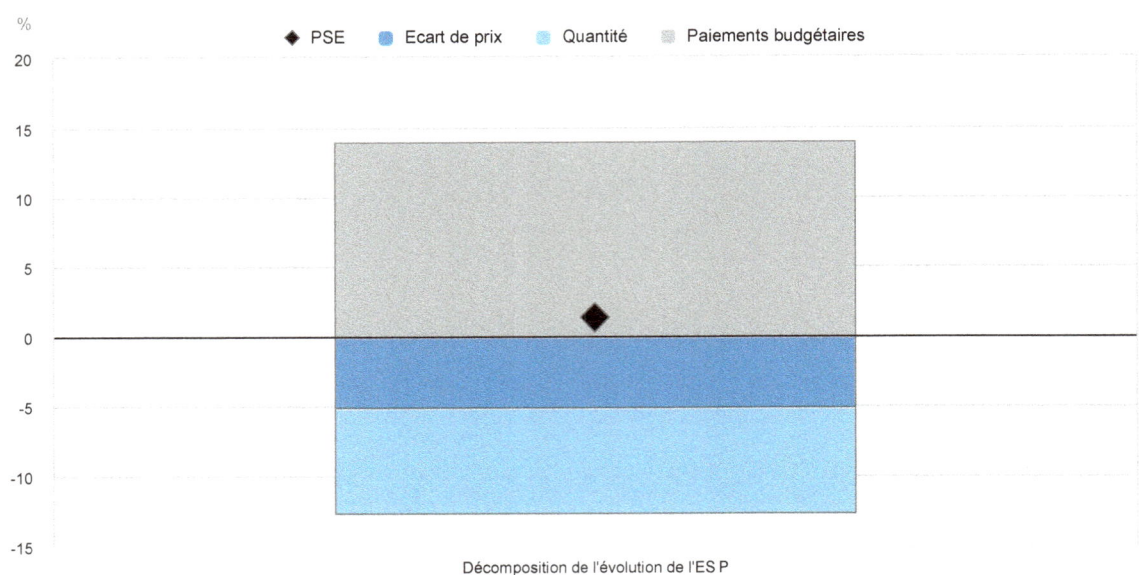

Note : La variation du prix à la production et la variation du prix à la frontière ne sont pas calculées lorsque l'écart de prix négatif se produit au niveau des produits de base pour l'année en cours ou précédente.
Source : OCDE (2022), « Estimations du soutien aux producteurs et aux consommateurs », Statistiques agricoles de l'OCDE (base de données), http://dx.doi.org/10.1787/agr-pcse-data-fr.

Graphique 14.3. Inde : Transferts au titre d'un produit, en pourcentage des recettes agricoles brutes par produit, 2019-21

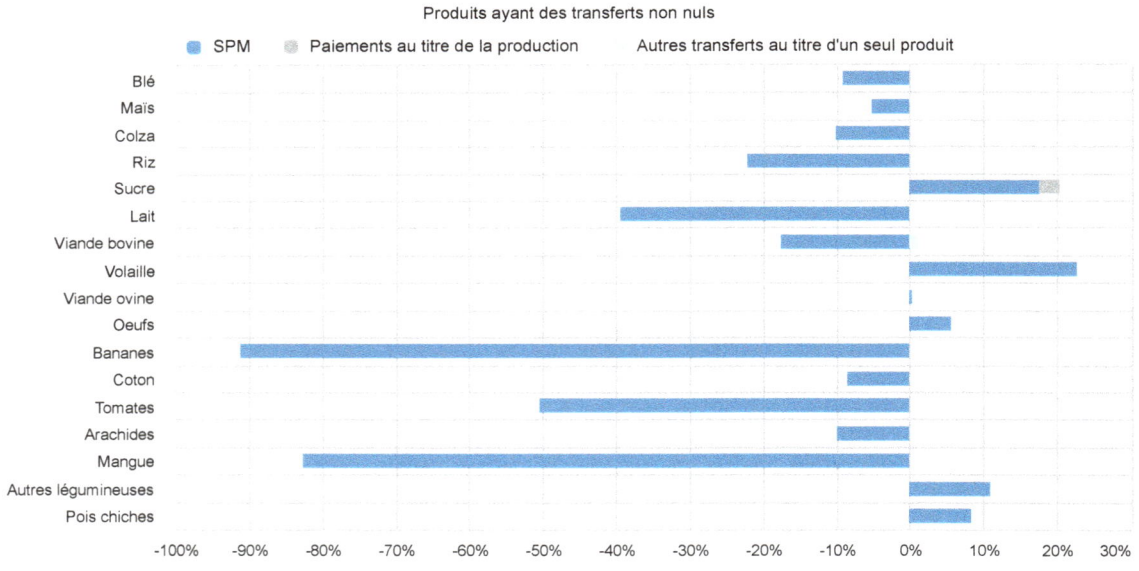

Source : OCDE (2022), « Estimations du soutien aux producteurs et aux consommateurs », Statistiques agricoles de l'OCDE (base de données), http://dx.doi.org/10.1787/agr-pcse-data-fr.

Tableau 14.1. Inde : Estimations du soutien à l'agriculture

Millions USD

	2000-02	2019-21	2019	2020	2021p
Valeur totale de la production (en sortie de l'exploitation)	112 282	444 437	448 408	428 897	456 007
dont : part des produits SPM (%)	64.75	75.68	72.98	77.20	76.87
Valeur totale de la consommation (en sortie d'exploitation)	109 060	378 202	368 636	363 039	402 931
Estimation du soutien aux producteurs (ESP)	-2 709	-35 264	-23 079	-41 481	-41 231
Soutien au titre de la production des produits de base	-11 243	-82 339	-64 050	-88 352	-94 616
Soutien des prix du marché¹	-11 243	-82 753	-64 339	-88 996	-94 923
Soutien positif des prix du marché	3 583	8 228	13 014	7 458	4 213
Soutien négatif des prix du marché	-14 827	-90 981	-77 354	-96 454	-99 136
Paiements au titre de la production	0	413	290	644	307
Paiements au titre de l'utilisation d'intrants	8 519	38 642	33 720	38 467	43 739
Utilisation d'intrants variables	8 519	38 177	33 258	38 016	43 257
avec contraintes sur les intrants	0	0	0	0	0
Formation de capital fixe	0	412	424	397	414
avec contraintes sur les intrants	0	0	0	0	0
Services utilisés sur l'exploitation	0	53	38	54	68
avec contraintes sur les intrants	0	0	0	0	0
Paiements au titre des S/Na/Rec/Rev courants, production requise	0	0	0	0	0
Au titre des Recettes / du Revenu	0	0	0	0	0
Au titre de la Superficie cultivée / du Nombre d'animaux	0	0	0	0	0
avec contraintes sur les intrants	0	0	0	0	0
Paiements au titre des S/Na/Rec/Rev non courants, production requise	0	0	0	0	0
Paiements au titre des S/Na/Rec/Rev non courants, production facultative	0	8 059	6 889	8 182	9 107
Avec taux de paiement variables	0	0	0	0	0
avec exceptions sur les produits	0	0	0	0	0
Avec taux de paiement fixes	0	8 059	6 889	8 182	9 107
avec exceptions sur les produits	0	0	0	0	0
Paiements sur critères non liés à des produits de base	0	0	0	0	0
Retrait de ressources à long terme	0	0	0	0	0
Production de produits particuliers autres que produits de base	0	0	0	0	0
Autres critères non liés à des produits de base	0	0	0	0	0
Paiements divers	15	374	362	222	539
ESP en pourcentage (%)	-2.31	-7.21	-4.71	-8.71	-8.09
CNP des producteurs (coeff.)	0.91	0.84	0.88	0.83	0.83
CNS aux producteurs (coeff.)	0.98	0.93	0.96	0.92	0.93
Estimation du soutien aux services d'intérêt général (ESSG)	3 526	17 012	16 014	16 524	18 499
Système de connaissances et d'innovation agricoles	402	1 208	1 346	1 090	1 188
Services d'inspection et de contrôle	25	391	427	377	369
Développement et entretien des infrastructures	2 021	14 399	13 126	14 104	15 967
Commercialisation et promotion	14	26	59	6	12
Coût du stockage public	1 044	980	1 042	941	958
Divers	21	8	14	6	4
ESSG en pourcentage (% de l'EST)	..	..	..	..	..
Estimation du soutien aux consommateurs (ESC)	14 692	115 639	75 351	150 272	121 293
Transferts des consommateurs aux producteurs	10 856	72 759	57 985	77 204	83 087
Autres transferts des consommateurs	-224	-35	-76	-17	-11
Transferts des contribuables aux consommateurs	4 222	43 611	16 831	74 000	40 001
Surcoût de l'alimentation animale	-163	-696	612	-915	-1 784
ESC en pourcentage (%)	14.12	34.80	21.42	51.99	33.42
CNP des consommateurs (coeff.)	0.91	0.84	0.86	0.82	0.83
CNS aux consommateurs (coeff.)	0.88	0.74	0.82	0.66	0.75
Estimation du soutien total (EST)	5 040	25 359	9 765	49 044	17 269
Transferts des consommateurs	-10 632	-72 724	-57 909	-77 187	-83 076
Transferts des contribuables	15 896	98 118	67 751	126 247	100 355
Recettes budgétaires	-224	-35	-76	-17	-11
EST en pourcentage (% du PIB)	1.02	0.88	0.34	1.85	0.34
Estimation du soutien budgétaire total (ESBT)	16 283	108 112	74 105	138 039	112 191
ESBT en pourcentage (% du PIB)	3.33	3.74	2.58	5.22	3.50
Déflateur du PIB (2000-02=100)	100	292	274	286	315
Taux de change (monnaie nationale par USD)	47.26	73.23	70.90	74.67	74.12

.. Non disponible

Note : p : provisoire. CNP : Coefficient nominal de protection. CNS : Coefficient nominal de soutien.

S/Na/Rec/Rev : Superficie cultivée/Nombre d'animaux/Recettes/Revenu.

1. Le soutien des prix du marché (SPM) s'entend net de prélèvements aux producteurs et de surcoût de l'alimentation animale. Les produits SPM pour l'Inde sont : le blé, le maïs, le riz, le soja, le colza, les arachides, les pois chiches, autres légumineuses, les pommes de terre, l'oignon, les tomates, la mangue, les bananes, le sucre, le coton, le lait, la viande bovine et ovine, la volaille et les oeufs.

Source : OCDE (2022), « Estimations du soutien aux producteurs et aux consommateurs », Statistiques agricoles de l'OCDE (base de données). http://dx.doi.org/10.1787/agr-pcse-data-fr

15 Indonésie

Soutien à l'agriculture

En Indonésie, le soutien mesuré en proportion des recettes agricoles brutes a diminué, passant de 26.2 % en 2015 à 18.0 % en 2019-21. Cette évolution marque une inversion de la tendance à la hausse par rapport au niveau de 7.5 % enregistré en 2000-02. La forme de soutien majoritaire est le soutien des prix de marché, conformément aux objectifs de souveraineté et d'autosuffisance alimentaires du gouvernement indonésien, dont les programmes visent à atteindre l'autonomie alimentaire pour plusieurs produits de base (riz, maïs, soja, sucre et viande bovine). La part des transferts aux producteurs susceptibles de créer le plus de distorsions s'est élevée à 96 % en 2019-21, ce qui reflète l'importance du soutien des prix dans la panoplie de mesures de l'Indonésie (dont le soutien négatif des prix de l'huile de palme), mais inclut également les paiements au titre de l'utilisation d'intrants variables, sans forme de contrainte, en particulier pour les engrais.

En moyenne, les prix perçus par les producteurs ont été supérieurs de 20 % aux prix mondiaux, avec d'importantes différences entre les produits. Le sucre, le maïs, la volaille, les œufs et le riz sont les produits ayant bénéficié des plus gros transferts au titre d'un seul produit, relativement aux recettes agricoles brutes de ces filières, avec des parts supérieures à 25 %.

Le programme d'aide alimentaire de l'Indonésie (BPNT) soutient les consommateurs pauvres en leur distribuant des bons d'achat électroniques. Toutefois, ce transfert budgétaire est inférieur aux transferts des consommateurs aux producteurs découlant des mesures de soutien des prix. Les consommateurs sont donc pénalisés par la politique agricole, avec une estimation du soutien aux consommateurs négative représentant -19.9 % des dépenses de consommation, mesurée au départ de l'exploitation.

Les dépenses au titre des services d'intérêt général (mesurées par l'ESSG) sont principalement consacrées aux infrastructures d'irrigation et au stockage public, et sont d'un faible niveau par rapport au soutien aux producteurs, avec 7.6 % de l'estimation du soutien total. Les dépenses au titre de l'ESSG se sont établies à 1.6 % de la production agricole en valeur, soit bien en deçà de la moyenne des pays de l'OCDE et en dessous de celles de nombreuses économies émergentes étudiées dans ce rapport. Le soutien total à l'agriculture (ESP) en pourcentage du PIB s'est accru au cours des vingt dernières années, passant de 1.5 % à 2.2 %, principalement sous l'effet de l'augmentation du soutien aux producteurs.

Évolutions récentes de l'action publique

L'Indonésie a créé une Agence nationale de l'alimentation (National Food Agency, NFA) appelée Badan Pangan Nasional (BAPANAS), qui est placée sous l'autorité du président. Elle remplace l'ex-agence de sécurité alimentaire qui relevait du ministère de l'Agriculture. Ses principales missions sont de stabiliser les prix de neuf produits de base au niveau des consommateurs et des producteurs, de garantir la disponibilité des produits alimentaires à tout moment et dans l'ensemble des régions, de mettre en œuvre les politiques d'importation des produits alimentaires, d'assurer la sécurité alimentaire et la nutrition de toute la population, et de garantir la sécurité des aliments. La NFA renforce et coordonne les compétences sous l'égide du ministère du Commerce, du ministère de l'Agriculture, du ministère des Entreprises publiques, de l'Agence nationale de la logistique (BULOG) et de l'Agence de la sécurité des aliments.

L'Indonésie a créé une Agence nationale pour la recherche et l'innovation appelée Riset dan Inovasi Nasional (BRIN), chargée de coordonner les activités gouvernementales liées à la R-D et à l'innovation de manière intégrée. Par conséquent, les activités de R-D ne sont plus mises en œuvre par le ministère de l'Agriculture, et l'Agence indonésienne pour la recherche et le développement agricoles (IAARD) perdra plus de 1 000 chercheurs ou plus d'un tiers de son personnel, transférés à la BRIN. Le personnel restant est principalement composé de non-chercheurs qui travailleront sur la diffusion des technologies, en particulier auprès des petits exploitants.

Dans le cadre de la présidence de l'Indonésie au G20 en 2022, le ministère de l'Agriculture dirigera le groupe de travail sur l'agriculture, dont le thème « Équilibrer la production et le commerce alimentaires pour nourrir la planète » comporte trois priorités : 1) créer des systèmes agricoles et alimentaires résilients et durables ; 2) encourager des échanges ouverts, équitables, prévisibles et transparents de produits alimentaires afin de maintenir les produits alimentaires à un coût abordable et assurer leur disponibilité pour tous ; 3) favoriser l'innovation et l'esprit d'entreprise dans le secteur agricole à l'aide de l'agriculture numérique afin d'améliorer les revenus des agriculteurs dans les zones rurales.

Évaluation et recommandations

- En Indonésie, le secteur agricole représente 13 % des émissions de gaz à effet de serre (GES), et le secteur de l'agriculture, de la foresterie et des autres affectations des terres (AFAT), 56 %. Les efforts d'atténuation devront prendre en compte la contribution du secteur AFAT et nécessiteront une certaine cohérence entre les domaines d'action et les utilisations des terres. Les prescriptions et les subventions liées aux biocarburants devront être évaluées du point de vue de leurs répercussions négatives potentielles sur l'utilisation des terres.

- La loi sur la taxe carbone et les mécanismes d'échange des droits d'émission de carbone pour les centrales à charbon récemment adoptés pourraient être étendus à d'autres secteurs, dont l'agriculture, et nécessitent une évaluation.

- L'Indonésie pourrait réduire les émissions du secteur AFAT en prenant des mesures qui favorisent les pratiques agricoles intelligentes face au climat, telles que celles indiquées dans la stratégie à long terme pour une économie sobre en carbone et la résilience climatique. Il serait possible de réduire les émissions en améliorant la gestion des terres agricoles, en évitant le brûlage et en adoptant des mesures actives de reboisement.

- Pour contribuer à rendre le secteur agricole plus résilient, la nouvelle Agence nationale pour la recherche et de l'innovation devrait donner la priorité aux stratégies d'adaptation au changement climatique, y compris pour les petits exploitants. Il conviendrait d'améliorer les connaissances et le renforcement des capacités d'organismes tels que l'Agence indonésienne pour la recherche et le développement agricoles.

- La politique agricole indonésienne met l'accent sur l'autosuffisance et les mesures commerciales dans le but de parvenir à l'autonomie alimentaire. Ces mesures créent de larges écarts de prix entre le marché intérieur et les marchés internationaux pour des produits importés comme le maïs, la volaille et le riz. Leurs effets risquent d'aller à l'encontre des objectifs qui sous-tendent la loi de 2012 sur l'alimentation. Parmi ces objectifs figurent l'accessibilité financière des produits pour les consommateurs – qui sont pénalisés par un soutien négatif – ainsi que de la diversification de la production et de l'alimentation, qui est contrecarrée par la concentration du soutien sur une poignée de produits de base.

- Le système de distribution de bons d'alimentation par voie électronique BPNT, en place depuis 2019, a représenté une amélioration notable de l'efficacité du programme d'aide alimentaire.

D'autres initiatives pourraient être lancées afin d'améliorer la sécurité alimentaire, en particulier si elles sont associées à une réduction du soutien des prix de marché qui nuit aux consommateurs nets de produits alimentaires.

- Les subventions aux engrais sont coûteuses et leur efficience est discutable. Pour être efficace et ne pas avoir d'effets préjudiciables sur l'environnement, l'utilisation d'engrais doit être adaptée aux sols et aux conditions de production au niveau local. La transformation de ces subventions en versements moins couplés par unité de surface rendrait ce soutien plus efficient en termes de transfert des revenus aux agriculteurs. De même, investir dans le transfert de connaissances aux agriculteurs permettrait d'améliorer la répartition des intrants en fonction des besoins de la production locale.

- La politique devrait stimuler l'investissement dans les infrastructures et l'innovation. Les économies découlant d'une diminution des subventions aux intrants pourraient être réaffectées au système d'innovation agricole indonésien et amélioreraient les compétences des agriculteurs en matière de gestion de la production et des ressources naturelles dans leur exploitation, ce qui contribuerait sur le long terme à la croissance de la productivité agricole et à la réduction de la pauvreté.

- Les importations de produits agroalimentaires sont soumises à des exigences administratives de plus en plus nombreuses, qui portent sur la sécurité des aliments, la quarantaine, les normes des produits et l'étiquetage. Combinées aux déséquilibres dans l'application de la réglementation et au manque de transparence dû à l'évolution des règles, ces exigences majorent les coûts commerciaux. Pour réduire ces coûts, l'Indonésie devrait clarifier les fondements scientifiques de ces exigences, et améliorer la transparence et la cohérence de leur mise en œuvre.

Graphique 15.1. Indonésie : Évolution du soutien à l'agriculture

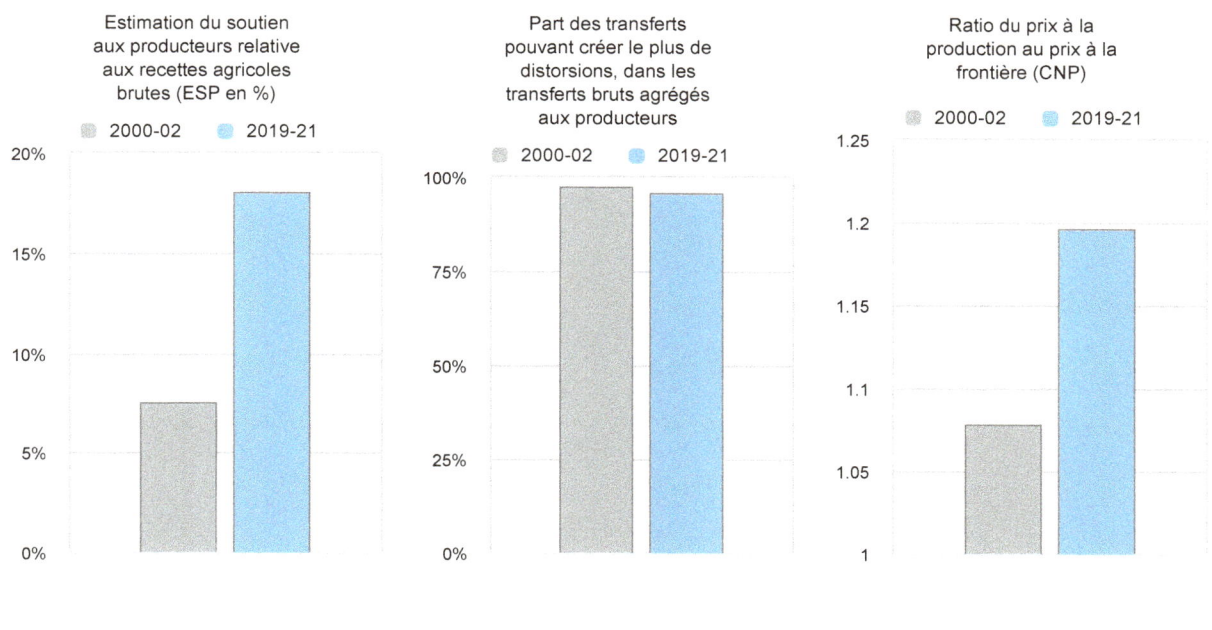

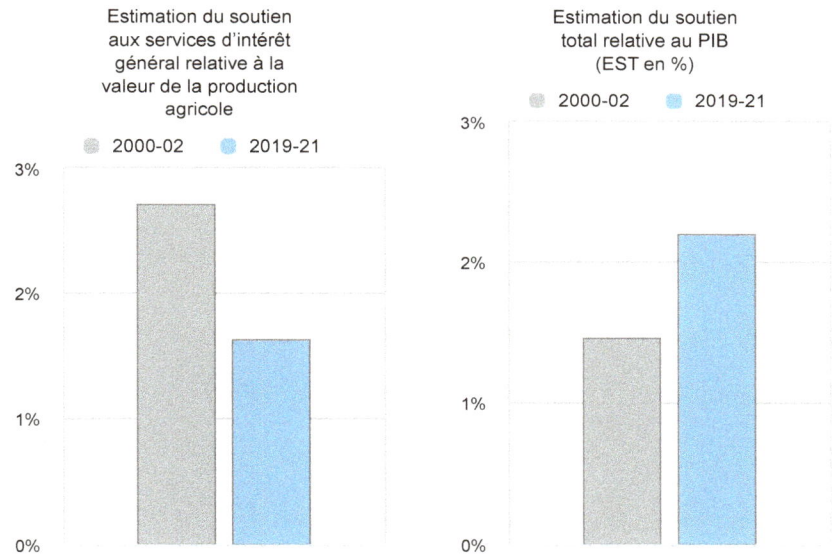

Source : OCDE (2022), « Estimations du soutien aux producteurs et aux consommateurs », Statistiques agricoles de l'OCDE (base de données), http://dx.doi.org/10.1787/agr-pcse-data-fr.

Graphique 15.2. Indonésie : Moteurs du changement de l'ESP, 2020 à 2021

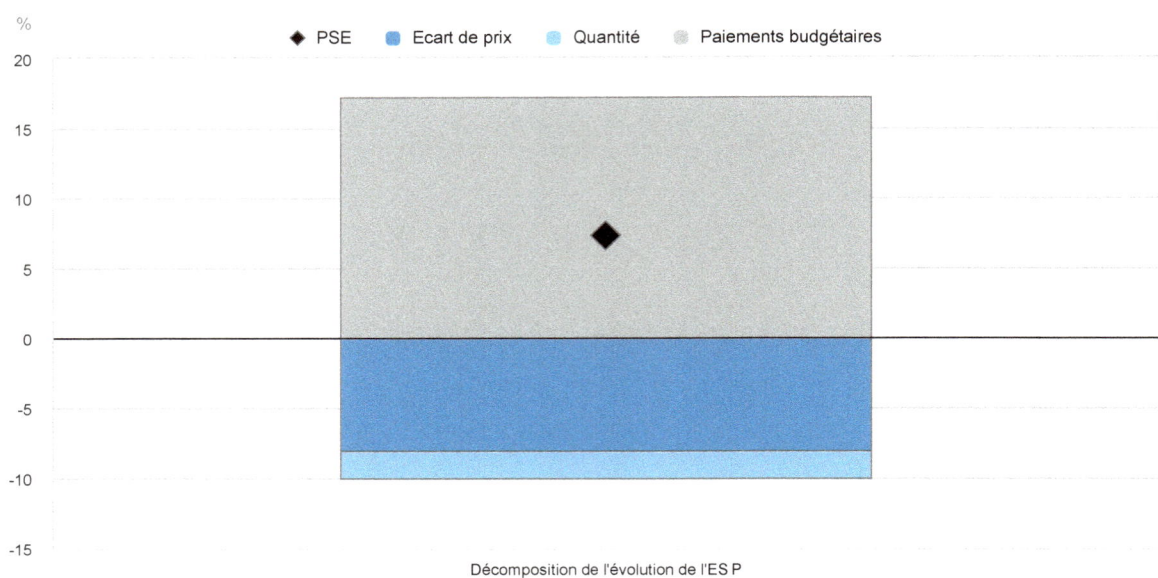

Note : La variation du prix à la production et la variation du prix à la frontière ne sont pas calculées lorsque l'écart de prix négatif se produit au niveau des produits de base pour l'année en cours ou précédente.
Source : OCDE (2022), « Estimations du soutien aux producteurs et aux consommateurs », Statistiques agricoles de l'OCDE (base de données), http://dx.doi.org/10.1787/agr-pcse-data-fr.

Graphique 15.3. Indonésie : Transferts au titre d'un produit, en pourcentage des recettes agricoles brutes par produit, 2019-21

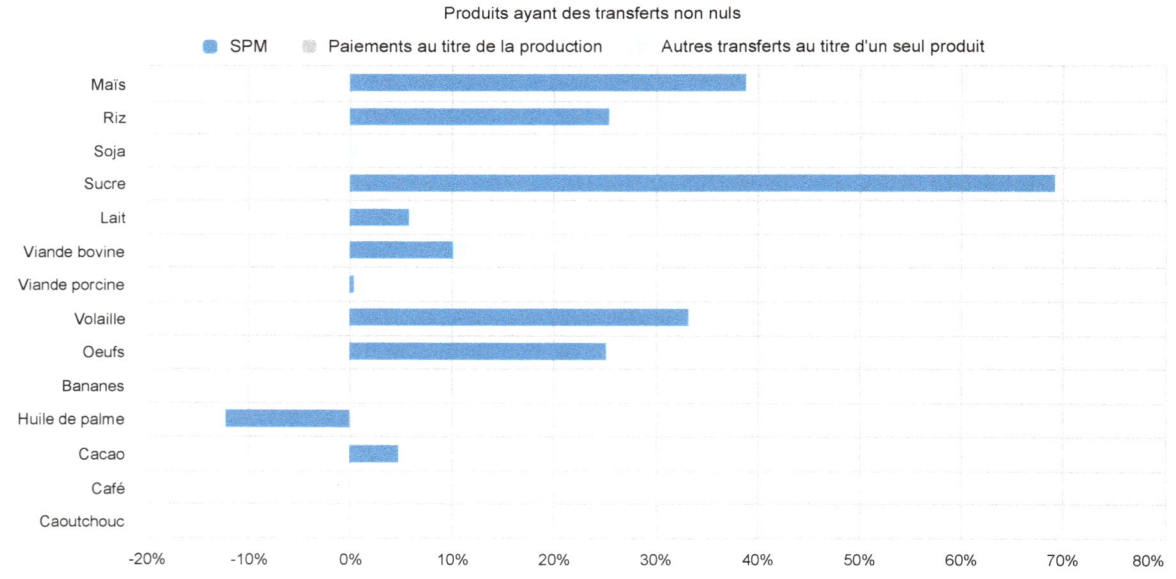

Source : OCDE (2022), « Estimations du soutien aux producteurs et aux consommateurs », Statistiques agricoles de l'OCDE (base de données), http://dx.doi.org/10.1787/agr-pcse-data-fr.

Tableau 15.1. Indonésie : Estimations du soutien à l'agriculture

Millions USD

	2000-02	2019-21	2019	2020	2021p
Valeur totale de la production (en sortie de l'exploitation)	23 813	114 378	113 689	115 175	114 271
dont : part des produits SPM (%)	71.96	74.83	75.20	75.44	73.87
Valeur totale de la consommation (en sortie d'exploitation)	22 684	71 471	72 891	69 761	71 760
Estimation du soutien aux producteurs (ESP)	1 816	21 319	24 489	18 846	20 623
Soutien au titre de la production des produits de base	1 723	17 645	21 509	16 510	14 916
Soutien des prix du marché[1]	1 723	17 645	21 509	16 510	14 916
Soutien positif des prix du marché	2 321	20 069	23 652	19 104	17 450
Soutien négatif des prix du marché	-599	-2 424	-2 143	-2 595	-2 534
Paiements au titre de la production	0	0	0	0	0
Paiements au titre de l'utilisation d'intrants	82	3 661	2 967	2 323	5 692
Utilisation d'intrants variables	19	2 558	2 552	1 842	3 281
avec contraintes sur les intrants	0	0	0	0	0
Formation de capital fixe	59	737	407	410	1 393
avec contraintes sur les intrants	1	0	0	0	0
Services utilisés sur l'exploitation	4	365	8	70	1 018
avec contraintes sur les intrants	0	0	0	0	0
Paiements au titre des S/Na/Rec/Rev courants, production requise	11	14	14	13	15
Au titre des Recettes / du Revenu	11	14	14	13	15
Au titre de la Superficie cultivée / du Nombre d'animaux	0	0	0	0	0
avec contraintes sur les intrants	0	0	0	0	0
Paiements au titre des S/Na/Rec/Rev non courants, production requise	0	0	0	0	0
Paiements au titre des S/Na/Rec/Rev non courants, production facultative	0	0	0	0	0
Avec taux de paiement variables	0	0	0	0	0
avec exceptions sur les produits	0	0	0	0	0
Avec taux de paiement fixes	0	0	0	0	0
avec exceptions sur les produits	0	0	0	0	0
Paiements sur critères non liés à des produits de base	0	0	0	0	0
Retrait de ressources à long terme	0	0	0	0	0
Production de produits particuliers autres que produits de base	0	0	0	0	0
Autres critères non liés à des produits de base	0	0	0	0	0
Paiements divers	0	0	0	0	0
ESP en pourcentage (%)	7.51	18.04	20.99	16.04	17.19
CNP des producteurs (coeff.)	1.08	1.20	1.25	1.18	1.16
CNS aux producteurs (coeff.)	1.08	1.22	1.27	1.19	1.21
Estimation du soutien aux services d'intérêt général (ESSG)	623	1 862	2 082	1 840	1 663
Système de connaissances et d'innovation agricoles	45	83	84	84	81
Services d'inspection et de contrôle	14	40	41	38	42
Développement et entretien des infrastructures	323	948	947	967	930
Commercialisation et promotion	0	4	5	3	3
Coût du stockage public	240	787	1 005	749	607
Divers	0	0	0	0	0
ESSG en pourcentage (% de l'EST)	23.29	7.57	7.43	8.33	7.02
Estimation du soutien aux consommateurs (ESC)	-1 959	-13 981	-18 059	-11 984	-11 900
Transferts des consommateurs aux producteurs	-1 993	-15 082	-18 762	-12 913	-13 571
Autres transferts des consommateurs	-316	-1 382	-1 968	-1 294	-885
Transferts des contribuables aux consommateurs	328	1 416	1 432	1 415	1 401
Surcoût de l'alimentation animale	22	1 068	1 239	809	1 156
ESC en pourcentage (%)	-8.71	-19.92	-25.27	-17.53	-16.91
CNP des consommateurs (coeff.)	1.11	1.30	1.40	1.26	1.25
CNS aux consommateurs (coeff.)	1.10	1.25	1.34	1.21	1.20
Estimation du soutien total (EST)	2 767	24 597	28 003	22 101	23 687
Transferts des consommateurs	2 310	16 465	20 730	14 208	14 456
Transferts des contribuables	773	9 515	9 241	9 188	10 116
Recettes budgétaires	-316	-1 382	-1 968	-1 294	-885
EST en pourcentage (% du PIB)	1.45	2.20	2.50	2.09	2.02
Estimation du soutien budgétaire total (ESBT)	1 044	6 952	6 494	5 592	8 771
ESBT en pourcentage (% du PIB)	0.56	0.62	0.58	0.53	0.75
Déflateur du PIB (2000-02=100)	100	355	350	348	367
Taux de change (monnaie nationale par USD)	9 322.08	14 350.40	14 150.28	14 593.09	14 307.82

Note : p : provisoire. CNP : Coefficient nominal de protection. CNS : Coefficient nominal de soutien.
S/Na/Rec/Rev : Superficie cultivée/Nombre d'animaux/Recettes/Revenu.
1. Le soutien des prix du marché (SPM) s'entend net de prélèvements aux producteurs et de surcoût de l'alimentation animale. Les produits SPM pour l'Indonésie sont : le maïs, le riz, le soja, le sucre, le lait, le bœuf et le veau, la viande de porc, la volaille, les œufs, les bananes, le manioc, les fèves de cacao, le café, l'huile de palme et le caoutchouc.
Source : OCDE (2022), « Estimations du soutien aux producteurs et aux consommateurs », Statistiques agricoles de l'OCDE (base de données).
http://dx.doi.org/10.1787/agr-pcse-data-fr

16 Israël

Soutien à l'agriculture

Malgré les efforts déployés pour mettre en place des réformes favorisant les mécanismes de marché et des mesures temporaires visant à lever les restrictions commerciales imposées au début de la pandémie de COVID-19, le soutien total à l'agriculture a continué de croître en Israël de 2019 à 2021. L'estimation du soutien total (EST) s'est élevée à 0.4 % du PIB en 2019-21.

La part du soutien aux producteurs dans les recettes agricoles brutes (ESP) a atteint 14 % sur la période 2019-21, une valeur inférieure à la moyenne des pays de l'OCDE et au niveau de 19 % de 2000-02, mais supérieure à ceux observés au début des années 2010. Parallèlement, à 91 %, la part des formes de soutien susceptibles de créer le plus de distorsions est bien plus élevée que dans la moyenne des pays de l'OCDE. Cette proportion peut s'expliquer par le maintien du soutien des prix intérieurs et de mesures à la frontière en faveur de plusieurs types de viande et de produits laitiers ainsi que de certains fruits et légumes. Les producteurs de volaille et de lait bénéficient de la plus grande part du soutien aux prix de marché, soit 48 % de l'estimation du soutien total aux producteurs sur la période 2019-21.

Les transferts au titre d'un seul produit (TSP) ont représenté 85 % de l'ESP en 2019-21. Le soutien des prix de marché est la principale composante des TSP, lesquels atteignent leur niveau le plus élevé, en proportion des recettes agricoles brutes par produit, dans les cas de la volaille, des tomates, des œufs, des pommes et des bananes.

En 2019-21, l'estimation du soutien aux services d'intérêt général (ESSG) en pourcentage du soutien total s'est élevée à 3 % de la production agricole en valeur, une proportion légèrement en dessous de la moyenne des pays de l'OCDE, et identique à celle observée en 2000-02. Les dépenses correspondantes ont principalement été consacrées à l'innovation et aux infrastructures agricoles.

Évolutions récentes de l'action publique

Afin de faciliter les réformes de la politique agricole, le gouvernement a adopté la Décision n° 213 « Intensification de la concurrence dans le secteur agricole et simplification des processus de réglementation dans le domaine des importations » en août 2021. Les lois d'application sont toujours en discussion, mais la Décision vise à réduire les droits de douane pour les produits frais et à faciliter les procédures d'importation. Elle comprend également des engagements à investir davantage dans l'innovation agricole et propose une évolution vers un soutien direct aux agriculteurs.

L'accord sur le secteur laitier de 2021 détaille la politique d'Israël concernant la production locale et l'importation de produits laitiers pour les années à venir. Il laisse ouverte la possibilité de rediscuter du mécanisme des prix indicatifs d'ici 2026 et exempte de droits de douane les importations de certains produits laitiers. En parallèle, le gouvernement a supprimé les droits de douane applicables au beurre afin d'éviter les pénuries et de faire baisser les dépenses courantes.

Un comité interministériel a été mis sur pied pour définir la vision et les objectifs d'Israël relativement à un système alimentaire durable et prêt à faire face aux changements climatiques à l'horizon 2030, ainsi que pour promouvoir l'intégration des mesures d'adaptation et d'évaluation liées au changement climatique à la planification et à la politique.

Les accords de libre-échange (ALE) avec l'Association européenne de libre-échange (AELE) signés en 2018, l'ALE conclu avec l'Ukraine en 2019, l'Accord de libre-échange Royaume-Uni – Israël, et un protocole connexe pour la reconnaissance mutuelle des produits biologiques sont entrés en vigueur en 2021.

Évaluation et recommandations

- La lutte contre le changement climatique appelle également des mesures efficaces pour limiter les émissions de gaz à effet de serre (GES) générées par le secteur agroalimentaire. Le fait que les émissions directes de GES de l'agriculture ne représentent qu'une petite part des émissions ne devrait pas empêcher le gouvernement d'inclure le secteur dans les objectifs nationaux et la contribution déterminée au niveau national (CDN). Les émissions de GES générées par les activités du secteur et par ses besoins en énergie et en eau devraient être pleinement prises en compte dans les efforts d'atténuation. À cette fin, les émissions associées aux activités et aux efforts d'atténuation actuels doivent être quantifiées.

- Le niveau de soutien à l'agriculture d'Israël est resté relativement stable entre 2019 et 2021, mais certains produits restent à l'abri des marchés internationaux. L'accent mis sur le soutien des prix fausse les marchés et pénalise les consommateurs, et il peut être préjudiciable à l'environnement.

- L'inflation mondiale et les tensions sur les marchés associées à la reprise après la pandémie de COVID-19 ainsi que l'agression de la Russie contre l'Ukraine devraient encourager davantage le gouvernement israélien à mener les réformes nécessaires proposées dans la Décision n° 2013.

- Si le nouvel accord sur le secteur laitier, l'exemption de droits de douane sur le beurre et la réduction progressive des droits de douane sur la viande bovine vont dans le sens d'une réduction des distorsions du marché, plusieurs produits bénéficient toujours d'une protection douanière considérable. Israël maintient des droits élevés sur des produits tels que la viande de volaille, la viande ovine, et certains fruits et légumes. Ces droits pourraient être progressivement supprimés et remplacés temporairement par des paiements directs, si nécessaire. Le régime douanier applicable à l'agriculture devrait également être simplifié et éviter les droits non calculés au prorata de la valeur des produits.

- Les dépenses consacrées aux systèmes de connaissances et d'innovation agricoles ont diminué à partir de 2019, après de nombreuses années de croissance régulière, ce qui pourrait limiter la productivité et la performance environnementale du secteur à l'avenir. Entre 2010 et 2019, la production a été davantage tirée par les intrants que par l'innovation, tout comme la productivité totale des facteurs (PTF), ce qui n'est pas viable sur le long terme. Des fonds supplémentaires pourraient être dégagés en redirigeant les subventions qui faussent le marché, lesquelles se sont élevées à environ 340 millions ILS (100 millions USD) par an en 2019-21, vers les systèmes de connaissances et d'information agricoles.

- Des travailleurs qualifiés, des investissements permanents et le système très complet de gestion de l'eau mis en place par Israël permettent au pays de conserver un secteur agricole productif dans un contexte de stress hydrique très intense et contribuent à l'adaptation du secteur aux risques liés à l'eau. La durabilité et l'adaptabilité pourraient néanmoins être renforcées en s'assurant que les agriculteurs paient l'eau à un prix correspondant aux coûts marginaux de l'approvisionnement en eau, en favorisant davantage les échanges d'allocations d'eau entre les agriculteurs irrigants et les autres utilisateurs, ainsi qu'en offrant une compensation optionnelle pour les quotas d'eau inutilisés les années de grave sécheresse.

- Le gouvernement devrait s'appuyer sur les récentes initiatives visant à limiter les émissions de GES et les autres impacts négatifs sur l'environnement imputables à l'agriculture. Il s'agit notamment de réduire les excédents d'azote élevés et croissants que génère la production agricole et de limiter les émissions de méthane produites par les activités d'élevage. Les programmes agro-environnementaux régionaux devraient être transposés à plus grande échelle et complétés par des mesures et réglementations ciblées incitant à améliorer les performances environnementales. Les activités de R-D et de vulgarisation agricole devraient encourager les améliorations en matière d'environnement. Une réforme des mesures de soutien à l'agriculture à l'origine des plus fortes distorsions contribuerait à cet effort, en particulier dans le cas de la production animale.

Graphique 16.1. Israël : Évolution du soutien à l'agriculture

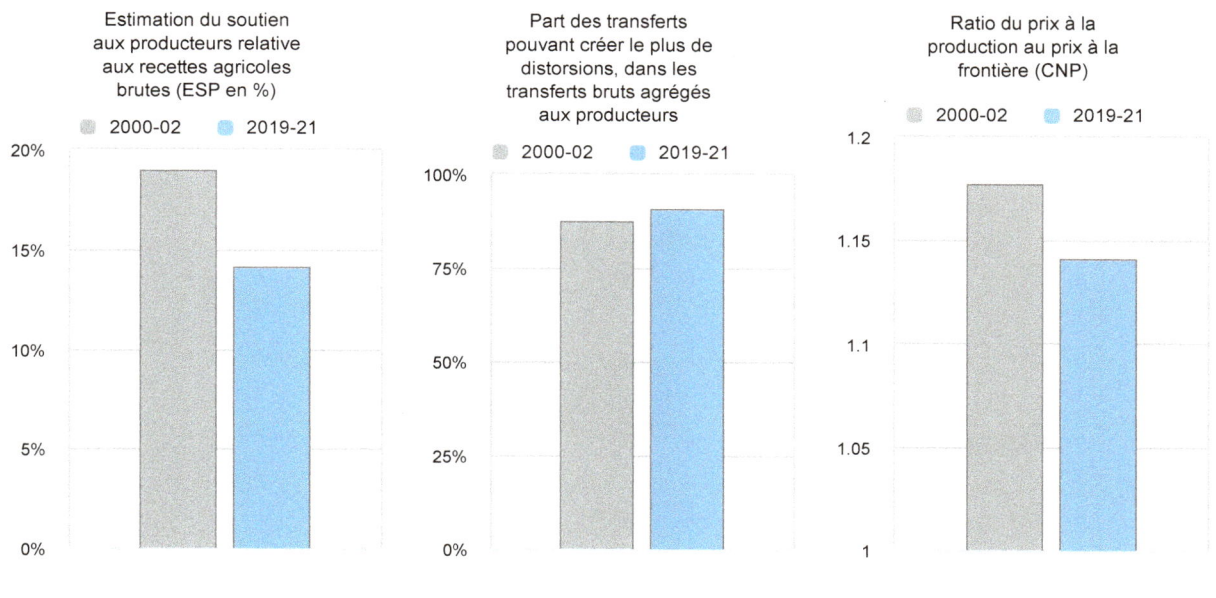

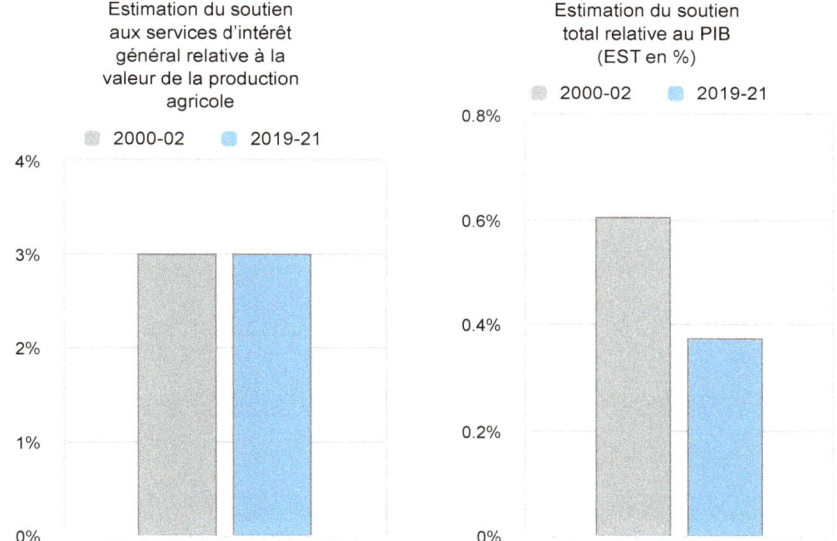

Source : OCDE (2022), « Estimations du soutien aux producteurs et aux consommateurs », Statistiques agricoles de l'OCDE (base de données), http://dx.doi.org/10.1787/agr-pcse-data-fr.

Graphique 16.2. Israël : Moteurs du changement de l'ESP, 2020 à 2021

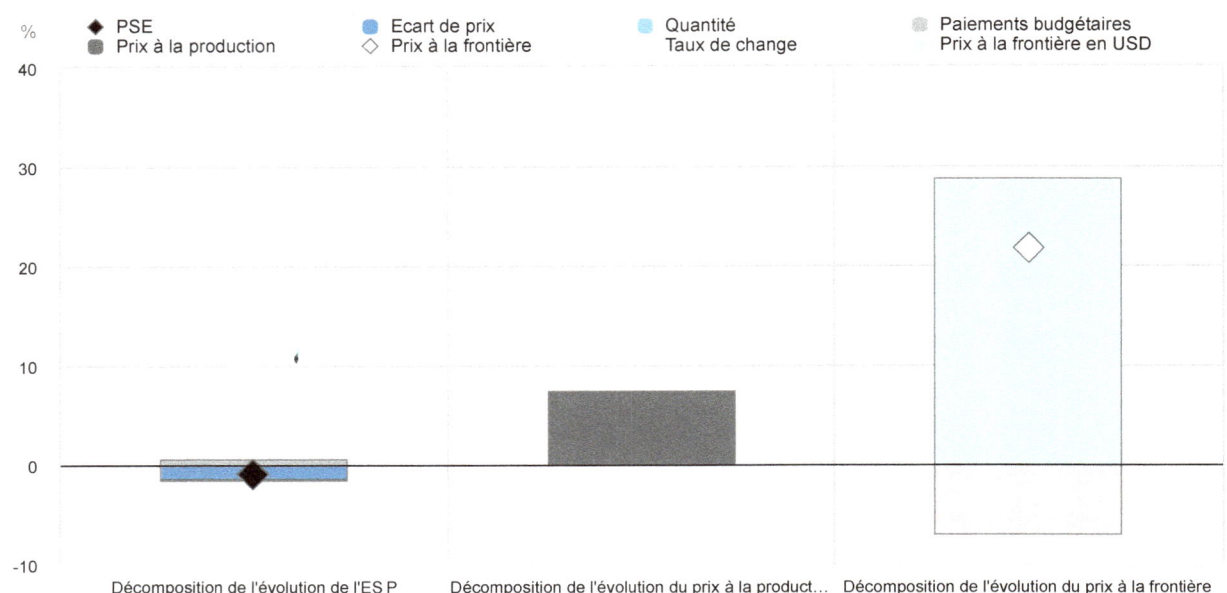

Source : OCDE (2022), « Estimations du soutien aux producteurs et aux consommateurs », Statistiques agricoles de l'OCDE (base de données), http://dx.doi.org/10.1787/agr-pcse-data-fr.

Graphique 16.3. Israël : Transferts au titre d'un produit, en pourcentage des recettes agricoles brutes par produit, 2019-21

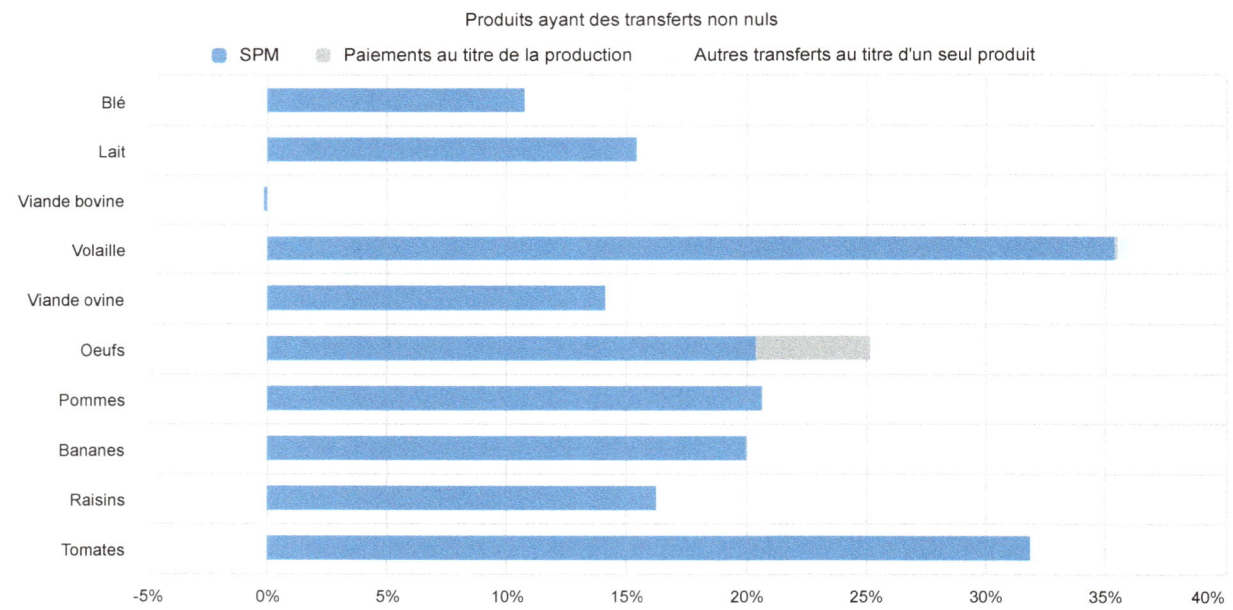

Source : OCDE (2022), « Estimations du soutien aux producteurs et aux consommateurs », Statistiques agricoles de l'OCDE (base de données), http://dx.doi.org/10.1787/agr-pcse-data-fr.

Tableau 16.1. Israël : Estimations du soutien à l'agriculture

Millions USD

	2000-02	2019-21	2019	2020	2021p
Valeur totale de la production (en sortie de l'exploitation)	3 337	9 122	8 639	8 956	9 772
dont : part des produits SPM (%)	58.28	60.54	59.08	60.95	61.59
Valeur totale de la consommation (en sortie d'exploitation)	3 635	11 504	10 617	11 329	12 566
Estimation du soutien aux producteurs (ESP)	680	1 324	1 074	1 410	1 488
Soutien au titre de la production des produits de base	485	1 115	887	1 200	1 258
Soutien des prix du marché[1]	475	1 098	871	1 184	1 239
Soutien positif des prix du marché	489	1 099	872	1 185	1 240
Soutien négatif des prix du marché	-14	-1	-1	0	-1
Paiements au titre de la production	10	17	16	16	19
Paiements au titre de l'utilisation d'intrants	160	116	110	112	126
Utilisation d'intrants variables	106	86	79	82	96
avec contraintes sur les intrants	0	0	0	0	0
Formation de capital fixe	42	15	18	16	11
avec contraintes sur les intrants	0	0	0	0	0
Services utilisés sur l'exploitation	12	15	14	14	18
avec contraintes sur les intrants	0	0	0	0	0
Paiements au titre des S/Na/Rec/Rev courants, production requise	25	87	72	91	97
Au titre des Recettes / du Revenu	21	68	52	73	78
Au titre de la Superficie cultivée / du Nombre d'animaux	4	19	20	18	19
avec contraintes sur les intrants	0	0	0	0	0
Paiements au titre des S/Na/Rec/Rev non courants, production requise	0	0	0	0	0
Paiements au titre des S/Na/Rec/Rev non courants, production facultative	8	6	5	7	7
Avec taux de paiement variables	5	6	5	7	7
avec exceptions sur les produits	0	0	0	0	0
Avec taux de paiement fixes	2	0	0	0	0
avec exceptions sur les produits	0	0	0	0	0
Paiements sur critères non liés à des produits de base	0	0	0	0	0
Retrait de ressources à long terme	0	0	0	0	0
Production de produits particuliers autres que produits de base	0	0	0	0	0
Autres critères non liés à des produits de base	0	0	0	0	0
Paiements divers	1	0	0	0	0
ESP en pourcentage (%)	19.02	14.12	12.15	15.36	14.85
CNP des producteurs (coeff.)	1.18	1.14	1.12	1.16	1.15
CNS aux producteurs (coeff.)	1.23	1.16	1.14	1.18	1.17
Estimation du soutien aux services d'intérêt général (ESSG)	100	273	245	304	272
Système de connaissances et d'innovation agricoles	51	106	106	109	103
Services d'inspection et de contrôle	16	26	25	29	25
Développement et entretien des infrastructures	10	120	96	143	121
Commercialisation et promotion	11	1	1	2	1
Coût du stockage public	12	11	9	12	11
Divers	0	9	7	9	11
ESSG en pourcentage (% de l'EST)	12.96	17.16	18.55	17.73	15.44
Estimation du soutien aux consommateurs (ESC)	-612	-1 537	-1 283	-1 534	-1 795
Transferts des consommateurs aux producteurs	-446	-1 096	-865	-1 176	-1 247
Autres transferts des consommateurs	-172	-444	-420	-359	-551
Transferts des contribuables aux consommateurs	0	0	0	0	0
Surcoût de l'alimentation animale	5	3	3	2	4
ESC en pourcentage (%)	-16.60	-13.33	-12.09	-13.54	-14.28
CNP des consommateurs (coeff.)	1.20	1.15	1.14	1.16	1.17
CNS aux consommateurs (coeff.)	1.20	1.15	1.14	1.16	1.17
Estimation du soutien total (EST)	781	1 597	1 318	1 714	1 759
Transferts des consommateurs	617	1 540	1 286	1 535	1 799
Transferts des contribuables	335	501	453	537	512
Recettes budgétaires	-172	-444	-420	-359	-551
EST en pourcentage (% du PIB)	0.61	0.37	0.33	0.42	0.37
Estimation du soutien budgétaire total (ESBT)	305	499	447	530	521
ESBT en pourcentage (% du PIB)	0.24	0.12	0.11	0.13	0.11
Déflateur du PIB (2000-02=100)	100	133	131	132	136
Taux de change (monnaie nationale par USD)	4.34	3.41	3.56	3.44	3.23

Note : p : provisoire. CNP : Coefficient nominal de protection. CNS : Coefficient nominal de soutien.

S/Na/Rec/Rev : Superficie cultivée/Nombre d'animaux/Recettes/Revenu.

Les données statistiques concernant Israël sont fournies par et sous la responsabilité des autorités israéliennes compétentes. L'utilisation de ces données par l'OCDE est sans préjudice du statut des hauteurs du Golan, de Jérusalem Est et des colonies de peuplement israéliennes en Cisjordanie aux termes du droit international.

1. Le soutien des prix du marché (SPM) s'entend net de prélèvements aux producteurs et de surcoût de l'alimentation animale. Les produits SPM pour Israël sont : le blé, le coton, les arachides, les tomates, les carottes, les petits agrumes, les dates, les poivrons, les pommes de terre, les avocats, les bananes, les oranges, les pamplemousses, le raisin, les pommes, le lait, la viande bovine et ovine, la volaille et les oeufs.

Source : OCDE (2022), « Estimations du soutien aux producteurs et aux consommateurs », *Statistiques agricoles de l'OCDE* (base de données).
http://dx.doi.org/10.1787/agr-pcse-data-fr

17 Japon

Soutien à l'agriculture

Au cours des dix dernières années, le Japon a réduit peu à peu son soutien à l'agriculture, mais le niveau de transfert s'est stabilisé dernièrement. Le soutien aux producteurs (ESP) en pourcentage des recettes agricoles brutes (41 % en 2019-21) reste plus de deux fois supérieur à la moyenne des pays de l'OCDE. L'estimation du soutien total à l'agriculture (EST) représentait 0.9 % du PIB du Japon en 2019-21. La majeure partie a été consacrée au soutien direct aux producteurs.

Le soutien des prix de marché (SPM) demeure la principale composante du soutien à l'agriculture du Japon en raison d'importantes mesures à la frontière, notamment pour le riz, la viande porcine et le lait. Par conséquent, globalement, les prix moyens à la production restent 60 % supérieurs aux cours mondiaux de référence. La part des formes de soutien pouvant créer le plus de distorsions (soutien des prix du marché, soutien fondé sur la production et l'utilisation d'intrants variables sans contrainte) a diminué, mais elle représente encore 84 % de l'ESP en 2019-21. Les paiements budgétaires aux producteurs prennent principalement la forme de paiements au titre de la superficie et des revenus.

Les dépenses consacrées aux services d'intérêt général (ESSG) équivalent à 22 % du soutien total du Japon au secteur. Rapporté à la taille du secteur, l'ESSG représente près de 13 % de la production agricole en valeur, un chiffre supérieur à la moyenne des pays de l'OCDE, mais inférieur à ceux des années 1990. Plus de 80 % de l'ESSG est consacrée au développement et à l'entretien des infrastructures agricoles, notamment les systèmes d'irrigation, tandis que 10 % servent à financer les systèmes de connaissances et d'innovation agricoles.

Évolutions récentes de l'action publique

En mai 2021, le ministère de l'Agriculture, des Forêts et de la Pêche a publié la stratégie pour des systèmes alimentaires durables – Mesures pour atteindre l'objectif de décarbonisation et la résilience par l'innovation (MeaDRI) – qui vise à transformer les systèmes alimentaires du Japon, ainsi qu'à améliorer la durabilité et la productivité d'ici 2050 en renforçant la participation des parties prenantes à chaque étape des chaînes d'approvisionnement alimentaire et en encourageant l'innovation afin de réduire la charge environnementale. Cette stratégie inclut 14 indicateurs de performance clés et une feuille de route pour élaborer et mettre en œuvre des technologies et des méthodes de production innovantes à l'horizon 2050. Les indicateurs en lien avec l'agriculture prévoient des objectifs de réduction des applications d'engrais et de pesticides chimiques, et d'augmentation des terres cultivées en agriculture biologique.

En octobre 2021, dans sa contribution déterminée au niveau national (CDN), le Japon s'est fixé l'objectif de réduire ses émissions de gaz à effet de serre (GES) d'au moins 46 % d'ici 2030 par rapport aux niveaux de 2013, et un objectif à plus long terme d'émissions nettes nulles à l'horizon 2050. En accord avec l'initiative MeaDRI, le MAFF a révisé le plan d'atténuation du changement climatique de 2017 pour les secteurs de l'agriculture, de la sylviculture et de la pêche et a relevé l'objectif de réduction des émissions d'un total de 38.8 Mt éq. CO_2 à 49.5 Mt éq. CO_2 d'ici à 2030. Cela représente 3.5 % des engagements en matière de réduction des émissions pris dans la CDN. Dans le plan de réduction des émissions, les surfaces boisées jouent un rôle important en tant que puits de carbone pour atteindre les objectifs de réduction des émissions de GES, et différents paiements et dispositifs de crédit sont actuellement mis en œuvre pour encourager les réductions d'émissions de GES dans la production agricole.

Le Partenariat économique régional global (RCEP) avec 14 pays de la région Asie-Pacifique est entré en vigueur en janvier 2022. Le RCEP est le premier accord de partenariat économique que le Japon conclut avec la République populaire de Chine (ci-après la « Chine ») et la Corée. Le Japon a supprimé les droits de douane sur 56 % des importations agricoles en provenance de Chine, sur 49 % de celles en provenance de Corée et sur 61 % de celles provenant des pays membres de l'ASEAN, de l'Australie et de la Nouvelle-Zélande. Les produits agricoles sensibles tels que le riz, le blé, la viande bovine, la viande porcine, les produits laitiers, le sucre et la fécule sont exemptés de réduction tarifaire.

Évaluation et recommandations

- La part des émissions de GES d'origine agricole du Japon dans les émissions totales est la plus faible des pays de l'OCDE. Toutefois, le secteur agricole est responsable de près de 80 % des émissions totales de méthane (CH_4), qui proviennent essentiellement de la riziculture et de la fermentation entérique du bétail. Par conséquent, les mesures visant à minimiser les émissions de CH_4 générées par les rizières et la production animale se révéleront particulièrement efficaces pour réduire les émissions de GES provenant du secteur agricole.

- Le Japon a fait des progrès en matière de réforme des mesures de soutien à l'agriculture depuis le début des années 2000, mais le soutien aux producteurs reste plus de deux fois supérieur à la moyenne des pays de l'OCDE et reste dominé par le SPM, qui fausse les marchés. Il serait souhaitable d'envisager d'autres améliorations pour réduire le SPM et supprimer les mesures qui masquent les signaux du marché.

- La valeur annuelle des exportations issues de l'agriculture, du secteur alimentaire, de la sylviculture et de la pêche a continué à augmenter ces dernières années. Si ces changements témoignent d'une évolution vers un secteur agricole plus orienté par le marché, l'exclusion de produits clés des accords commerciaux, dont le RCEP, limite les gains de l'ouverture du pays au commerce international. Une réduction progressive des obstacles aux échanges de produits agricoles contribuerait à l'évolution structurelle et à la croissance de la productivité du secteur agroalimentaire japonais.

- La nouvelle approche systémique du Japon, MeaDRI, constitue une initiative sectorielle prometteuse pour accroître la durabilité et la productivité de ses systèmes alimentaires, mais devra être accompagnée de mesures complémentaires pour être efficace.

- Les 14 indicateurs de performance clés et la feuille de route pour une transition durable qui visent à renforcer la participation des parties intéressées aux chaînes d'approvisionnement alimentaire de l'initiative MeaDRI sont des initiatives bienvenues. Le gouvernement devrait améliorer ou mettre au point des mesures incitant les agriculteurs et les autres parties prenantes à adopter des technologies et des méthodes de production innovantes en s'appuyant sur la R-D, les échanges d'informations, le renforcement des capacités, les conseils stratégiques et les partenariats multi-acteurs.

- La stratégie MeaDRI donne la priorité à la R-D dans les nouvelles technologies pour réduire l'impact sur l'environnement et accroître la productivité agricole. L'amélioration des compétences et le transfert des connaissances devraient être renforcés afin de récolter les bénéfices des innovations technologiques. Les systèmes d'enseignement, de formation et de vulgarisation agricoles devraient également être améliorés afin de mettre à niveau les compétences et les connaissances des agriculteurs parallèlement aux avancées technologiques et industrielles.

Graphique 17.1. Japon : Évolution du soutien à l'agriculture

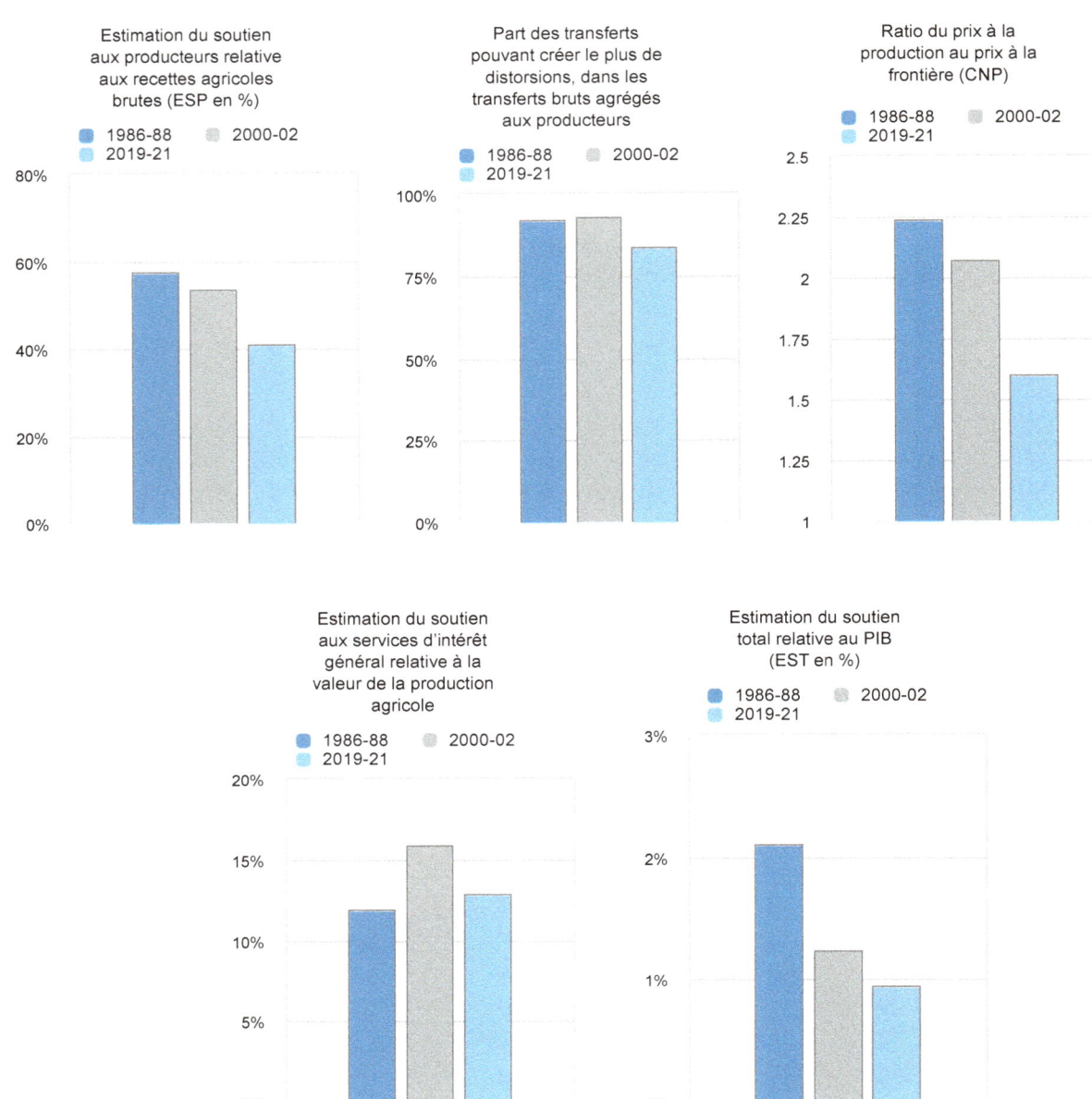

Source : OCDE (2022), « Estimations du soutien aux producteurs et aux consommateurs », Statistiques agricoles de l'OCDE (base de données), http://dx.doi.org/10.1787/agr-pcse-data-fr.

Graphique 17.2. Japon : Moteurs du changement de l'ESP, 2020 à 2021

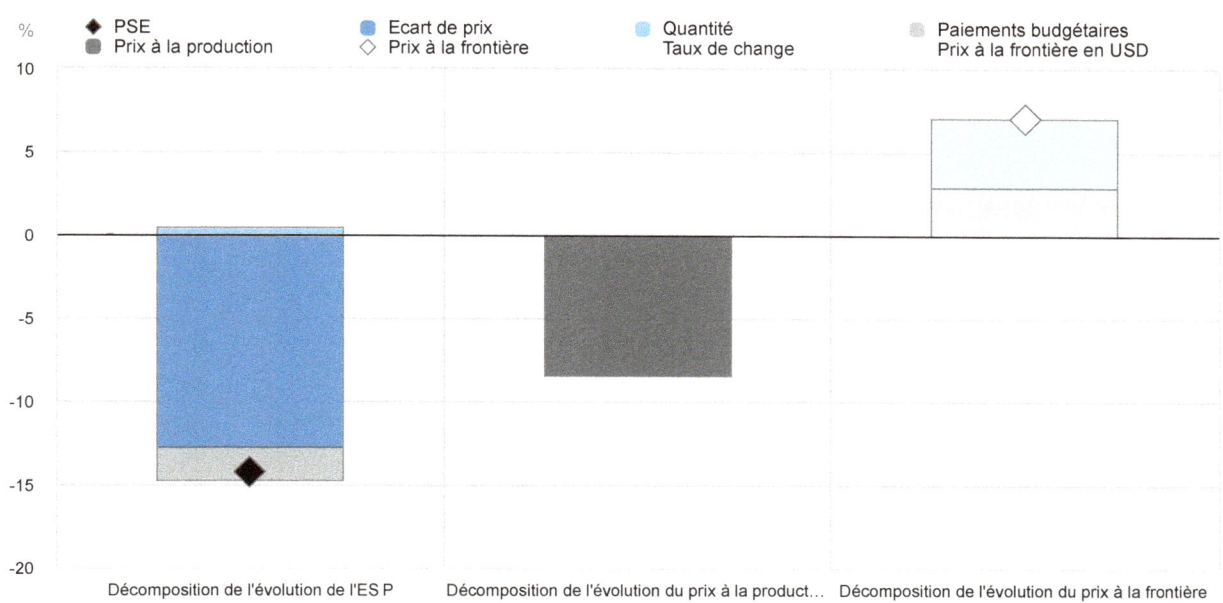

Source : OCDE (2022), « Estimations du soutien aux producteurs et aux consommateurs », Statistiques agricoles de l'OCDE (base de données), http://dx.doi.org/10.1787/agr-pcse-data-fr.

Graphique 17.3. Japon : Part des transferts au titre d'un produit dans les recettes agricoles brutes par produit, 2019-21

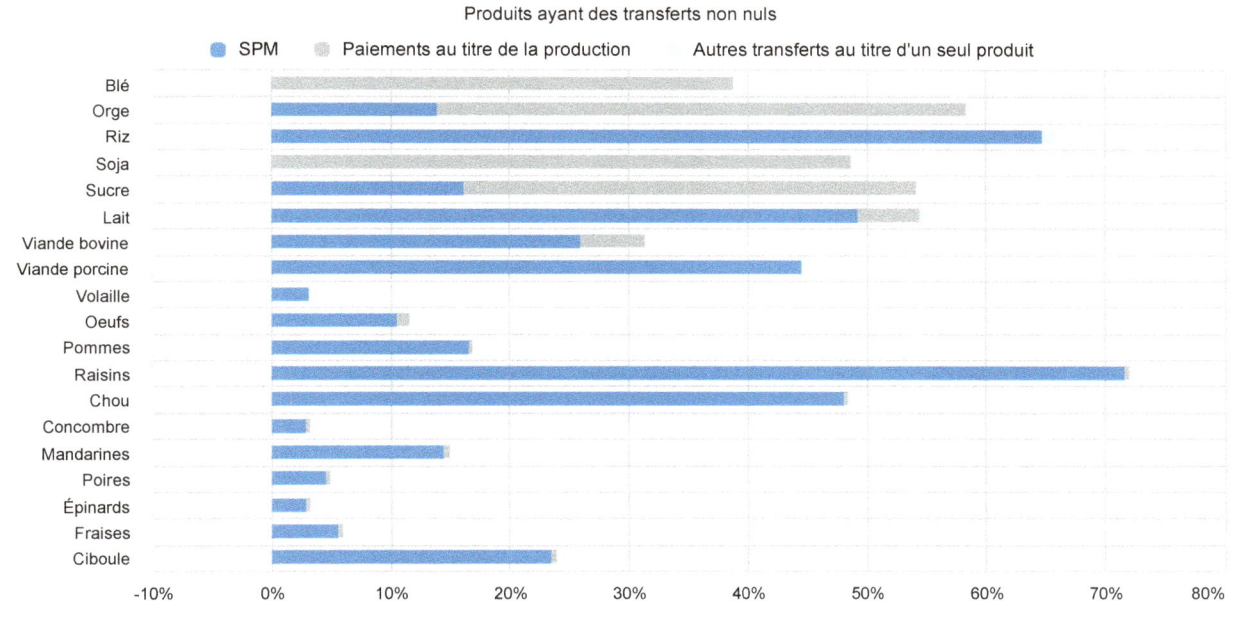

Source : OCDE (2022), « Estimations du soutien aux producteurs et aux consommateurs », Statistiques agricoles de l'OCDE (base de données), http://dx.doi.org/10.1787/agr-pcse-data-fr.

Tableau 17.1. Japon : Estimations du soutien à l'agriculture

Millions USD

	1986-88	2000-02	2019-21	2019	2020	2021p
Valeur totale de la production (en sortie de l'exploitation)	72 767	76 354	82 291	81 560	83 675	81 638
dont : part des produits SPM (%)	68.36	63.81	67.80	67.97	67.84	67.59
Valeur totale de la consommation (en sortie d'exploitation)	94 458	107 904	117 593	119 286	120 541	112 952
Estimation du soutien aux producteurs (ESP)	44 611	43 955	37 070	37 245	40 331	33 634
Soutien au titre de la production des produits de base	40 996	40 828	31 016	31 669	33 681	27 698
Soutien des prix du marché[1]	39 458	38 471	28 963	29 987	31 281	25 622
Soutien positif des prix du marché	39 458	38 471	28 963	29 987	31 281	25 622
Soutien négatif des prix du marché	0	0	0	0	0	0
Paiements au titre de la production	1 539	2 358	2 053	1 682	2 399	2 077
Paiements au titre de l'utilisation d'intrants	1 434	976	877	949	1 000	681
Utilisation d'intrants variables	403	85	9	10	8	9
avec contraintes sur les intrants	403	85	0	0	0	0
Formation de capital fixe	890	724	597	656	732	404
avec contraintes sur les intrants	403	85	0	0	0	0
Services utilisés sur l'exploitation	142	167	270	284	260	268
avec contraintes sur les intrants	0	0	0	0	0	0
Paiements au titre des S/Na/Rec/Rev courants, production requise	621	613	2 211	1 875	2 825	1 933
Au titre des Recettes / du Revenu	0	0	194	222	183	178
Au titre de la Superficie cultivée / du Nombre d'animaux	621	613	2 017	1 653	2 642	1 755
avec contraintes sur les intrants	0	0	1 555	1 194	2 172	1 299
Paiements au titre des S/Na/Rec/Rev non courants, production requise	0	0	0	0	0	0
Paiements au titre des S/Na/Rec/Rev non courants, production facultative	1 560	1 538	2 967	2 752	2 826	3 322
Avec taux de paiement variables	0	0	0	0	0	0
avec exceptions sur les produits	0	0	0	0	0	0
Avec taux de paiement fixes	1 560	1 538	2 967	2 752	2 826	3 322
avec exceptions sur les produits	1 560	1 257	2 729	2 515	2 588	3 084
Paiements sur critères non liés à des produits de base	0	0	0	0	0	0
Retrait de ressources à long terme	0	0	0	0	0	0
Production de produits particuliers autres que produits de base	0	0	0	0	0	0
Autres critères non liés à des produits de base	0	0	0	0	0	0
Paiements divers	0	0	0	0	0	0
ESP en pourcentage (%)	57.42	53.61	40.98	41.93	43.50	37.52
CNP des producteurs (coeff.)	2.24	2.07	1.60	1.64	1.66	1.52
CNS aux producteurs (coeff.)	2.35	2.16	1.69	1.72	1.77	1.60
Estimation du soutien aux services d'intérêt général (ESSG)	8 769	12 141	10 581	10 410	12 592	8 740
Système de connaissances et d'innovation agricoles	514	861	1 030	1 075	1 060	954
Services d'inspection et de contrôle	55	66	110	89	119	121
Développement et entretien des infrastructures	7 747	10 620	8 749	9 040	10 418	6 790
Commercialisation et promotion	152	248	568	90	869	745
Coût du stockage public	301	345	124	116	126	130
Divers	0	0	0	0	0	0
ESSG en pourcentage (% de l'EST)	16.29	21.66	22.19	21.84	23.79	20.62
Estimation du soutien aux consommateurs (ESC)	-53 525	-49 474	-41 309	-43 115	-43 692	-37 120
Transferts des consommateurs aux producteurs	-38 964	-38 460	-29 468	-30 627	-31 417	-26 360
Autres transferts des consommateurs	-14 520	-11 100	-12 429	-13 056	-12 826	-11 407
Transferts des contribuables aux consommateurs	-108	35	6	6	6	6
Surcoût de l'alimentation animale	68	51	583	562	546	640
ESC en pourcentage (%)	-56.73	-45.81	-35.12	-36.15	-36.25	-32.87
CNP des consommateurs (coeff.)	2.31	1.85	1.55	1.58	1.58	1.50
CNS aux consommateurs (coeff.)	2.31	1.85	1.54	1.57	1.57	1.49
Estimation du soutien total (EST)	53 272	56 130	47 657	47 660	52 929	42 381
Transferts des consommateurs	53 485	49 559	41 898	43 683	44 243	37 767
Transferts des contribuables	14 308	17 670	18 189	17 033	21 512	16 020
Recettes budgétaires	-14 520	-11 100	-12 429	-13 056	-12 826	-11 407
EST en pourcentage (% du PIB)	2.10	1.24	0.94	0.93	1.05	0.85
Estimation du soutien budgétaire total (ESBT)	13 814	17 659	18 693	17 673	21 647	16 759
ESBT en pourcentage (% du PIB)	0.54	0.39	0.37	0.34	0.43	0.34
Déflateur du PIB (1986-88=100)	100	105	97	97	98	97
Taux de change (monnaie nationale par USD)	147.09	118.19	108.52	109.05	106.76	109.77

Note : p : provisoire. CNP : Coefficient nominal de protection. CNS : Coefficient nominal de soutien.

S/Na/Rec/Rev : Superficie cultivée/Nombre d'animaux/Recettes/Revenu.

1. Le soutien des prix du marché (SPM) s'entend net de prélèvements aux producteurs et de surcoût de l'alimentation animale. Les produits SPM pour le Japon sont : le blé, l'orge, le soja, le riz, le sucre, le lait, la viande bovine et porcine, la volaille, les oeufs, les pommes, le choux, les concombres, le raisin, les mandarines, les poires, les épinards, les fraises et la ciboule.

Source : OCDE (2022), « Estimations du soutien aux producteurs et aux consommateurs », *Statistiques agricoles de l'OCDE* (base de données). http://dx.doi.org/10.1787/agr-pcse-data-fr

18 Kazakhstan

Soutien à l'agriculture

Entre 2000-02 et 2019-21, le soutien aux producteurs du Kazakhstan est passé de 8.5 % à 6.4 % des recettes agricoles brutes. La part des transferts bruts aux producteurs susceptibles de créer le plus de distorsions (principalement fondés sur la production, notamment le soutien des prix de marché [SPM], et sur l'utilisation d'intrants variables non assortie de contraintes) est descendue à 80 %, contre 98 % en moyenne au début des années 2000. Le soutien au titre de l'utilisation d'intrants variables et de la formation de capital fixe représente la majorité des transferts budgétaires aux producteurs. Les prix intérieurs étaient inférieurs aux cours mondiaux pour plusieurs produits agricoles, se traduisant par un SPM agrégé égal à environ -1 % des recettes agricoles brutes en 2019-21. Sur la période 2019-21, les transferts au titre d'un seul produit (TSP) ont été négatifs pour le riz, le tournesol et le maïs, tandis que les transferts positifs les plus importants ont concerné l'orge et le blé, en rapport avec les écarts de prix relevés pour ces produits.

Le soutien aux services d'intérêt général (mesuré par l'ESSG) représentait 15 % du soutien budgétaire total à l'agriculture en 2019-21 et équivalait à 1.9 % de la valeur de la production agricole. Les dépenses d'inspection et de contrôle pesaient pour 39 % dans l'ESSG, et les dépenses d'infrastructures (essentiellement l'irrigation et le drainage, et la création d'un cadastre informatisé) pour 38 %. Le soutien total à l'agriculture (EST) a reculé, passant de 1.6 % du PIB au début des années 2000 à 1.1 % en 2019-21.

Évolutions récentes de l'action publique

Des changements importants ont été apportés aux cadres généraux du développement agricole en 2021 avec l'adoption du projet national et du concept national, qui ont fixé les objectifs de développement pour les cinq et les dix ans à venir, respectivement. Le projet national vise à augmenter la productivité, les exportations, la transformation des produits agroalimentaires et les revenus ruraux. Il prévoit diverses mesures pour amplifier les investissements dans le sens de ces objectifs, notamment l'octroi de financements subventionnés et l'amélioration des dispositifs d'assurance agricole, des mécanismes de subventions et de la fiscalité , ainsi que des mesures destinées à stimuler la R-D. Le concept définit lui aussi des objectifs ayant pour but de renforcer le projet national à long terme grâce à des objectifs de productivité et d'exportations plus ambitieux tout en élargissant la focale afin d'englober les investissements agro-industriels et les disponibilités alimentaires.

L'adoption du nouveau projet national n'a pas entraîné de changements immédiats dans les subventions agricoles. Mais il fixe des orientations pour le développement du soutien de l'État, notamment l'extension du soutien à tous les cultivateurs quelle que soit la taille de leur exploitation, un recentrage sur le progrès technologique, et le couplage des subventions aux résultats et non à des processus intermédiaires. Les conditions d'accès aux subventions pour les éleveurs ont également évolué afin que les petits producteurs puissent en bénéficier davantage.

KazAgro Holding a fusionné avec Baiterek Holding, l'organisme public national de développement, le 15 mars 2021. La réorganisation permettra aux agriculteurs de recevoir des prêts selon le principe du « guichet unique », sans toucher aux conditions actuelles de financement des entreprises agro-industrielles.

En 2021, le Kazakhstan a signé un accord de libre-échange entre l'Union économique eurasiatique (UEEA) et la Serbie. Ce nouvel accord étend la liste des biens exonérés de droits de douane, qui comprend les fromages, les boissons alcoolisées et les cigarettes exportés en Serbie. L'UEEA a signé d'autres accords de libre-échange avec le Viet Nam, l'Iran et Singapour.

Évaluation et recommandations

- L'agriculture est le secteur qui émet le plus de gaz à effet de serre (GES) après celui de l'énergie, et le Kazakhstan devrait préciser le niveau de réduction des émissions agricoles à atteindre pour respecter les engagements pris par le pays en la matière, ainsi que les moyens d'y parvenir. De plus, l'absence d'approche globale et coordonnée nuit à la capacité du pays à renforcer sa résilience aux effets du changement climatique, et des mesures devraient être prises pour adapter davantage l'agriculture aux effets du changement climatique.

- Bien que le soutien total à l'agriculture soit faible par rapport à l'ensemble de l'économie, l'essentiel du soutien aux producteurs est de nature à fausser la production et les échanges agricoles et risque d'exacerber les pressions sur les ressources naturelles. En particulier, les subventions portant sur les engrais minéraux, les intrants chimiques et les aliments industriels pour animaux devraient être réévaluées au regard de leur impact potentiel sur l'environnement.

- La réforme du système d'assurance récolte est à saluer et devrait renforcer le rôle des assureurs privés, réduire les coûts pour les agriculteurs et rendre le système plus transparent.

- Les efforts engagés pour stabiliser la ligne d'action, simplifier les dispositifs d'aide en réduisant le nombre de mesures et créer une base de données cadastrale nationale informatisée pour l'agriculture améliorent la transparence et la crédibilité de la réforme, et devraient être poursuivis.

- Les pouvoirs publics gardent comme objectif d'accroître la production nationale de produits alimentaires transformés afin de remplacer les importations. Il importe de veiller à ce que cette stratégie ne réduise pas l'exposition des producteurs à la concurrence internationale et ne détourne pas des ressources vers des activités de recherche de rente.

- La sécurisation des droits de propriété sur les terres, notamment grâce à des procédures d'acquisition foncière simplifiées, est nécessaire pour rendre économiquement plus attractive la gestion durable des ressources. L'intégration des préoccupations environnementales dans la politique agricole pourrait également amener les exploitations à faire de meilleurs choix.

- L'agriculture est l'un des secteurs les plus à risque du pays. Les aléas météorologiques, les ravageurs et les maladies, et la volatilité des prix sont des problèmes difficiles à gérer pour les agriculteurs et les exploitations agro-industrielles, et peuvent grever les finances publiques. Le Kazakhstan pourrait améliorer la résilience de son secteur agricole en adoptant une approche de la gestion des risques plus large et intégrée que le système actuel, qui repose sur une action du secteur public en amont portant sur les maladies des plantes et des animaux d'élevage, complétée par des mesures d'urgence ponctuelles en réponse aux catastrophes locales.

Graphique 18.1. Kazakhstan : Évolution du soutien à l'agriculture

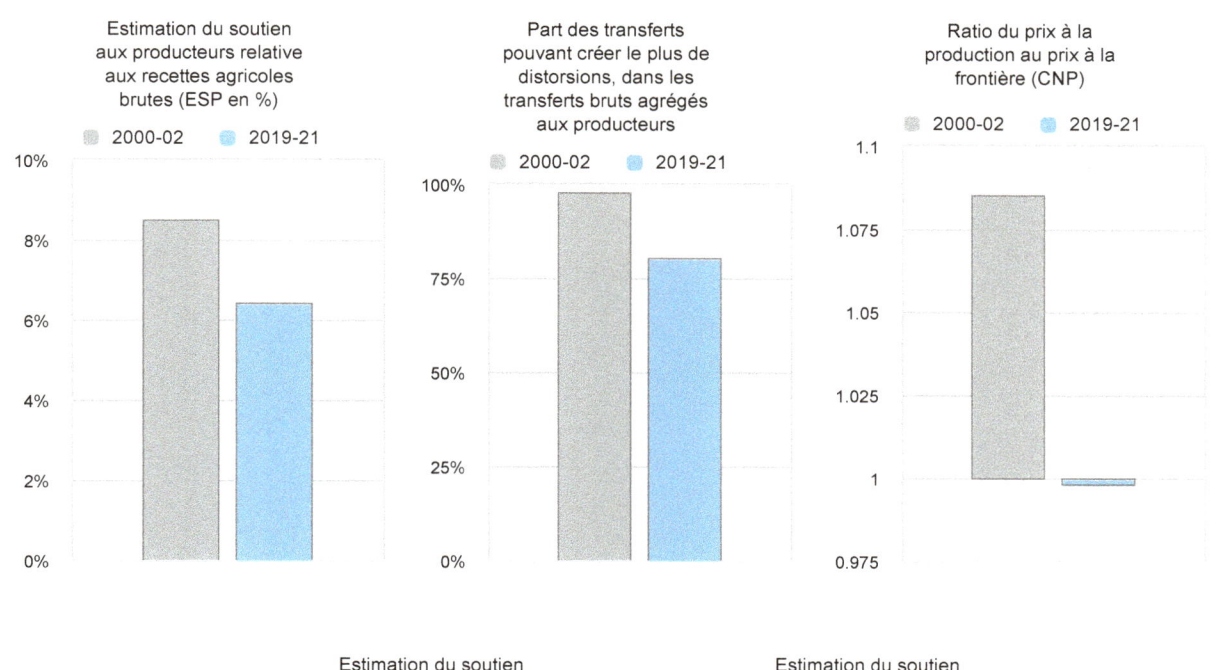

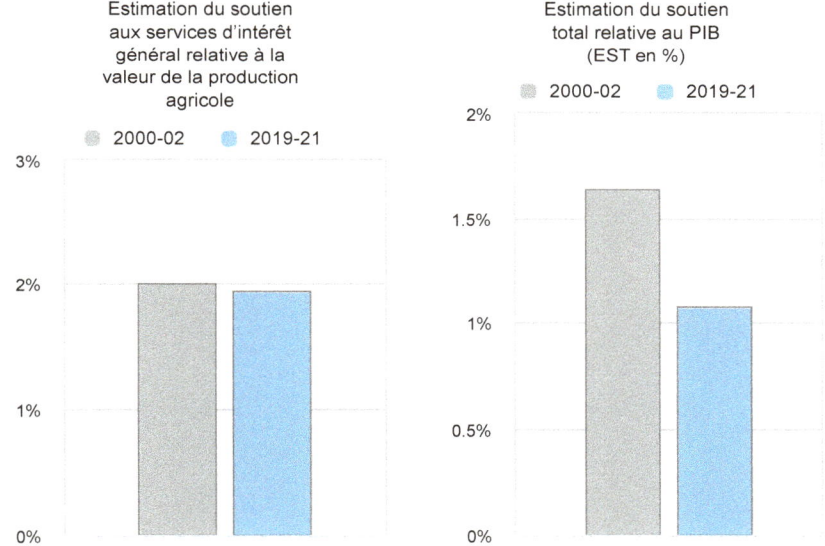

Source : OCDE (2022), « Estimations du soutien aux producteurs et aux consommateurs », Statistiques agricoles de l'OCDE (base de données), http://dx.doi.org/10.1787/agr-pcse-data-fr.

Graphique 18.2. Kazakhstan : Moteurs du changement de l'ESP, 2020 à 2021

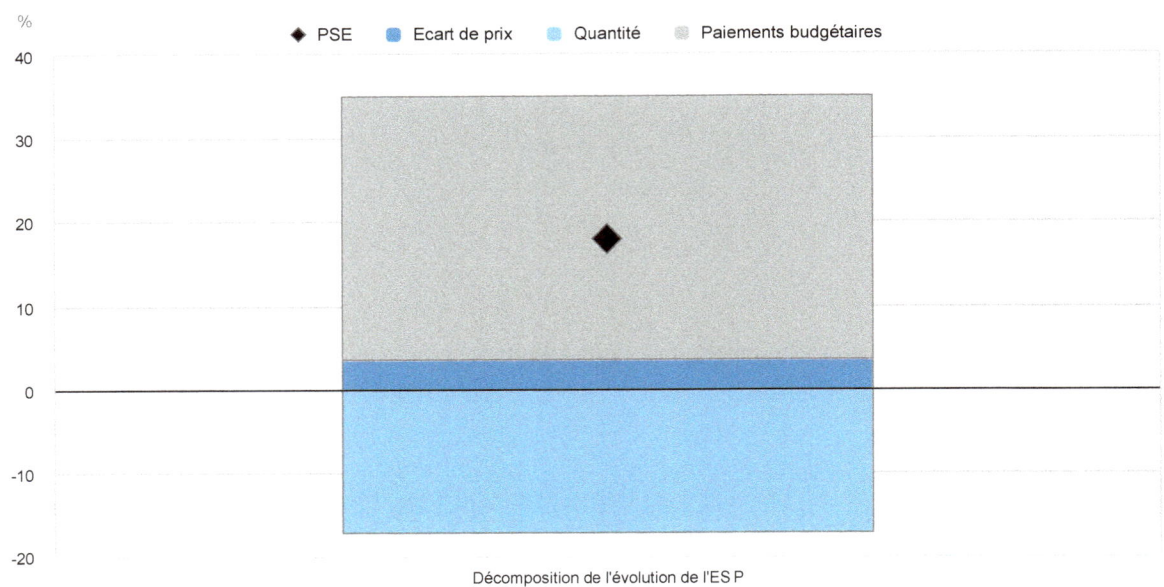

Note : La variation du prix à la production et la variation du prix à la frontière ne sont pas calculées lorsque l'écart de prix négatif se produit au niveau des produits de base pour l'année en cours ou précédente.
Source : OCDE (2022), « Estimations du soutien aux producteurs et aux consommateurs », Statistiques agricoles de l'OCDE (base de données), http://dx.doi.org/10.1787/agr-pcse-data-fr.

Graphique 18.3. Kazakhstan : Transferts au titre d'un produit, en pourcentage des recettes agricoles brutes par produit, 2019-21

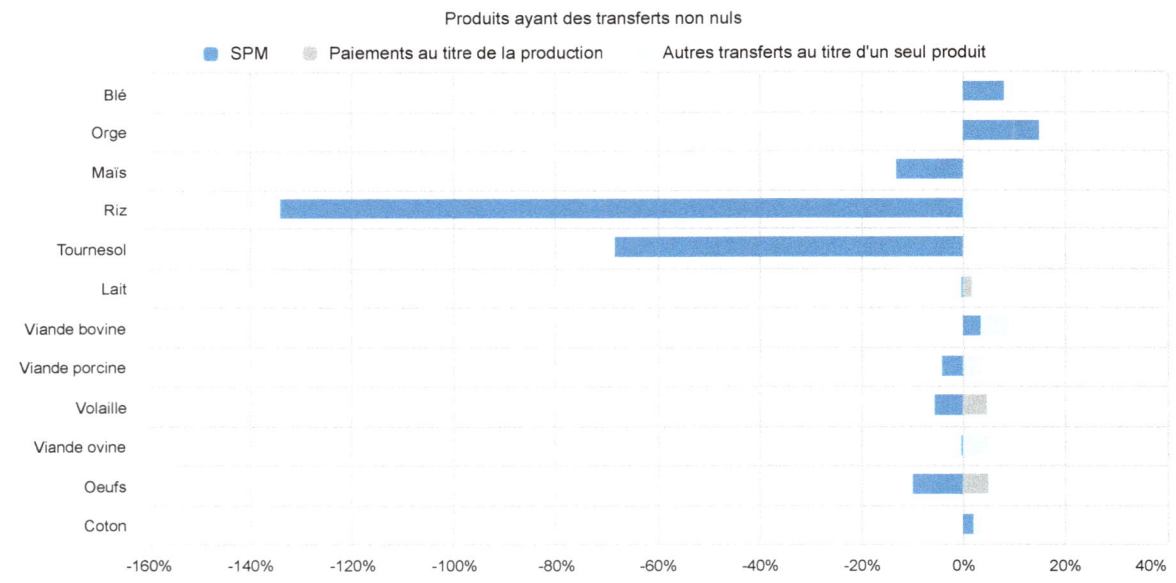

Source : OCDE (2022), « Estimations du soutien aux producteurs et aux consommateurs », Statistiques agricoles de l'OCDE (base de données), http://dx.doi.org/10.1787/agr-pcse-data-fr.

Tableau 18.1. Kazakhstan : Estimations du soutien à l'agriculture

Millions USD

	2000-02	2019-21	2019	2020	2021p
Valeur totale de la production (en sortie de l'exploitation)	3 367	15 237	13 418	15 072	17 222
dont : part des produits SPM (%)	76.61	62.21	62.40	63.00	61.24
Valeur totale de la consommation (en sortie d'exploitation)	2 933	13 574	12 382	13 249	15 092
Estimation du soutien aux producteurs (ESP)	286	1 066	1 201	931	1 065
Soutien au titre de la production des produits de base	268	-120	102	-172	-289
Soutien des prix du marché[1]	268	-192	-4	-229	-344
Soutien positif des prix du marché	369	356	364	296	407
Soutien négatif des prix du marché	-101	-548	-368	-525	-751
Paiements au titre de la production	0	72	105	57	55
Paiements au titre de l'utilisation d'intrants	18	1 149	1 036	1 078	1 333
Utilisation d'intrants variables	8	757	632	690	950
avec contraintes sur les intrants	0	0	0	0	0
Formation de capital fixe	10	387	400	384	377
avec contraintes sur les intrants	0	0	0	0	0
Services utilisés sur l'exploitation	0	5	4	5	6
avec contraintes sur les intrants	0	0	0	0	0
Paiements au titre des S/Na/Rec/Rev courants, production requise	0	36	63	25	21
Au titre des Recettes / du Revenu	0	0	0	0	0
Au titre de la Superficie cultivée / du Nombre d'animaux	0	36	63	25	21
avec contraintes sur les intrants	0	0	0	0	0
Paiements au titre des S/Na/Rec/Rev non courants, production requise	0	0	0	0	0
Paiements au titre des S/Na/Rec/Rev non courants, production facultative	0	0	0	0	0
Avec taux de paiement variables	0	0	0	0	0
avec exceptions sur les produits	0	0	0	0	0
Avec taux de paiement fixes	0	0	0	0	0
avec exceptions sur les produits	0	0	0	0	0
Paiements sur critères non liés à des produits de base	0	0	0	0	0
Retrait de ressources à long terme	0	0	0	0	0
Production de produits particuliers autres que produits de base	0	0	0	0	0
Autres critères non liés à des produits de base	0	0	0	0	0
Paiements divers	0	0	0	0	0
ESP en pourcentage (%)	8.50	6.41	8.21	5.74	5.72
CNP des producteurs (coeff.)	1.09	1.00	1.01	0.99	0.99
CNS aux producteurs (coeff.)	1.09	1.07	1.09	1.06	1.06
Estimation du soutien aux services d'intérêt général (ESSG)	67	296	286	335	267
Système de connaissances et d'innovation agricoles	3	56	57	53	57
Services d'inspection et de contrôle	29	115	106	154	85
Développement et entretien des infrastructures	28	113	110	116	113
Commercialisation et promotion	0	5	6	5	5
Coût du stockage public	5	0	0	0	0
Divers	1	8	7	8	8
ESSG en pourcentage (% de l'EST)	18.96	15.10	14.06	18.06	13.39
Estimation du soutien aux consommateurs (ESC)	-313	783	419	832	1 098
Transferts des consommateurs aux producteurs	-288	115	-148	181	311
Autres transferts des consommateurs	-21	-4	-10	-1	0
Transferts des contribuables aux consommateurs	0	601	549	590	665
Surcoût de l'alimentation animale	-4	71	28	63	122
ESC en pourcentage (%)	-10.67	6.11	3.54	6.58	7.61
CNP des consommateurs (coeff.)	1.12	0.99	1.01	0.99	0.98
CNS aux consommateurs (coeff.)	1.12	0.94	0.97	0.94	0.93
Estimation du soutien total (EST)	353	1 963	2 037	1 857	1 997
Transferts des consommateurs	309	-111	158	-179	-311
Transferts des contribuables	65	2 078	1 889	2 037	2 308
Recettes budgétaires	-21	-4	-10	-1	0
EST en pourcentage (% du PIB)	1.64	1.07	1.12	1.09	1.02
Estimation du soutien budgétaire total (ESBT)	85	2 156	2 041	2 085	2 341
ESBT en pourcentage (% du PIB)	0.39	1.18	1.12	1.22	1.19
Déflateur du PIB (2000-02=100)	100	786	770	802	..
Taux de change (monnaie nationale par USD)	147.38	407.42	382.87	413.36	426.03

.. Non disponible

Note : p : provisoire. CNP : Coefficient nominal de protection. CNS : Coefficient nominal de soutien.

S/Na/Rec/Rev : Superficie cultivée/Nombre d'animaux/Recettes/Revenu.

1. Le soutien des prix du marché (SPM) s'entend net de prélèvements aux producteurs et de surcoût de l'alimentation animale. Les produits SPM pour le Kazakhstan sont : le blé, le riz, le maïs, l'orge, le tournesol, les pommes de terre, le coton, le lait, la viande bovine, porcine et ovine, la volaille et les œufs.

Source : OCDE (2022), « Estimations du soutien aux producteurs et aux consommateurs », Statistiques agricoles de l'OCDE (base de données). http://dx.doi.org/10.1787/agr-pcse-data-fr

19 Corée

Soutien à l'agriculture

La Corée a réduit son soutien à l'agriculture au cours des 30 dernières années. Le soutien aux producteurs est passé de 62 % des recettes agricoles brutes en 1986-88 à 47 % en 2019-21, ce qui reste bien supérieur à la moyenne des pays de l'OCDE. Les formes de soutien les plus à même de créer des distorsions prédominent, principalement sous la forme d'un soutien des prix de marché (SPM) maintenu par un système de contingents tarifaires prévoyant des droits de douane élevés hors contingent. Depuis 2015, toutes les restrictions à l'importation applicables aux produits agricoles passent par des droits de douane et des contingents tarifaires.

Les transferts à des produits spécifiques ont représenté 93 % du soutien total aux agriculteurs en 2019-21. Le SPM est également la principale composante des transferts au titre d'un seul produit (TSP). La part des TSP dans les recettes agricoles brutes par produit dépasse 60 % dans les cas du soja, du poivron rouge, de l'ail et de l'orge, et 59 % dans celui du riz.

Pour le reste, le soutien aux producteurs passe essentiellement par des programmes de paiements directs, qui ont été rassemblés au sein d'un seul et même programme en 2020. Il est également assuré, dans une bien moindre mesure, par des régimes d'assurance agricole et des subventions à l'utilisation d'intrants.

En 2019-21, les dépenses consacrées aux services d'intérêt général (ESSG) ont progressé en valeur absolue, mais reculé en valeur relative pour s'établir à 8.3 % de la production agricole en valeur, soit un niveau bien supérieur à la moyenne OCDE. Ces dépenses ont majoritairement servi à financer le développement et l'entretien des infrastructures (54 %), le reste ayant été consacré à la création de connaissances agricoles (19 %), au stockage public (11 %) et aux services d'inspection et de contrôle (9 %). Le soutien total à l'agriculture (EST) a reculé, passant de 7.6 % du PIB en 1986-88 à 1.5 % en 2019-21, ce qui reste largement supérieur à la moyenne des pays de l'OCDE.

Évolutions récentes de l'action publique

En 2021, le gouvernement coréen a perfectionné le système de suivi de son nouveau programme de paiements directs afin d'éviter les versements frauduleux et de renforcer l'efficience de l'administration. Les pouvoirs publics ont par ailleurs étendu la portée des obligations juridiques incombant aux agriculteurs, qui concernaient déjà la gestion des superficies exploitées et l'utilisation de pesticides, à la protection de l'environnement et à la sécurité des aliments.

Le cinquième Plan quinquennal (2021-25) de promotion d'une agriculture respectueuse de l'environnement a été annoncé en octobre 2021. Il expose les mesures publiques prises en faveur d'une agriculture respectueuse de l'environnement. La mise en place du Projet pour une agriculture intelligente s'est poursuivie en 2021, avec l'ouverture de deux vallées de l'innovation, en novembre à Gimje, dans le Jeolla du Nord, et en décembre à Sangju, dans le Gyeongsang du Nord.

Le ministère de l'Agriculture et des Affaires rurales a mis au point le cinquième plan de base en matière de soutien aux agricultrices (2021-25). Ce plan vise à encourager les femmes à s'investir dans des activités agricoles, à promouvoir les droits des agricultrices et à améliorer leur qualité de vie. La loi sur la promotion et le soutien de la prochaine génération d'agriculteurs ou de pêcheurs et des jeunes agriculteurs ou pêcheurs a été adoptée en mai 2021. Ce texte offre une assise institutionnelle dont pourront tirer parti les successeurs et les jeunes agriculteurs pour s'installer dans des villages à la campagne, tout en favorisant le développement durable des zones rurales.

Le Plan national pour l'alimentation de la Corée est paru en septembre 2021. Dans le cadre des Objectifs de développement durable (ODD) des Nations Unies, ce plan vise à garantir la stabilité de la production et des approvisionnements alimentaires et à répondre à tout un éventail de préoccupations liées à l'alimentation dans les domaines de l'environnement, de la santé et de la sécurité, notamment.

De nouveaux objectifs de réduction des émissions de gaz à effet de serre (GES) propres à l'agriculture ont été annoncés à l'occasion de la COP26, en 2021. Ainsi, les émissions de GES des secteurs de l'agriculture et de la pêche devront reculer de 27.1 % par rapport aux niveaux de 2018 d'ici 2030, et de 37.7 % à l'horizon 2050. La Corée a rejoint l'engagement mondial concernant le méthane présenté lors de la COP26 et s'est fixé pour objectif de réduire ses émissions de méthane de 30 % par rapport aux niveaux enregistrés en 2018 à l'échelle nationale et de 20.6 % dans le secteur de l'agriculture à l'horizon 2030. En décembre 2021, la Corée a annoncé s'être dotée d'une Stratégie pour la neutralité carbone dans le secteur agroalimentaire à l'horizon 2050. Cette dernière comprend des programmes de réduction des GES dans les domaines de la production, de la distribution et de la consommation alimentaires ainsi que de la conversion de l'énergie, qui sont assortis d'objectifs intermédiaires de réduction précis. Cette stratégie renforce et prolonge les mesures déjà prises dans le secteur agroalimentaire en faveur de l'atténuation du changement climatique et de l'adaptation à ses effets.

Évaluation et recommandations

- La Corée s'est dotée de nouveaux objectifs d'atténuation propres au secteur de l'agriculture ainsi que d'une nouvelle stratégie de réduction des émissions de GES. La Stratégie pour la neutralité carbone dans le secteur agroalimentaire à l'horizon 2050 détermine quelles sont les mesures pouvant être mises en œuvre pour parvenir à ces objectifs, les réductions les plus importantes devant être obtenues en réduisant l'utilisation des engrais minéraux ainsi que la fermentation entérique. Cette stratégie reste cependant à finaliser, notamment pour ce qui concerne les mesures à mettre en place pour inciter les agriculteurs à adopter des pratiques produisant moins d'émissions. Un solide train de mesures devra probablement être adopté pour veiller à ce que les objectifs de réduction des émissions de GES définis dans le cadre de la stratégie soient atteints, tout en veillant à ce que les nouvelles mesures incitatives ne créent pas de distorsions.

- Le secteur agricole est confronté au déclin et au vieillissement de sa population active, à la difficulté d'améliorer sa productivité et de répondre à des exigences sociétales telles que la préservation des ressources naturelles et de l'environnement, et à la nécessité de réduire les émissions de GES du secteur agricole pour tenir ses engagements internationaux. Malgré les réformes engagées, une partie des politiques agricoles n'est toujours pas en phase avec les objectifs poursuivis.

- Le niveau élevé de soutien accordé aux producteurs, qui est 2.7 fois supérieur à la moyenne OCDE, est dominé par le SPM, qui vient altérer le processus décisionnel des producteurs, fait augmenter les prix des aliments dans un contexte de poussée inflationniste, menace l'environnement et ralentit l'innovation dans le secteur agricole et sa capacité à s'adapter au changement climatique.

- Le nouveau système de paiements directs, qui a rassemblé les anciens dispositifs dans un seul et unique programme en 2020, constitue une étape vers la réduction des distorsions du marché grâce à des mesures de soutien moins axées sur les produits ainsi qu'à une plus grande diversification de la production agricole. Grâce aux améliorations apportées via de nouveaux systèmes de suivi et de nouvelles obligations juridiques en matière de sécurité des aliments et de protection de l'environnement, ce dispositif peut gagner en efficacité et être aligné sur les objectifs du secteur. Ces dernières ne devraient toutefois pas modifier la composition ou les niveaux globaux de soutien.

- Les dépenses consacrées aux systèmes de connaissances et à l'innovation n'ont cessé de croître, tandis que les pratiques agricoles intelligentes sont considérées comme un moteur d'innovation et de croissance dans le secteur. Les autorités centrales et locales devront coopérer pour s'assurer que les investissements réalisés profitent à l'ensemble des parties prenantes. La présentation de nouvelles technologies et de programmes de recherche menés conjointement avec le secteur privé peut également contribuer à mettre à profit l'innovation, les investissements et la croissance.

- La pandémie de COVID-19 continue d'avoir une influence sur le secteur agricole, et les mesures publiques prises pour remédier à ses effets ont été prolongées en 2021. Il importe que les programmes temporaires de soutien des secteurs concernés ne deviennent pas des programmes permanents, qui pourraient ne pas coïncider avec des objectifs plus larges pour le secteur.

Graphique 19.1. Corée : Évolution du soutien à l'agriculture

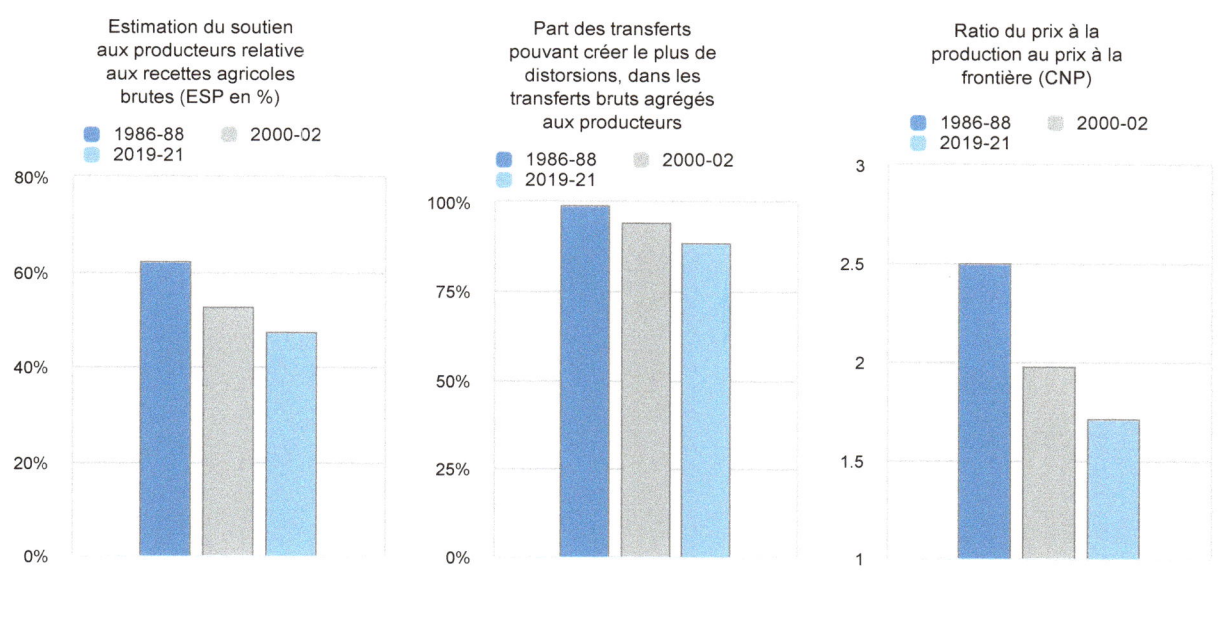

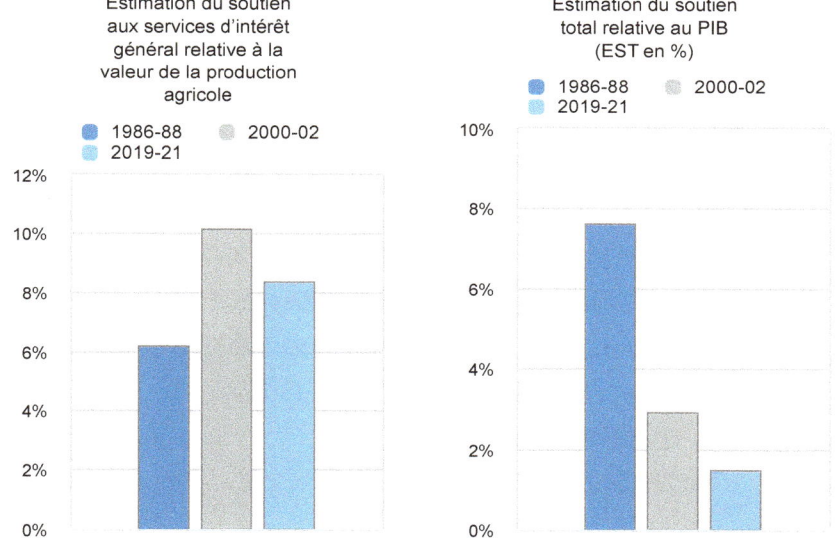

Source : OCDE (2022), « Estimations du soutien aux producteurs et aux consommateurs », Statistiques agricoles de l'OCDE (base de données), http://dx.doi.org/10.1787/agr-pcse-data-fr.

Graphique 19.2. Corée : Moteurs du changement de l'ESP, 2020 à 2021

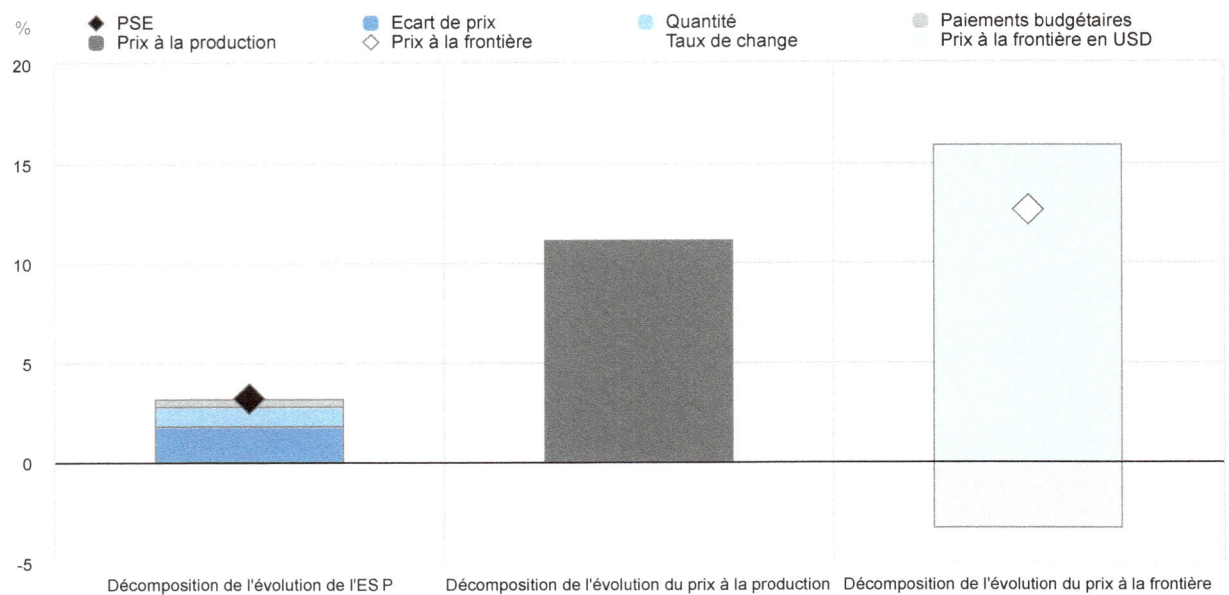

Source : OCDE (2022), « Estimations du soutien aux producteurs et aux consommateurs », Statistiques agricoles de l'OCDE (base de données), http://dx.doi.org/10.1787/agr-pcse-data-fr.

Graphique 19.3. Corée : Transferts au titre d'un produit, en pourcentage des recettes agricoles brutes par produit, 2019-21

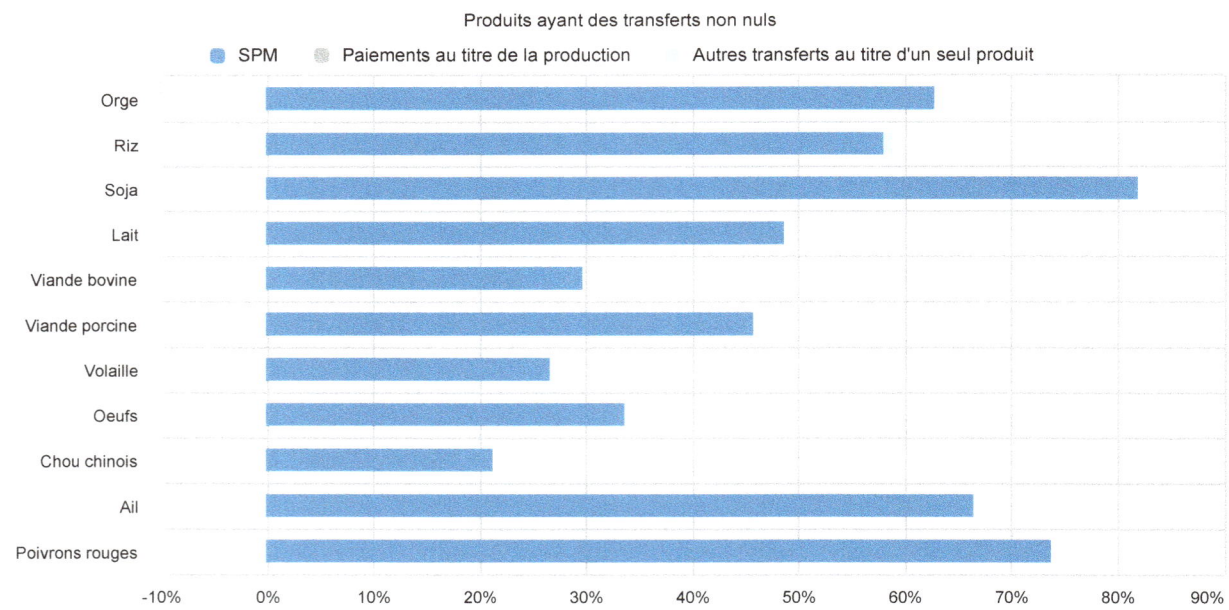

Source : OCDE (2022), « Estimations du soutien aux producteurs et aux consommateurs », Statistiques agricoles de l'OCDE (base de données), http://dx.doi.org/10.1787/agr-pcse-data-fr.

Tableau 19.1. Corée : Estimations du soutien à l'agriculture

Millions USD

	1986-88	2000-02	2019-21	2019	2020	2021p
Valeur totale de la production (en sortie de l'exploitation)	16 985	26 360	43 220	42 721	42 483	44 455
dont : part des produits SPM (%)	74.33	63.27	63.72	60.63	60.39	70.15
Valeur totale de la consommation (en sortie d'exploitation)	17 247	33 199	59 151	60 087	58 537	58 830
Estimation du soutien aux producteurs (ESP)	10 682	14 461	21 653	19 945	21 810	23 205
Soutien au titre de la production des produits de base	10 562	13 500	18 953	18 100	18 773	19 986
Soutien des prix du marché[1]	10 562	13 500	18 953	18 100	18 773	19 986
Soutien positif des prix du marché	10 562	13 500	18 953	18 100	18 773	19 986
Soutien négatif des prix du marché	0	0	0	0	0	0
Paiements au titre de la production	0	0	0	0	0	0
Paiements au titre de l'utilisation d'intrants	90	470	556	571	556	542
Utilisation d'intrants variables	29	207	267	193	298	309
avec contraintes sur les intrants	4	34	44	44	46	41
Formation de capital fixe	57	246	162	198	144	144
avec contraintes sur les intrants	0	18	41	37	41	44
Services utilisés sur l'exploitation	4	17	128	180	114	89
avec contraintes sur les intrants	0	0	0	0	0	0
Paiements au titre des S/Na/Rec/Rev courants, production requise	29	490	495	540	481	464
Au titre des Recettes / du Revenu	29	292	80	78	78	83
Au titre de la Superficie cultivée / du Nombre d'animaux	0	198	415	462	403	381
avec contraintes sur les intrants	0	160	12	37	0	0
Paiements au titre des S/Na/Rec/Rev non courants, production requise	0	0	0	0	0	0
Paiements au titre des S/Na/Rec/Rev non courants, production facultative	0	0	1 598	733	1 999	2 063
Avec taux de paiement variables	0	0	0	0	0	0
avec exceptions sur les produits	0	0	0	0	0	0
Avec taux de paiement fixes	0	0	1 598	733	1 999	2 063
avec exceptions sur les produits	0	0	0	0	0	0
Paiements sur critères non liés à des produits de base	0	1	0	0	0	0
Retrait de ressources à long terme	0	1	0	0	0	0
Production de produits particuliers autres que produits de base	0	0	0	0	0	0
Autres critères non liés à des produits de base	0	0	0	0	0	0
Paiements divers	0	0	50	0	0	150
ESP en pourcentage (%)	62.26	52.65	47.15	44.75	47.91	48.67
CNP des producteurs (coeff.)	2.50	1.97	1.71	1.66	1.73	1.75
CNS aux producteurs (coeff.)	2.65	2.11	1.89	1.81	1.92	1.95
Estimation du soutien aux services d'intérêt général (ESSG)	1 066	2 676	3 606	4 001	3 245	3 571
Système de connaissances et d'innovation agricoles	67	243	875	869	852	904
Services d'inspection et de contrôle	26	126	341	316	349	356
Développement et entretien des infrastructures	467	1 811	1 969	2 314	1 704	1 889
Commercialisation et promotion	0	26	39	37	38	42
Coût du stockage public	505	471	383	465	302	381
Divers	0	0	0	0	0	0
ESSG en pourcentage (% de l'EST)	8.92	15.63	14.26	16.69	12.94	13.32
Estimation du soutien aux consommateurs (ESC)	-10 147	-15 369	-24 277	-24 275	-24 085	-24 471
Transferts des consommateurs aux producteurs	-10 015	-12 809	-17 623	-16 971	-17 252	-18 647
Autres transferts des consommateurs	-205	-2 653	-6 689	-7 339	-6 863	-5 866
Transferts des contribuables aux consommateurs	73	93	36	35	30	41
Surcoût de l'alimentation animale	0	0	0	0	0	0
ESC en pourcentage (%)	-58.95	-46.06	-41.06	-40.42	-41.17	-41.63
CNP des consommateurs (coeff.)	2.45	1.86	1.70	1.68	1.70	1.71
CNS aux consommateurs (coeff.)	2.44	1.85	1.70	1.68	1.70	1.71
Estimation du soutien total (EST)	11 821	17 230	25 295	23 981	25 085	26 817
Transferts des consommateurs	10 220	15 462	24 312	24 310	24 115	24 512
Transferts des contribuables	1 805	4 421	7 671	7 010	7 833	8 171
Recettes budgétaires	-205	-2 653	-6 689	-7 339	-6 863	-5 866
EST en pourcentage (% du PIB)	7.64	2.93	1.49	1.45	1.53	1.50
Estimation du soutien budgétaire total (ESBT)	1 258	3 731	6 341	5 881	6 312	6 831
ESBT en pourcentage (% du PIB)	0.81	0.64	0.37	0.36	0.39	0.38
Déflateur du PIB (1986-88=100)	100	209	296	292	296	301
Taux de change (monnaie nationale par USD)	812.03	1 224.03	1 163.29	1 165.29	1 180.13	1 144.46

Note : p : provisoire. CNP : Coefficient nominal de protection. CNS : Coefficient nominal de soutien.
S/Na/Rec/Rev : Superficie cultivée/Nombre d'animaux/Recettes/Revenu.
1. Le soutien des prix du marché (SPM) s'entend net de prélèvements aux producteurs et de surcoût de l'alimentation animale. Les produits SPM pour la Corée sont : l'orge, l'ail, le chou chinois, le piment, le riz, le soja, le lait, la viande bovine et porcine, la volaille et les oeufs.
Source : OCDE (2022), « Estimations du soutien aux producteurs et aux consommateurs », *Statistiques agricoles de l'OCDE* (base de données).
http://dx.doi.org/10.1787/agr-pcse-data-fr

20 Mexique

Soutien à l'agriculture

Au Mexique, l'estimation du soutien aux producteurs (ESP) équivalait à 9 % des recettes agricoles brutes en 2019-21, soit environ la moitié de la moyenne des pays de l'OCDE. Le soutien des prix de marché (SPM) au moyen d'une régulation des prix et de mesures aux frontières représentait environ la moitié des transferts totaux aux producteurs. Le SPM ainsi que les paiements au titre de la production et de l'utilisation sans contraintes d'intrants variables, qui correspondent aux dispositifs les plus susceptibles de fausser la production et les échanges, constituent 62 % du soutien aux producteurs. Si la libéralisation des échanges et la réforme de la politique agricole intérieure qui ont eu lieu dans les années 90 ont fait reculer ces formes de soutien, le SPM a regagné du terrain après 2016.

Les paiements au titre des intrants visent principalement la consommation d'électricité. Les paiements directs au titre des superficies et les aides au boisement et à l'agroforesterie représentent également une part importante du soutien, correspondant à 22 % des transferts budgétaires aux producteurs.

Les dépenses au titre des services d'intérêt général (ESSG) représentaient un peu moins de 1 % de la production agricole en valeur et 9 % de l'estimation du soutien total à l'agriculture (EST), ce qui est inférieur à la moyenne des pays de l'OCDE dans les deux cas. Ces dépenses sont en majeure partie consacrées à l'innovation agricole, aux services de vulgarisation et à la formation (à hauteur de 65 %, destinés essentiellement à des instituts techniques et à des établissements d'enseignement), de même qu'aux activités d'inspection et de contrôle (12 %). Le soutien total à l'agriculture au Mexique représentait 0.6 % du PIB en 2019-21, un chiffre proche de la moyenne des pays de l'OCDE. Cette somme est supportée à hauteur d'un tiers environ par les consommateurs, via l'augmentation des prix, tandis que le reste est financé par les contribuables.

Évolutions récentes de l'action publique

Le programme national des engrais, qui aide directement les agriculteurs à faire face aux imperfections du marché des intrants, a enregistré une croissance de 160 % entre 2021 et 2022, et s'est adressé à des bénéficiaires des États de Chaipas, Guerrero, Morelos, Puebla et Tlaxcala, qui font partie des plus pauvres du pays. En 2020, les pouvoirs publics ont cessé de financer le programme de soutien aux éleveurs sous la forme de prêts en nature, qui avait été instauré par le nouveau gouvernement en 2019.

Le Mexique a entrepris d'abandonner progressivement l'utilisation du glyphosate et du maïs génétiquement modifié destiné à l'alimentation humaine, d'une part, et présenté une stratégie visant à faire reculer l'agriculture sur brûlis, d'autre part. En 2022, le gouvernement mexicain a cartographié les sols offrant des possibilités de séquestration du carbone et lancé la Stratégie nationale des sols au service d'une agriculture durable, qui vise la conservation et la remise en état des sols, ainsi que la promotion de leur gestion durable. En décembre 2021, le Mexique s'est doté de nouvelles règles de certification biologiques visant les importations de produits biologiques bruts et transformés.

Les modifications institutionnelles apportées au ministère de l'Agriculture (SADER) ont été officialisées en mai 2021. Le SADER est désormais constitué d'un sous-secrétariat dédié à l'autosuffisance alimentaire, d'un service administratif et financier et de huit services de coordination générale.

Évaluation et recommandations

- Dans le cadre de sa contribution prévue déterminée au niveau national (CDN), le Mexique s'engage à réduire, sans condition, ses émissions de gaz à effet de serre (GES) de 22 % et ses émissions de carbone suie de 51 % par rapport aux niveaux du scénario de référence d'ici à 2030. Ces objectifs concernent l'ensemble des secteurs. Dans le secteur agricole, qui est assorti d'un objectif d'émissions de -8 % par rapport au scénario de référence, les mesures prises dans le cadre de la CDN doivent être généralisées. Par exemple, le soutien et les fonds consacrés à l'utilisation accrue de biodigesteurs dans les exploitations d'élevage ainsi que la préservation et la remise en état des pâturages sont limités, voire inexistants dans certaines régions, et pourraient donc être revus à la hausse.

- Bien que le Mexique apporte un soutien relativement faible à l'agriculture, la plupart des dispositifs utilisés figurent parmi les formes de soutien susceptibles de générer des distorsions, à l'image du SPM et des paiements au titre de la production ou de l'utilisation sans contraintes d'intrants variables, qui ont représenté à eux deux 6 % des recettes agricoles brutes en 2019-21. Malgré les réformes engagées dans les années 90 et 2000 pour réduire ces formes de soutien, ces dernières ont regagné du terrain après 2016. Le Mexique devrait envisager d'abandonner progressivement la réglementation des prix de la canne à sucre et les paiements au titre de la consommation d'électricité, et poursuivre ses efforts de réorientation des paiements vers des dispositifs ciblant les petits exploitants souffrant de la pauvreté.

- Le Mexique a pris d'excellentes mesures pour réorienter les paiements vers des dispositifs ciblant les personnes dans le besoin et la prestation de biens publics. Depuis 2020, les paiements au titre de la superficie (programme « Production pour le bien-être ») ciblent les producteurs exploitant moins de 20 hectares et ceux installés dans les communautés autochtones marginalisées des États du sud-est du pays. Le programme « Semer la vie », mis en œuvre en 2019, soutient les projets agroforestiers menés par les petits exploitants (avec 2.5 hectares de terres disponibles) des municipalités pauvres. Le programme national des engrais, qui a été étendu, cible les agriculteurs pauvres installés dans des régions à la marge.

- Malgré ces efforts, les programmes devront être améliorés de manière à atteindre les objectifs fixés. Les responsables du programme « Semer la vie » doivent veiller à ne pas inciter les agriculteurs à déboiser leurs parcelles pour pouvoir intégrer le dispositif. Dans ce contexte, des subventions pourraient être mises en place pour la réalisation de services environnementaux, de manière à favoriser la protection des forêts. Le programme national des engrais devrait cibler uniquement les imperfections du marché qui empêchent les agriculteurs pauvres d'accéder aux engrais, aux intrants ou au crédit.

- La plupart des programmes stratégiques lancés par le gouvernement actuel en 2019 (prêts en nature aux éleveurs, prix minimums garantis pour les petits producteurs et transferts pour l'utilisation d'engrais) visent les agriculteurs pauvres. Pour une meilleure mise en œuvre, ces programmes devraient tenir compte des caractéristiques des sols et de leurs besoins en éléments nutritifs au moment de la distribution des engrais. De plus, ces programmes pourraient gagner en efficience à condition de mettre au point un système de zonage permettant de décider de l'affectation des terres en fonction de critères agroclimatiques et de la fertilité des sols.

- La transition vers des dispositifs qui encouragent l'agrobiodiversité grâce à l'utilisation des ressources génétiques végétales locales (l'un des principaux services écosystémiques fournis par les petits agriculteurs dans les régions pauvres) pourrait s'avérer plus rentable pour aider les agriculteurs pauvres et améliorer la résilience des systèmes agricoles et la diversité génétique des plantes. Plus généralement, des paiements subordonnés à la mise en œuvre de pratiques agricoles durables pourraient réduire l'impact du secteur sur l'environnement. Il pourrait également s'avérer utile d'appuyer les associations de producteurs et l'accès des petits exploitants pauvres aux marchés d'intrants et de produits pour surmonter les obstacles liés à la taille d'exploitation.

- Les investissements dans les services d'intérêt général, principalement dirigés vers les infrastructures, ont reculé pour s'établir à moins de 1 % de la production agricole en valeur. Ces investissements sont essentiels pour améliorer les résultats du secteur et créer un environnement propice. Le secteur bénéficierait en particulier d'investissements plus conséquents dans les services de vulgarisation et d'assistance technique, les systèmes d'information sur les prix et les conditions météorologiques, l'amélioration des connaissances agricoles, les systèmes d'information et la recherche-développement (R-D) agricole.

Graphique 20.1. Mexique : Évolution du soutien à l'agriculture

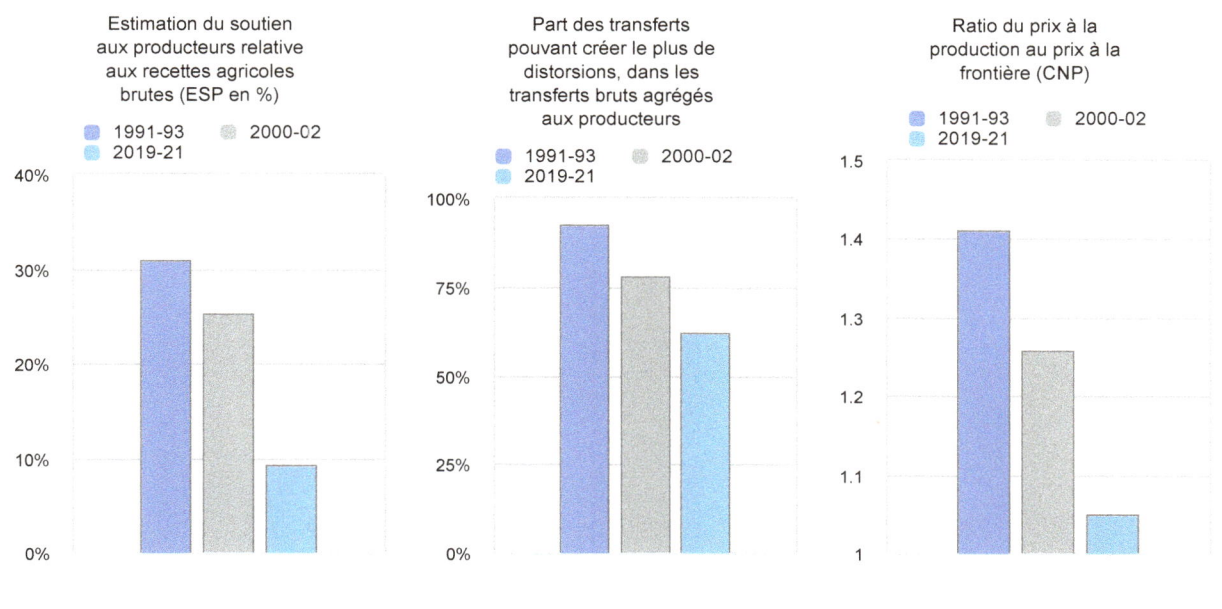

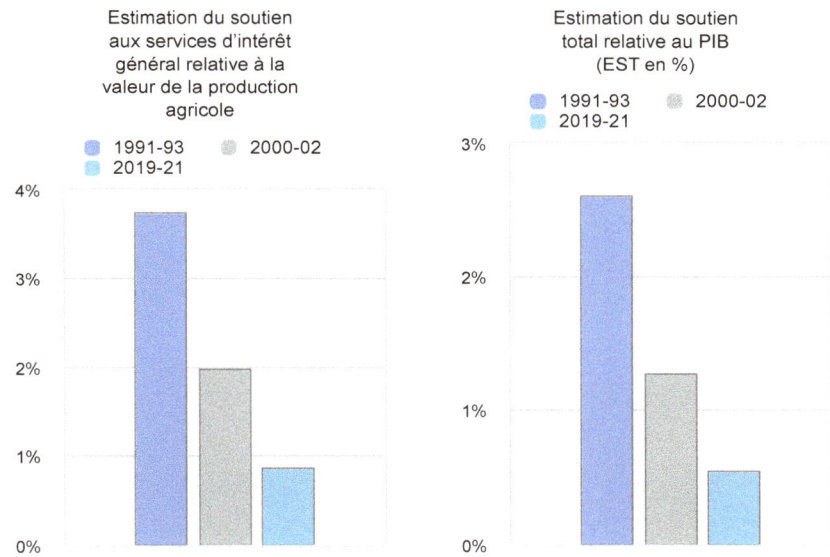

Source : OCDE (2022), « Estimations du soutien aux producteurs et aux consommateurs », Statistiques agricoles de l'OCDE (base de données), http://dx.doi.org/10.1787/agr-pcse-data-fr.

Graphique 20.2. Mexique : Moteurs du changement de l'ESP, 2020 à 2021

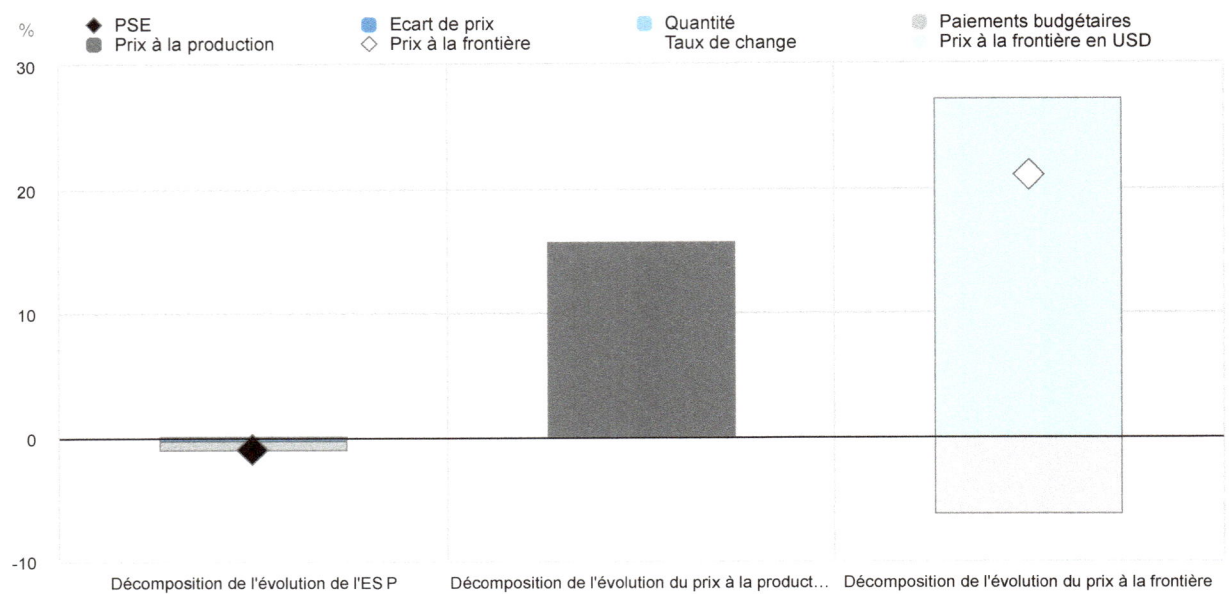

Source : OCDE (2022), « Estimations du soutien aux producteurs et aux consommateurs », Statistiques agricoles de l'OCDE (base de données), http://dx.doi.org/10.1787/agr-pcse-data-fr.

Graphique 20.3. Mexique : Transferts au titre d'un produit, en pourcentage des recettes agricoles brutes par produit, 2019-21

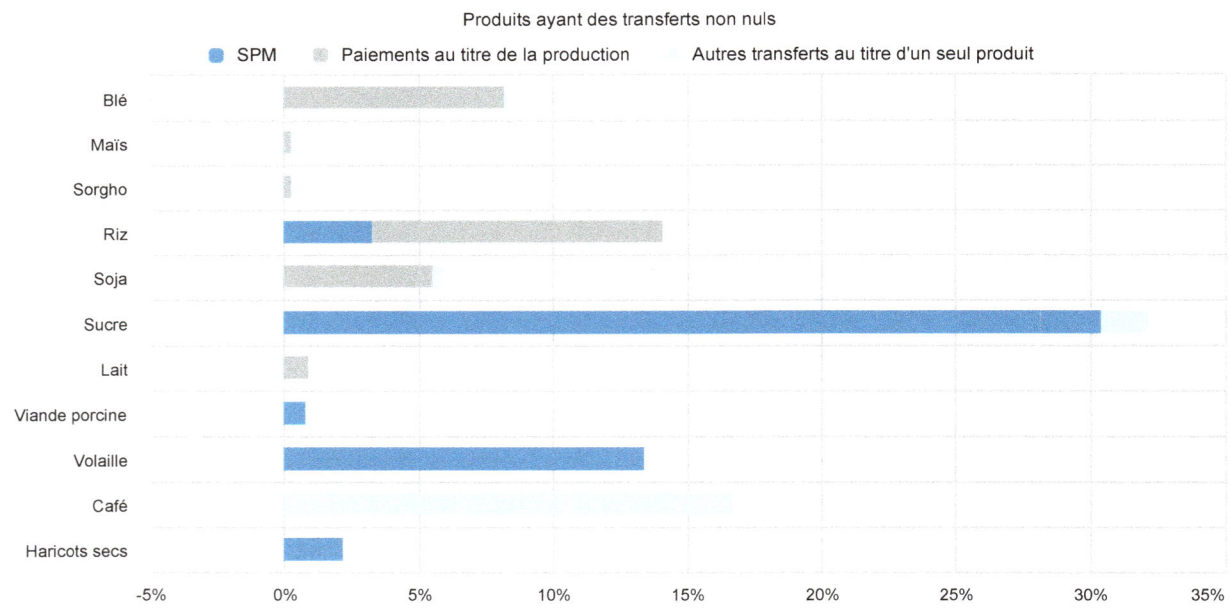

Source : OCDE (2022), « Estimations du soutien aux producteurs et aux consommateurs », Statistiques agricoles de l'OCDE (base de données), http://dx.doi.org/10.1787/agr-pcse-data-fr.

Tableau 20.1. Mexique : Estimations du soutien à l'agriculture

Millions USD

	1991-93	2000-02	2019-21	2019	2020	2021p
Valeur totale de la production (en sortie de l'exploitation)	28 112	31 345	61 901	60 291	55 967	69 445
dont : part des produits SPM (%)	68.31	66.28	61.46	60.96	62.39	61.04
Valeur totale de la consommation (en sortie d'exploitation)	28 196	34 362	64 151	71 442	69 439	51 573
Estimation du soutien aux producteurs (ESP)	9 144	8 539	5 953	6 421	5 587	5 852
Soutien au titre de la production des produits de base	7 698	6 282	3 227	3 610	2 990	3 082
Soutien des prix du marché[1]	7 646	5 967	3 081	3 368	2 861	3 014
Soutien positif des prix du marché	7 693	5 999	3 081	3 368	2 861	3 014
Soutien négatif des prix du marché	-47	-32	0	0	0	0
Paiements au titre de la production	52	315	146	242	129	68
Paiements au titre de l'utilisation d'intrants	1 443	953	978	1 391	766	775
Utilisation d'intrants variables	746	349	473	544	413	462
avec contraintes sur les intrants	0	0	1	3	0	0
Formation de capital fixe	545	362	341	636	213	173
avec contraintes sur les intrants	0	4	57	122	23	28
Services utilisés sur l'exploitation	152	241	164	211	139	140
avec contraintes sur les intrants	0	0	0	0	0	0
Paiements au titre des S/Na/Rec/Rev courants, production requise	3	137	27	81	0	0
Au titre des Recettes / du Revenu	0	59	0	0	0	0
Au titre de la Superficie cultivée / du Nombre d'animaux	3	78	27	81	0	0
avec contraintes sur les intrants	0	0	1	3	0	0
Paiements au titre des S/Na/Rec/Rev non courants, production requise	0	0	547	577	499	564
Paiements au titre des S/Na/Rec/Rev non courants, production facultative	0	1 167	0	0	0	0
Avec taux de paiement variables	0	0	0	0	0	0
avec exceptions sur les produits	0	0	0	0	0	0
Avec taux de paiement fixes	0	1 167	0	0	0	0
avec exceptions sur les produits	0	0	0	0	0	0
Paiements sur critères non liés à des produits de base	0	0	1 175	762	1 332	1 431
Retrait de ressources à long terme	0	0	1 175	762	1 332	1 431
Production de produits particuliers autres que produits de base	0	0	0	0	0	0
Autres critères non liés à des produits de base	0	0	0	0	0	0
Paiements divers	0	0	0	0	0	0
ESP en pourcentage (%)	30.91	25.22	9.18	10.14	9.52	8.10
CNP des producteurs (coeff.)	1.41	1.26	1.05	1.06	1.06	1.03
CNS aux producteurs (coeff.)	1.45	1.34	1.10	1.11	1.11	1.09
Estimation du soutien aux services d'intérêt général (ESSG)	1 048	621	537	485	548	579
Système de connaissances et d'innovation agricoles	288	304	348	355	331	358
Services d'inspection et de contrôle	0	102	63	80	60	50
Développement et entretien des infrastructures	284	112	124	46	157	171
Commercialisation et promotion	83	103	2	5	0	0
Coût du stockage public	392	0	0	0	0	0
Divers	0	0	0	0	0	0
ESSG en pourcentage (% de l'EST)	9.49	6.52	8.07	6.75	8.71	8.77
Estimation du soutien aux consommateurs (ESC)	-7 013	-5 520	-1 914	-2 128	-2 306	-1 308
Transferts des consommateurs aux producteurs	-7 668	-5 893	-2 113	-2 404	-2 464	-1 472
Autres transferts des consommateurs	-396	-124	-1	0	0	-4
Transferts des contribuables aux consommateurs	852	348	200	275	158	168
Surcoût de l'alimentation animale	199	149	0	0	0	0
ESC en pourcentage (%)	-25.65	-16.27	-3.00	-2.99	-3.33	-2.54
CNP des consommateurs (coeff.)	1.40	1.21	1.03	1.03	1.04	1.03
CNS aux consommateurs (coeff.)	1.35	1.19	1.03	1.03	1.03	1.03
Estimation du soutien total (EST)	11 044	9 508	6 691	7 181	6 293	6 598
Transferts des consommateurs	8 064	6 017	2 115	2 404	2 464	1 475
Transferts des contribuables	3 376	3 616	4 577	4 777	3 829	5 126
Recettes budgétaires	-396	-124	-1	0	0	-4
EST en pourcentage (% du PIB)	2.60	1.28	0.55	0.56	0.58	0.51
Estimation du soutien budgétaire total (ESBT)	3 398	3 541	3 610	3 813	3 432	3 585
ESBT en pourcentage (% du PIB)	0.80	0.48	0.30	0.30	0.31	0.28
Déflateur du PIB (1991-93=100)	100	396	994	956	983	1 044
Taux de change (monnaie nationale par USD)	3.08	9.49	20.28	19.22	21.40	20.22

Note : p : provisoire. CNP : Coefficient nominal de protection. CNS : Coefficient nominal de soutien.

S/Na/Rec/Rev : Superficie cultivée/Nombre d'animaux/Recettes/Revenu.

1. Le soutien des prix du marché (SPM) s'entend net de prélèvements aux producteurs et de surcoût de l'alimentation animale. Les produits SPM pour le Mexique sont : le blé, le maïs, l'orge, le sorgho, le café, les haricots secs, les tomates, le riz, le soja, le sucre, le lait, la viande bovine et porcine, la volaille et les oeufs.

Source : OCDE (2022), « Estimations du soutien aux producteurs et aux consommateurs », *Statistiques agricoles de l'OCDE* (base de données). http://dx.doi.org/10.1787/agr-pcse-data-fr

21 Nouvelle-Zélande

Soutien à l'agriculture

Depuis que la Nouvelle-Zélande a réformé sa politique agricole au milieu des années 80, les mesures susceptibles de fausser la production et les échanges ont pratiquement disparu et le niveau du soutien aux producteurs agricoles est le plus bas de la zone OCDE. Durant la décennie écoulée, le soutien est toujours resté inférieur à 1 % des recettes agricoles, la moyenne de la période 2019-21 s'établissant à 0.8 %. Presque tous les prix sont alignés sur les cours mondiaux. Les exceptions concernent la volaille fraîche et les œufs de consommation, ainsi que certains produits apicoles, qui ne peuvent pas être importés en Nouvelle-Zélande. Ces produits font en effet partie de ceux considérés comme présentant un risque de biosécurité mais ne disposent pas d'une norme sanitaire à l'importation (*Import Health Standard – IHS*), obligatoire dans de tels cas. Ces restrictions conduisent à un certain soutien des prix du marché (la seule forme de soutien visant des produits particuliers en Nouvelle-Zélande), qui se monte, respectivement, à 15 % et 39 % des recettes agricoles brutes de ces produits en 2019-21 et représente la majeure partie du faible niveau de soutien aux producteurs néo-zélandais. Un soutien aux services utilisés sur l'exploitation, principalement lié à la santé animale et aux catastrophes naturelles, fournit un appui supplémentaire mineur aux agriculteurs.

La politique agricole de la Nouvelle-Zélande se concentre sur la lutte contre les maladies du bétail, l'aide financière en cas de catastrophes naturelles et le système de connaissances et d'information agricoles. Le pays soutient aussi les investissements des collectivités dans les réseaux d'irrigation extérieurs aux exploitations. Ces dernières décennies, la part de la superficie agricole irriguée a considérablement augmenté.

Le soutien aux services d'intérêt général (ESSG) a tout juste dépassé 2 % de la valeur de la production agricole durant la période 2019-21, ce qui est bien inférieur à la moyenne OCDE. Durant une grande partie des deux dernières décennies, plus de 70 % du soutien total est allé aux services d'intérêt général, la part restante bénéficiant aux producteurs pris individuellement. Le soutien total au secteur a représenté en moyenne 0.3 % du PIB du pays en 2019-21, soit approximativement la moitié de la part observée sur l'ensemble des pays de l'OCDE.

Évolutions récentes de l'action publique

Les évolutions récentes de l'action publique en Nouvelle-Zélande ont porté sur la résilience face aux événements perturbateurs, ainsi que les outils à employer et les règles à suivre pour améliorer la durabilité des exploitations.

Du côté des événements pertubateurs, le pays a notamment souffert d'une sécheresse dans un grand nombre de ses régions de l'été 2020 à l'automne 2021, ainsi que d'inondations dans la région de Canterbury en mai 2021. Outre les 1.07 million NZD accordés dans le cadre des coopératives rurales de soutien (*Rural Support Trusts*), l'État a débloqué, respectivement, 2.8 millions NZD et 500 000 NZD sous forme de subventions pour aider les producteurs primaires ainsi que leurs familles et leurs employés à surmonter ces obstacles. Des paiements au titre de l'aide rurale (*Rural Assistance Payments*) ont également été accordés aux agriculteurs en difficulté pour leur permettre de couvrir leurs frais de subsistance.

Les pouvoirs publics travaillent à l'élaboration d'un Cadre de planification intégrée des exploitations (*Integrated Farm Planning Framework*), pour permettre aux agriculteurs et aux cultivateurs d'intégrer les exigences réglementaires dans la planification de leur exploitation. Le guide intitulé « Bonnes pratiques en matière de planification agricole : vers une planification intégrée des exploitations » (*Good Farm Planning Principles: Towards Integrated Farm Planning*), publié en juin 2021, donne des conseils relatifs à la gestion de la biosécurité, au bien-être animal, aux gaz à effet de serre (GES), à l'eau douce et à la dimension sociale des activités agricoles. Il vient compléter une enveloppe de 37 millions NZD investie sur la période 2021-24 pour doter les conseillers ruraux des compétences, données et outils d'information nécessaires dans ce domaine.

Les pouvoirs publics et les parties prenantes du secteur ont uni leurs efforts pour mettre à la disposition du public un module de planification agricole sur le pâturage intensif en période hivernale, qui propose des mesures concrètes à mettre en œuvre pour atténuer les effets du pâturage hivernal sur les ressources en eau douce.

Dans le cadre du programme pour une utilisation des terres productive et durable (*Productive and Sustainable Land Use* – PSLU), le ministère des Industries primaires a financé plusieurs projets ayant pour objectif de renforcer les liens entre les agriculteurs et d'autres parties prenantes, telles que les groupes sectoriels, les conseils régionaux et les fournisseurs de connaissances scientifiques.

Fin 2021, le Partenariat pour l'action climatique dans le secteur primaire (*Primary Sector Climate Action Partnership* – He Waka Eke Noa) a publié un projet de document présentant trois dispositifs de tarification des émissions agricoles : un système de prélèvement au niveau des exploitations, un système hybride de prélèvement visant les entreprises de transformation et le système néo-zélandais de quotas d'émission (*New Zealand Emissions Trading Scheme* – NZ ETS) comme option alternative par défaut. Après concertation avec les cultivateurs et les agriculteurs, il a été demandé au Partenariat et à la Commission indépendante sur le changement climatique (*Climate Change Commission*) de soumettre aux ministres des recommandations sur les différents systèmes de tarification des émissions au mois d'avril 2022.

Suite aux préoccupations relatives au bien-être animal et aux souffrances engendrées par le transport par bateau, le gouvernement a annoncé en avril 2021 l'interdiction, normalement à partir du 30 avril 2023, des exportations d'animaux d'élevage par voie maritime.

En octobre 2021, la Nouvelle-Zélande et le Royaume-Uni ont annoncé être convenues des principaux objectifs et paramètres d'un futur accord de libre-échange. Parmi ces éléments figurent les débouchés commerciaux pour les produits agricoles et la coopération entourant les échanges de biens autochtones.

Évaluation et recommandations

- Près de la moitié des émissions de GES de la Nouvelle-Zélande proviennent du secteur agricole. Le pays devra donc impérativement réduire ses émissions agricoles pour atteindre ses objectifs d'atténuation. L'adoption de la loi sur la neutralité carbone en 2019 et la proposition d'une tarification des émissions imputables à l'élevage et à l'utilisation d'engrais à partir de 2025 ont fait de la Nouvelle-Zélande l'un des premiers pays à inscrire ses engagements climatiques dans une loi et à y spécifier des objectifs de réduction des émissions agricoles, notamment des objectifs de réduction des émissions de méthane d'origine biologique à moyen et long terme. L'intégration totale des émissions agricoles dans le système néo-zélandais d'échange de quotas d'émission ou la mise en place d'un système de tarification équivalent, comme actuellement prévu, pourrait constituer une incitation efficace en faveur de la réduction des émissions du secteur.

- La participation à des activités de recherche dans le domaine climatique au niveau national et international complète les incitations économiques prévues aux fins de réduction des émissions. Étant donné l'importance des filières bovine et laitière en ce qui concerne les émissions nationales, les investissement se concentrent, à raison, sur l'atténuation des émissions de méthane.

- Le secteur agricole ouvert de la Nouvelle-Zélande est axé sur les marchés étrangers et les échanges internationaux. Cette orientation vers l'exportation, qui apparaît clairement dans le faible niveau de soutien aux producteurs, est facilitée par le grand nombre d'accords de libre-échange conclus par la Nouvelle-Zélande.

- Les normes sanitaires à l'importation sont essentielles pour assurer la biosécurité du pays à l'égard des produits importés. Ces normes sont obligatoires pour permettre l'importation de tout produit présentant un risque de biosécurité, or elles n'existent pas pour certains produits de l'élevage (dont les œufs, la viande de volaille fraîche et le miel), bloquant de fait leur importation. Les produits en question ne représentent qu'une petite partie de la production agricole néo-zélandaise, mais l'impossibilité de les importer prive les consommateurs de prix plus bas et d'un plus large choix. L'établissement des IHS manquantes bénéficierait aux consommateurs tout en assurant le niveau de biosécurité requis.

- Les exportations de kiwis vers les marchés autres que l'Australie par des entités autres que Zespri, la principale entreprise, nécessitent toujours l'autorisation de l'organe de réglementation Kiwifruit New Zealand. La Nouvelle-Zélande devrait s'attacher à modifier ces restrictions, car elles compliquent la tâche des autres entreprises désireuses d'exporter des kiwis et limitent donc la concurrence ainsi que l'efficience de cette activité commerciale.

- Le programme d'action de la Nouvelle-Zélande se concentre sur les principaux services d'intérêt général. Outre la lutte contre les organismes nuisibles et les maladies, d'importants investissements vont au système de connaissances et d'innovation agricoles du pays. Cela devrait contribuer à renforcer la croissance de la productivité du secteur, dont le niveau était relativement faible ces dernières années. Les dépenses publiques dans les services d'intérêt général s'accompagnent souvent d'une obligation de financement complémentaire par des investisseurs privés. Cela peut concourir à une allocation efficace de ces investissements et assurer que ceux qui profitent des services contribuent à leur fourniture.

- Les données disponibles indiquent que le secteur agricole néo-zélandais, du fait du poids de son secteur de l'élevage et d'une utilisation accrue d'engrais, enregistre des excédents importants d'éléments nutritifs – excédents qui, dans le cas de l'azote, vont même croissant –, ce qui n'est pas sans risque pour la qualité des sols, des eaux et de l'air. Les règlements sur la gestion des ressources (*Resource Management Regulations*) de 2020 ont pour but de limiter la pollution des écosystèmes d'eau douce par l'agriculture et sont susceptibles de réduire ces pressions, mais davantage d'attention dans ce domaine pourrait être bénéfique.

243

Graphique 21.1. Nouvelle-Zélande : Évolution du soutien à l'agriculture

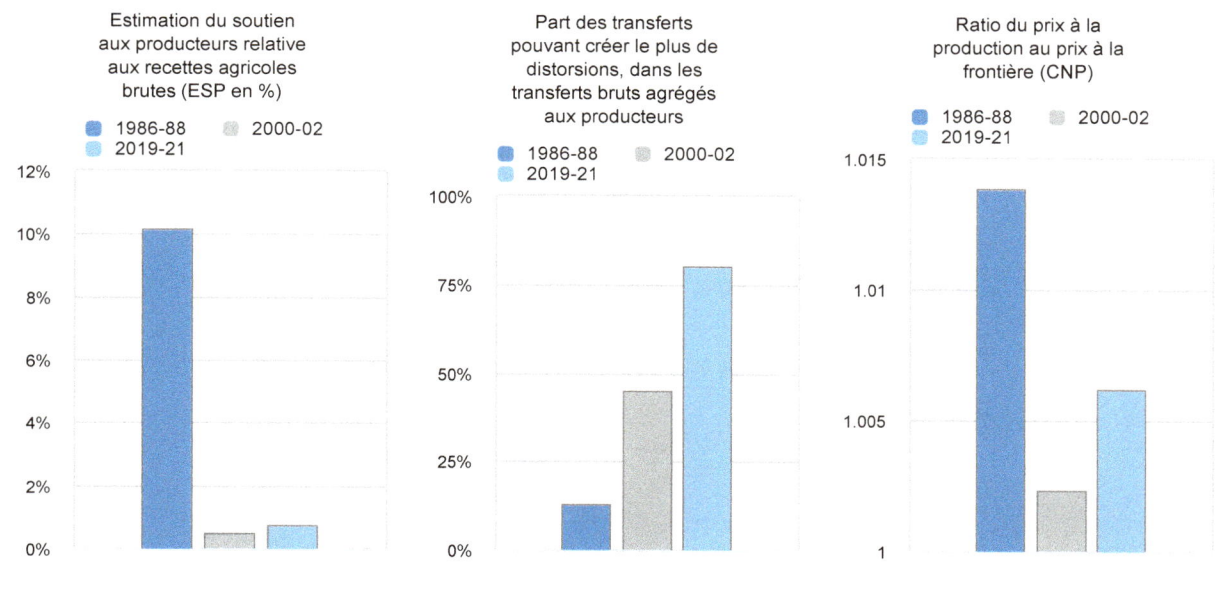

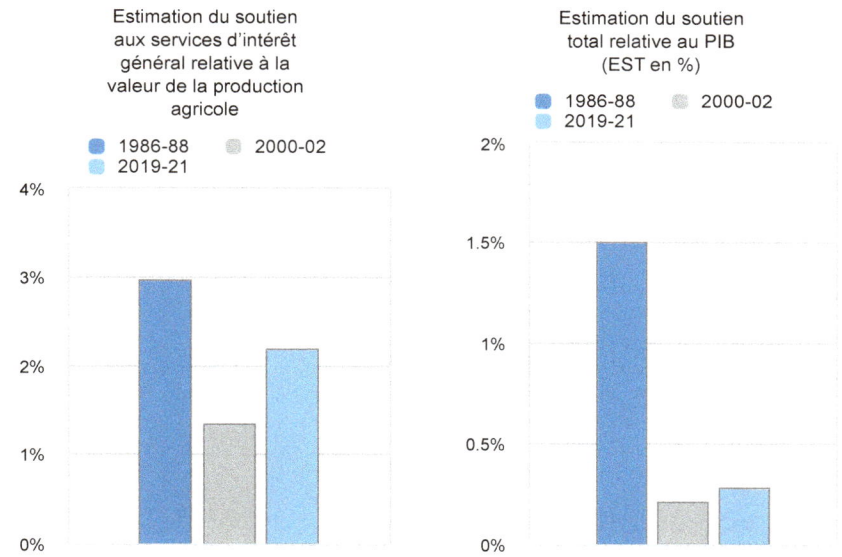

Source : OCDE (2022), « Estimations du soutien aux producteurs et aux consommateurs », Statistiques agricoles de l'OCDE (base de données), http://dx.doi.org/10.1787/agr-pcse-data-fr.

Graphique 21.2. Nouvelle-Zélande : Moteurs du changement de l'ESP, 2020 à 2021

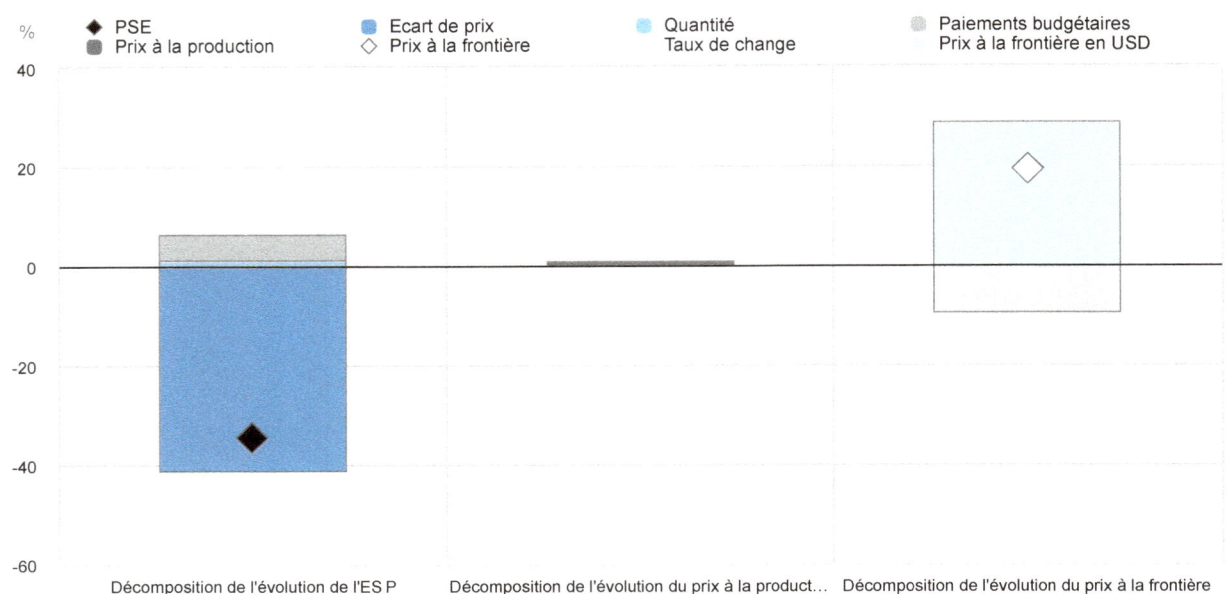

Source : OCDE (2022), « Estimations du soutien aux producteurs et aux consommateurs », Statistiques agricoles de l'OCDE (base de données), http://dx.doi.org/10.1787/agr-pcse-data-fr.

Graphique 21.3. Nouvelle-Zélande : Transferts au titre d'un produit, en pourcentage des recettes agricoles brutes par produit, 2019-21

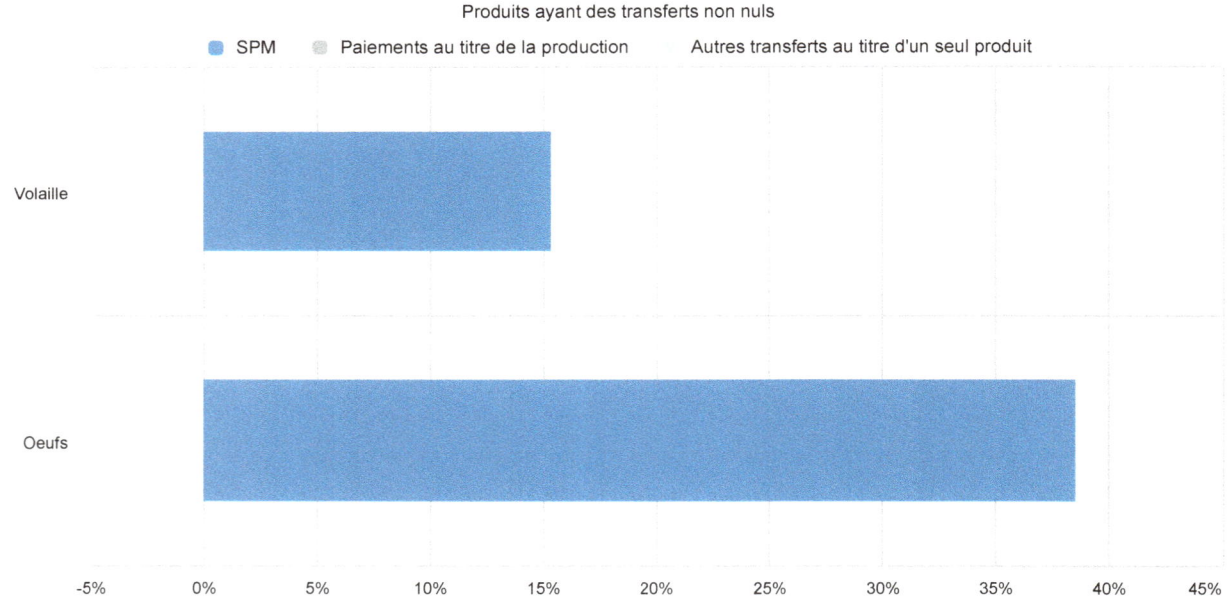

Source : OCDE (2022), « Estimations du soutien aux producteurs et aux consommateurs », Statistiques agricoles de l'OCDE (base de données), http://dx.doi.org/10.1787/agr-pcse-data-fr.

Tableau 21.1. Nouvelle-Zélande : Estimations du soutien à l'agriculture

Millions USD

	1986-88	2000-02	2019-21	2019	2020	2021p
Valeur totale de la production (en sortie de l'exploitation)	4 067	6 371	20 723	19 761	20 299	22 108
dont : part des produits SPM (%)	72.09	73.07	74.83	74.52	74.88	75.08
Valeur totale de la consommation (en sortie d'exploitation)	1 624	2 626	10 169	10 065	9 789	10 654
Estimation du soutien aux producteurs (ESP)	424	33	158	134	199	142
Soutien au titre de la production des produits de base	54	15	127	114	168	97
Soutien des prix du marché[1]	53	15	127	114	168	97
Soutien positif des prix du marché	53	15	127	114	168	97
Soutien négatif des prix du marché	0	0	0	0	0	0
Paiements au titre de la production	1	0	0	0	0	0
Paiements au titre de l'utilisation d'intrants	179	17	29	19	29	39
Utilisation d'intrants variables	2	0	0	0	0	0
avec contraintes sur les intrants	0	0	0	0	0	0
Formation de capital fixe	154	0	0	0	0	0
avec contraintes sur les intrants	0	0	0	0	0	0
Services utilisés sur l'exploitation	23	17	29	19	29	39
avec contraintes sur les intrants	0	0	0	0	0	0
Paiements au titre des S/Na/Rec/Rev courants, production requise	26	1	2	0	1	6
Au titre des Recettes / du Revenu	26	1	2	0	1	6
Au titre de la Superficie cultivée / du Nombre d'animaux	0	0	0	0	0	0
avec contraintes sur les intrants	0	0	0	0	0	0
Paiements au titre des S/Na/Rec/Rev non courants, production requise	165	0	0	0	0	0
Paiements au titre des S/Na/Rec/Rev non courants, production facultative	0	0	0	0	0	0
Avec taux de paiement variables	0	0	0	0	0	0
avec exceptions sur les produits	0	0	0	0	0	0
Avec taux de paiement fixes	0	0	0	0	0	0
avec exceptions sur les produits	0	0	0	0	0	0
Paiements sur critères non liés à des produits de base	0	0	0	0	0	0
Retrait de ressources à long terme	0	0	0	0	0	0
Production de produits particuliers autres que produits de base	0	0	0	0	0	0
Autres critères non liés à des produits de base	0	0	0	0	0	0
Paiements divers	0	0	0	0	0	0
ESP en pourcentage (%)	10.16	0.52	0.77	0.68	0.98	0.64
CNP des producteurs (coeff.)	1.01	1.00	1.01	1.01	1.01	1.00
CNS aux producteurs (coeff.)	1.11	1.01	1.01	1.01	1.01	1.01
Estimation du soutien aux services d'intérêt général (ESSG)	119	85	454	483	404	476
Système de connaissances et d'innovation agricoles	60	46	229	244	192	251
Services d'inspection et de contrôle	31	28	200	211	187	201
Développement et entretien des infrastructures	27	11	25	27	24	25
Commercialisation et promotion	0	0	0	0	0	0
Coût du stockage public	0	0	0	0	0	0
Divers	0	0	0	0	0	0
ESSG en pourcentage (% de l'EST)	20.97	71.98	72.45	78.33	64.92	74.34
Estimation du soutien aux consommateurs (ESC)	-53	-13	-107	-107	-143	-72
Transferts des consommateurs aux producteurs	-51	-13	-121	-107	-163	-94
Autres transferts des consommateurs	-2	0	0	0	0	0
Transferts des contribuables aux consommateurs	0	0	14	0	19	23
Surcoût de l'alimentation animale	0	0	0	0	0	0
ESC en pourcentage (%)	-3.36	-0.51	-1.07	-1.07	-1.47	-0.67
CNP des consommateurs (coeff.)	1.03	1.01	1.01	1.01	1.02	1.01
CNS aux consommateurs (coeff.)	1.03	1.01	1.01	1.01	1.01	1.01
Estimation du soutien total (EST)	542	118	626	617	622	640
Transferts des consommateurs	53	13	121	107	163	94
Transferts des contribuables	491	105	505	509	459	546
Recettes budgétaires	-2	0	0	0	0	0
EST en pourcentage (% du PIB)	1.50	0.21	0.28	0.29	0.30	0.26
Estimation du soutien budgétaire total (ESBT)	489	103	500	503	454	543
ESBT en pourcentage (% du PIB)	1.36	0.18	0.23	0.24	0.22	0.22
Déflateur du PIB (1986-88=100)	100	138	210	205	209	217
Taux de change (monnaie nationale par USD)	1.71	2.25	1.49	1.52	1.54	1.41

Note : p : provisoire. CNP : Coefficient nominal de protection. CNS : Coefficient nominal de soutien.

S/Na/Rec/Rev : Superficie cultivée/Nombre d'animaux/Recettes/Revenu.

1. Le soutien des prix du marché (SPM) s'entend net de prélèvements aux producteurs et de surcoût de l'alimentation animale. Les produits SPM pour la Nouvelle-Zélande sont : le blé, le maïs, l'avoine, l'orge, le lait, la viande bovine, porcine et ovine, la laine, la volaille et les oeufs.

Source : OCDE (2022), « Estimations du soutien aux producteurs et aux consommateurs », *Statistiques agricoles de l'OCDE* (base de données).
http://dx.doi.org/10.1787/agr-pcse-data-fr

22 Norvège

Soutien à l'agriculture

En Norvège, le soutien à l'agriculture est l'un des plus élevés de la zone OCDE, et se compose principalement de mesures incitatives considérées parmi celles faussant le plus le marché. Les transferts aux producteurs ont constitué la plus grande part des recettes agricoles brutes en 2019-21 (52 %). Si cette proportion est élevée par rapport à la moyenne des pays de l'OCDE, elle représente une baisse par rapport à la part de 69 % affichée en 2000-02. Le soutien des prix du marché (SPM), essentiellement par l'intermédiaire d'une protection aux frontières et d'une réglementation du marché intérieur, a longtemps été la composante majeure du soutien à l'agriculture et concerne la plupart des principaux produits agricoles, à l'exception de la viande ovine et de la laine. Par conséquent, en moyenne, les prix à la production dépassent de 57 % ceux à la frontière, s'établissant également au-dessous des niveaux historiques, mais nettement au-dessus de la moyenne de la zone OCDE.

Le soutien aux services d'intérêt général (ESSG) représente 4.4 % de la valeur de la production agricole. La plus grande part revient à l'Autorité norvégienne de sécurité des aliments et à l'Université norvégienne pour les sciences de la vie. Les autres secteurs bénéficiant d'un soutien aux services d'intérêt général sont la recherche, l'innovation, les services de vulgarisation et les infrastructures.

Le soutien total en pourcentage du PIB a diminué, passant d'environ 3.5 % dans les années 1980 à moins de 1 % actuellement. Cette évolution reflète la baisse de la part du secteur agricole dans l'activité économique. Les niveaux nominaux de soutien total sont remarquablement stables, progressant en moyenne de 1 % depuis 1986-88 (moins rapidement que l'inflation).

Évolutions récentes de l'action publique

La plate-forme Hurdal du gouvernement récemment élu indique que le comblement de l'écart de revenus entre le secteur agricole et les autres groupes de la société est une priorité[1]. Plus précisément, la plate-forme propose une réforme du système des quotas laitiers, un plafonnement des subventions à la production, de nouveaux objectifs d'autosuffisance alimentaire et la limitation de la réaffectation des terres cultivées à d'autres usages à un maximum de 200 ha par an (environ 0.02 % de la superficie cultivée).

Les négociations annuelles usuelles entre le gouvernement et les deux organisations de producteurs n'ont pas eu lieu. Au lieu de cela, le gouvernement a proposé des orientations de la politique agricole pour 2021. Cette proposition prévoit notamment une hausse des prix indicatifs et du soutien budgétaire, ainsi que des abattements plus généreux pour les taxes agricoles. Le budget proposé pour les programmes ayant un effet positif sur le climat ou l'environnement ou en faveur du développement rural est plus important. Le gouvernement propose de réaliser des recherches pour comprendre la situation des revenus agricoles par rapport aux autres secteurs.

Évaluation et recommandations

- Les objectifs de réduction des émissions de la Norvège sont ambitieux. Le pays vise à devenir une économie bas carbone à l'horizon 2050, en réduisant ses émissions de gaz à effet de serre (GES) de 80 à 95 % par rapport aux niveaux de 1990[2]. Cependant, au vu des mesures actuelles de réduction des émissions imputables à l'agriculture, il est peu probable que le secteur progresse au même rythme que les autres. À mesure que la décarbonation des autres secteurs progressera, l'agriculture peut s'attendre à voir sa part dans les émissions totales de GES augmenter au fil du temps. Le secteur est relativement spécialisé dans la viande et les produits laitiers provenant d'élevages de ruminants, les filières agricoles générant le plus de GES.

- L'accord volontaire sur le climat conclu entre le secteur agricole et le gouvernement fixe des objectifs modestes par rapport aux autres secteurs. S'il est mis en œuvre comme prévu, il réduira les émissions d'environ 10 % d'ici 2030 par rapport aux niveaux de 1990. Si ces objectifs sont moins ambitieux que dans les autres secteurs, un engagement de réduction des émissions chiffré dans le secteur agricole constitue une première étape importante. Le gouvernement devrait s'efforcer de rendre cet accord plus ambitieux étant donné que les possibilités d'atténuation des émissions de GES dans le secteur agricole sont rentables par rapport à celles des autres secteurs. L'interdiction récente de la mise en culture des tourbières marque une étape importante et les pouvoirs publics devraient envisager de poursuivre dans cette voie, par exemple en réhumidifiant les zones drainées.

- En tant qu'importateur net de produits alimentaires, la Norvège devrait également prendre en compte l'empreinte carbone mondiale de sa consommation alimentaire en complément de ses émissions nationales. La réduction de la part de la viande et des produits laitiers provenant de ruminants dans l'alimentation des consommateurs est l'un des moyens les plus efficaces de réduire les émissions de GES en lien avec les produits alimentaires.

- Le cadre de négociation entre les associations de producteurs et le gouvernement offre une certaine stabilité et fournit une plate-forme permettant des évaluations régulières et des ajustements progressifs. Toutefois, les négociations se concentrent sur les revenus annuels des exploitations, en excluant les autres préoccupations sociétales. Ce mode de fonctionnement peut faire obstacle aux réformes nécessaires, comme la réactivité aux marchés, l'accent sur les résultats agro-environnementaux et la fourniture des services écosystémiques.

- La superficie totale de terres agricoles pouvant être réaffectée à d'autres usages chaque année est limitée, et le nouveau gouvernement prévoit de durcir ces restrictions. Bien qu'elle soit efficace pour éviter la conversion des terres, cette approche globale pourrait être plus ciblée et plus souple. Une meilleure approche prendrait en compte la contribution globale des terres agricoles dans le cadre des processus locaux de planification et de développement, et l'intégrerait aux objectifs nationaux en matière de paysage et de biodiversité. Cela permettrait, par exemple, d'évaluer les conséquences de la hausse rapide des coûts de logement dans certaines communautés et de trouver des solutions équilibrées[3].

Graphique 22.1. Norvège : Évolution du soutien à l'agriculture

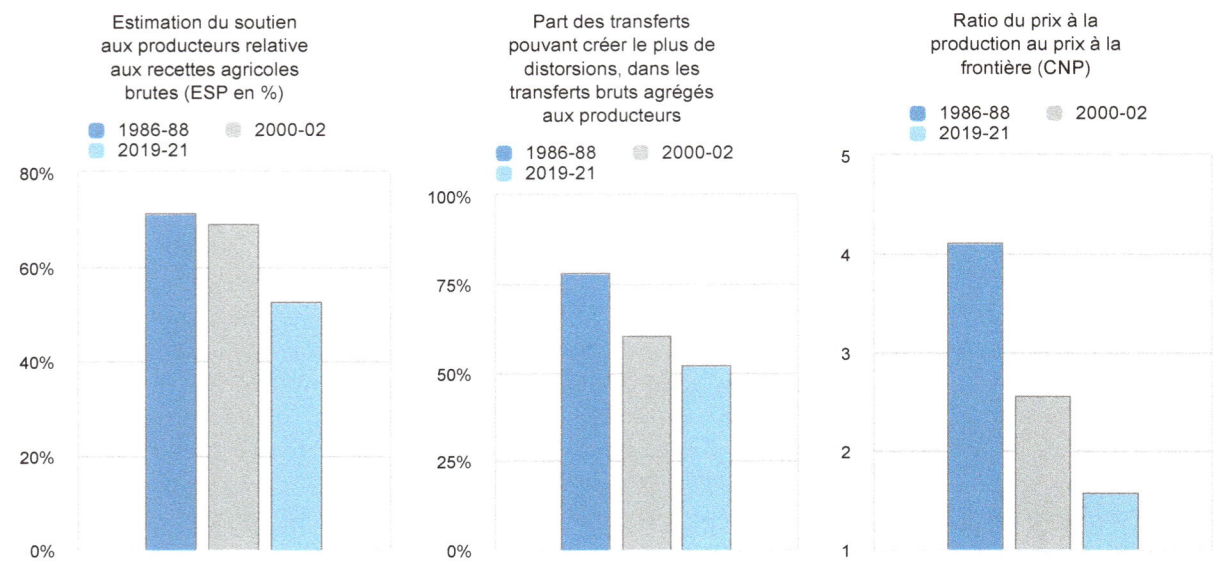

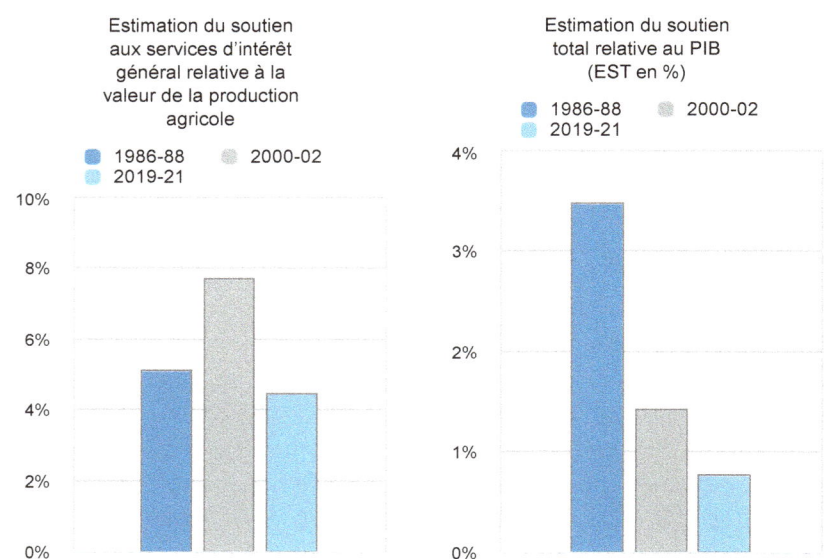

Source : OCDE (2022), « Estimations du soutien aux producteurs et aux consommateurs », Statistiques agricoles de l'OCDE (base de données), http://dx.doi.org/10.1787/agr-pcse-data-fr.

Graphique 22.2. Norvège : Moteurs du changement de l'ESP, 2020 à 2021

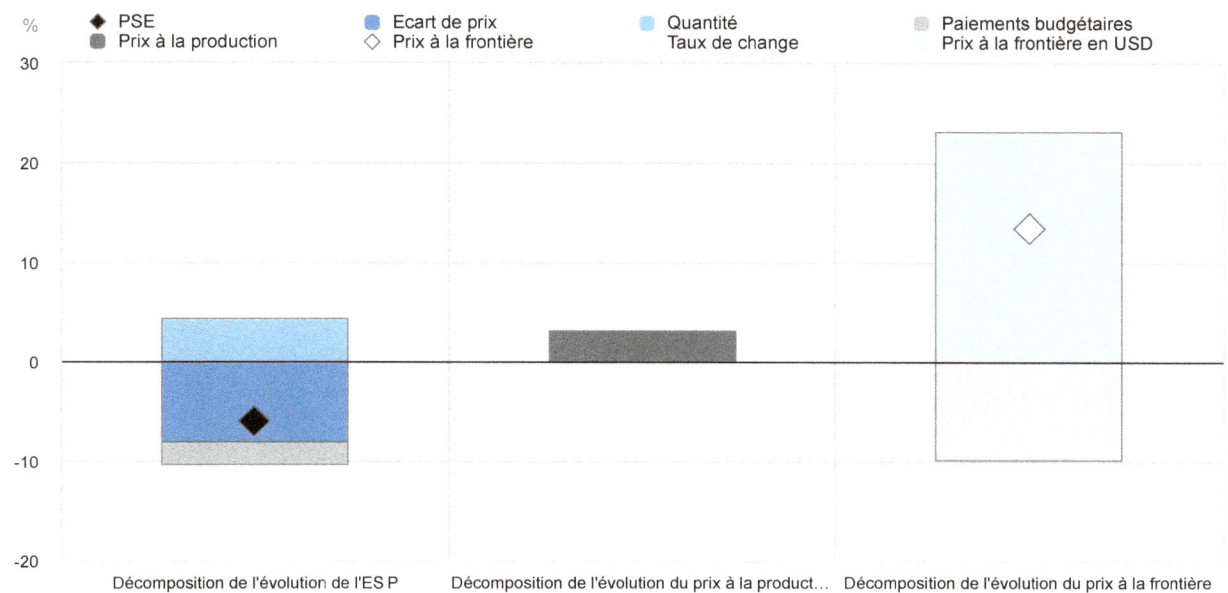

Source : OCDE (2022), « Estimations du soutien aux producteurs et aux consommateurs », Statistiques agricoles de l'OCDE (base de données), http://dx.doi.org/10.1787/agr-pcse-data-fr.

Graphique 22.3. Norvège : Transferts au titre d'un produit, en pourcentage des recettes agricoles brutes par produit, 2019-21

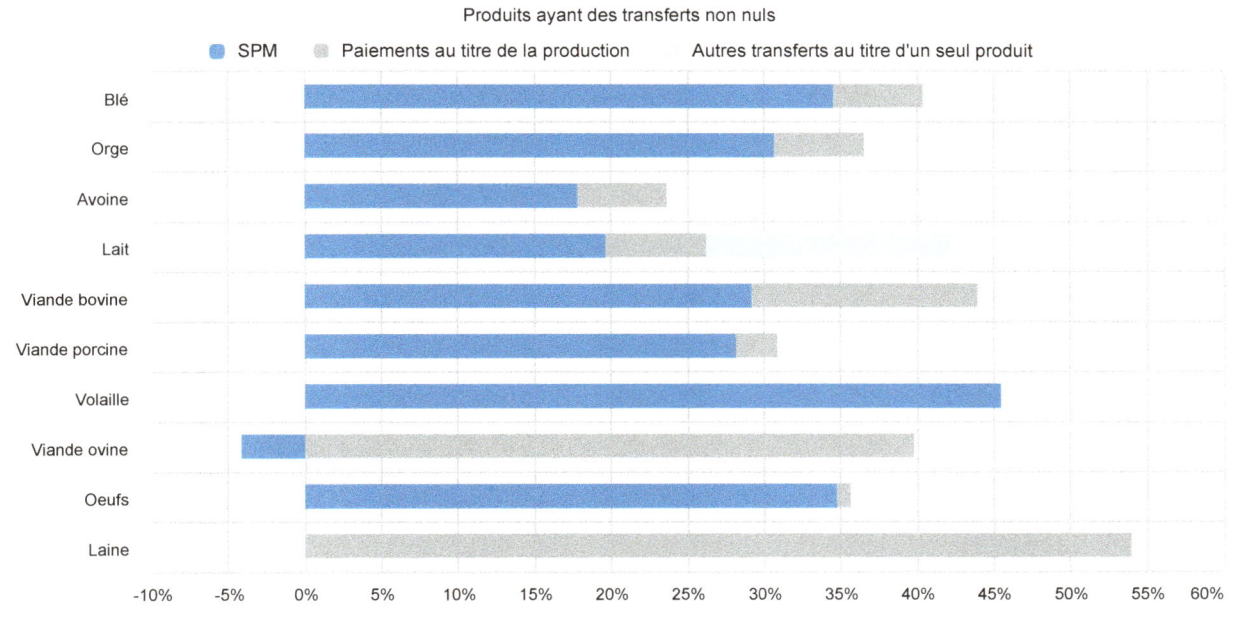

Source : OCDE (2022), « Estimations du soutien aux producteurs et aux consommateurs », Statistiques agricoles de l'OCDE (base de données), http://dx.doi.org/10.1787/agr-pcse-data-fr.

Tableau 22.1. Norvège : Estimations du soutien à l'agriculture

Millions USD

	1986-88	2000-02	2019-21	2019	2020	2021p
Valeur totale de la production (en sortie de l'exploitation)	2 533	2 052	3 674	3 537	3 503	3 983
dont : part des produits SPM (%)	73.28	80.83	74.22	75.97	73.77	72.91
Valeur totale de la consommation (en sortie d'exploitation)	2 687	2 085	3 768	3 436	3 650	4 218
Estimation du soutien aux producteurs (ESP)	2 844	2 338	2 875	2 946	2 797	2 880
Soutien au titre de la production des produits de base	2 070	1 347	1 401	1 470	1 357	1 376
Soutien des prix du marché[1]	1 397	1 009	1 091	1 161	1 062	1 051
Soutien positif des prix du marché	1 397	1 009	1 099	1 177	1 069	1 051
Soutien négatif des prix du marché	0	0	-8	-16	-7	-1
Paiements au titre de la production	673	337	310	309	295	325
Paiements au titre de l'utilisation d'intrants	250	117	162	191	186	107
Utilisation d'intrants variables	149	71	90	90	86	95
avec contraintes sur les intrants	0	0	0	0	0	0
Formation de capital fixe	91	38	61	92	91	1
avec contraintes sur les intrants	0	0	0	0	0	0
Services utilisés sur l'exploitation	11	8	10	10	10	11
avec contraintes sur les intrants	0	0	0	0	0	0
Paiements au titre des S/Na/Rec/Rev courants, production requise	524	871	964	941	918	1 033
Au titre des Recettes / du Revenu	0	49	94	72	100	111
Au titre de la Superficie cultivée / du Nombre d'animaux	524	822	870	869	818	923
avec contraintes sur les intrants	371	644	701	678	666	758
Paiements au titre des S/Na/Rec/Rev non courants, production requise	0	0	343	341	330	358
Paiements au titre des S/Na/Rec/Rev non courants, production facultative	0	0	0	0	0	0
Avec taux de paiement variables	0	0	0	0	0	0
avec exceptions sur les produits	0	0	0	0	0	0
Avec taux de paiement fixes	0	0	0	0	0	0
avec exceptions sur les produits	0	0	0	0	0	0
Paiements sur critères non liés à des produits de base	0	3	5	4	5	6
Retrait de ressources à long terme	0	0	0	0	0	0
Production de produits particuliers autres que produits de base	0	3	5	4	5	6
Autres critères non liés à des produits de base	0	0	0	0	0	0
Paiements divers	0	0	0	0	0	0
ESP en pourcentage (%)	71.44	68.99	52.71	55.36	53.40	49.56
CNP des producteurs (coeff.)	4.11	2.55	1.57	1.68	1.61	1.46
CNS aux producteurs (coeff.)	3.50	3.22	2.11	2.24	2.15	1.98
Estimation du soutien aux services d'intérêt général (ESSG)	129	158	163	159	151	180
Système de connaissances et d'innovation agricoles	74	62	103	104	99	106
Services d'inspection et de contrôle	5	25	36	32	29	49
Développement et entretien des infrastructures	29	54	15	15	15	16
Commercialisation et promotion	21	15	9	9	9	10
Coût du stockage public	0	2	0	0	0	0
Divers	0	0	0	0	0	0
ESSG en pourcentage (% de l'EST)	4.04	6.16	5.13	4.92	4.88	5.59
Estimation du soutien aux consommateurs (ESC)	-1 388	-1 035	-1 067	-1 102	-1 097	-1 002
Transferts des consommateurs aux producteurs	-1 675	-1 100	-1 133	-1 222	-1 143	-1 035
Autres transferts des consommateurs	-178	-75	-84	-39	-123	-90
Transferts des contribuables aux consommateurs	220	71	139	121	143	154
Surcoût de l'alimentation animale	244	70	11	38	26	-30
ESC en pourcentage (%)	-56.34	-51.09	-29.48	-33.23	-31.28	-24.65
CNP des consommateurs (coeff.)	3.23	2.28	1.48	1.58	1.53	1.36
CNS aux consommateurs (coeff.)	2.29	2.04	1.42	1.50	1.46	1.33
Estimation du soutien total (EST)	3 193	2 566	3 177	3 226	3 091	3 214
Transferts des consommateurs	1 853	1 175	1 218	1 261	1 266	1 126
Transferts des contribuables	1 518	1 467	2 044	2 004	1 949	2 179
Recettes budgétaires	-178	-75	-84	-39	-123	-90
EST en pourcentage (% du PIB)	3.49	1.42	0.77	0.80	0.85	0.68
Estimation du soutien budgétaire total (ESBT)	1 796	1 557	2 086	2 066	2 029	2 164
ESBT en pourcentage (% du PIB)	1.96	0.86	0.51	0.51	0.56	0.46
Déflateur du PIB (1986-88=100)	100	163	292	285	275	316
Taux de change (monnaie nationale par USD)	6.88	8.59	8.93	8.80	9.41	8.59

Note : p : provisoire. CNP : Coefficient nominal de protection. CNS : Coefficient nominal de soutien.

S/Na/Rec/Rev : Superficie cultivée/Nombre d'animaux/Recettes/Revenu.

1. Le soutien des prix du marché (SPM) s'entend net de prélèvements aux producteurs et de surcoût de l'alimentation animale. Les produits SPM pour la Norvège sont : le blé, l'orge, l'avoine, le lait, la viande bovine, porcine et ovine, la laine, la volaille et les oeufs.

Source : OCDE (2022), « Estimations du soutien aux producteurs et aux consommateurs », *Statistiques agricoles de l'OCDE* (base de données).
http://dx.doi.org/10.1787/agr-pcse-data-fr

Références

OCDE (2022), *Études économiques de l'OCDE : Norvège 2022 (version abrégée)*, Éditions OCDE, Paris, https://doi.org/10.1787/72262462-fr. [1]

OCDE (2022), *Examens environnementaux de l'OCDE : Norvège 2022 (version abrégée)*, Examens environnementaux de l'OCDE, Éditions OCDE, Paris, https://doi.org/10.1787/d69a2325-fr. [2]

Notes

[1] https://www.regjeringen.no/no/dokumenter/hurdalsplattformen/id2877252/.

[2] Voir https://unfccc.int/sites/default/files/resource/LTS1_Norway_Oct2020.pdf pour de plus amples détails.

[3] L'étude économique de la Norvège réalisée récemment par l'OCDE souligne que les prix du logement représentent un véritable défi pour la Norvège. Elle estime qu'« en limitant les possibilités de construction de logement sur des sites vierges à proximité de zones bâties, ces restrictions (de la conversion des terres agricoles) contribuent au manque de flexibilité de l'offre de logement. De plus, ces restrictions vont probablement au-delà de ce qui est nécessaire pour atteindre l'objectif de préserver des terres pour l'agriculture, et pourraient donc être assouplies. » (OCDE, 2022[1]). Le récent examen des performances environnementales de l'OCDE sur la Norvège indique dans son évaluation et ses recommandations que la « gestion des interactions entre la sylviculture et l'agriculture, la planification de l'utilisation des terres et les objectifs de diversité requiert une attention particulière » (OCDE, 2022[2]).

23 Philippines

Soutien à l'agriculture

Aux Philippines, le soutien aux producteurs en proportion des recettes agricoles brutes (ESP) s'est élevé en moyenne à 27.1 % sur la période 2019-21, soit un niveau supérieur à la moyenne des pays de l'OCDE et l'un des plus élevés parmi les économies émergentes étudiées dans ce rapport.

Le soutien des prix du marché (SPM), qui reflète les obstacles aux échanges – droits de douane et contingents tarifaires, majoritairement – est la principale composante du soutien fourni aux producteurs philippins, parmi lesquels les principaux bénéficiaires sont les riziculteurs. Les droits élevés sur les importations soutiennent également les prix de la canne à sucre, du maïs, de la viande porcine et de la volaille. Ainsi, les prix à la production sur le marché intérieur sont supérieurs de 40 % en moyenne à ceux sur les marchés internationaux. Les paiements aux agriculteurs soutiennent les intrants variables et les investissements, essentiellement pour les riziculteurs. Le SPM et les paiements au titre de l'utilisation d'intrants – les formes de soutien les plus susceptibles de fausser la production et les échanges – représentent la quasi-totalité du soutien aux producteurs.

Les dépenses consacrées aux services d'intérêt général (ESSG), calculées en pourcentage de la production agricole en valeur, ont plus que doublé entre 2000-02 et 2019-21, en grande partie du fait de la hausse des investissements dans les systèmes d'irrigation et les programmes de vulgarisation agricole. Les dépenses consacrées au stockage public du riz sont également un poste important de cette forme de soutien. Malgré une baisse par rapport à la part de 2.9 % en 2000-02, le soutien global apporté au secteur agricole philippin s'est établi à 2.7 % du PIB en 2019-21, l'un des niveaux les plus élevés de tous les pays examinés.

Évolutions récentes de l'action publique

Afin de stabiliser les prix et de garantir un approvisionnement adapté, le contingent tarifaire pour le riz a été temporairement libéralisé en mai 2021 pour un an et les droits de douane de la nation la plus favorisée (NPF) ont été fixés à 35 %, le taux généralement réservé aux pays membres de l'ASEAN. Le contingent tarifaire pour la viande porcine a été réduit provisoirement et le volume a augmenté pendant la période où le pays s'est efforcé de juguler l'épidémie de peste porcine africaine.

En 2021, le gouvernement des Philippines a maintenu les mesures prises en 2020 en réponse à la pandémie de COVID-19 pour protéger les moyens d'existence des producteurs agricoles et la sécurité alimentaire des consommateurs, en donnant la priorité au riz. Le projet pour la résilience du riz (Rice Resiliency Project), qui fait partie du programme Plantons, plantons, plantons (Plant, Plant, Plant Programme) destiné à améliorer la sécurité alimentaire en soutenant les secteurs des cultures, du bétail, de la volaille et des pêches, s'est vu affecter 8.5 milliards PHP (173 millions USD) supplémentaires en juin 2021 pour faire passer le niveau d'autosuffisance en riz de 87 % à 93 %.

En 2021, le financement a été étendu à des prêts et des garanties de prêt supplémentaires aux petits agriculteurs dans le cadre du programme SURE-COVID élargi afin de les aider à se remettre des répercussions des prix faibles et des effets du COVID-19 sur leur entreprise. Les mécanismes de contrôle des prix de détail imposés par le gouvernement pour les articles alimentaires de base vendus sur les marchés publics, mis en place en 2020 afin d'éviter une envolée des prix de détail des produits alimentaires sous l'effet de la pandémie de COVID-19, ont été maintenus en 2021.

Évaluation et recommandations

- Les Philippines doivent accélérer l'élaboration et la mise en œuvre de politiques d'atténuation du changement climatique dans le secteur agricole afin de respecter leur engagement de réduire les émissions de 75 % entre 2020 et 2030 par rapport aux émissions prévues dans le scénario de statu quo (sous réserve de la fourniture d'un financement pour l'action climatique et d'une aide à la mise en œuvre), tel qu'énoncé dans leur contribution déterminée au niveau national de 2021. Le cadre d'action actuel est davantage tourné vers l'adaptation au changement climatique que vers l'atténuation des émissions de GES. Étant donné leurs engagements ambitieux, mais conditionnels, en matière d'atténuation, les Philippines tireront avantage de leur participation aux mécanismes internationaux de collaboration à l'égard des solutions d'atténuation, comme l'Alliance mondiale de recherche sur les gaz à effet de serre en agriculture et le récent engagement mondial concernant le méthane.

- La politique agricole philippine est axée sur la sécurité alimentaire et la réduction de la pauvreté : elle vise à garantir un approvisionnement en aliments de base (riz) à des prix abordables. L'objectif d'autosuffisance en riz donne lieu à une série de mesures en faveur des riziculteurs. La réduction des droits de douane sur les importations de riz (et de viande porcine) appliquée en 2021 pour garantir la sécurité alimentaire a représenté une réorientation de l'action publique importante, mais temporaire.

- L'Autorité nationale chargée de l'alimentation (National Food Authority – NFA) gère les stocks de riz régulateurs d'urgence. Cependant, la NFA utilise ces stocks pour soutenir les prix payés aux agriculteurs en achetant le riz à des prix réglementés et pour réduire les prix à la consommation en le vendant à des prix subventionnés sur les marchés de détail. Ces stocks sont donc de fait des « stocks d'intervention » ayant des répercussions non négligeables sur les marchés et le budget gouvernemental. Le budget finançant ces interventions pourrait être utilisé plus efficacement pour soutenir directement les revenus et pour financer des services d'intérêt général afin d'améliorer la productivité ainsi que l'adaptation et la résilience face au changement climatique du secteur, tout en renforçant les mesures sociales ciblant les consommateurs les plus vulnérables.

- La hausse des investissements à long terme dans les infrastructures et la R-D devrait accroître la productivité dans le secteur agricole. Après des décennies de sous-investissement, la croissance de la productivité totale des facteurs (PTF) dans le secteur agricole des Philippines est plus lente que la moyenne mondiale et que celle de la plupart des pays de la région.

- Les Philippines étant exposées aux typhons, tempêtes tropicales et inondations, phénomènes qui devraient devenir plus fréquents et plus dévastateurs avec le changement climatique, les autorités devraient adopter une approche globale de la gestion des risques qui adapte les objectifs de la politique dans les différents programmes et les différentes institutions. L'efficacité des outils actuels de gestion des risques devrait être évaluée – en particulier pour savoir dans quelle mesure les systèmes d'assurance et de transferts monétaires encouragent des décisions favorables à la réduction des risques dans les exploitations. Cette évaluation devrait servir de fondement à l'amélioration de la conception et de l'efficacité de la politique. Le soutien de l'innovation agricole intelligente face au climat et des services consultatifs devrait être une priorité. Enfin, un travail en collaboration avec les régions pour faciliter l'accès aux conditions, aux prévisions et aux solutions d'adaptation locales devrait renforcer la sensibilisation des agriculteurs et leur capacité de préparation et d'adaptation.

- L'amélioration de la biosécurité et des mesures de lutte contre les maladies est primordiale pour juguler les épidémies de peste porcine africaine et de grippe aviaire, et nécessitera une coordination entre les autorités locales et un développement des services consultatifs.

Graphique 23.1. Philippines : Évolution du soutien à l'agriculture

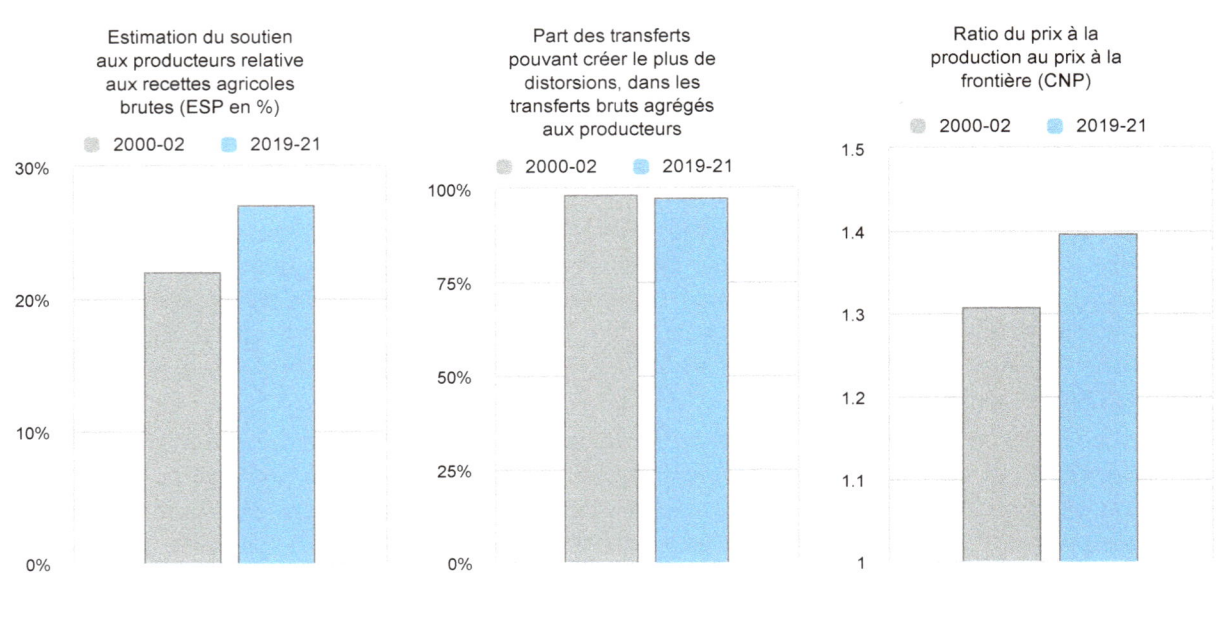

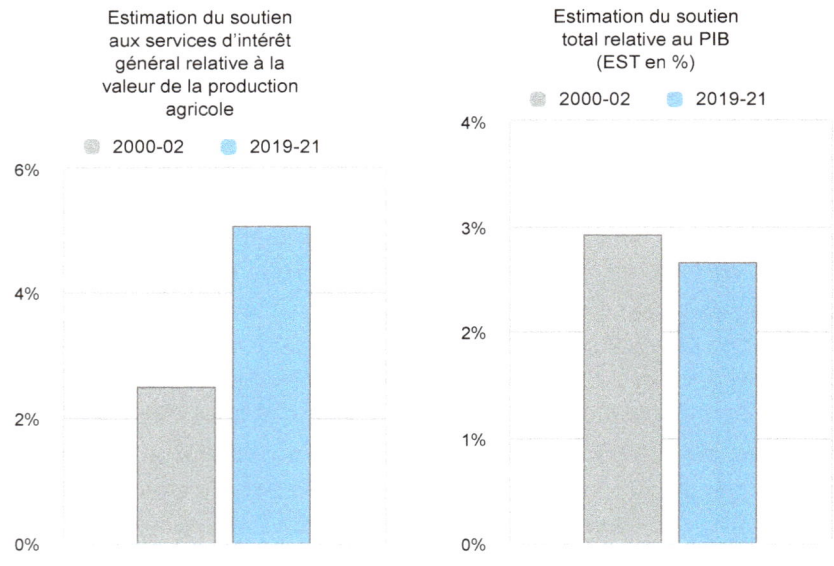

Source : OCDE (2022), « Estimations du soutien aux producteurs et aux consommateurs », Statistiques agricoles de l'OCDE (base de données), http://dx.doi.org/10.1787/agr-pcse-data-fr.

Graphique 23.2. Philippines : Moteurs du changement de l'ESP, 2020 à 2021

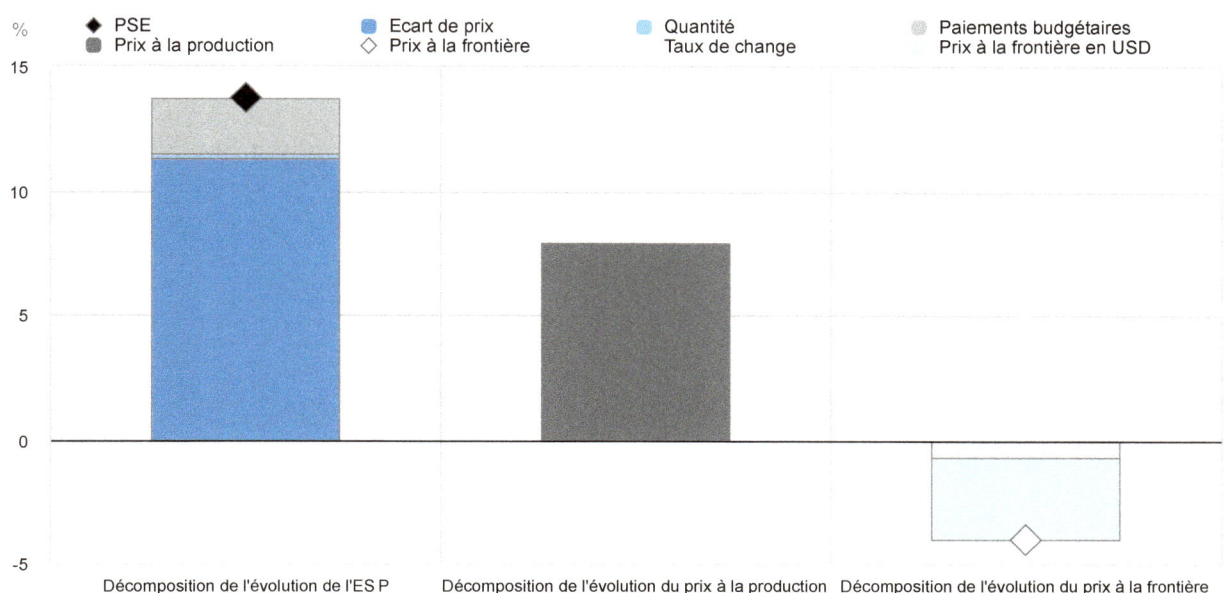

Source : OCDE (2022), « Estimations du soutien aux producteurs et aux consommateurs », Statistiques agricoles de l'OCDE (base de données), http://dx.doi.org/10.1787/agr-pcse-data-fr.

Graphique 23.3. Philippines : Transferts au titre d'un produit, en pourcentage des recettes agricoles brutes par produit, 2019-21

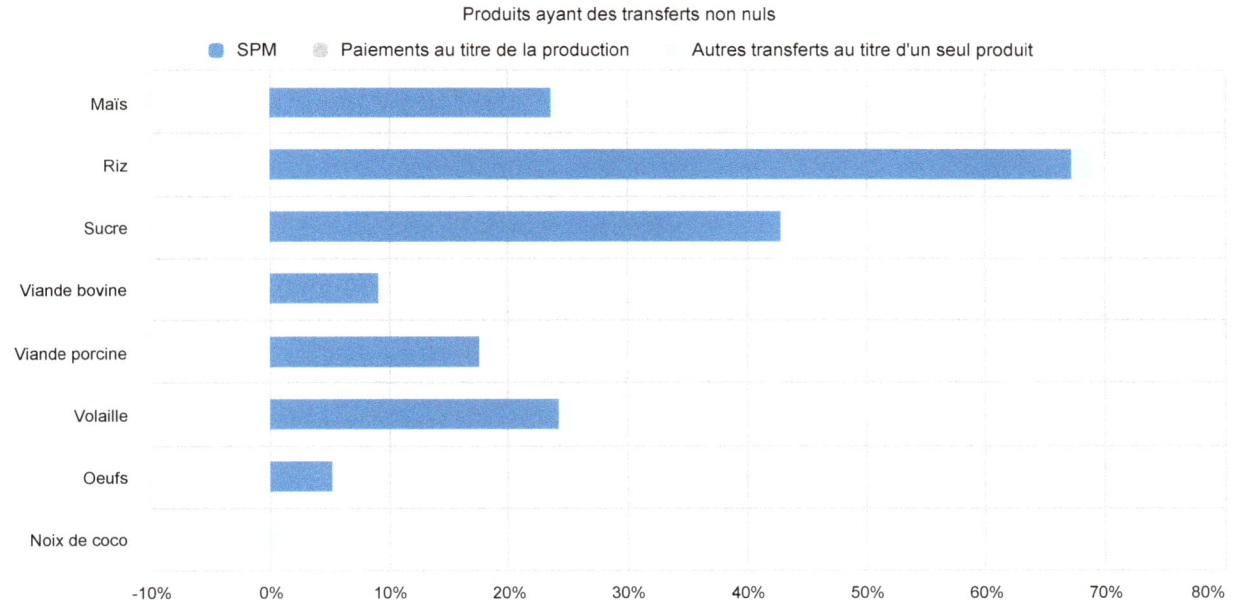

Source : OCDE (2022), « Estimations du soutien aux producteurs et aux consommateurs », Statistiques agricoles de l'OCDE (base de données), http://dx.doi.org/10.1787/agr-pcse-data-fr.

Tableau 23.1. Philippines : Estimations du soutien à l'agriculture

Millions USD

	2000-02	2019-21	2019	2020	2021p
Valeur totale de la production (en sortie de l'exploitation)	9 727	30 886	29 143	30 722	32 793
dont : part des produits SPM (%)	89.19	93.22	93.12	93.12	93.41
Valeur totale de la consommation (en sortie d'exploitation)	9 950	33 028	31 365	32 664	35 055
Estimation du soutien aux producteurs (ESP)	2 167	8 494	7 406	8 424	9 652
Soutien au titre de la production des produits de base	2 094	8 083	7 169	8 022	9 057
Soutien des prix du marché[1]	2 094	8 083	7 169	8 022	9 057
Soutien positif des prix du marché	2 134	8 083	7 169	8 022	9 057
Soutien négatif des prix du marché	-40	0	0	0	0
Paiements au titre de la production	0	0	0	0	0
Paiements au titre de l'utilisation d'intrants	69	396	224	385	579
Utilisation d'intrants variables	36	209	128	158	339
avec contraintes sur les intrants	0	0	0	0	0
Formation de capital fixe	32	187	95	227	240
avec contraintes sur les intrants	0	0	0	0	0
Services utilisés sur l'exploitation	0	0	0	0	0
avec contraintes sur les intrants	0	0	0	0	0
Paiements au titre des S/Na/Rec/Rev courants, production requise	0	0	0	0	0
Au titre des Recettes / du Revenu	0	0	0	0	0
Au titre de la Superficie cultivée / du Nombre d'animaux	0	0	0	0	0
avec contraintes sur les intrants	0	0	0	0	0
Paiements au titre des S/Na/Rec/Rev non courants, production requise	0	0	0	0	0
Paiements au titre des S/Na/Rec/Rev non courants, production facultative	0	0	0	0	0
Avec taux de paiement variables	0	0	0	0	0
avec exceptions sur les produits	0	0	0	0	0
Avec taux de paiement fixes	0	0	0	0	0
avec exceptions sur les produits	0	0	0	0	0
Paiements sur critères non liés à des produits de base	0	0	0	0	0
Retrait de ressources à long terme	0	0	0	0	0
Production de produits particuliers autres que produits de base	0	0	0	0	0
Autres critères non liés à des produits de base	0	0	0	0	0
Paiements divers	5	15	13	17	15
ESP en pourcentage (%)	22.03	27.11	25.21	27.06	28.91
CNP des producteurs (coeff.)	1.31	1.40	1.36	1.39	1.44
CNS aux producteurs (coeff.)	1.28	1.37	1.34	1.37	1.41
Estimation du soutien aux services d'intérêt général (ESSG)	244	1 569	1 389	1 723	1 595
Système de connaissances et d'innovation agricoles	56	356	258	416	395
Services d'inspection et de contrôle	14	79	73	98	67
Développement et entretien des infrastructures	155	920	855	991	913
Commercialisation et promotion	6	49	45	49	52
Coût du stockage public	12	139	135	141	142
Divers	1	26	24	27	26
ESSG en pourcentage (% de l'EST)	10.11	15.60	15.79	16.98	14.18
Estimation du soutien aux consommateurs (ESC)	-2 250	-8 667	-7 791	-8 566	-9 643
Transferts des consommateurs aux producteurs	-2 299	-8 689	-7 654	-8 551	-9 861
Autres transferts des consommateurs	-152	-597	-570	-584	-635
Transferts des contribuables aux consommateurs	0	0	0	0	0
Surcoût de l'alimentation animale	201	618	433	569	853
ESC en pourcentage (%)	-22.53	-26.22	-24.84	-26.22	-27.51
CNP des consommateurs (coeff.)	1.32	1.39	1.36	1.39	1.43
CNS aux consommateurs (coeff.)	1.29	1.36	1.33	1.36	1.38
Estimation du soutien total (EST)	2 411	10 063	8 795	10 146	11 247
Transferts des consommateurs	2 451	9 285	8 225	9 135	10 496
Transferts des contribuables	112	1 374	1 141	1 595	1 386
Recettes budgétaires	-152	-597	-570	-584	-635
EST en pourcentage (% du PIB)	2.91	2.66	2.33	2.81	2.84
Estimation du soutien budgétaire total (ESBT)	318	1 980	1 626	2 124	2 190
ESBT en pourcentage (% du PIB)	0.38	0.52	0.43	0.59	0.55
Déflateur du PIB (2000-02=100)	100	182	181	184	..
Taux de change (monnaie nationale par USD)	48.96	50.22	51.80	49.62	49.26

.. Non disponible

Note : p : provisoire. CNP : Coefficient nominal de protection. CNS : Coefficient nominal de soutien.

S/Na/Rec/Rev : Superficie cultivée/Nombre d'animaux/Recettes/Revenu.

1.   Le soutien des prix du marché (SPM) s'entend net de prélèvements aux producteurs et de surcoût de l'alimentation animale. Les produits SPM pour les Philippines sont : le maïs, le riz, le sucre, la viande bovine et porcine, la volaille, les oeufs, les bananes, les noix de coco, les mangues et les ananas.

Source : OCDE (2022), « Estimations du soutien aux producteurs et aux consommateurs », Statistiques agricoles de l'OCDE (base de données).
http://dx.doi.org/10.1787/agr-pcse-data-fr

24 Afrique du Sud

Soutien à l'agriculture

L'Afrique du Sud a réduit son soutien à l'agriculture lors des réformes du milieu des années 90. Depuis 2010, ce soutien est resté inférieur à 5 % des recettes agricoles brutes. En 2019-21, il correspondait à 2.6 % des recettes agricoles brutes.

Le soutien repose en majeure partie sur le soutien des prix de marché (SPM) et sur les paiements au titre de l'utilisation d'intrants. La distorsion des prix est minime et les prix intérieurs de la plupart des produits sont alignés sur les prix mondiaux, à l'exception du sucre et, dans une moindre mesure, du blé, en raison des droits d'importation, principalement. Par conséquent, seuls ces deux produits font l'objet de transferts au titre d'un seul produit, qui représentaient approximativement 30 % et 5 % des recettes brutes respectives dégagées. La plupart des paiements directs prennent la forme de subventions aux intrants (remboursement de la taxe sur les combustibles) et de subventions à l'investissement destinées aux petites exploitations.

Le soutien aux services d'intérêt général (ESSG) a baissé par rapport à la taille du secteur. Son niveau est inférieur à la moyenne des autres pays couverts dans le présent rapport, et également inférieur à la moyenne OCDE. Au cours de la période 2019-21, l'ESSG a atteint en moyenne 1.4 % de la production agricole en valeur, ce qui est moins élevé que les 3.8 % relevés au début des années 2000. La plupart des paiements comptabilisés dans l'ESSG vont au système de connaissances et d'innovation agricoles, ainsi qu'aux dépenses d'infrastructure. Le soutien entrant dans ces catégories vise à créer un environnement favorable à l'activité des petites exploitations, qui ont vu le jour à la suite de la réforme foncière actuelle, initiée au milieu des années 90. Les dispositifs d'inspection et de contrôle sont une autre composante majeure des services fournis, et gagnent en importance. De manière générale, le soutien a reculé en valeur relative, passant de 0.6 % du PIB en moyenne en 2000-02 à 0.3 % en 2019-21.

Évolutions récentes de l'action publique

Ces dernières années, les modifications apportées aux dispositifs publics visaient à améliorer la réforme foncière, et en particulier le système de redistribution des terres agricoles à usage commercial au profit des producteurs noirs, qui avait été adopté pour remédier aux lois discriminatoires empêchant la population noire d'occuper et d'acquérir des terres par le passé. Il importe de noter qu'en décembre 2021, l'Assemblée nationale a rejeté une loi portant modification de la Constitution en vue d'autoriser les expropriations sans compensation.

Le poste budgétaire national consacré à l'agriculture, à la réforme foncière et au développement rural (vote n° 29), que l'Assemblée nationale a inscrit dans la loi en 2021, dote le ministère de l'Agriculture, de la Réforme agraire et du Développement rural (*Department of Agriculture, Land Reform and Rural Development* – DALRRD) des ressources et le mandat nécessaires pour développer les chaînes de valeur agricoles, fournir des intrants agricoles, renforcer l'accès équitable aux terres et encourager le développement rural.

Le 18 mars 2021, un fonds agro-industriel de 1 milliard ZAR (67.6 millions USD) a été mis en place pour soutenir le développement et l'expansion du secteur agricole en aidant les producteurs et les entrepreneurs noirs à développer, étendre, acquérir et intégrer des activités dans les chaînes de valeur prioritaires. Ce dernier vise également à accélérer la redistribution des terres et à accroître les exportations.

Au cours de la période 2020-21, les droits d'importation sur le blé et le sucre ont respectivement été ajustés à quatre et deux reprises, pour atteindre un niveau inférieur de 55 % à ce qu'il était en 2019-20 pour le blé, et de 17.5 % pour le sucre.

L'Afrique du Sud s'est engagée à réduire de 12 % à 32 % les émissions de gaz à effet de serre (GES) à l'échelle de son économie d'ici à 2030, comme indiqué dans sa contribution prévue déterminée au niveau nationale (CPDN), mise à jour en septembre 2021. Cette CDPN ne fixe pas d'objectifs par secteur, et ne comporte pas non plus d'engagements relatifs à la neutralité carbone. Si elle est adoptée, la loi relative au changement climatique, dont le projet a été approuvé en septembre 2021 par le Conseil des ministres, encadrera l'action menée dans le domaine du changement climatique pour atteindre zéro émissions nettes d'ici à 2050. Le texte fixera des objectifs d'émissions pour chaque secteur de l'économie, dont l'agriculture.

Évaluation et recommandations

- La loi sur la taxe carbone fait partie intégrante de la politique gouvernementale sur le changement climatique, mais la première phase d'application du texte (2019-22) ne concerne pas les émissions agricoles. Les dispositions prises dans le cadre de cette première phase ne touchent qu'indirectement l'agriculture, par l'intermédiaire d'une hausse du coût des intrants, en particulier le carburant, l'énergie et les intrants à fort contenu énergétique, comme les engrais, bien que la réduction de la taxe sur les combustibles atténue les incitations à abaisser la consommation d'énergie issue de combustibles fossiles. Lorsque la taxe carbone entrera dans sa prochaine phase d'application, après 2022, les pouvoirs publics pourraient élargir sa portée aux émissions agricoles tout en mettant en place un filet de protection sociale pour compenser les hausses de prix de l'alimentation et les pertes de revenus dont pourraient pâtir les ménages pauvres et les producteurs. A défaut, ils pourraient créer un mécanisme de compensation permettant au secteur agricole de vendre des crédits de réduction des émissions aux secteurs taxés, de manière à éviter des coûts supplémentaires aux agriculteurs et aux consommateurs. En outre, un objectif d'émissions devrait être fixé pour l'agriculture en vertu de la loi sur le changement climatique, lorsque cette dernière sera adoptée.

- Après avoir profondément réformé sa politique au milieu des années 90, l'Afrique du Sud a réussi à ouvrir ses marchés agricoles en supprimant le SPM pour la plupart des produits. Les pouvoirs publics devraient envisager d'abaisser les droits à l'importation du sucre, dont le SPM demeure élevé, à mesure que progresse la mise en œuvre du Plan directeur de la chaîne de valeur de l'industrie sucrière (2020), qui vise à stabiliser et à restructurer le secteur pour le rendre plus résilient et inclusif.

- Depuis les réformes des années 90, les hausses successives des dépenses budgétaires ont servi à financer le processus de réforme foncière et à en soutenir les bénéficiaires (qui sont, pour l'essentiel, de petits exploitants et de nouvelles exploitations commerciales). Les sommes dégagées financent principalement les services d'intérêt général utiles au secteur via la recherche-développement (R-D), les transferts de connaissances et les infrastructures. Il reste difficile de financer en temps voulu des projets économiquement viables et de coordonner et cibler des programmes de soutien adaptés aux besoins des nouveaux agriculteurs.

- Il est essentiel d'impliquer davantage d'exploitants expérimentés et volontaires dans l'élaboration de programmes de soutien pour renforcer les capacités de nouveaux entrepreneurs désireux de démarrer leur activité dans le secteur de l'agriculture commerciale. Les partenariats public-privé et les associations professionnelles peuvent contribuer à y parvenir. Cette démarche pourrait remédier aux faiblesses des programmes et services publics. Les expropriations d'exploitations sans compensation demeurent un sujet de préoccupation. Bien que la Constitution n'ait pas pu être modifiée dans ce sens, les incertitudes qui entourent les droits de propriété demeurent intactes et pourraient nuire à la confiance des investisseurs dans ce secteur.

- La réforme foncière devrait être menée au rythme de la mise en place d'un environnement favorable pour ses bénéficiaires, notamment en termes d'enseignement, d'infrastructures et d'accès à des équipements agricoles modernes, aux financements et aux marchés. À ce titre, il conviendra tout particulièrement d'améliorer les compétences des agents de vulgarisation agricole et de leur donner les moyens de venir en aide aux communautés rurales et aux nouveaux producteurs commerciaux. Le secteur privé ainsi que les instituts d'enseignement et de formation pourraient être mis davantage à profit pour accélérer la revitalisation des services de vulgarisation. Dans le cas contraire, la redistribution des terres ne pourra pas produire les résultats escomptés, tels que l'amélioration des conditions de vie de la population noire vivant dans les zones rurales, le renforcement de la sécurité alimentaire en milieu rural et le développement d'un secteur commercial pérenne.

- Très faibles (et même négatif en ce qui concerne l'azote), les bilans des éléments nutritifs en Afrique du Sud suscitent des interrogations quant à la fertilité des sols dans certaines régions du pays. Les pouvoirs publics devraient s'attacher à améliorer la fertilité des sols grâce aux pratiques agricoles en faveur de la conservation des sols et en facilitant l'accès aux engrais dans les situations pertinentes.

Graphique 24.1. Afrique du Sud : Évolution du soutien à l'agriculture

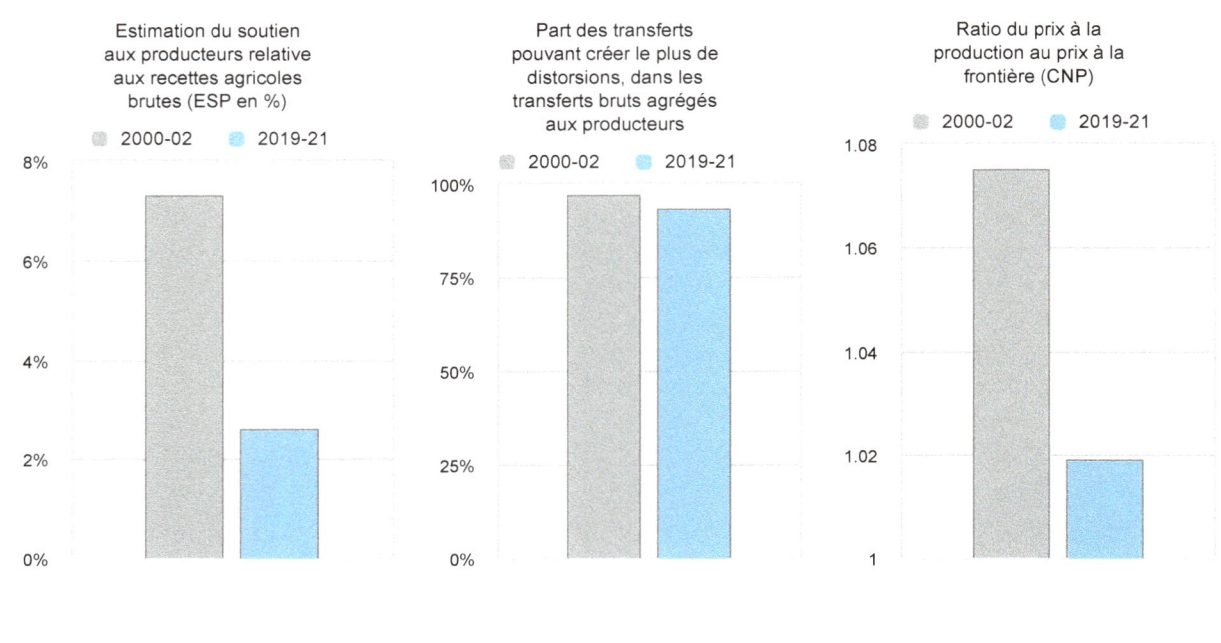

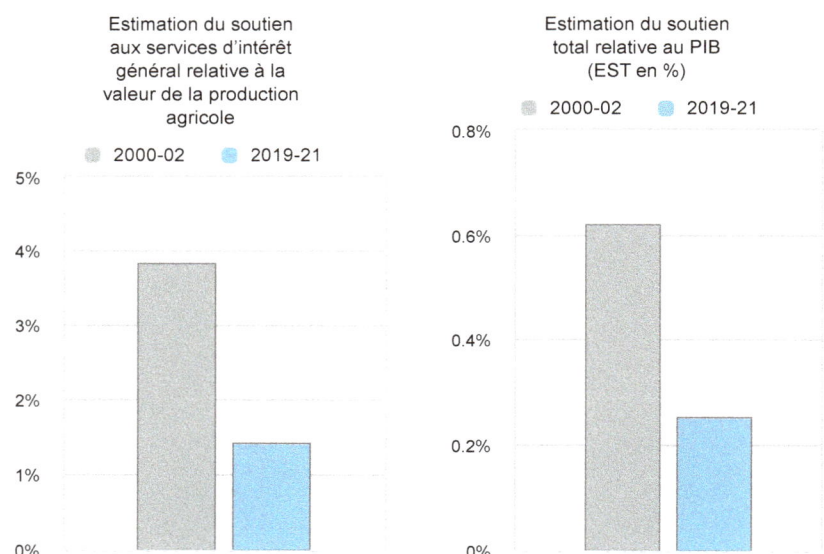

Source : OCDE (2022), « Estimations du soutien aux producteurs et aux consommateurs », Statistiques agricoles de l'OCDE (base de données), http://dx.doi.org/10.1787/agr-pcse-data-fr.

Graphique 24.2. Afrique du Sud : Moteurs du changement de l'ESP, 2020 à 2021

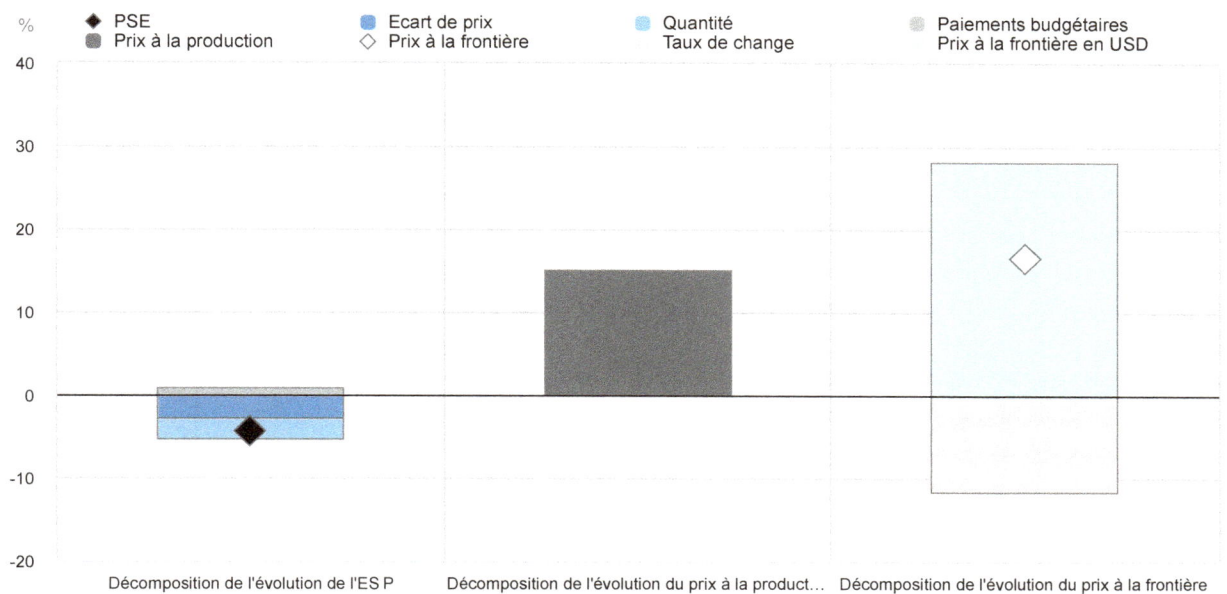

Source : OCDE (2022), « Estimations du soutien aux producteurs et aux consommateurs », Statistiques agricoles de l'OCDE (base de données), http://dx.doi.org/10.1787/agr-pcse-data-fr.

Graphique 24.3. Afrique du Sud : Transferts au titre d'un produit, en pourcentage des recettes agricoles brutes par produit, 2019-21

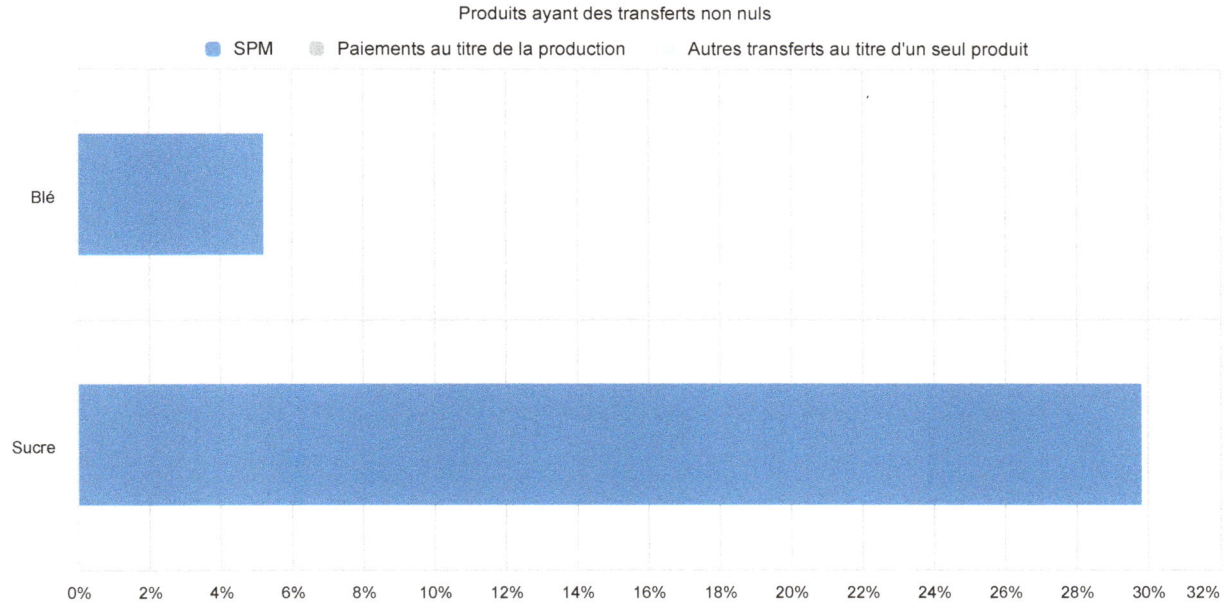

Source : OCDE (2022), « Estimations du soutien aux producteurs et aux consommateurs », Statistiques agricoles de l'OCDE (base de données), http://dx.doi.org/10.1787/agr-pcse-data-fr.

Tableau 24.1. Afrique du Sud : Estimations du soutien à l'agriculture

Millions USD

	2000-02	2019-21	2019	2020	2021p
Valeur totale de la production (en sortie de l'exploitation)	**6 824**	**21 947**	**20 264**	**20 318**	**25 259**
dont : part des produits SPM (%)	74.75	72.52	72.67	71.85	73.03
Valeur totale de la consommation (en sortie d'exploitation)	**6 000**	**19 189**	**18 788**	**17 767**	**21 012**
Estimation du soutien aux producteurs (ESP)	**477**	**579**	**594**	**553**	**589**
Soutien au titre de la production des produits de base	438	409	416	400	412
Soutien des prix du marché[1]	438	409	416	400	412
Soutien positif des prix du marché	451	409	416	400	412
Soutien négatif des prix du marché	-13	0	0	0	0
Paiements au titre de la production	0	0	0	0	0
Paiements au titre de l'utilisation d'intrants	36	168	173	154	177
Utilisation d'intrants variables	25	131	134	121	139
avec contraintes sur les intrants	0	0	0	0	0
Formation de capital fixe	11	36	38	32	38
avec contraintes sur les intrants	0	0	0	0	0
Services utilisés sur l'exploitation	1	1	1	1	1
avec contraintes sur les intrants	0	0	0	0	0
Paiements au titre des S/Na/Rec/Rev courants, production requise	3	1	4	0	0
Au titre des Recettes / du Revenu	3	1	4	0	0
Au titre de la Superficie cultivée / du Nombre d'animaux	0	0	0	0	0
avec contraintes sur les intrants	0	0	0	0	0
Paiements au titre des S/Na/Rec/Rev non courants, production requise	0	0	0	0	0
Paiements au titre des S/Na/Rec/Rev non courants, production facultative	0	0	0	0	0
Avec taux de paiement variables	0	0	0	0	0
avec exceptions sur les produits	0	0	0	0	0
Avec taux de paiement fixes	0	0	0	0	0
avec exceptions sur les produits	0	0	0	0	0
Paiements sur critères non liés à des produits de base	0	0	0	0	0
Retrait de ressources à long terme	0	0	0	0	0
Production de produits particuliers autres que produits de base	0	0	0	0	0
Autres critères non liés à des produits de base	0	0	0	0	0
Paiements divers	0	0	0	0	0
ESP en pourcentage (%)	**7.32**	**2.62**	**2.90**	**2.70**	**2.32**
CNP des producteurs (coeff.)	**1.08**	**1.02**	**1.02**	**1.02**	**1.02**
CNS aux producteurs (coeff.)	**1.08**	**1.03**	**1.03**	**1.03**	**1.02**
Estimation du soutien aux services d'intérêt général (ESSG)	**264**	**310**	**306**	**301**	**323**
Système de connaissances et d'innovation agricoles	146	126	126	124	129
Services d'inspection et de contrôle	39	67	62	68	70
Développement et entretien des infrastructures	78	96	95	89	103
Commercialisation et promotion	0	21	23	20	21
Coût du stockage public	0	0	0	0	0
Divers	0	0	0	0	0
ESSG en pourcentage (% de l'EST)	**34.18**	**34.89**	**34.05**	**35.20**	**35.37**
Estimation du soutien aux consommateurs (ESC)	**-350**	**-372**	**-465**	**-325**	**-325**
Transferts des consommateurs aux producteurs	-347	-324	-399	-264	-309
Autres transferts des consommateurs	-17	-48	-66	-61	-17
Transferts des contribuables aux consommateurs	0	0	0	0	0
Surcoût de l'alimentation animale	14	0	0	0	0
ESC en pourcentage (%)	**-6.03**	**-1.93**	**-2.48**	**-1.83**	**-1.55**
CNP des consommateurs (coeff.)	**1.07**	**1.02**	**1.03**	**1.02**	**1.02**
CNS aux consommateurs (coeff.)	**1.06**	**1.02**	**1.03**	**1.02**	**1.02**
Estimation du soutien total (EST)	**741**	**889**	**900**	**854**	**912**
Transferts des consommateurs	364	372	465	325	325
Transferts des contribuables	394	565	501	590	603
Recettes budgétaires	-17	-48	-66	-61	-17
EST en pourcentage (% du PIB)	**0.62**	**0.25**	**0.26**	**0.28**	**0.22**
Estimation du soutien budgétaire total (ESBT)	**304**	**479**	**484**	**454**	**500**
ESBT en pourcentage (% du PIB)	**0.25**	**0.14**	**0.14**	**0.15**	**0.12**
Déflateur du PIB (2000-02=100)	**100**	**316**	**300**	**316**	**332**
Taux de change (monnaie nationale par USD)	**8.69**	**15.23**	**14.45**	**16.46**	**14.78**

Note : p : provisoire. CNP : Coefficient nominal de protection. CNS : Coefficient nominal de soutien.
S/Na/Rec/Rev : Superficie cultivée/Nombre d'animaux/Recettes/Revenu.
1. Le soutien des prix du marché (SPM) s'entend net de prélèvements aux producteurs et de surcoût de l'alimentation animale. Les produits SPM pour l'Afrique du Sud sont : le blé, le maïs, le tournesol, le sucre, le lait, la viande bovine, porcine et ovine, la volaille, les oeufs, les arachides, le raisin, les oranges et les pommes.
Source : OCDE (2022), « Estimations du soutien aux producteurs et aux consommateurs », *Statistiques agricoles de l'OCDE* (base de données). http://dx.doi.org/10.1787/agr-pcse-data-fr

25 Suisse

Soutien à l'agriculture

Au cours des décennies passées, la Suisse a modérément réduit son soutien à l'agriculture, dont le niveau s'est stabilisé ces dix dernières années. Le soutien aux producteurs, exprimé en pourcentage des recettes agricoles brutes, s'est maintenu à un niveau élevé de 50 % en moyenne sur la période 2019-21, soit presque trois fois plus que la moyenne de l'OCDE. La structure de ce soutien a cependant beaucoup changé, les paiements directs ayant remplacé une part importante du soutien des prix du marché (SPM).

Le SPM reste néanmoins la principale composante du soutien, principalement sous la forme de contingents tarifaires assortis de droits de douane hors contingent élevés. Il représente aujourd'hui quelque 50 % du soutien total aux producteurs, contre 80 % il y a 30 ans. En 2019-21, les prix intérieurs moyens ont été supérieurs de 49 % à la moyenne des prix mondiaux. La volaille, les œufs, la viande de porc, le colza ainsi que la viande de bœuf et de veau sont les produits pour lesquels la distorsion de prix a été la plus importante (coefficient nominal de protection) et la part des transferts au titre d'un seul produit (TSP) la plus élevée dans les recettes agricoles brutes par produit.

La Suisse verse à ses agriculteurs d'importants paiements directs, presque tous soumis à des prestations écologiques requises. La part du soutien total aux producteurs a augmenté, passant d'environ 20 % dans les années 80 à presque 50 % ces dernières années. La plupart des aides concernent des paiements à la surface non liés à un produit particulier, des paiements pour le maintien de l'activité dans des conditions difficiles et des paiements accordés aux agriculteurs qui mettent en œuvre des pratiques agricoles plus rigoureuses en matière de protection de l'environnement et de bien-être animal.

Les dépenses consacrées aux services d'intérêt général (ESSG) sont élevées en Suisse. L'ESSG en pourcentage de la production agricole en valeur est passée de moins de 6 % en 2000-02 à plus de 8 % en 2019-21, et se classe parmi les plus élevées des pays étudiés dans le présent rapport. Près de la moitié de l'ESSG est consacrée au système de connaissances et d'innovation agricoles. Le soutien à l'agriculture en pourcentage du PIB a reculé, passant de 2 % en 2000-02 à 1 % en 2019-21.

Évolutions récentes de l'action publique

En mars 2021, le Conseil national suisse a confirmé la suspension du processus législatif relatif à la réforme agricole (Politique agricole à partir de 2022 – PA22+), dont la mise en place était initialement prévue pour 2022. Cette réforme, dont l'objectif est d'accroître la valeur ajoutée et la productivité du secteur tout en renforçant la protection de l'environnement et des ressources naturelles, sera réexaminée une fois que le Conseil fédéral en aura évalué plus précisément les composantes et les résultats attendus. La PA22+ ne devrait pas entrer en vigueur avant 2025. Une enveloppe budgétaire de 14.02 milliards CHF (15.3 milliards USD), en hausse de 0.6 % par rapport à 2018-21, a été adoptée pour couvrir la période 2022-25.

En avril 2021, un grand plan de mesures relatif à la qualité de l'eau a été soumis à consultation séparément de la réforme agricole, dont il faisait initialement partie. Les nouvelles mesures adoptées en 2022 visent à faire baisser les risques associés à l'utilisation de produits phytosanitaires de 50 % d'ici à 2027 par rapport à la moyenne de 2012-15. Elles définissent également un objectif minimal de réduction des pertes d'azote et de phosphore de 20 % à l'horizon 2030, et mettent en place des surfaces de promotion de la biodiversité équivalant à 3.5 % de la surface agricole utile. L'entrée en vigueur de cette dernière mesure a été repoussée à 2024 en raison de la situation des marchés internationaux. Le train annuel d'ordonnances agricoles de novembre 2021 comporte également des prestations écologiques requises plus strictes liées à la gestion des engrais de ferme liquides.

En janvier 2021, la Suisse a présenté sa Stratégie climatique à long terme, qui table sur une réduction des émissions agricoles de gaz à effet de serre (GES) de 40 % par rapport à 1990 à l'horizon 2050, dans le cadre d'un objectif plus large de neutralité carbone pour le pays. Cette stratégie à long terme définit également pour l'agriculture suisse un objectif de production alimentaire, qui devra atteindre au moins 50 % de l'approvisionnement du pays à l'horizon 2050. Cependant, un texte législatif fondamental destiné à accompagner la transition (la révision de la loi sur le CO_2) a été rejeté par référendum en juin 2021, ce qui prive le secteur agricole d'un objectif d'atténuation des émissions à moyen terme et d'instruments cohérents pour mettre en œuvre les engagements à long terme. Les mesures environnementales déjà adoptées peuvent contribuer à des efforts d'atténuation spécifiques, mais de nouvelles propositions sont attendues de la part du Conseil fédéral pour remédier à cette situation.

En juin 2021, le Conseil fédéral a adopté la Stratégie pour le développement durable 2030 ainsi que le plan d'action y afférent, qui comporte des objectifs liés au système alimentaire. Quatre objectifs ont été définis dans ce domaine : (1) réduire de 25 % l'empreinte GES des denrées alimentaires consommées à l'horizon 2030 par rapport à 2020 ; (2) faire en sorte qu'un tiers de la population ait accès à une nourriture saine, équilibrée et durable d'ici à 2030 ; (3) faire baisser de 50 % le gaspillage alimentaire par habitant en 2030 par rapport à 2017, et réduire considérablement les pertes alimentaires tout au long de la chaîne de valeur; (4) faire progresser d'un tiers d'ici 2030, par rapport à 2020, la proportion d'exploitations agricoles qui produisent de manière particulièrement respectueuse de l'environnement et des animaux en recourant à des programmes spécifiques de développement durable, que ceux-ci soient privés ou de droit public. Des débats entre parties prenantes ont été organisés dans le contexte du Dialogue multipartite national sur les systèmes alimentaires afin d'établir une Feuille de route nationale en vue de la transformation des systèmes alimentaires, qui viendra appuyer cette Stratégie. Le plan d'action prévoit également d'actualiser avant fin 2022 la Stratégie Climat pour l'agriculture de 2011.

Évaluation et recommandations

- L'adoption d'objectifs de réduction des émissions à moyen et long terme pour le système agroalimentaire représente une avancée positive en matière d'action climatique, mais le rejet de la révision de la loi sur le CO_2 envoie un signal moins encourageant. Sur le plan législatif, un nouveau texte devra être proposé rapidement pour faire en sorte que les mesures nationales d'atténuation du changement climatique demeurent alignées sur les engagements pris en vertu de l'Accord de Paris, et que les mesures propres au secteur de l'agriculture soient en phase avec une stratégie intersectorielle plus large.

- Plus généralement, les objectifs de la réforme PA22+ étaient conçus de manière à rendre le secteur agricole plus efficient, en améliorant les revenus agricoles et les avantages pour l'environnement tout en préservant la sécurité alimentaire. La suspension du processus législatif ne doit pas conduire à revoir les ambitions initiales à la baisse.

- Quand bien même la Suisse a réduit la part des formes de soutien les plus susceptibles de créer des distorsions, les mesures à la frontière et les paiements fondés sur la production demeurent parmi les plus élevés de la zone OCDE. La poursuite des mesures prises pour découpler le soutien des revenus de la production agricole permettrait d'alléger les pressions exercées sur l'environnement et de renforcer la compétitivité et la résilience du secteur.

- Des investissements dans des systèmes de production plus efficients favoriseraient par ailleurs la réalisation des objectifs environnementaux et climatiques. En dépit d'un soutien élevé aux systèmes de connaissances et d'innovation agricoles, la croissance de la productivité totale des facteurs de l'agriculture suisse a marqué le pas ces dix dernières années.

- Les paiements conséquents dédiés à la protection de l'environnement se sont révélés efficaces dans de nombreux domaines, mais n'ont pas fait reculer les excédents d'azote – toujours deux fois supérieurs à la moyenne de l'OCDE – qui contribuent aux émissions de GES. Le nouveau Plan pour une eau propre devrait permettre de réduire les applications d'engrais, mais des changements structurels plus profonds devraient s'avérer nécessaires.

- Les pouvoirs publics devraient également envisager sérieusement de prendre des mesures précoces ciblant le secteur de l'élevage, qui produit la majeure partie des émissions agricoles de la Suisse. Sans programme à moyen terme propre à ce secteur, le pays pourra difficilement s'aligner sur les objectifs climatiques fixés à l'horizon 2050 ainsi que sur les efforts mondiaux en vertu de l'Engagement mondial concernant le méthane.

- La sécurité alimentaire est un élément clé de la politique agricole de la Suisse. Cette dernière met cependant l'accent sur les produits animaux, ce qui induit une dépendance à l'égard des importations de produits fourragers et aggrave les déséquilibres alimentaires observés dans le pays. Une production plus équilibrée permettrait d'atteindre plus facilement les objectifs d'ordre nutritionnel.

Graphique 25.1. Suisse : Évolution du soutien à l'agriculture

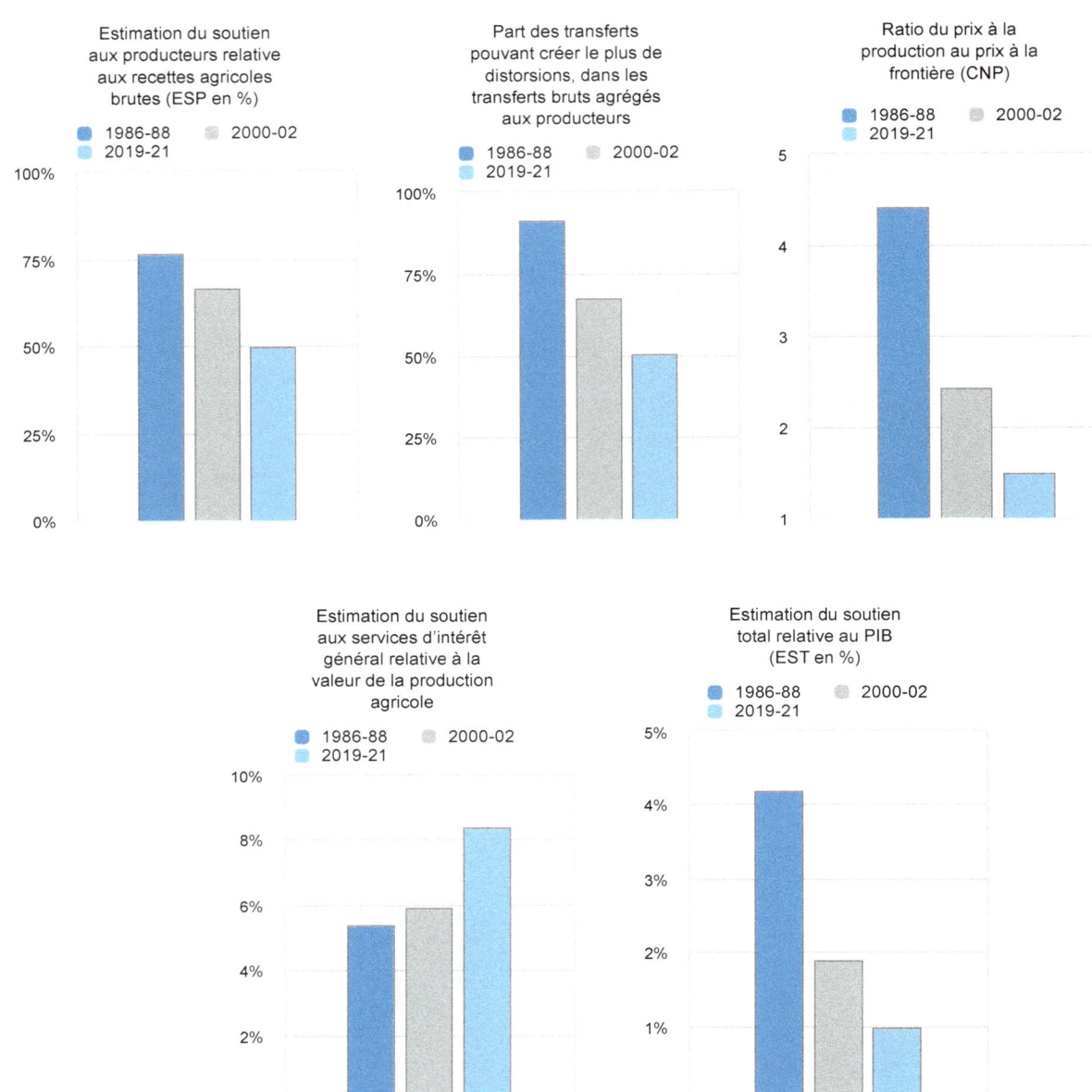

Source : OCDE (2022), « Estimations du soutien aux producteurs et aux consommateurs », Statistiques agricoles de l'OCDE (base de données), http://dx.doi.org/10.1787/agr-pcse-data-fr.

Graphique 25.2. Suisse : Moteurs du changement de l'ESP, 2020 à 2021

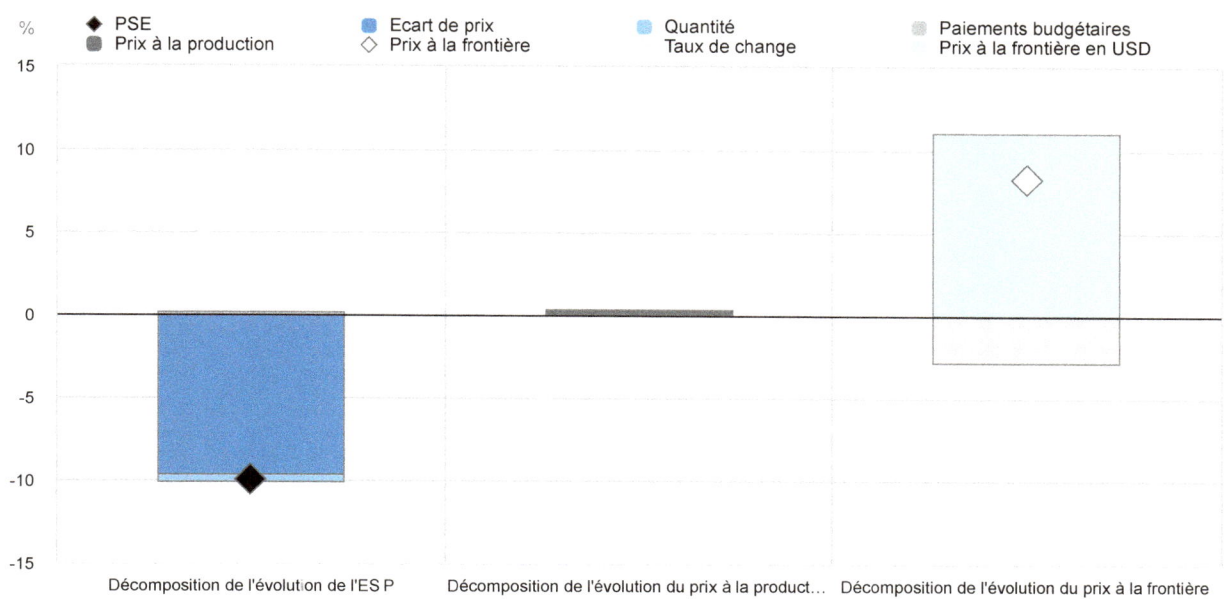

Source : OCDE (2022), « Estimations du soutien aux producteurs et aux consommateurs », Statistiques agricoles de l'OCDE (base de données), http://dx.doi.org/10.1787/agr-pcse-data-fr.

Graphique 25.3. Suisse : Transferts au titre d'un produit, en pourcentage des recettes agricoles brutes par produit, 2019-21

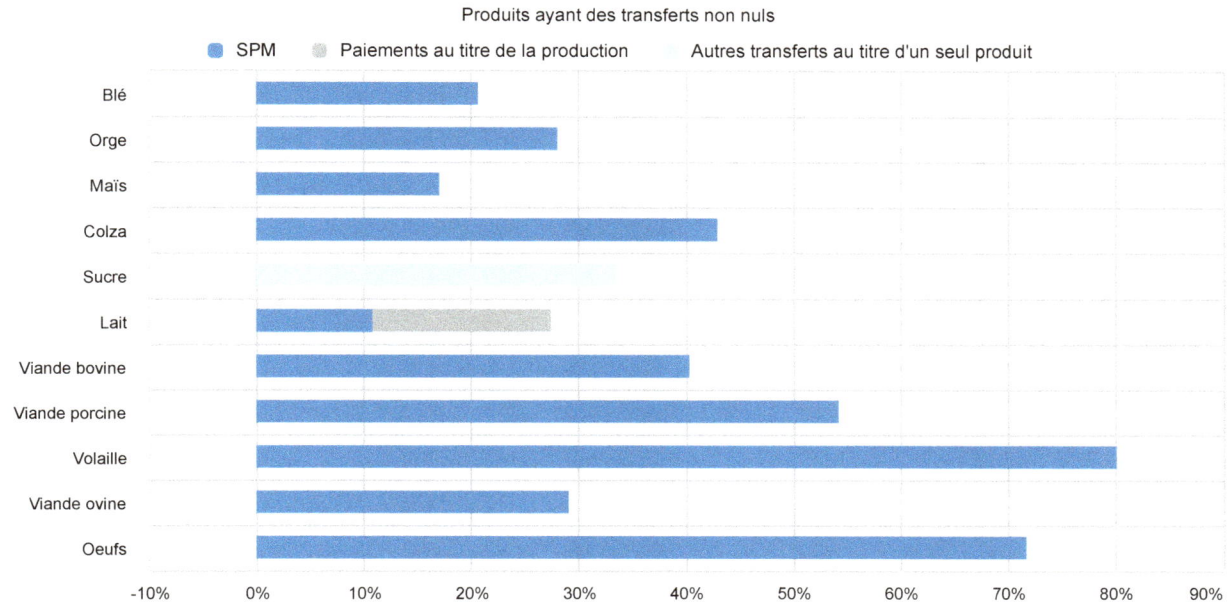

Source : OCDE (2022), « Estimations du soutien aux producteurs et aux consommateurs », Statistiques agricoles de l'OCDE (base de données), http://dx.doi.org/10.1787/agr-pcse-data-fr.

Tableau 25.1. Suisse : Estimations du soutien à l'agriculture

Millions USD

	1986-88	2000-02	2019-21	2019	2020	2021p
Valeur totale de la production (en sortie de l'exploitation)	8 025	5 695	9 529	9 259	9 717	9 612
dont : part des produits SPM (%)	62.80	57.98	60.29	57.77	60.39	62.70
Valeur totale de la consommation (en sortie d'exploitation)	12 693	8 853	14 898	14 434	14 291	15 970
Estimation du soutien aux producteurs (ESP)	6 871	5 054	6 586	6 076	7 108	6 574
Soutien au titre de la production des produits de base	5 966	3 361	3 226	2 862	3 721	3 095
Soutien des prix du marché[1]	5 939	3 142	2 830	2 488	3 325	2 677
Soutien positif des prix du marché	5 939	3 142	2 830	2 488	3 325	2 677
Soutien négatif des prix du marché	0	0	0	0	0	0
Paiements au titre de la production	27	218	396	374	396	418
Paiements au titre de l'utilisation d'intrants	358	126	152	146	150	158
Utilisation d'intrants variables	289	67	70	67	71	73
avec contraintes sur les intrants	0	14	0	0	0	0
Formation de capital fixe	46	53	81	79	79	86
avec contraintes sur les intrants	0	0	42	37	42	47
Services utilisés sur l'exploitation	23	6	0	0	0	0
avec contraintes sur les intrants	0	0	0	0	0	0
Paiements au titre des S/Na/Rec/Rev courants, production requise	392	564	1 050	995	1 060	1 094
Au titre des Recettes / du Revenu	10	0	0	0	0	0
Au titre de la Superficie cultivée / du Nombre d'animaux	382	564	1 050	995	1 060	1 094
avec contraintes sur les intrants	217	540	1 000	946	1 008	1 044
Paiements au titre des S/Na/Rec/Rev non courants, production requise	18	51	1 103	1 054	1 111	1 142
Paiements au titre des S/Na/Rec/Rev non courants, production facultative	0	774	90	105	91	73
Avec taux de paiement variables	0	0	0	0	0	0
avec exceptions sur les produits	0	0	0	0	0	0
Avec taux de paiement fixes	0	774	90	105	91	73
avec exceptions sur les produits	0	0	0	0	0	0
Paiements sur critères non liés à des produits de base	0	58	753	708	760	790
Retrait de ressources à long terme	0	0	0	0	0	0
Production de produits particuliers autres que produits de base	0	58	753	708	760	790
Autres critères non liés à des produits de base	0	0	0	0	0	0
Paiements divers	137	120	214	204	215	221
ESP en pourcentage (%)	76.60	66.40	49.54	47.30	52.65	48.66
CNP des producteurs (coeff.)	4.41	2.43	1.49	1.43	1.60	1.45
CNS aux producteurs (coeff.)	4.27	2.98	1.98	1.90	2.11	1.95
Estimation du soutien aux services d'intérêt général (ESSG)	431	337	798	752	805	836
Système de connaissances et d'innovation agricoles	110	70	395	370	402	413
Services d'inspection et de contrôle	9	24	12	11	11	13
Développement et entretien des infrastructures	80	54	87	83	86	92
Commercialisation et promotion	29	37	68	63	67	73
Coût du stockage public	66	32	48	45	49	51
Divers	137	120	188	179	190	195
ESSG en pourcentage (% de l'EST)	5.41	6.09	10.79	11.00	10.14	11.28
Estimation du soutien aux consommateurs (ESC)	-9 012	-5 032	-4 574	-4 127	-5 050	-4 547
Transferts des consommateurs aux producteurs	-6 065	-3 243	-2 855	-2 511	-3 361	-2 692
Autres transferts des consommateurs	-3 788	-1 986	-1 746	-1 636	-1 737	-1 865
Transferts des contribuables aux consommateurs	700	147	10	5	19	5
Surcoût de l'alimentation animale	141	50	17	15	29	6
ESC en pourcentage (%)	-75.00	-57.80	-30.71	-28.60	-35.38	-28.48
CNP des consommateurs (coeff.)	4.44	2.44	1.45	1.40	1.55	1.40
CNS aux consommateurs (coeff.)	4.00	2.37	1.44	1.40	1.55	1.40
Estimation du soutien total (EST)	8 002	5 538	7 393	6 832	7 932	7 416
Transferts des consommateurs	9 853	5 229	4 601	4 147	5 098	4 558
Transferts des contribuables	1 937	2 296	4 538	4 321	4 571	4 724
Recettes budgétaires	-3 788	-1 986	-1 746	-1 636	-1 737	-1 865
EST en pourcentage (% du PIB)	4.18	1.89	0.97	0.93	1.05	0.92
Estimation du soutien budgétaire total (ESBT)	2 063	2 396	4 563	4 344	4 607	4 739
ESBT en pourcentage (% du PIB)	1.08	0.82	0.60	0.59	0.61	0.59
Déflateur du PIB (1986-88=100)	100	127	136	136	135	137
Taux de change (monnaie nationale par USD)	1.58	1.64	0.95	0.99	0.94	0.91

Note : p : provisoire. CNP : Coefficient nominal de protection. CNS : Coefficient nominal de soutien.

S/Na/Rec/Rev : Superficie cultivée/Nombre d'animaux/Recettes/Revenu.

1. Le soutien des prix du marché (SPM) s'entend net de prélèvements aux producteurs et de surcoût de l'alimentation animale. Les produits SPM pour la Suisse sont : le blé, le maïs, l'orge, le colza, le sucre, le lait, la viande bovine, ovine et porcine, la volaille et les œufs.

Source : OCDE (2022), « Estimations du soutien aux producteurs et aux consommateurs », *Statistiques agricoles de l'OCDE* (base de données).
http://dx.doi.org/10.1787/agr-pcse-data-fr

26 Turquie

Soutien à l'agriculture

En Turquie, les transferts aux producteurs agricoles en pourcentage des recettes agricoles brutes se placent légèrement au-dessus de la moyenne des pays de l'OCDE. En 2019-21, le soutien aux producteurs s'établissait autour de 20 % des recettes agricoles brutes, en baisse par rapport aux 24 % de la période 2000-02. Le soutien prend très majoritairement (pour 64 % en 2019-21) la forme d'un soutien des prix de marché (SPM) par le biais de droits de douane, ainsi que de réductions des dettes des exportateurs et d'injections de capital dans les entreprises publiques. Ce pourcentage est très supérieur à celui de la moyenne de l'OCDE. Les prix à la production étaient environ 15 % plus élevés que les prix à la frontière sur la période 2019-21, principalement du fait du soutien bénéficiant aux pommes de terre, au blé, aux graines de tournesol et à la viande bovine. Les prix des autres produits sont alignés sur les prix à la frontière. Les autres types de soutien comprennent pour l'essentiel les primes versées aux producteurs de certains produits, les paiements au titre des superficies sous la forme d'assurances récolte, et les primes d'aide aux achats de gazole et d'engrais. De nombreux prêts bonifiés ont été accordés dans le cadre des mesures de riposte à la pandémie de COVID-19 en 2020 et ont entraîné une hausse de l'ESP cette année-là.

Les dépenses consacrées aux services d'intérêt général (mesurées par l'ESSG) s'établissaient à 2.3 % de la valeur de la production agricole sur la période 2019-21, contre 15.4 % en 2000-02. Toutefois, les paiements de compensation pour missions de service public ont été particulièrement élevés en 2000-02 en raison d'un pic d'inflation, c'est pourquoi l'ESSG sur la période 1986-88 est plus représentative des moyennes passées. Le soutien aux infrastructures d'irrigation constitue la plus grosse part de l'ESSG avec environ 66 % des dépenses en 2019-21. Viennent ensuite les paiements de compensation pour missions de service public et les injections de capital, d'environ 27 % en 2019-21. Le soutien total apporté au secteur s'élevait à 1.6 % du PIB en 2019-21, en recul par rapport aux 3.8 % de 2000-02. Son rôle dans l'économie s'est donc considérablement réduit.

Évolutions récentes de l'action publique

En 2021, la Turquie a adopté un plan d'action pour le Pacte vert, qui définit des objectifs et des actions à engager dans le but de rendre l'agriculture plus durable. Les principales mesures prévues consistent à réduire l'utilisation des pesticides, des antimicrobiens et des engrais chimiques, à développer la production biologique, à utiliser davantage les énergies renouvelables en agriculture, et à améliorer la gestion des déchets et des résidus.

La première réunion du nouveau conseil de l'eau s'est tenue en mars 2021 afin d'établir les stratégies à court, moyen et long terme de la Turquie pour le secteur de l'eau. Une politique de gestion de l'eau sera élaborée avec les parties concernées, notamment les agriculteurs, les chercheurs, les organisations non gouvernementales et le secteur public. Une étude pilote a été mise en place pendant la saison d'irrigation 2021 pour créer un système de tarification de l'eau en vertu duquel les usagers payent des redevances plus élevées si leur consommation augmente. Cette étude pilote sera étendue à tous les périmètres d'irrigation équipés de dispositifs de comptage appropriés.

La Turquie a préparé sa feuille de route nationale pour les systèmes alimentaires en 2021 dans le cadre du Sommet des Nations Unies sur les systèmes alimentaires. Cette stratégie comprend 10 priorités et 117 actions mises en parallèle avec les cinq pistes d'action du Sommet dans l'optique de transformer les systèmes alimentaires et d'atteindre les Objectifs de développement durable d'ici à 2030.

Évaluation et recommandations

- Dans la contribution déterminée au niveau national (CDN) de la Turquie, une augmentation des émissions est possible jusqu'en 2030 ; aucun objectif spécifique de réduction des émissions n'est défini pour l'agriculture. Le gouvernement fixe un objectif d'émissions nettes égales à zéro d'ici à 2053, mais la trajectoire pour y parvenir n'est pas claire.

- Les réductions d'émissions dans l'agriculture reposent sur une amélioration de l'efficacité d'utilisation des terres et des intrants. Or, les dispositifs actuels d'aide aux achats de carburant et d'engrais peuvent être contreproductifs à cet égard. De plus, le niveau des investissements publics dans les systèmes de connaissances et d'information en agriculture est faible par rapport aux autres pays de l'OCDE.

- La politique agricole influe fortement sur les décisions de production, et les entreprises publiques occupent une place importante dans le système de commercialisation de certains produits. Diminuer le rôle des entreprises publiques sur les marchés agricoles et remplacer les objectifs d'autosuffisance et la production agricole planifiée par une démarche de compétitivité et d'efficacité favorisera une croissance agricole résiliente, à condition que des mesures environnementales soient aussi en place pour assurer une dimension durable.

- La Turquie a massivement investi dans le développement des infrastructures d'irrigation. Le pays commence à réfléchir aux possibilités que peut offrir la tarification de l'eau, ce qui est positif. Il sera important d'appliquer les enseignements tirés de la phase pilote. La gestion durable de l'eau jouera un rôle majeur dans le résilience climatique du secteur.

- La pandémie de COVID-19 a entraîné des baisses temporaires des droits de douane applicables à un grand nombre de produits agricoles de première importance. Pérenniser ces changements permettrait d'améliorer l'ouverture des marchés et d'atténuer les hausses des prix alimentaires à la consommation.

Graphique 26.1. Turquie : Évolution du soutien à l'agriculture

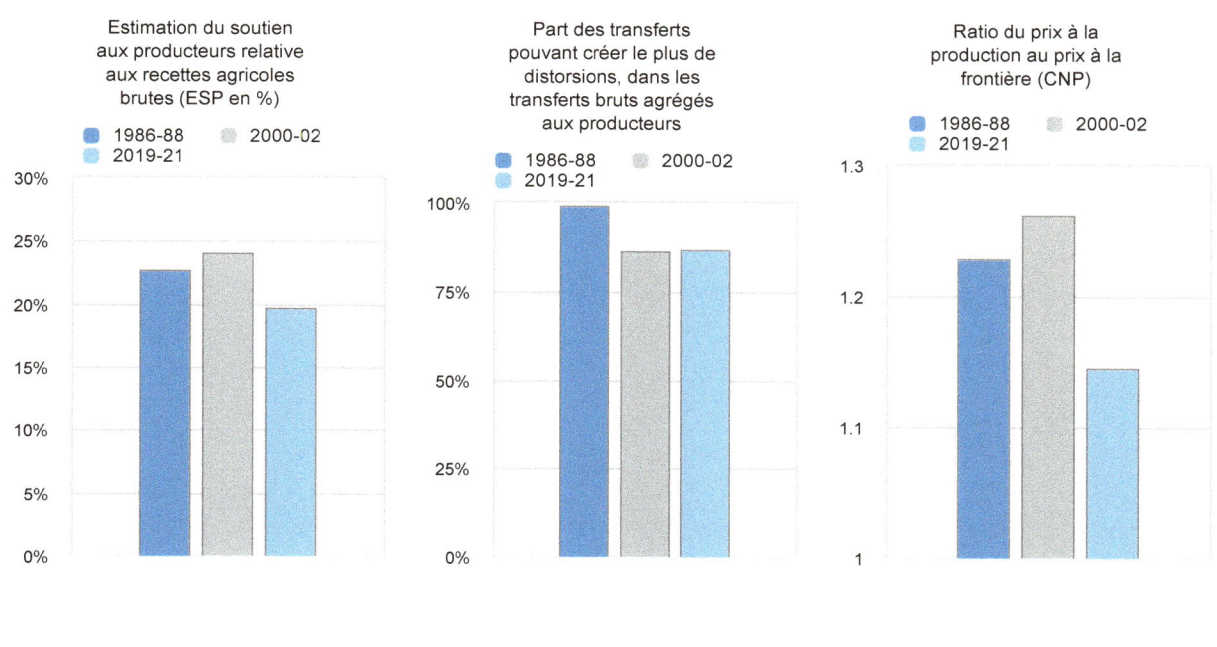

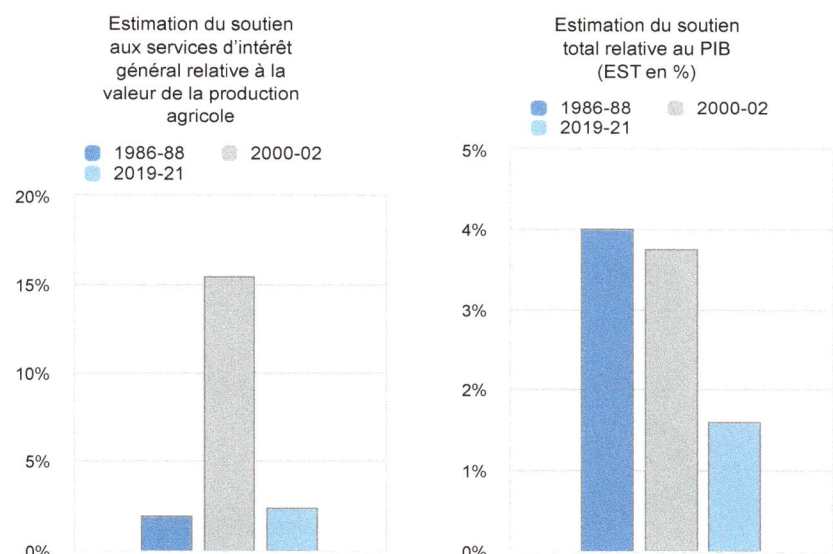

Source : OCDE (2022), « Estimations du soutien aux producteurs et aux consommateurs », Statistiques agricoles de l'OCDE (base de données), http://dx.doi.org/10.1787/agr-pcse-data-fr.

Graphique 26.2. Turquie : Moteurs du changement de l'ESP, 2020 à 2021

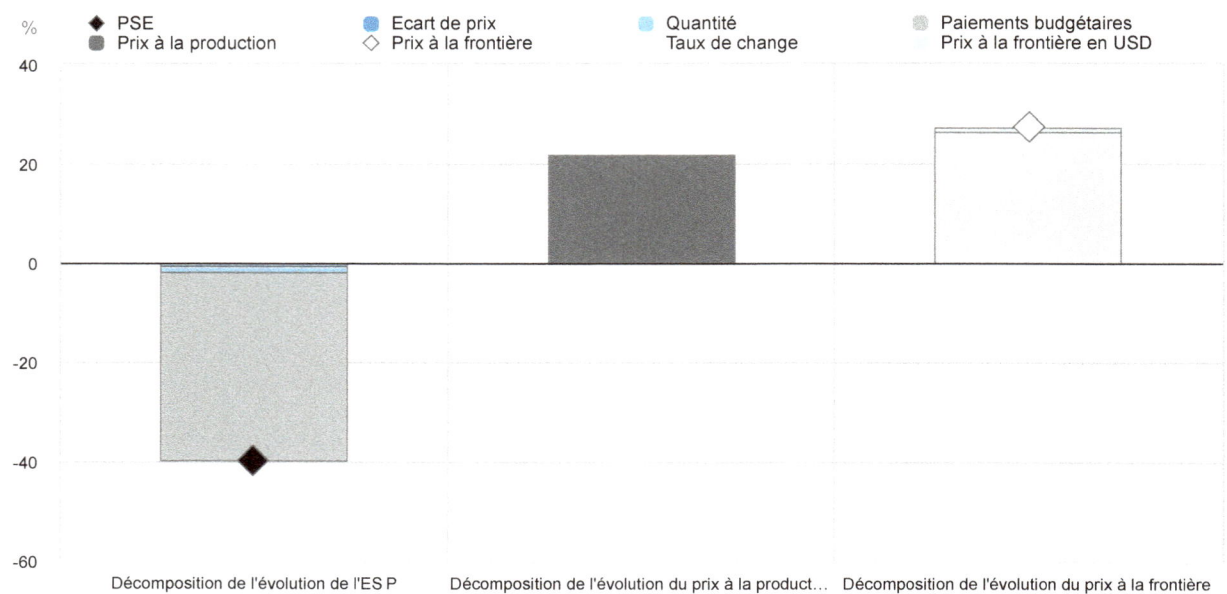

Source : OCDE (2022), « Estimations du soutien aux producteurs et aux consommateurs », Statistiques agricoles de l'OCDE (base de données), http://dx.doi.org/10.1787/agr-pcse-data-fr.

Graphique 26.3. Turquie : Transferts au titre d'un produit, en pourcentage des recettes agricoles brutes par produit, 2019-21

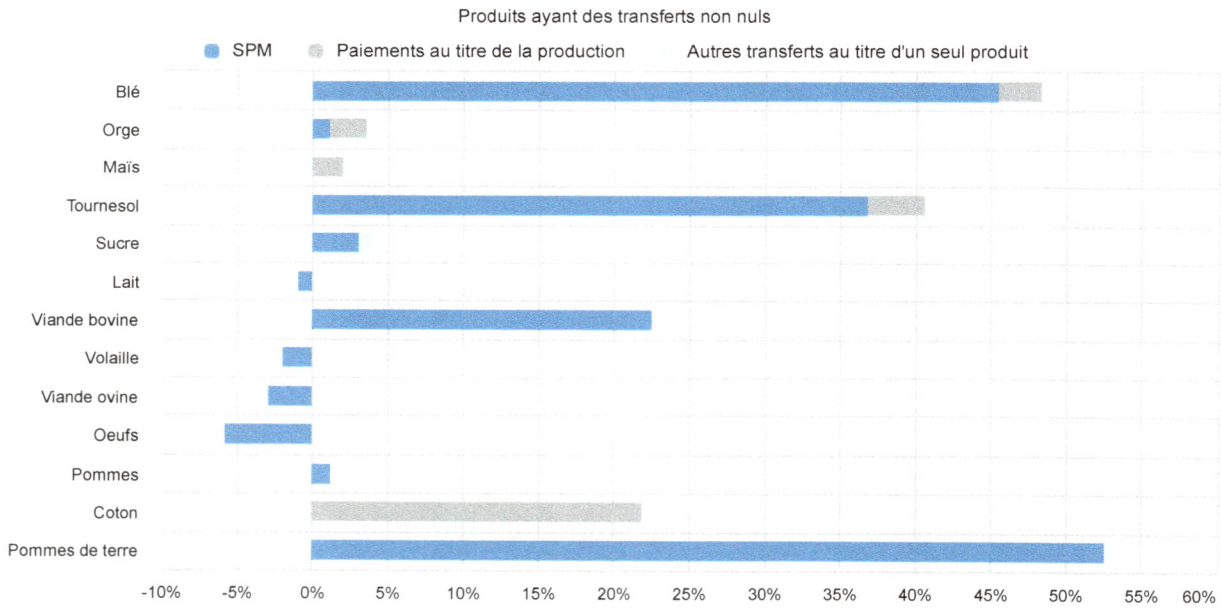

Source : OCDE (2022), « Estimations du soutien aux producteurs et aux consommateurs », Statistiques agricoles de l'OCDE (base de données), http://dx.doi.org/10.1787/agr-pcse-data-fr.

Tableau 26.1. Turquie : Estimations du soutien à l'agriculture

Millions USD

	1986-88	2000-02	2019-21	2019	2020	2021p
Valeur totale de la production (en sortie de l'exploitation)	18 343	22 169	51 222	53 625	52 251	47 790
dont : part des produits SPM (%)	55.00	70.61	64.48	64.66	64.45	64.34
Valeur totale de la consommation (en sortie d'exploitation)	15 837	20 359	45 919	47 047	46 392	44 317
Estimation du soutien aux producteurs (ESP)	4 304	5 922	10 972	9 795	15 655	7 466
Soutien au titre de la production des produits de base	3 419	5 034	7 621	7 997	8 440	6 425
Soutien des prix du marché[1]	3 408	4 719	6 981	7 283	7 752	5 907
Soutien positif des prix du marché	3 412	4 726	7 170	7 388	7 976	6 147
Soutien négatif des prix du marché	-3	-8	-190	-104	-224	-240
Paiements au titre de la production	11	316	640	714	687	518
Paiements au titre de l'utilisation d'intrants	885	426	2 396	736	6 265	187
Utilisation d'intrants variables	850	302	1 821	339	4 995	129
avec contraintes sur les intrants	0	0	0	0	0	0
Formation de capital fixe	19	116	573	392	1 270	58
avec contraintes sur les intrants	0	0	0	0	0	0
Services utilisés sur l'exploitation	16	8	2	5	0	0
avec contraintes sur les intrants	0	0	0	0	0	0
Paiements au titre des S/Na/Rec/Rev courants, production requise	0	25	956	1 062	951	854
Au titre des Recettes / du Revenu	0	0	193	195	210	176
Au titre de la Superficie cultivée / du Nombre d'animaux	0	25	762	867	741	679
avec contraintes sur les intrants	0	0	83	145	54	48
Paiements au titre des S/Na/Rec/Rev non courants, production requise	0	0	0	0	0	0
Paiements au titre des S/Na/Rec/Rev non courants, production facultative	0	436	0	0	0	0
Avec taux de paiement variables	0	0	0	0	0	0
avec exceptions sur les produits	0	0	0	0	0	0
Avec taux de paiement fixes	0	436	0	0	0	0
avec exceptions sur les produits	0	0	0	0	0	0
Paiements sur critères non liés à des produits de base	0	0	0	0	0	0
Retrait de ressources à long terme	0	0	0	0	0	0
Production de produits particuliers autres que produits de base	0	0	0	0	0	0
Autres critères non liés à des produits de base	0	0	0	0	0	0
Paiements divers	0	0	0	0	0	0
ESP en pourcentage (%)	22.73	23.99	19.66	17.45	26.03	15.13
CNP des producteurs (coeff.)	1.23	1.26	1.15	1.15	1.16	1.13
CNS aux producteurs (coeff.)	1.29	1.32	1.24	1.21	1.35	1.18
Estimation du soutien aux services d'intérêt général (ESSG)	333	3 507	1 163	1 089	1 018	1 380
Système de connaissances et d'innovation agricoles	67	29	63	77	64	47
Services d'inspection et de contrôle	51	67	13	16	13	11
Développement et entretien des infrastructures	22	513	778	750	749	836
Commercialisation et promotion	95	2 888	309	247	192	486
Coût du stockage public	0	0	0	0	0	0
Divers	99	11	0	0	0	0
ESSG en pourcentage (% de l'EST)	7.39	37.81	9.94	10.01	6.11	15.60
Estimation du soutien aux consommateurs (ESC)	-3 032	-4 513	-5 924	-6 107	-6 182	-5 484
Transferts des consommateurs aux producteurs	-3 027	-4 547	-5 875	-6 137	-6 433	-5 056
Autres transferts des consommateurs	-49	-64	-277	-45	-2	-782
Transferts des contribuables aux consommateurs	0	0	0	0	0	0
Surcoût de l'alimentation animale	43	97	227	76	253	354
ESC en pourcentage (%)	-19.70	-20.49	-12.85	-12.98	-13.33	-12.38
CNP des consommateurs (coeff.)	1.25	1.26	1.15	1.15	1.16	1.15
CNS aux consommateurs (coeff.)	1.25	1.26	1.15	1.15	1.15	1.14
Estimation du soutien total (EST)	4 637	9 429	12 135	10 885	16 673	8 846
Transferts des consommateurs	3 075	4 611	6 152	6 183	6 435	5 838
Transferts des contribuables	1 611	4 881	6 259	4 748	10 241	3 790
Recettes budgétaires	-49	-64	-277	-45	-2	-782
EST en pourcentage (% du PIB)	4.00	3.76	1.59	1.43	2.32	1.15
Estimation du soutien budgétaire total (ESBT)	1 229	4 710	5 154	3 601	8 921	2 940
ESBT en pourcentage (% du PIB)	1.07	1.95	0.68	0.47	1.24	0.38
Déflateur du PIB (1986-88=100)	100	139 552	1 121 257	943 640	1 083 548	1 336 583
Taux de change (monnaie nationale par USD)	0.00	1.12	7.18	5.68	7.02	8.86

Note : p : provisoire. CNP : Coefficient nominal de protection. CNS : Coefficient nominal de soutien.

S/Na/Rec/Rev : Superficie cultivée/Nombre d'animaux/Recettes/Revenu.

1. Le soutien des prix du marché (SPM) s'entend net de prélèvements aux producteurs et de surcoût de l'alimentation animale. Les produits SPM pour la Turquie sont : le blé, le maïs, l'orge, le tournesol, le sucre, les pommes de terre, les tomates, le raisin, les pommes, le coton, le tabac, le lait, la viande bovine et ovine, la volaille et les oeufs.

Source : OCDE (2022), « Estimations du soutien aux producteurs et aux consommateurs », Statistiques agricoles de l'OCDE (base de données). http://dx.doi.org/10.1787/agr-pcse-data-fr

27 Ukraine

Le présent chapitre tient compte de l'évolution de l'action publique jusqu'au début du mois de février 2022. L'agression de grande ampleur de la Russie à l'encontre de l'Ukraine induit un bouleversement du contexte général et la nécessité de faire passer le maintien de l'activité du secteur avant toutes les autres préoccupations dans le domaine agricole. La situation continuant à évoluer, le présent chapitre ne comporte pas de section « Évaluation et recommandations » à ce stade.

Soutien à l'agriculture

En Ukraine, le soutien aux agriculteurs, mesuré par l'estimation du soutien aux producteurs (ESP), est faible comparativement à ce qui est observé dans d'autres pays. Au cours des trois dernières décennies, l'ESP a été volatile, en grande partie du fait de l'évolution du soutien des prix de marché (SPM). Ces dix dernières années, les variations de l'ESP se sont toutefois rapprochées de zéro, et on atteint un niveau moyen de 1.7 % des recettes agricoles brutes pour la période 2019-21.

Au cours des deux dernières décennies, le SPM a été négatif la plupart du temps, avec des prix moyens à la production inférieurs aux prix de référence internationaux, mais avec des différences sensibles d'un produit et d'une période à l'autre. Du fait de mesures de protection douanières, les prix intérieurs des produits à base de viande et du sucre ont été supérieurs aux prix internationaux, contrairement à ceux de la plupart des cultures et du lait, dont le niveau a globalement été inférieur. Ces dernières années, les conséquences globales de l'intervention publique sur les prix ont vraisemblablement été limitées et, depuis 2018, le SPM total du secteur est légèrement positif.

Les transferts au titre d'un seul produit (TSP) concernent essentiellement le SPM du sucre, du seigle et de la viande porcine, qui bénéficient du soutien le plus important, tandis que l'avoine et, dans une moindre mesure, les graines de tournesol et le lait sont implicitement taxés.

Le soutien budgétaire aux producteurs, dispensé principalement sous la forme d'avantages fiscaux et d'un soutien au titre des intrants pour des prêts à court terme et la formation de capital fixe, représente moins de 1 % des recettes agricoles brutes, mais a contribué au soutien aux producteurs globalement positif relevé ces quatre dernières années. Dans le contexte de la pandémie de COVID-19, des aides supplémentaires ont été accordées depuis 2020 mais sont restées peu importantes, puisqu'elles ont représenté 0.4 % du soutien budgétaire accordé aux producteurs en 2020, et 1.8 % en 2021.

Le soutien aux services d'intérêt général (ESSG) s'est accru depuis 2015, mais reste faible par rapport à celui d'autres pays. Au cours de la période 2019-21, l'ESSG a représenté en moyenne 0.6 % de la production agricole en valeur, soit la moitié des niveaux relevés au début des années 2000. La plus grande partie de ces dépenses est destinée aux services d'inspection et de contrôle, ainsi qu'aux établissements d'enseignement agricole. Le soutien total accordé au secteur a légèrement progressé en valeur relative, passant d'une moyenne de 0.4 % du PIB sur la période 2000-02 à 0.6 % en 2019-21.

Évolutions récentes de l'action publique

Les pouvoirs publics ont continué de mettre au point la législation encadrant le renforcement du marché foncier dans le secteur agricole. Depuis le mois de juillet 2021, les citoyens ukrainiens peuvent acheter jusqu'à 100 hectares de terres ; à compter de janvier 2024, les acquisitions pourront concerner des superficies allant jusqu'à 10 000 hectares et seront ouvertes aux citoyens et aux entités juridiques ukrainiens. Le pays a par ailleurs adopté de nouvelles lois relatives à la documentation, à l'enregistrement et à l'évaluation foncières ainsi qu'à la gestion des terres agricoles publiques.

Un nouveau Fonds de garantie partielle des prêts dans le secteur de l'agriculture a été créé pour garantir les crédits accordés aux petites et moyennes exploitations ainsi qu'aux entreprises cultivant jusqu'à 500 hectares de terres. L'Ukraine s'est également dotée d'une loi instaurant des aides publiques dans le domaine de l'assurance agricole, qui permet aux producteurs de se faire rembourser jusqu'à 60 % du coût de leur assurance.

Plusieurs dispositifs juridiques ont été adoptés en matière environnementale, notamment un Plan d'action national pour la protection de l'environnement jusqu'en 2025, ainsi que de lois renforçant la protection des forêts et des tourbières et encourageant le développement de l'agriculture biologique.

L'Ukraine et la Turquie ont signé un nouvel accord de libre-échange en février 2022. Des réformes ont également été mises en place dans le cadre de l'accord d'association liant l'Ukraine à l'UE, en vue de renforcer les normes sanitaires relatives à l'exportation de produits animaux.

Graphique 27.1. Ukraine : Évolution du soutien à l'agriculture

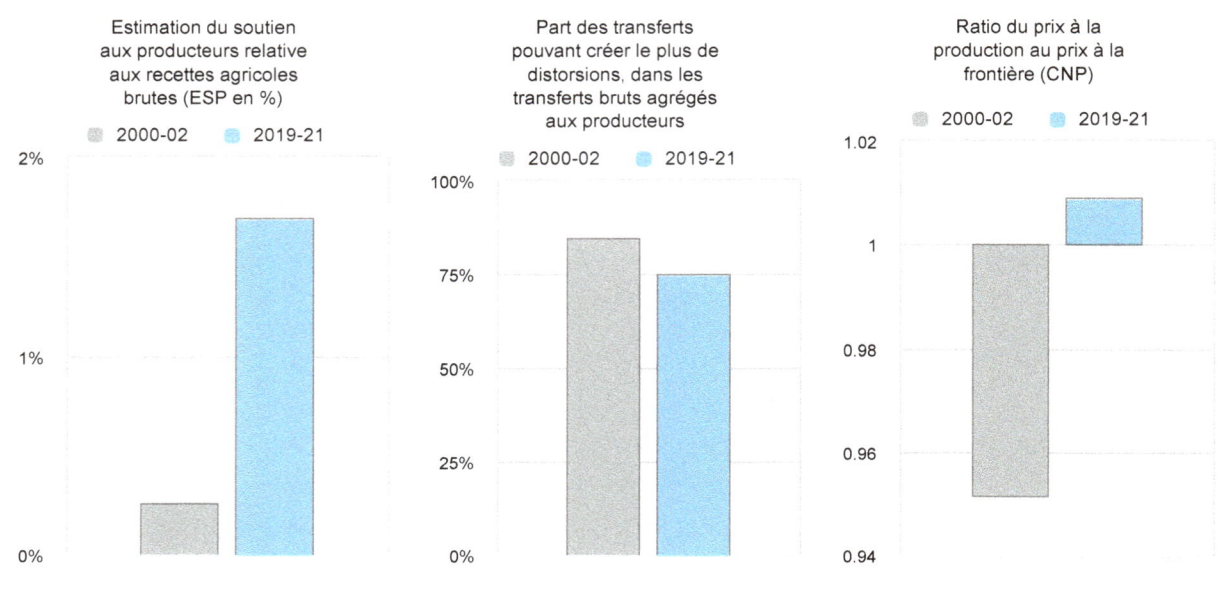

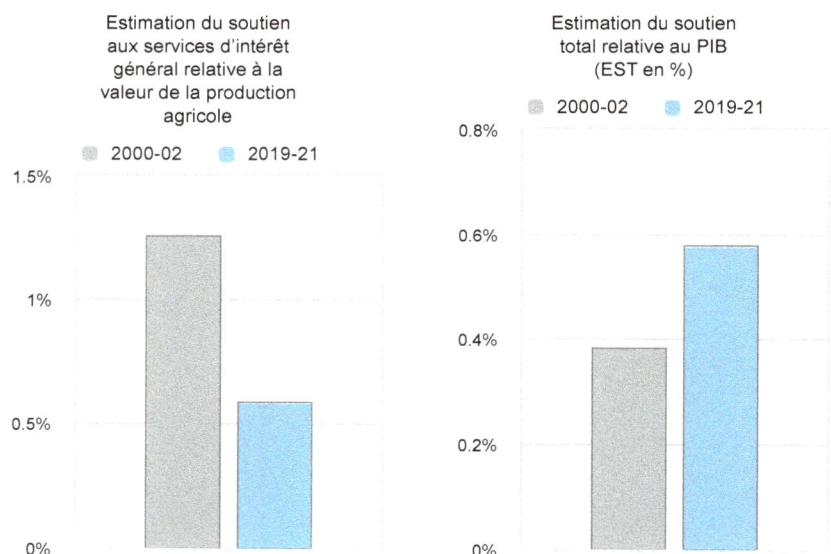

Source : OCDE (2022), « Estimations du soutien aux producteurs et aux consommateurs », Statistiques agricoles de l'OCDE (base de données), http://dx.doi.org/10.1787/agr-pcse-data-fr.

Graphique 27.2. Ukraine : Moteurs du changement de l'ESP, 2020 à 2021

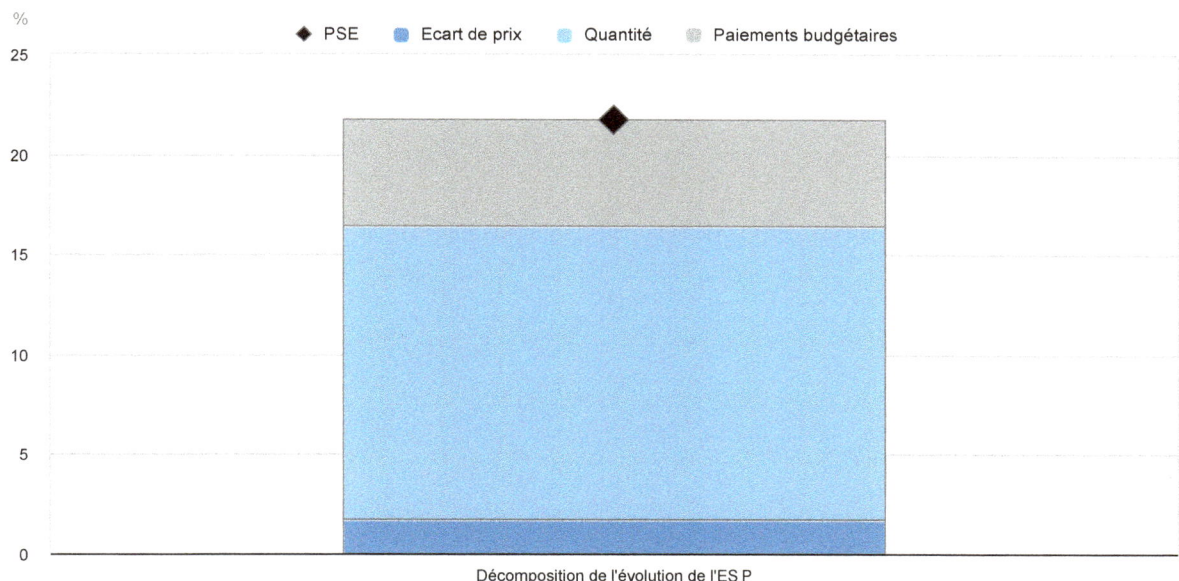

Note : La variation du prix à la production et la variation du prix à la frontière ne sont pas calculées lorsque l'écart de prix négatif se produit au niveau des produits de base pour l'année en cours ou précédente.
Source : OCDE (2022), « Estimations du soutien aux producteurs et aux consommateurs », Statistiques agricoles de l'OCDE (base de données), http://dx.doi.org/10.1787/agr-pcse-data-fr.

Graphique 27.3. Ukraine : Transferts au titre d'un produit, en pourcentage des recettes agricoles brutes par produit, 2019-21

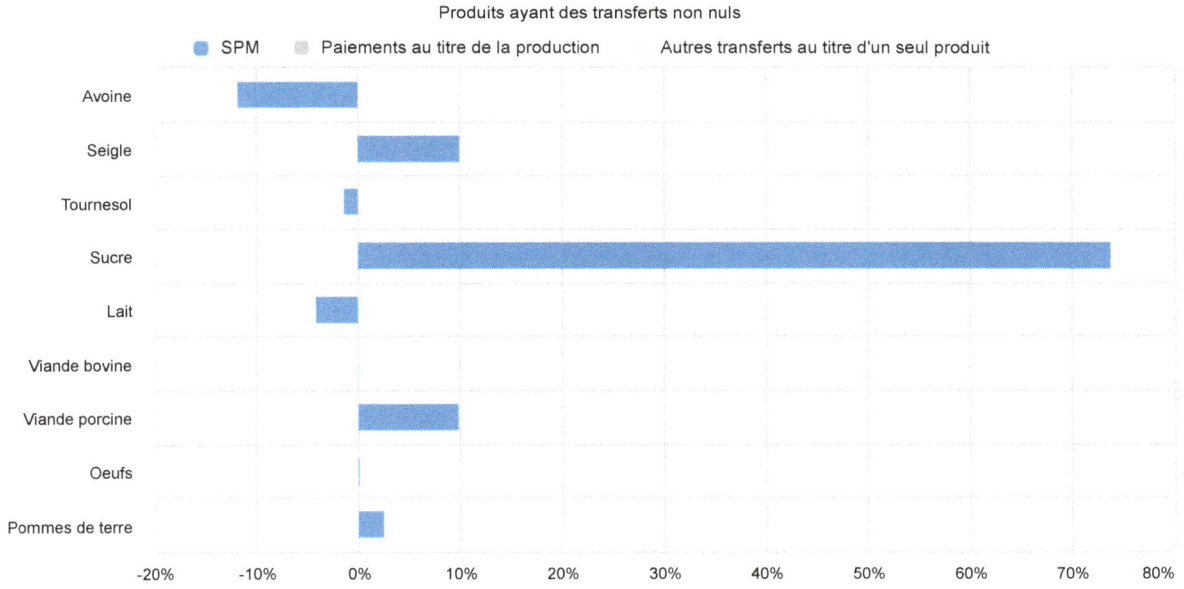

Source : OCDE (2022), « Estimations du soutien aux producteurs et aux consommateurs », Statistiques agricoles de l'OCDE (base de données), http://dx.doi.org/10.1787/agr-pcse-data-fr.

Tableau 27.1. Ukraine : Estimations du soutien à l'agriculture

Millions USD

	2000-02	2019-21	2019	2020	2021p
Valeur totale de la production (en sortie de l'exploitation)	9 619	40 481	35 426	34 579	51 437
dont : part des produits SPM (%)	86.77	84.88	84.45	84.74	85.44
Valeur totale de la consommation (en sortie d'exploitation)	8 841	26 998	25 202	24 112	31 680
Estimation du soutien aux producteurs (ESP)	24	699	1 018	490	590
Soutien au titre de la production des produits de base	-443	376	684	184	261
Soutien des prix du marché[1]	-560	376	684	184	261
Soutien positif des prix du marché	389	600	891	359	551
Soutien négatif des prix du marché	-948	-224	-207	-175	-289
Paiements au titre de la production	116	0	0	0	0
Paiements au titre de l'utilisation d'intrants	203	135	120	135	150
Utilisation d'intrants variables	169	37	23	39	48
avec contraintes sur les intrants	0	0	0	0	0
Formation de capital fixe	31	98	97	95	102
avec contraintes sur les intrants	0	0	0	0	0
Services utilisés sur l'exploitation	2	0	0	0	1
avec contraintes sur les intrants	0	0	0	0	0
Paiements au titre des S/Na/Rec/Rev courants, production requise	265	188	214	172	178
Au titre des Recettes / du Revenu	265	161	166	160	158
Au titre de la Superficie cultivée / du Nombre d'animaux	0	27	48	12	20
avec contraintes sur les intrants	0	0	0	0	0
Paiements au titre des S/Na/Rec/Rev non courants, production requise	0	0	0	0	0
Paiements au titre des S/Na/Rec/Rev non courants, production facultative	0	0	0	0	0
Avec taux de paiement variables	0	0	0	0	0
avec exceptions sur les produits	0	0	0	0	0
Avec taux de paiement fixes	0	0	0	0	0
avec exceptions sur les produits	0	0	0	0	0
Paiements sur critères non liés à des produits de base	0	0	0	0	0
Retrait de ressources à long terme	0	0	0	0	0
Production de produits particuliers autres que produits de base	0	0	0	0	0
Autres critères non liés à des produits de base	0	0	0	0	0
Paiements divers	0	0	0	0	0
ESP en pourcentage (%)	0.26	1.70	2.85	1.41	1.14
CNP des producteurs (coeff.)	0.95	1.01	1.02	1.01	1.01
CNS aux producteurs (coeff.)	1.00	1.02	1.03	1.01	1.01
Estimation du soutien aux services d'intérêt général (ESSG)	121	238	222	224	268
Système de connaissances et d'innovation agricoles	51	71	68	71	75
Services d'inspection et de contrôle	26	152	138	141	177
Développement et entretien des infrastructures	36	4	6	2	5
Commercialisation et promotion	1	0	0	0	0
Coût du stockage public	1	2	4	3	0
Divers	7	8	6	7	10
ESSG en pourcentage (% de l'EST)	..	25.53	17.90	31.32	31.22
Estimation du soutien aux consommateurs (ESC)	408	-367	-694	-192	-214
Transferts des consommateurs aux producteurs	501	-333	-632	-174	-194
Autres transferts des consommateurs	-38	-30	-56	-17	-17
Transferts des contribuables aux consommateurs	0	0	0	0	0
Surcoût de l'alimentation animale	-55	-3	-6	-1	-3
ESC en pourcentage (%)	4.58	-1.34	-2.75	-0.80	-0.68
CNP des consommateurs (coeff.)	0.95	1.01	1.03	1.01	1.01
CNS aux consommateurs (coeff.)	0.96	1.01	1.03	1.01	1.01
Estimation du soutien total (EST)	145	937	1 240	714	858
Transferts des consommateurs	-463	363	688	191	211
Transferts des contribuables	646	604	608	540	664
Recettes budgétaires	-38	-30	-56	-17	-17
EST en pourcentage (% du PIB)	0.38	0.58	0.81	0.46	0.49
Estimation du soutien budgétaire total (ESBT)	705	561	556	530	596
ESBT en pourcentage (% du PIB)	1.83	0.35	0.36	0.34	0.34
Déflateur du PIB (2000-02=100)	100	1 492	1 423	1 562	..
Taux de change (monnaie nationale par USD)	5.38	26.70	25.85	26.96	27.29

.. Non disponible

Note : p : provisoire. CNP : Coefficient nominal de protection. CNS : Coefficient nominal de soutien.

S/Na/Rec/Rev : Superficie cultivée/Nombre d'animaux/Recettes/Revenu.

1. Le soutien des prix du marché (SPM) s'entend net de prélèvements aux producteurs et de surcoût de l'alimentation animale. Les produits SPM pour l'Ukraine sont : le blé, le maïs, le seigle, l'orge, l'avoine, le tournesol, le sucre, les pommes de terre, le lait, la viande bovine et porcine, la volaille et les œufs.

Source : OCDE (2022), « Estimations du soutien aux producteurs et aux consommateurs », *Statistiques agricoles de l'OCDE* (base de données).
http://dx.doi.org/10.1787/agr-pcse-data-fr

28 Royaume-Uni

Soutien à l'agriculture

Le Royaume-Uni est sorti de l'Union européenne (UE) le 31 janvier 2020. Dans le cadre de la période de transition qui a suivi, les mesures de soutien de la Politique agricole commune (PAC) ont continué de s'appliquer en 2021 en attendant que de nouvelles mesures internes de politique agricole soient progressivement mises en place. Les nouvelles mesures annoncées visent à encourager une agriculture durable, la résilience au changement climatique, l'amélioration de l'environnement, la santé et le bien-être des animaux et la réduction des émissions de gaz à effet de serre (GES). Près des quatre cinquièmes du soutien aux producteurs et environ un cinquième du soutien aux services d'intérêt général sont liés à de précédentes mesures financées par la PAC. Les chiffres de l'année 2021 montrent que les nouvelles mesures internes de soutien équivalent à environ 3 % du soutien aux producteurs et aux trois quarts des services d'intérêt général fournis au secteur.

Pour la période 2019-21, le soutien aux producteurs (ESP) est estimé à environ 20 % des recettes agricoles brutes et demeure relativement stable depuis 2017. Les premières estimations montrent que l'ESP a progressé en 2021, sous l'effet principalement d'une hausse du soutien des prix de marché (SPM), qui a atteint 30 % du soutien dispensé aux agriculteurs. Cette augmentation du SPM s'explique essentiellement par les mesures européennes aux frontières appliquées au cours de la période 2019-21. Le soutien à l'agriculture prend la forme de paiements découplés de la production (graphique 28.4) et de paiements fondés sur l'utilisation d'intrants, à hauteur de presque 50 % et 12 % respectivement.

En 2019-21, le soutien aux services d'intérêt général (ESSG) est estimé à environ 3 % de la production agricole en valeur, ce qui est inférieur à la moyenne de l'OCDE. Les dépenses au titre du système de connaissances et d'innovation agricoles forment un peu plus de la moitié de l'ESSG et ont peu fluctué au cours des cinq dernières années. L'ESSG est par ailleurs constituée, pour près d'un tiers, de dépenses relatives aux services d'inspection et de contrôle destinées à l'élevage et aux cultures, tandis que les dépenses consacrées à la commercialisation et à la promotion des produits agricoles entrent dans sa composition à hauteur de 12 % environ. En moyenne, le soutien total à l'agriculture (indiqué par l'EST) s'est élevé à environ 0.3 % du PIB en 2019-21, soit moins de la moitié de la moyenne de l'OCDE.

Évolutions récentes de l'action publique

Au Royaume-Uni, la politique agricole est déléguée aux administrations de l'Écosse, du Pays de Galles et de l'Irlande du Nord. La responsabilité de la politique agricole de l'Angleterre relève quant à elle du gouvernement britannique.

En Angleterre, la loi sur l'agriculture (2020) donne aux pouvoirs publics la possibilité de rémunérer les agriculteurs en contrepartie d'améliorations environnementales telles que la réduction des émissions de GES. Comme suite au retrait de la PAC de l'UE, les pouvoirs publics ont mis en place un programme de transition agricole fin 2020 (Department for Environment, Food and Rural Affairs, 2020[1]), axé sur la mise en place progressive de nouveaux dispositifs nationaux, qu'ils ont mis à jour en 2021 (Department for

Environment, Food and Rural Affairs, 2021[2]). Ces mesures, en cours de déploiement et d'expérimentation, remplaceront les subventions et dispositifs appliqués jusqu'alors en vertu des premier et second piliers de la PAC.

Plus précisément, les mesures de soutien aux agriculteurs appliquées en Angleterre auront pour objectif d'améliorer l'environnement ainsi que la santé et le bien-être des animaux, de réduire les émissions de GES, d'encourager la résilience face aux risques liés au changement climatique et de renforcer la productivité et la durabilité des entreprises agricoles. Les nouvelles mesures instaurées durant la période de transition seront assorties d'objectifs précis. Par exemple, entre 2021-22 et 2024-25, les financements destinés à l'environnement ainsi qu'à la santé et au bien-être des animaux devraient progresser pour passer de 23 % à 57 % du soutien, tandis que les paiements directs issus de la PAC, qui atteignaient 68%, devraient baisser pour s'établir à 34 %.

De plus, les modifications apportées aux paiements directs devraient simplifier le système en place, en supprimant les obligations de verdissement et les règles d'utilisation des droits aux paiements. Les paiements directs seront par ailleurs découplés à compter de 2024, et l'obligation d'exploiter les terres sera levée. Dans le cadre de ces mesures, un dispositif de sortie de l'activité agricole reposant sur le versement d'une aide forfaitaire exceptionnelle sera mis en place.

En Écosse, la mise en œuvre des dispositifs européens s'est poursuivie en 2021, mais une nouvelle loi sur l'agriculture se substituera à la PAC à partir de 2023. Le gouvernement écossais a publié sa Vision pour l'agriculture écossaise le 2 mars 2022. Des mesures définissant la réponse de l'agriculture écossaise au changement climatique ont par ailleurs été définies dans le Programme 2018-2030 pour la neutralité en matière de GES dans le contexte du changement climatique (*Net Zero Climate Change Plan 2018-2030*). Ce programme, dont l'élaboration s'est poursuivie en 2021 (Gouvernement de l'Écosse, 2021[3]), met en avant des mesures de transformation du soutien apporté à l'agriculture et à la production alimentaire en Écosse, cette dernière ambitionnant de se positionner parmi les chefs de file de l'agriculture durable et régénératrice à l'échelle mondiale. Cet engagement s'inscrit dans un cadre plus large sur lequel reposera le régime de soutien de l'agriculture écossaise mis en place à compter de 2025.

Du côté du Pays de Galles, la loi sur l'agriculture sera présentée au Parlement (*Senedd*) en 2022, tandis que le principe de gestion durable des terres (*Sustainable Land Management*) encadrera l'ensemble des futures mesures de soutien à l'agriculture, et permettra la création d'un Dispositif pour une agriculture durable (*Sustainable Farming Scheme*). Dans le cadre de ce dispositif, les agriculteurs seront accompagnés dans la production durable de denrées alimentaires et des mesures seront prises pour favoriser la mise en œuvre des engagements pris par l'administration galloise dans le domaine du changement climatique et des urgences naturelles ainsi que du Programme pour la neutralité en matière de GES du Pays de Galles (*Net Zero Wales*). De plus amples informations seront communiquées autour de ce dispositif à l'été 2022.

Le Programme de développement rural (PDR) 2014-20 du Pays de Galles, mené sous l'égide de l'UE, continuera d'être appliqué jusqu'en 2023. Un plan de soutien à destination des agriculteurs, des sylviculteurs, des gestionnaires fonciers et des entreprises du secteur alimentaire pour favoriser la résilience de l'économie rurale et de l'environnement a été annoncé en avril 2022 pour accompagner la transition vers le Dispositif pour une agriculture durable.

En mars 2021, le Pays de Galles a soumis de nouvelles dispositions réglementaires au *Senedd* pour formaliser son engagement pris à l'égard de l'objectif juridiquement contraignant d'atteindre la neutralité GES à l'horizon 2050. Parallèlement, le Pays de Galles a également actualisé ses objectifs de moyen terme. Dans son Programme pour la neutralité en matière de GES (Gouvernement du Pays de Galles, 2021[4]), lancé le 28 octobre 2021, le Pays de Galles définit les étapes à franchir (de 2021 à 2025) pour ramener à zéro ses émissions de GES à l'horizon 2050. Un chapitre est par ailleurs consacré spécifiquement à l'agriculture et détaille toute la palette de mesures à mettre en œuvre pour atténuer les émissions de GES du secteur. Le document décrit de quelle manière les mesures prises doivent contribuer à la neutralité GES, en visant à un secteur agricole plus robuste, plus juste et plus respectueux de l'environnement.

En 2021, l'Irlande du Nord a ouvert des consultations à propos de Propositions de mesures pour l'avenir (*Future Policy Proposals*), qui tablent sur une simplification des mesures de soutien à l'agriculture durant la période de transition. L'Assemblée d'Irlande du Nord a examiné un nouveau texte législatif relatif au combat contre le changement climatique, qui inclut des objectifs précis de réduction des émissions de GES. Les diverses propositions relatives aux emissions de l'agriculture figurent dans le rapport intitulé « Consultations sur les propositions relatives à l'avenir de la politique agricole en Irlande du Nord » (*Consultation on Future Agricultural Policy Proposals for Northern Ireland*) (Department for Agriculture, Environment and Rural Affairs, 2021[5]).

Évaluation et recommandations

- Le Royaume-Uni traverse une période de transition de sept ans, initiée en 2021, au terme de laquelle sa politique agricole ne reposera plus sur la PAC mais sur des mesures internes. Le pays vise à ce que son secteur agricole participe à la Stratégie pour la neutralité en matière de GES (Net Zero Strategy) (GOV.UK, 2021[6]), en mettant l'accent sur une agriculture durable et productive, les paiements au titre de biens d'intérêt public, l'environnement, la santé animale et végétale et la lutte contre les maladies. La responsabilité de l'agriculture étant déléguée aux administrations de l'Angleterre, de l'Écosse, du Pays de Galles et de l'Irlande du Nord, la transition vers des mesures internes au cours des sept années prévues dans le calendrier de retrait de la PAC s'opèrera à un rythme variable selon les nations.

- Les attentes formulées quant au rôle et à la contribution de l'agriculture dans la réalisation des engagements de la Stratégie pour la neutralité en matière de GES du Royaume-Uni sont ambitieuses. Cette dernière propose une trajectoire de réduction des émissions de GES pour l'agriculture, la foresterie et les autres affectations des terres (AFAT). Pour suivre cette trajectoire, les émissions devront chuter de 17 à 30 % par rapport à 2019 à l'horizon 2030 et de 24 à 40 % d'ici à 2035. Des mesures de soutien précises sont en cours d'élaboration dans le cadre des programmes de transition agricole de chacune des nations constitutives du Royaume-Uni. Pour suivre la progression du secteur vers la neutralité GES à l'horizon 2050, des indicateurs de suivi devront être mis au point pour réexaminer régulièrement les contributions visées et de veiller à ce qu'elles restent accessibles sur le long terme.

- À court terme, les pouvoirs publics auront pour défi de simplifier les dispositifs et les mesures de soutien existants ainsi que d'expérimenter les nouvelles mesures internes qui devront être peaufinées avant tout déploiement à grande échelle. L'abandon des mesures relatives à la PAC au profit de nouveaux dispositifs internes va s'avérer complexe pour le secteur à court terme. Il va notamment être difficile pour les pouvoirs publics de trouver la panoplie de mesures qui permettra d'atteindre les objectifs fixés tout en renforçant la cohérence des dispositifs en vigueur dans le secteur.

- Tout un éventail de mesures est en cours d'élaboration et de déploiement pour veiller au respect des engagements pris pour ramener à zéro les émissions de GES, tout en garantissant la productivité et la durabilité du secteur. Au-delà des paiements découplés, les pouvoirs publics insistent de plus en plus sur l'amélioration de la formation et des systèmes d'information agricoles pour encourager l'adoption des technologies numériques.

- Le SPM, qui a quelque peu augmenté en 2021, devra rester sous surveillance à mesure que les programmes de transition agricole parviennent à maturité.

- En 2021, le Royaume-Uni a conclu de nombreux accords commerciaux bilatéraux, en vue d'élargir les marchés à l'exportation de toute une gamme de produits agricoles et alimentaires, tout en renforçant sa sécurité alimentaire. Depuis la précédente édition du présent rapport, le pays a par ailleurs signé huit accords de continuité commerciale et trois nouveaux accords commerciaux (avec l'Australie, la Nouvelle-Zélande et la Norvège, l'Islande et le Liechtenstein réunis). Ces accords ambitieux et de grande envergure auront probablement des répercussions importantes pour les produits agroalimentaires dans les années à venir. Le suivi et l'évaluation de ces dispositifs sera essentiel, notamment du point de vue de leurs conséquences non anticipées, qui pourront être positives comme négatives.

Graphique 28.1. Royaume-Uni : Évolution du soutien à l'agriculture

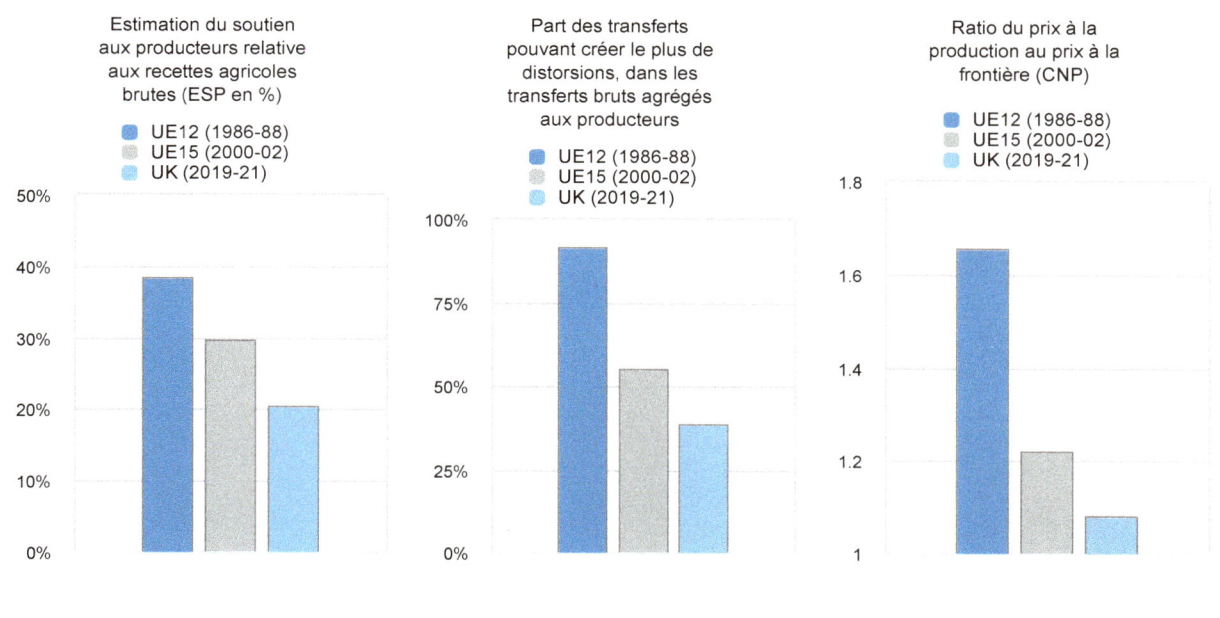

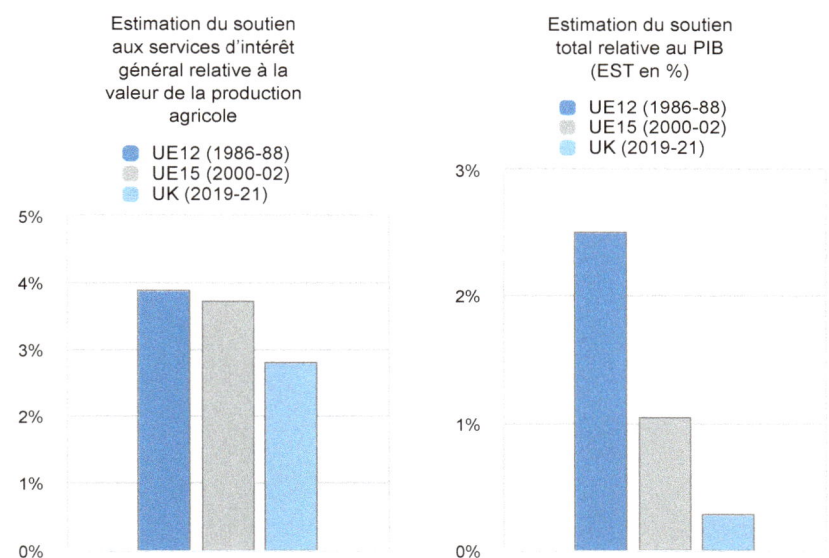

Note : Les calculs effectués pour la période 2018-20 tiennent compte de la politique agricole britannique et de la PAC de l'UE.
Source : OCDE (2022), « Estimations du soutien aux producteurs et aux consommateurs », Statistiques agricoles de l'OCDE (base de données), http://dx.doi.org/10.1787/agr-pcse-data-fr.

Graphique 28.2. Royaume-Uni : Transferts au titre d'un produit, en pourcentage des recettes agricoles brutes par produit, 2019-21

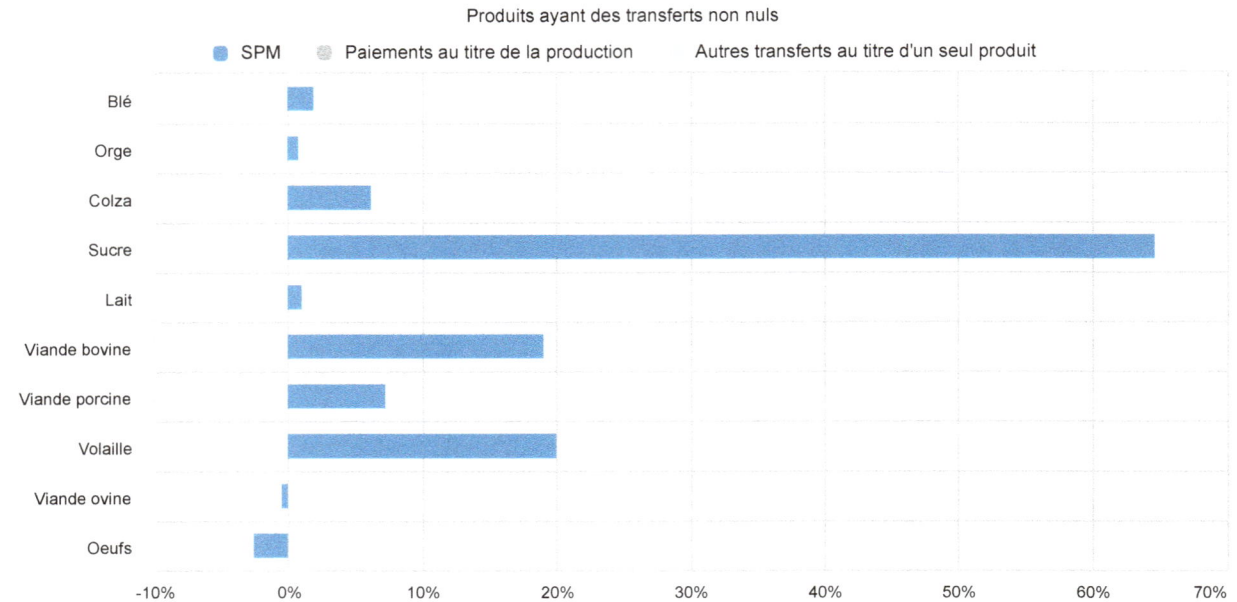

Note : Les calculs tiennent compte de la politique agricole britannique et de la PAC de l'UE.
Source : OCDE (2022), « Estimations du soutien aux producteurs et aux consommateurs », Statistiques agricoles de l'OCDE (base de données), http://dx.doi.org/10.1787/agr-pcse-data-fr.

Tableau 28.1. Royaume-Uni : Estimations du soutien à l'agriculture

Millions USD

	2000-02	2019-21	2019	2020	2021p
Valeur totale de la production (en sortie de l'exploitation)	..	31 305	31 101	30 037	32 776
dont : part des produits SPM (%)	..	75.55	73.03	73.37	80.26
Valeur totale de la consommation (en sortie d'exploitation)	..	33 348	31 762	33 849	34 434
Estimation du soutien aux producteurs (ESP)	..	7 513	6 937	6 662	8 940
Soutien au titre de la production des produits de base	..	2 271	1 848	1 490	3 476
Soutien des prix du marché[1]	..	2 271	1 848	1 490	3 476
Soutien positif des prix du marché	..	2 312	1 872	1 490	3 573
Soutien négatif des prix du marché	..	-41	-25	0	-97
Paiements au titre de la production	..	0	0	0	0
Paiements au titre de l'utilisation d'intrants	..	817	811	823	816
Utilisation d'intrants variables	..	608	585	612	625
avec contraintes sur les intrants	..	0	0	0	0
Formation de capital fixe	..	143	156	153	121
avec contraintes sur les intrants	..	0	0	0	0
Services utilisés sur l'exploitation	..	66	70	58	70
avec contraintes sur les intrants	..	0	0	0	0
Paiements au titre des S/Na/Rec/Rev courants, production requise	..	597	605	596	589
Au titre des Recettes / du Revenu	..	0	0	0	0
Au titre de la Superficie cultivée / du Nombre d'animaux	..	597	605	596	589
avec contraintes sur les intrants	..	584	605	595	552
Paiements au titre des S/Na/Rec/Rev non courants, production requise	..	5	0	0	16
Paiements au titre des S/Na/Rec/Rev non courants, production facultative	..	3 600	3 466	3 501	3 832
Avec taux de paiement variables	..	0	0	0	0
avec exceptions sur les produits	..	0	0	0	0
Avec taux de paiement fixes	..	3 600	3 466	3 501	3 832
avec exceptions sur les produits	..	0	0	0	0
Paiements sur critères non liés à des produits de base	..	172	131	181	203
Retrait de ressources à long terme	..	94	74	68	141
Production de produits particuliers autres que produits de base	..	77	57	113	63
Autres critères non liés à des produits de base	..	0	0	0	0
Paiements divers	..	52	76	72	9
ESP en pourcentage (%)	..	20.49	19.17	18.92	23.38
CNP des producteurs (coeff.)	..	1.08	1.07	1.05	1.13
CNS aux producteurs (coeff.)	..	1.26	1.24	1.23	1.31
Estimation du soutien aux services d'intérêt général (ESSG)	..	873	958	891	771
Système de connaissances et d'innovation agricoles	..	450	517	469	364
Services d'inspection et de contrôle	..	275	271	274	281
Développement et entretien des infrastructures	..	40	38	40	42
Commercialisation et promotion	..	108	131	108	84
Coût du stockage public	..	0	0	0	0
Divers	..	0	0	0	0
ESSG en pourcentage (% de l'EST)	..	10.47	12.12	11.76	7.94
Estimation du soutien aux consommateurs (ESC)	..	-2 678	-2 004	-1 567	-4 463
Transferts des consommateurs aux producteurs	..	-2 335	-1 853	-1 479	-3 672
Autres transferts des consommateurs	..	-411	-211	-111	-910
Transferts des contribuables aux consommateurs	..	10	4	24	2
Surcoût de l'alimentation animale	..	58	56	0	117
ESC en pourcentage (%)	..	-7.91	-6.31	-4.63	-12.96
CNP des consommateurs (coeff.)	..	1.09	1.07	1.05	1.15
CNS aux consommateurs (coeff.)	..	1.09	1.07	1.05	1.15
Estimation du soutien total (EST)	..	8 396	7 898	7 577	9 713
Transferts des consommateurs	..	2 745	2 064	1 590	4 582
Transferts des contribuables	..	6 061	6 045	6 098	6 041
Recettes budgétaires	..	-411	-211	-111	-910
EST en pourcentage (% du PIB)	..	0.28	0.27	0.27	0.30
Estimation du soutien budgétaire total (ESBT)	..	6 125	6 051	6 087	6 237
ESBT en pourcentage (% du PIB)	..	0.21	0.21	0.22	0.20
Déflateur du PIB (1986-88=100)	..	246	236	250	252
Taux de change (monnaie nationale par USD)	..	0.76	0.78	0.78	0.73

.. Non disponible

Note : p : provisoire. CNP : Coefficient nominal de protection. CNS : Coefficient nominal de soutien.

S/Na/Rec/Rev : Superficie cultivée/Nombre d'animaux/Recettes/Revenu.

1. Le soutien des prix du marché (SPM) s'entend net de prélèvements aux producteurs et de surcoût de l'alimentation animale. Les produits SPM pour les Royaume-Uni sont : le blé, le maïs, l'orge, l'avoine, le colza, le sucre, le lait, la viande bovine, ovine et porcine, la volaille et les oeufs.

La méthode d'estimation du MPS évolue entre 2020 et 2021. Les différentiels des prix du marché (DPM) pour le Royaume-Uni sont supposés être les mêmes que ceux de l'Union européenne pour les années jusqu'en 2020, alors qu'ils sont calculés à partir des prix intérieurs et de référence du Royaume-Uni à partir de 2021.Source : OCDE (2022), « Estimations du soutien aux producteurs et aux consommateurs », *Statistiques agricoles de l'OCDE* (base de données). http://dx.doi.org/10.1787/agr-pcse-data-fr

Références

Department for Agriculture, Environment and Rural Affairs (2021), *Consultation on Future Agricultural Policy Proposals for Northern Ireland*, https://www.daera-ni.gov.uk/consultations/consultation-future-agricultural-policy-proposals-northern-ireland. [5]

Department for Environment, Food and Rural Affairs (2021), *Agricultural Transition Plan: June 2021 progress update*, https://www.gov.uk/government/publications/agricultural-transition-plan-june-2021-progress-update. [2]

Department for Environment, Food and Rural Affairs (2020), *Agricultural Transition Plan 2021 to 2024*, https://www.gov.uk/government/publications/agricultural-transition-plan-2021-to-2024. [1]

Gouvernement de l'Écosse (2021), *Securing a green recovery on a path to net zero: climate change plan 2018-2032 - update*, https://www.gov.scot/publications/securing-green-recovery-path-net-zero-update-climate-change-plan-20182032/. [3]

Gouvernement du Pays de Galles (2021), *Net Zero Wales*, https://gov.wales/net-zero-wales. [4]

GOV.UK (2021), *Net Zero Strategy: Build Back Greener*, https://www.gov.uk/government/publications/net-zero-strategy. [6]

29 États-Unis

Soutien à l'agriculture

Le soutien accordé aux agriculteurs américains est inférieur à la moyenne de l'OCDE. En 2019-21, il s'est établi, en moyenne, à 11 % des recettes brutes, ce qui est bien inférieur aux 20 % mesurés au milieu des années 80 et au début des années 2000, mais reste supérieur au niveau relevé il y a dix ans. La part des mesures pouvant créer le plus de distorsions s'élevait à 25 % en 2019-21, ce qui est également inférieur à la moyenne des pays de l'OCDE et équivaut à la moitié de sa valeur historique maximale. Durant cette période, les prix payés au secteur agricole étaient supérieurs de 3 % en moyenne aux prix observés sur les marchés mondiaux, contre 11 % en 2000-02. Cet écart s'explique par le soutien aux prix de marché (SPM) découlant des mesures aux frontières (notamment des contingents tarifaires) sur le sucre, la viande ovine et le lait. Les prix à la production de la plupart des autres produits sont alignés sur les prix à la frontière.

Tandis que le SPM recule, le soutien budgétaire s'accroit progressivement et couvre principalement la gestion des risques, l'assurance récolte et, depuis peu, la compensation des effets de la pandémie de COVID-19. Du fait de sa nature contracyclique, le soutien budgétaire est lié aux fluctuations des prix du marché, de telle sorte que lorsque les prix des produits de base sont élevés, comme en 2012-13, les niveaux de soutien sont généralement bas.

Les programmes intérieurs d'aide alimentaire visant à soutenir la consommation représentent près de la moitié du soutien total à l'agriculture américaine. En 2019-21, les dépenses consacrées aux services d'intérêt général (ESSG) équivalaient à 2.6 % de la production en valeur, tandis que le soutien total à l'agriculture s'est établi à 0.5 % du PIB.

Évolutions récentes de l'action publique

Plusieurs programmes assortis d'objectifs de conservation généraux ont été actualisés afin d'accroître leurs avantages pour l'environnement. À titre d'exemple, le pays s'est doté d'une nouvelle Initiative en faveur de pratiques agricoles intelligentes face au climat (*Climate-Smart Practice Incentive*), qui concerne à la fois les souscriptions générales et permanentes au Programme de mise en réserve des terres fragiles (*Conservation Reserve Program* – CRP). Un dispositif pilote a été mis en place dans le cadre du Programme en faveur de la qualité de l'environnement (*Environmental Quality Improvement Program* – EQIP) pour encourager des activités agricoles et forestières intelligentes face au climat via l'adoption de pratiques de conservations ciblées.

Le ministère de l'Agriculture des États-Unis (*United States Department of Agriculture* – USDA) travaille actuellement à la rédaction de recommandations portant sur une stratégie en faveur de pratiques agricoles et forestières intelligentes face au climat (*Climate-Smart Agriculture and Forestry* – CSAF) et a récemment publié un rapport sur les progrès accomplis dans lequel figurent sept recommandations mettant en avant la nécessité de quantifier et de suivre les résultats, de tirer parti des programmes existants, de mettre davantage l'accent sur l'éducation et la formation, d'encourager le développement commercial de produits intelligents face au climat et de renforcer la recherche.

Plusieurs initiatives ont été lancées en 2021 afin que les populations traditionnellement mal desservies bénéficient d'un accès plus équitable aux programmes de l'USDA. Ces initiatives, qui reposent sur l'éducation, la sensibilisation et les aides techniques ciblées dans le domaine de la gestion des risques, s'adressent aux producteurs qui n'ont pas suffisamment accès aux programmes et aux services de l'USDA.

En ce qui concerne les marchés, plusieurs dispositifs temporaires ont été mis en place pour atténuer l'impact des perturbations liées à la pandémie ou à des problèmes au niveau des chaînes d'approvisionnement. Ils reposent sur une compensation de la baisse des capacités de transformation des viandes de porc et de volaille, ainsi que sur des programmes facultatifs qui encouragent le don des surplus de production de la filière laitière à des programmes alimentaires.

Plusieurs modifications ont été apportées aux programmes d'aide en cas de catastrophe lancés en 2021. Un nouveau programme d'adaptation en cas de baisse de la qualité des récoltes (*Quality Loss Adjustment Program* – QLA) a ainsi été mis en place dans le cadre du Programme d'indemnisation des victimes des incendies et des ouragans (*Wildfire and Hurricane Indemnity Program Plus* – WHIP+). Enfin, le Programme d'aide d'urgence aux éleveurs, aux apiculteurs et aux pisciculteurs (*Emergency Assistance for Livestock, Honey Bees and Farm-Raised Fish Program* – ELAP) couvre désormais les coûts de transport des aliments destinés aux animaux que doivent supporter les exploitations d'élevage frappées par la sécheresse.

Évaluation et recommandations

- Aux États-Unis, les émissions de gaz à effet de serre (GES) sont principalement constituées de protoxyde d'azote provenant des sols. Les mesures prises pour encourager de meilleures pratiques dans les domaines de l'application d'engrais azotés et de la réduction des excédents de nutriments pourraient être renforcées au moyen d'un ensemble de règles ciblées et d'incitations facultatives visant à réduire les émissions de GES et à améliorer la qualité de l'eau.

- Du côté des produits alimentaires, ce sont la viande de ruminants et les produits laitiers qui ont la plus grande empreinte carbone. Les États-Unis ont signé l'Engagement mondial sur le méthane. Le pays devrait clarifier ses projets dans le cadre de cet engagement pour le cas des émissions de méthane d'origine agricole, et continuer d'encourager les cultivateurs et les éleveurs à adopter de nouvelles pratiques qui font baisser les émissions de GES et améliorent l'efficacité GES du secteur agricole.

- La perturbation des marchés causée par la pandémie de COVID-19 offre une occasion d'établir des stratégies de résilience sur le long terme et de s'éloigner des programmes de relance temporaires. Il est possible, dans cette optique, de conditionner les aides au redressement à la réalisation d'investissements dans l'adaptation. Cela permettrait de renforcer la résilience face aux bouleversements du marché et au changement climatique, les événements météorologiques extrêmes devenant de plus en plus fréquents.

- Les États-Unis jouissent d'un secteur agricole à la fois moderne, bien capitalisé et efficient. La nécessité de conserver les dispositifs liés au soutien des prix mis en place par le passé pour stabiliser les revenus n'est pas clairement établie, car ces mesures supposent une résilience limitée aux fluctuations normales du marché et découragent les investissements dans la préparation à ces événements.

- Les nouveaux engagements pris pour mieux répondre aux besoins des communautés traditionnellement moins bien desservies vont dans le bon sens et doivent être poursuivis. Cette démarche pourrait non seulement contribuer à résoudre les problèmes d'équité mais aussi à renforcer la diversité et la résilience du secteur. Dans cette optique, il pourrait être utile de mieux quantifier et signaler les inégalités liées aux dangers que peuvent représenter la production et la transformation de produits agricoles pour l'environnement et la santé.

Graphique 29.1. États-Unis : Évolution du soutien à l'agriculture

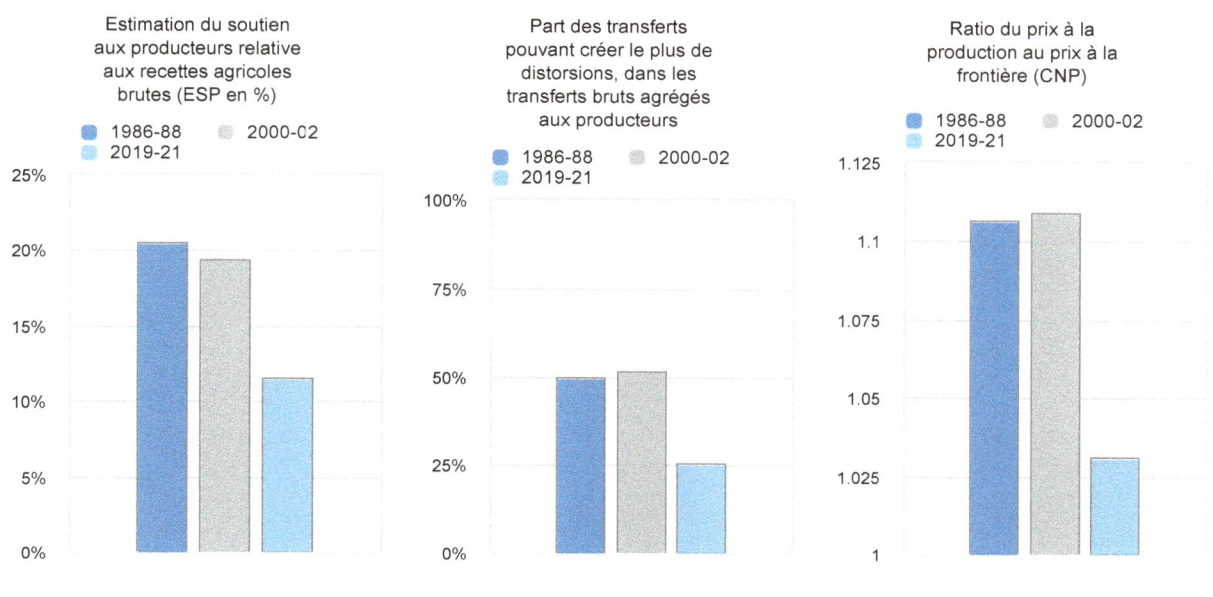

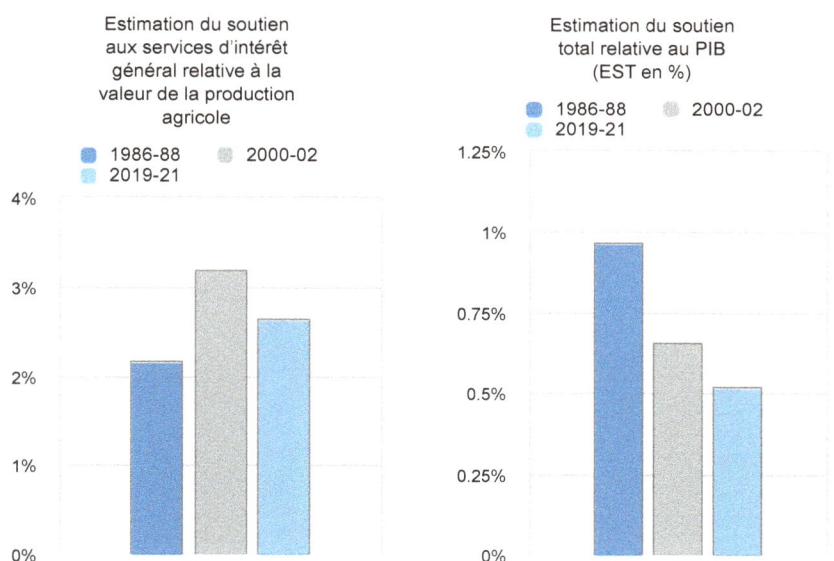

Source : OCDE (2022), « Estimations du soutien aux producteurs et aux consommateurs », Statistiques agricoles de l'OCDE (base de données), http://dx.doi.org/10.1787/agr-pcse-data-fr.

Graphique 29.2. États-Unis : Moteurs du changement de l'ESP, 2020 à 2021

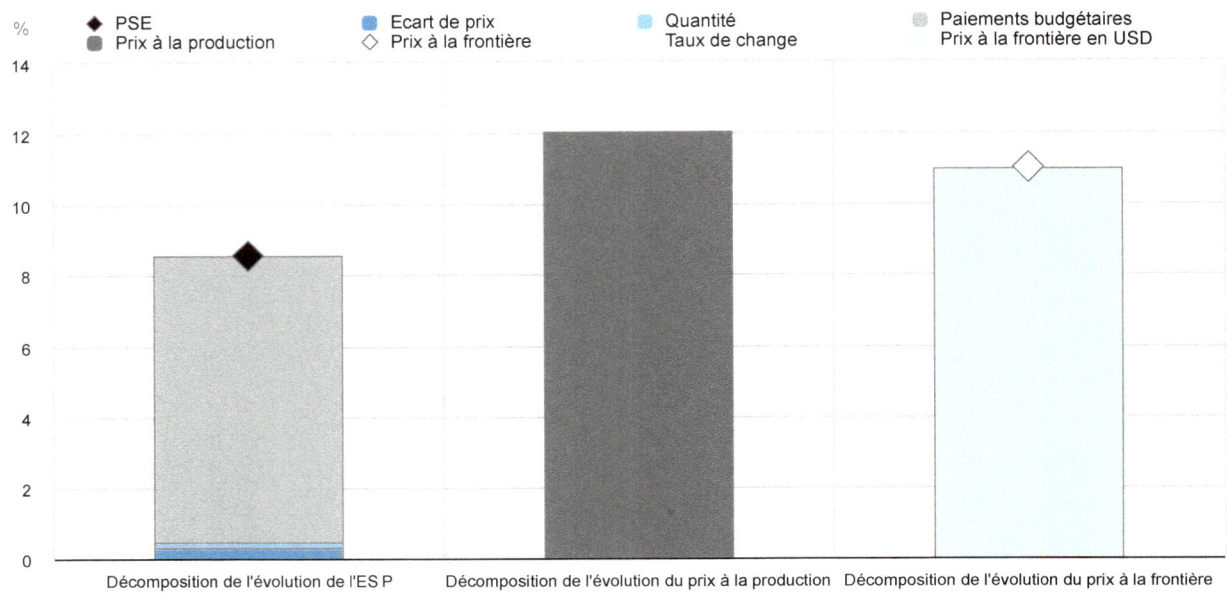

Source : OCDE (2022), « Estimations du soutien aux producteurs et aux consommateurs », Statistiques agricoles de l'OCDE (base de données), http://dx.doi.org/10.1787/agr-pcse-data-fr.

Graphique 29.3. États-Unis : Transferts au titre d'un produit, en pourcentage des recettes agricoles brutes par produit, 2019-21

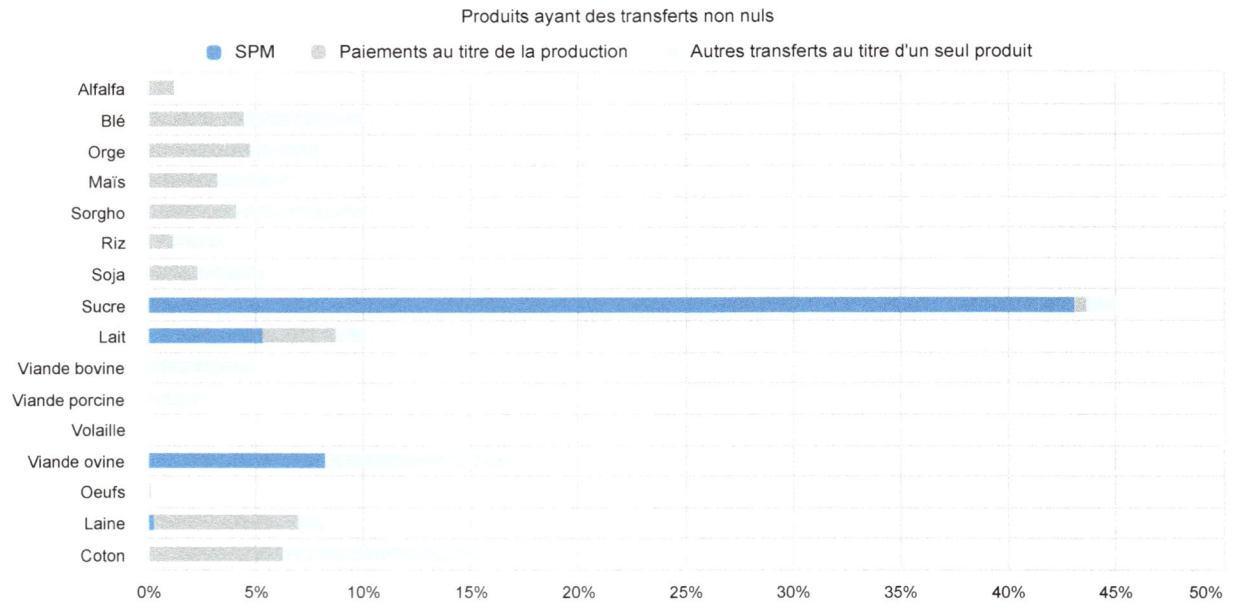

Source : OCDE (2022), « Estimations du soutien aux producteurs et aux consommateurs », Statistiques agricoles de l'OCDE (base de données), http://dx.doi.org/10.1787/agr-pcse-data-fr.

Tableau 29.1. États-Unis : Estimations du soutien à l'agriculture

Millions USD

	1986-88	2000-02	2019-21	2019	2020	2021p
Valeur totale de la production (en sortie de l'exploitation)	143 469	193 454	393 864	355 956	373 538	452 097
dont : part des produits SPM (%)	78.31	73.64	78.38	76.16	77.36	81.61
Valeur totale de la consommation (en sortie d'exploitation)	124 148	164 683	312 998	294 789	301 286	342 918
Estimation du soutien aux producteurs (ESP)	34 253	43 744	50 726	50 270	48 864	53 045
Soutien au titre de la production des produits de base	14 031	19 667	12 113	9 943	8 619	17 778
Soutien des prix du marché¹	10 922	12 486	4 538	9 376	2 002	2 235
Soutien positif des prix du marché	11 008	12 486	4 538	9 376	2 002	2 235
Soutien négatif des prix du marché	-86	0	0	0	0	0
Paiements au titre de la production	3 108	7 181	7 575	566	6 618	15 542
Paiements au titre de l'utilisation d'intrants	7 061	7 572	8 712	8 609	9 057	8 471
Utilisation d'intrants variables	3 697	3 091	1 502	1 619	1 765	1 122
avec contraintes sur les intrants	739	168	584	618	643	492
Formation de capital fixe	1 233	361	2 003	2 042	2 036	1 930
avec contraintes sur les intrants	1 233	358	1 916	1 891	2 019	1 837
Services utilisés sur l'exploitation	2 131	4 120	5 207	4 948	5 256	5 419
avec contraintes sur les intrants	349	677	1 631	1 455	1 644	1 795
Paiements au titre des S/Na/Rec/Rev courants, production requise	12 231	5 655	19 361	23 286	16 203	18 595
Au titre des Recettes / du Revenu	912	2 055	2 435	2 205	2 327	2 775
Au titre de la Superficie cultivée / du Nombre d'animaux	11 319	3 600	16 926	21 081	13 877	15 820
avec contraintes sur les intrants	2 565	1 570	16 905	21 081	13 823	15 810
Paiements au titre des S/Na/Rec/Rev non courants, production requise	0	0	122	365	2	0
Paiements au titre des S/Na/Rec/Rev non courants, production facultative	338	8 789	8 485	6 098	13 076	6 282
Avec taux de paiement variables	0	3 969	8 479	6 080	13 076	6 282
avec exceptions sur les produits	0	3 969	8 479	6 080	13 076	6 282
Avec taux de paiement fixes	338	4 819	6	18	0	0
avec exceptions sur les produits	0	4 819	0	0	0	0
Paiements sur critères non liés à des produits de base	592	2 061	1 932	1 970	1 907	1 920
Retrait de ressources à long terme	592	2 050	1 921	1 961	1 900	1 902
Production de produits particuliers autres que produits de base	0	0	0	0	0	0
Autres critères non liés à des produits de base	0	11	11	8	7	17
Paiements divers	0	0	0	0	0	0
ESP en pourcentage (%)	20.54	19.47	11.53	12.67	11.62	10.55
CNP des producteurs (coeff.)	1.11	1.11	1.03	1.03	1.02	1.04
CNS aux producteurs (coeff.)	1.26	1.24	1.13	1.15	1.13	1.12
Estimation du soutien aux services d'intérêt général (ESSG)	3 108	6 164	10 396	11 248	9 476	10 464
Système de connaissances et d'innovation agricoles	1 129	1 805	2 792	2 732	2 735	2 908
Services d'inspection et de contrôle	372	685	1 274	1 254	1 271	1 298
Développement et entretien des infrastructures	13	461	2 770	3 730	2 188	2 393
Commercialisation et promotion	495	957	1 867	1 846	1 586	2 169
Coût du stockage public	0	107	41	44	40	40
Divers	1 100	2 149	1 651	1 642	1 656	1 656
ESSG en pourcentage (% de l'EST)	6.55	8.89	9.14	10.56	8.82	8.23
Estimation du soutien aux consommateurs (ESC)	-1 647	5 158	45 539	32 971	44 674	58 971
Transferts des consommateurs aux producteurs	-10 379	-12 192	-4 502	-9 270	-2 002	-2 235
Autres transferts des consommateurs	-1 651	-2 075	-2 516	-2 733	-2 442	-2 372
Transferts des contribuables aux consommateurs	10 089	19 425	52 557	44 974	49 118	63 578
Surcoût de l'alimentation animale	294	0	0	0	0	0
ESC en pourcentage (%)	-1.44	3.55	17.49	13.20	17.72	21.11
CNP des consommateurs (coeff.)	1.11	1.09	1.02	1.04	1.02	1.01
CNS aux consommateurs (coeff.)	1.01	0.97	0.85	0.88	0.85	0.83
Estimation du soutien total (EST)	47 450	69 333	113 679	106 492	107 458	127 087
Transferts des consommateurs	12 030	14 267	7 018	12 003	4 444	4 607
Transferts des contribuables	37 071	57 141	109 177	97 223	105 456	124 852
Recettes budgétaires	-1 651	-2 075	-2 516	-2 733	-2 442	-2 372
EST en pourcentage (% du PIB)	0.97	0.65	0.52	0.50	0.51	0.55
Estimation du soutien budgétaire total (ESBT)	36 528	56 847	109 141	97 116	105 456	124 852
ESBT en pourcentage (% du PIB)	0.75	0.54	0.50	0.45	0.50	0.54
Déflateur du PIB (1986-88=100)	100	139	200	196	199	207
Taux de change (monnaie nationale par USD)	1.00	1.00	1.00	1.00	1.00	1.00

Note : p : provisoire. CNP : Coefficient nominal de protection. CNS : Coefficient nominal de soutien.

S/Na/Rec/Rev : Superficie cultivée/Nombre d'animaux/Recettes/Revenu.

1. Le soutien des prix du marché (SPM) s'entend net de prélèvements aux producteurs et de surcoût de l'alimentation animale. Les produits SPM pour les États-Unis sont : le blé, le maïs, l'orge, le sorgho, le riz, le soja, le sucre, la luzerne, le coton, le lait, la viande bovine, porcine et ovine, la laine, la volaille et les oeufs.

Source : OCDE (2022), « Estimations du soutien aux producteurs et aux consommateurs », *Statistiques agricoles de l'OCDE* (base de données). http://dx.doi.org/10.1787/agr-pcse-data-fr

30 Viet Nam

Soutien à l'agriculture

Le soutien au secteur agricole du Viet Nam fluctue entre des niveaux bas et négatifs en fonction des variations du soutien des prix de marché (SPM). En 2019-21, l'estimation du soutien aux producteurs (ESP) du pays s'élevait à -7.7 %, indiquant une taxation globale implicite, alors que le soutien était positif et égal à 6.4 % en 2000-02. Le SPM varie d'un produit agricole à l'autre. Les producteurs de produits en concurrence avec des importations, tels que le maïs, la canne à sucre et la viande bovine, bénéficient d'une protection douanière, tandis que les producteurs de viande porcine et de volaille, de poivre, de café, de thé et de caoutchouc sont implicitement taxés. Les prix effectifs perçus par les producteurs étaient en moyenne inférieurs de 7 % aux cours mondiaux en 2019-21, avec toutefois des écarts importants entre les produits. Les riziculteurs bénéficient également de mesures de soutien des prix intérieurs destinées à leur garantir un profit égal à 30 % de leur coût de production moyen. En dépit de ces mesures, le prix reçu par les agriculteurs ces dernières années était moins élevé que le prix de référence à l'exportation, et le SPM a donc été négatif. Les transferts budgétaires aux producteurs sont relativement faibles et dominés par les paiements au titre de l'utilisation d'intrants variables, principalement les dépenses destinées à compenser l'exonération de redevance pour les services d'irrigation.

Le soutien aux services d'intérêt général bénéficiant à l'agriculture (mesuré par l'ESSG) équivalait à 2.4 % de la valeur de la production agricole en 2019-21, en hausse par rapport aux 2.2 % de 2000-02. Les dépenses visant à développer et à entretenir les infrastructures, en particulier les infrastructures d'irrigation, en constituent le poste le plus important. Le soutien total à l'agriculture (EST) varie entre des valeurs positives et négatives car les transferts budgétaires aux producteurs ajoutés aux dépenses consacrées aux services d'intérêt général ne compensent pas toujours le SPM négatif.

Évolutions récentes de l'action publique

Conformément à son cycle de planification normal, le gouvernement a publié un grand nombre de résolutions, de décrets et de décisions au début de la présente décennie, dans lesquels des plans et des objectifs sont exposés pour les 5 à 10 années à venir et au-delà. Les plus importants s'agissant de l'agriculture sont la résolution pour garantir la sécurité alimentaire nationale jusqu'en 2030, le plan structurel pour le secteur agricole pour 2021-2025, et le programme de restructuration du secteur rizicole du Viet Nam à l'horizon 2025 et 2030. En janvier 2021, le ministère de l'Agriculture et du Développement rural (MARD) a approuvé son plan destiné à la mise en œuvre des besoins définis dans le plan national d'adaptation au changement climatique de 2020. Le plan énonce les actions à mener à bien à l'horizon 2025 et 2030. Pour beaucoup d'entre elles, il s'agit d'appliquer à grande échelle des techniques et des modèles de production existants.

Les mécanismes de soutien mis en place en 2020 pour atténuer l'impact de la pandémie de COVID-19 ont été maintenus en 2021. Ils comprennent le report de paiement des impôts, le versement d'aides monétaires et l'octroi de crédits à des conditions préférentielles, avec des modifications mineures destinées à améliorer la fourniture de ces aides. Le MARD a en outre créé deux groupes de travail chargés d'aider à résoudre les problèmes de production et de distribution des produits depuis les zones rurales jusqu'aux villes qui se posent du fait des restrictions imposées pour limiter la propagation du virus. Plus de 250 000 tonnes de riz ont été prélevées sur les réserves en 2021 pour être distribuées, dont environ un tiers provenant d'entreprises exportatrices de riz enjointes d'utiliser les stocks de réserve qu'elles sont tenues de conserver pour ce type de situations. Les droits de douane ont également été abaissés pour certains produits, par exemple pour le blé, le maïs, la viande de porc congelée et les semences végétales, afin d'atténuer la pression des coûts.

Dans le domaine commercial, l'évolution la plus importante a été l'entrée en vigueur du Partenariat économique régional global (RCEP) le 1er janvier 2022. Le RCEP est le plus grand accord de libre-échange du monde, qui devrait ouvrir de nouveaux débouchés extérieurs aux produits agricoles vietnamiens.

Évaluation et recommandations

- Le Viet Nam a pris d'importants engagements en matière de réduction des émissions de gaz à effet de serre (GES) au niveau national et pour l'agriculture, laquelle reste une source majeure d'émissions. À la 26e Conférence des Nations Unies sur le changement climatique (COP26) en 2021, le pays s'est engagé à atteindre la neutralité carbone d'ici 2050. Il a aussi signé l'engagement mondial concernant le méthane, qui vise à réduire les émissions mondiales de méthane d'au moins 30 % entre 2020 et 2030. La riziculture est une importante source d'émissions de méthane au Viet Nam. Le gouvernement a également fixé comme objectif national de réduire les émissions de GES dans l'agriculture et les zones rurales de 20 % tous les 10 ans. Mais si le Viet Nam a annoncé de nombreux objectifs ambitieux, peu de mesures concrètes ont été prises jusqu'ici. Il importe d'engager des actions sans tarder pour que le secteur agricole ait le temps de procéder aux ajustements structurels et aux changements de pratiques agricoles nécessaires au respect des engagements pris.

- L'intégration du Viet Nam dans l'économie mondiale, notamment par sa participation aux accords de libre-échange tels que le RCEP et l'Accord de partenariat transpacifique global et progressiste, offre au secteur agricole des possibilités de se développer et de diversifier ses exportations et ses marchés. Toutefois, ces accords mettent à la peine les producteurs vietnamiens, qui doivent notamment affronter une concurrence plus forte des importations du fait de la réduction des droits de douane sur les produits agroalimentaires, et respecter des normes techniques, d'hygiène alimentaire et de sécurité des aliments rigoureuses sur les marchés d'exportation.

- Des efforts sont nécessaires pour améliorer la compétitivité du secteur et sa durabilité environnementale. Les possibilités d'accroître la production en augmentant la superficie agricole et en utilisant davantage d'engrais sont pleinement exploitées et les effets négatifs sur l'environnement se font de plus en plus sentir. Ces problèmes environnementaux représentent un véritable défi pour le Viet Nam, mais ils peuvent aussi donner une motivation économique pour adopter de nouvelles technologies, pour regrouper les exploitations et augmenter ainsi l'échelle de production, et pour mettre l'accent sur l'amélioration de la qualité.

- Le faible coût de l'eau encourage sa surexploitation et accroît la vulnérabilité du secteur agricole à la sécheresse. Des obligations légales de réintroduire une redevance pour les services d'irrigation ont été instaurées, mais elles ne sont pas encore appliquées. Elles réduiraient la charge qui pèse sur le budget de l'État et inciteraient davantage à augmenter la productivité de l'usage de l'eau. Un taux plus élevé de récupération des coûts permettrait aussi d'augmenter progressivement les budgets des entreprises de gestion de services d'irrigation, ce qui devrait se traduire par des services de meilleure qualité.

- Le regroupement des exploitations au moyen de diverses formes de coopération entre agriculteurs pourrait être encouragé afin d'améliorer l'affectation des ressources foncières qui sont très limitées. Par ailleurs, les restrictions imposées sur le choix des cultures devraient être supprimées. De telles mesures pourraient aider les petites exploitations familiales à saisir les opportunités du marché et à participer aux différents segments de la chaîne de valeur.

- L'examen des réglementations encadrant les exportations de riz offre une occasion d'améliorer la compétitivité et la qualité. Ces vingt dernières années, le Viet Nam a beaucoup travaillé à ouvrir les exportations de riz à la concurrence, et il devrait continuer de le faire à la suite de l'examen actuel.

Graphique 30.1. Viet Nam : Évolution du soutien à l'agriculture

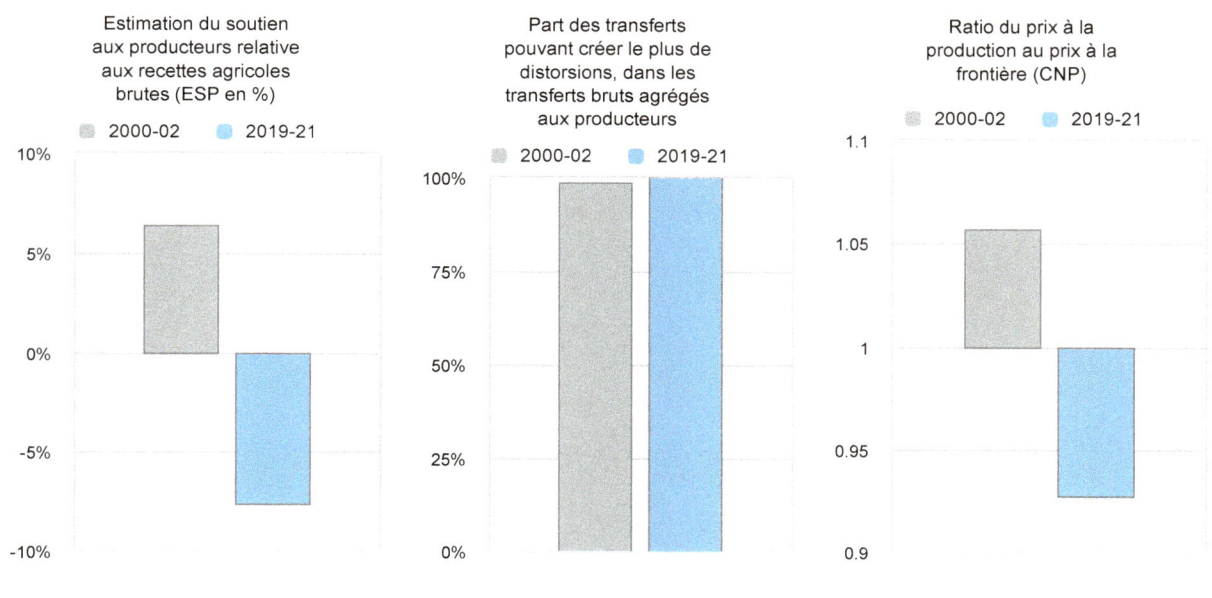

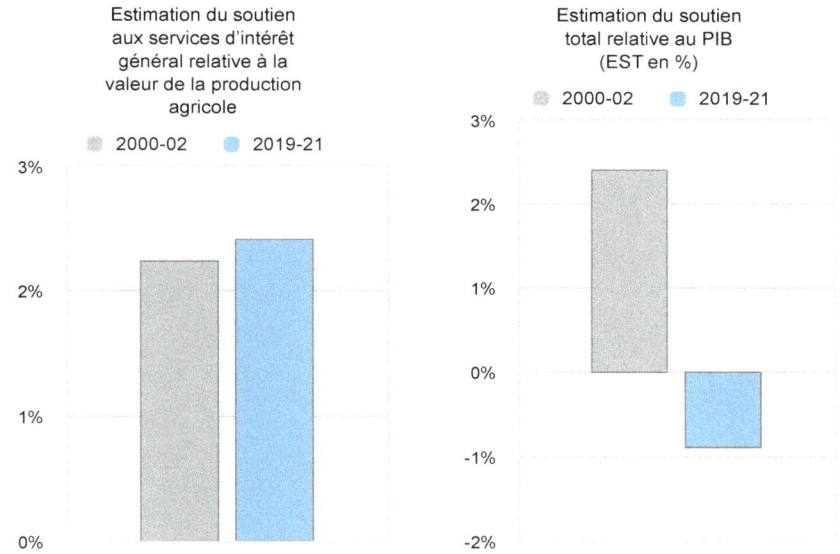

Source : OCDE (2022), « Estimations du soutien aux producteurs et aux consommateurs », Statistiques agricoles de l'OCDE (base de données), http://dx.doi.org/10.1787/agr-pcse-data-fr.

Graphique 30.2. Viet Nam : Moteurs du changement de l'ESP, 2020 à 2021

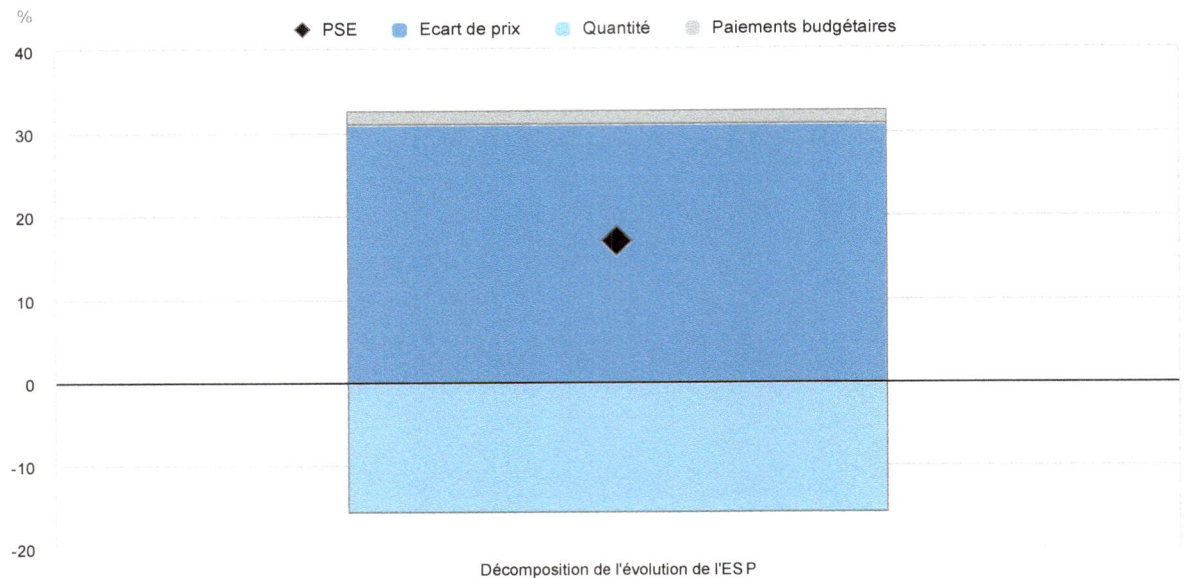

Note : La variation du prix à la production et la variation du prix à la frontière ne sont pas calculées lorsque l'écart de prix négatif se produit au niveau des produits de base pour l'année en cours ou précédente.
Source : OCDE (2022), « Estimations du soutien aux producteurs et aux consommateurs », Statistiques agricoles de l'OCDE (base de données), http://dx.doi.org/10.1787/agr-pcse-data-fr.

Graphique 30.3. Viet Nam : Transferts au titre d'un produit, en pourcentage des recettes agricoles brutes par produit, 2019-21

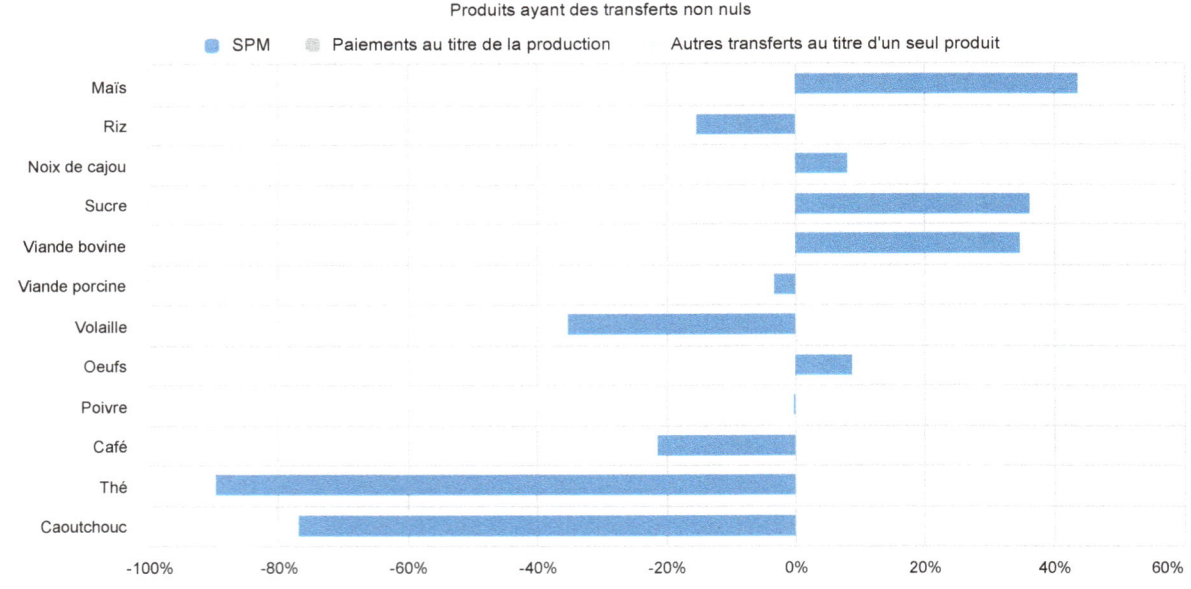

Source : OCDE (2022), « Estimations du soutien aux producteurs et aux consommateurs », Statistiques agricoles de l'OCDE (base de données), http://dx.doi.org/10.1787/agr-pcse-data-fr.

Tableau 30.1. Viet Nam : Estimations du soutien à l'agriculture

Millions USD

	2000-02	2019-21	2019	2020	2021p
Valeur totale de la production (en sortie de l'exploitation)	9 013	45 081	43 790	44 590	46 862
dont : part des produits SPM (%)	77.02	70.71	68.79	69.10	74.25
Valeur totale de la consommation (en sortie d'exploitation)	7 808	44 424	41 730	43 174	48 367
Estimation du soutien aux producteurs (ESP)	591	-3 487	-4 315	-3 337	-2 807
Soutien au titre de la production des produits de base	470	-3 995	-4 773	-3 842	-3 371
Soutien des prix du marché[1]	470	-3 995	-4 773	-3 842	-3 371
Soutien positif des prix du marché	959	1 642	1 277	1 819	1 831
Soutien négatif des prix du marché	-489	-5 638	-6 050	-5 661	-5 202
Paiements au titre de la production	0	0	0	0	0
Paiements au titre de l'utilisation d'intrants	101	507	456	502	562
Utilisation d'intrants variables	101	506	456	502	561
avec contraintes sur les intrants	0	0	0	0	0
Formation de capital fixe	0	0	0	0	0
avec contraintes sur les intrants	0	0	0	0	0
Services utilisés sur l'exploitation	0	0	0	0	0
avec contraintes sur les intrants	0	0	0	0	0
Paiements au titre des S/Na/Rec/Rev courants, production requise	0	2	2	2	2
Au titre des Recettes / du Revenu	0	2	2	2	2
Au titre de la Superficie cultivée / du Nombre d'animaux	0	0	0	0	0
avec contraintes sur les intrants	0	0	0	0	0
Paiements au titre des S/Na/Rec/Rev non courants, production requise	0	0	0	0	0
Paiements au titre des S/Na/Rec/Rev non courants, production facultative	0	0	0	0	0
Avec taux de paiement variables	0	0	0	0	0
avec exceptions sur les produits	0	0	0	0	0
Avec taux de paiement fixes	0	0	0	0	0
avec exceptions sur les produits	0	0	0	0	0
Paiements sur critères non liés à des produits de base	21	0	0	0	0
Retrait de ressources à long terme	21	0	0	0	0
Production de produits particuliers autres que produits de base	0	0	0	0	0
Autres critères non liés à des produits de base	0	0	0	0	0
Paiements divers	0	0	0	0	0
ESP en pourcentage (%)	6.35	-7.66	-9.75	-7.40	-5.92
CNP des producteurs (coeff.)	1.06	0.93	0.91	0.93	0.94
CNS aux producteurs (coeff.)	1.07	0.93	0.91	0.93	0.94
Estimation du soutien aux services d'intérêt général (ESSG)	201	1 090	988	1 057	1 226
Système de connaissances et d'innovation agricoles	23	139	138	147	133
Services d'inspection et de contrôle	0	0	0	0	0
Développement et entretien des infrastructures	173	905	805	864	1 045
Commercialisation et promotion	0	0	0	0	0
Coût du stockage public	5	47	45	46	49
Divers	0	0	0	0	0
ESSG en pourcentage (% de l'EST)	..	..	..	..	..
Estimation du soutien aux consommateurs (ESC)	-694	-161	104	-39	-547
Transferts des consommateurs aux producteurs	-694	2 101	2 047	2 545	1 712
Autres transferts des consommateurs	-22	-2 662	-2 322	-3 009	-2 655
Transferts des contribuables aux consommateurs	0	0	0	0	0
Surcoût de l'alimentation animale	22	399	378	425	395
ESC en pourcentage (%)	-8.77	-0.36	0.25	-0.09	-1.13
CNP des consommateurs (coeff.)	1.10	1.01	1.01	1.01	1.02
CNS aux consommateurs (coeff.)	1.10	1.00	1.00	1.00	1.01
Estimation du soutien total (EST)	793	-2 396	-3 327	-2 280	-1 581
Transferts des consommateurs	716	560	274	464	942
Transferts des contribuables	98	-295	-1 280	264	131
Recettes budgétaires	-22	-2 662	-2 322	-3 009	-2 655
EST en pourcentage (% du PIB)	2.41	-0.88	-1.28	-0.84	-0.55
Estimation du soutien budgétaire total (ESBT)	323	1 599	1 446	1 561	1 790
ESBT en pourcentage (% du PIB)	1.00	0.59	0.56	0.58	0.62
Déflateur du PIB (2000-02=100)	100	405	403	408	..
Taux de change (monnaie nationale par USD)	15 000.33	23 132.73	23 226.28	23 236.30	22 935.62

.. Non disponible

Note : p : provisoire. CNP : Coefficient nominal de protection. CNS : Coefficient nominal de soutien.

S/Na/Rec/Rev : Superficie cultivée/Nombre d'animaux/Recettes/Revenu.

1. Le soutien des prix du marché (SPM) s'entend net de prélèvements aux producteurs et de surcoût de l'alimentation animale. Les produits SPM pour le Viet Nam sont : le riz, le caoutchouc, le café, le maïs, les noix de cajou, le sucre, le poivre, le thé, la viande bovine et porcine, la volaille et les œufs.

Source : OCDE (2022), « Estimations du soutien aux producteurs et aux consommateurs », *Statistiques agricoles de l'OCDE* (base de données).

http://dx.doi.org/10.1787/agr-pcse-data-fr

Lightning Source UK Ltd.
Milton Keynes UK
UKHW050606150722
405894UK00001B/13

9 789264 672178